V&R

Das Neue Testament Deutsch

Neues Göttinger Bibelwerk

In Verbindung mit Horst R. Balz, Jürgen Becker,
Hans Conzelmann, Gerhard Friedrich, Friedrich Lang,
Eduard Lohse, Ulrich Luz, Helmut Merkel,
Jürgen Roloff, Wolfgang Schrage, Siegfried Schulz,
Eduard Schweizer und August Strobel

herausgegeben von Peter Stuhlmacher und Hans Weder

Teilband 9/2

Der Brief an die Hebräer

13. Auflage

(4., überarbeitete Auflage dieser Bearbeitung)

1991
Vandenhoeck & Ruprecht
Göttingen und Zürich

Der Brief an die Hebräer

Übersetzt und erklärt
von
August Strobel

1991
Vandenhoeck & Ruprecht
Göttingen und Zürich

CIP-Titelaufnahme der Deutschen Bibliothek

Das *Neue Testament Deutsch* : neues Göttinger Bibelwerk /
in Verbindung mit Paul Althaus ... hrsg. von Peter Stuhlmacher
und Hans Weder. - Göttingen ; Zürich : Vandenhoeck und Ruprecht.
Teilw. hrsg. von Gerhard Friedrich und Peter Stuhlmacher
NE: Stuhlmacher, Peter [Hrsg.]; Friedrich, Gerhard [Hrsg.]
Teilbd. 9,2. Strobel, August: Der Brief an die Hebräer. -
13. Aufl., (4., überarb. Aufl. dieser Bearb.). - 1991

Strobel, August:
Der Brief an die Hebräer / übers. und erkl. von August Strobel. -
13. Aufl., (4., überarb. Aufl. dieser Bearb.). -
Göttingen ; Zürich : Vandenhoeck und Ruprecht, 1991
(Das Neue Testament deutsch ; Teilbd. 9,2)
ISBN 3-525-51374-7

Gesamtherstellung: Hubert & Co., Göttingen

Der Brief an die Hebräer

August Strobel

Verzeichnis der Abkürzungen

Abkürzungen und Reihenfolge der neutestamentlichen Schriften im Gesamtwerk

Mk	Joh	1. Kor	Eph	1. Thess	1. Tim	Hebr	2. Petr.	3. Joh
Mt	Apg	2. Kor	Phil	2. Thess	2. Tim	Jak	1. Joh	Jud
Lk	Röm	Gal	Kol	Phlm	Tit	1. Petr	2. Joh	Offb

Altes Testament (einschließlich Apokryphen)

Am	=	Amos	Lev	=	Levitikus
Bar	=	Baruch	1.–4. Makk	=	1.–4. Buch der Makkabäer
Dan	=	Daniel	Mal	=	Maleachi
Dtn	=	Deuteronomium	Mi	=	Micha
Est	=	Ester	Nah	=	Nahum
Ez	=	Ezechiel	Neh	=	Nehemia
Ex	=	Exodus	Num	=	Numeri
Gen	=	Genesis	Ps	=	Psalmen
Hab	=	Habakuk	Ri	=	Buch der Richter
Hos	=	Hosea	1., 2. Sam.	=	1., 2. Buch Samuel
Jer	=	Jeremia	Sach	=	Sacharja
Jes	=	Jesaja	Sir	=	Buch Jesus Sirach
Jos	=	Josua	Spr	=	Buch der Sprüche
Jdt	=	Judit	Tob	=	Buch Tobit
1., 2. Kön	=	1., 2. Buch der Könige	Weish	=	Weisheit Salomos
Koh	=	Kohelet			

Jüdisches Schrifttum 2./1. Jh. v. Chr.

LXX	=	Septuaginta (griech. Übersetzung des AT)	Ps. Sal.	=	Psalmen Salomos (pharisäisch, LXX)
Asc. Jes.	=	Himmelfahrt des Jesaja (s. Hebr 11,37)	Test.	=	Testamente der zwölf Patriarchen, z. B. Test. des Juda, des Levi, des Ruben, des Simeon
äth. Henoch	=	Äthiopisches Henochbuch			
Jub.	=	Jubiläenbuch			

Jüdisches Schrifttum 1./2. Jh. n. Chr.

Test. Abr.	=	Testament Abrahams	Jos.	=	Josephus Falvius (jüdischer Historiker ca. 40 bis 100 n. Chr.): Antiquitates (Jüdische Altertümer), De
4. Esra	=	Esraapokalypse			
syr. Apoc. Bar.	=	syr. Baruchapokalypse			

bello Judaico (Jüdischer Krieg), Contra Apionem (Josephus gegen Apion, Verteidigungsschrift), Vita Josephi (Autobiographie)

Qumran-Schriften: = CD Damaskusschrift, 1QS Gemeinderegel, 1QSa Anhang der Gemeinderegel, 1QpHab Habakuk-Kommentar, 1QpPs Psalmenkommentar, 2Q24 Fragment aus Höhle 2, 4Qflor. Florilegium (aus Höhle 4), 10Q Ps[a] Schrift aus Höhle 10, 11Q Melchisedek Schrift aus Höhle 11 über Melchisedek.

Jüdisches Schrifttum der frühen und späten talmudischen Zeit

M. Joma = Mischna, Traktat Joma („Großer Versöhnungstag")

Tos. BB = Tosefta, Traktat Baba Bathra („die erste Pforte"), über Rechtsverhältnisse im Gemeinschaftsleben

b. Jebam. = babylonischer Talmud, Traktat Jebamot („Schwagerehre")

b. Sanh. = babylonischer Talmud, Traktat Sanhedrin („Gerichtshof")

b. Taanit = babylonischer Talmud, Traktat Taanit („Fasten- und Trauertage")

Aboth R. N. = Aboth derabbi Nathan, Erweiterung der Pirke Aboth (b. Talmud: „Vätersentenzen") in spät- und nachtalmudischer Zeit

Tanch. Bemidbar = Späte rabbinische Auslegung des 4. Mose (5./6. Jh. n. Chr.)

Targ. Onk. = Targum Onkelos zum Pentateuch, vermutlich spätes 1. Jh. n. Chr. und erste Hälfte des 2. Jh. n. Chr.

Targ. Ps. Jon. = Targum Pseudo-Jonathan zum Pentateuch (spättalmudisch)

Syn. Zohar = Synopsis Zohar; frühmittelalterliches Auslegungswerk der Kabbala

Christliches Schrifttum der frühen und späten Väterzeit (2./5. Jh. n. Chr.)

Acta Pauli Paulusakten (2. Hälfte des 2. Jh. n. Chr.)

Aphraat, Über den Glauben = Aphraates, syr. Bischof des 4. Jh. n. Chr., Homilie über den Glauben

Barn. Barnabasbrief (Judenchristl. Dokument, Mitte des 2. Jh. n. Chr.)

Const. Apostol. = Apostolisches Konstitutionen (Altkirchl. Rechtssammlung, 4. Jh. n. Chr.)

Epist. Clem.-ad Iac. = Text in: Ps. Klem. Homilien (GCS 1953) Auch: Paul de Lagarde, Clem. Romanus, Clementina, 1861

Epiphanius, Pan. haer. = Epiphanius von Salamis, Schrift über die Häresien (4. Jh. n. Chr.)

Evang. Ebion. = Ebionitenevangelium (judenchristl. Werk des frühen 2. Jh. n. Chr.)

Herm. = Hirt des Hermas (2. Jh. n. Chr., Rom)

Herm. Sim. = Hermas, Similitudinis (Apokalypse, 1. Hälfte 2. Jh.)

Herm. Vis. = Hermas, Visiones

Hippolyt Comm. in Dan = Hippolyt von Rom (ca. 160–235 n. Chr.), Auslegung des Danielbuches

Hippolyt Ref. omn. haer.	=	Hippolyt von Rom, Widerlegung der Häresien
Ign. Magn.	=	Ignatius von Antiochien (Bischof um 110 n. Chr.), An die Magnesier
Ign. Smyrn.	=	Ignatius, An die Gemeinde zu Smyrna
Irenäus, adv. haer.	=	Irenäus (Bischof von Lyon, gest. um 202 n. Chr.), Adversus Haereses
Justin, Apol.	=	Justin der Märtyrer (gest. um 165 n. Chr.), Apologie
Justin, Dial.	=	Justin, Dialog mit dem Juden Tryphon
1. Klem.	=	1. Klemensbrief (ca. 96 n. Chr., Rom)
Lukian	=	Lukian v. Antiochia (†312 n. Chr.)
Melito, Über das Passa	=	Melito von Sardes (Bischof, Homilie um 160 n. Chr.)
syr. Schatzhöhle	=	Werk aus der Schule des hl. Ephraem (ca. 4. Jh. n. Chr.)
Tertullian, De pat.	=	Tertullian (Apologet in Karthago, gest. um 220 n. Chr.), Über die Geduld
Tertullian Scorp.	=	Tertullian, Gegen den Skorpionstich (Antignost. Schrift um 203 n. Chr.)
Ps. Tertullian	=	Anhang zu De preaescriptione haereticorum (Editio Gangneia), ca. 3. Jh. n. Chr.

Nichtchristliches griechisches und römisches Schrifttum

Cicero, or. II c. Verrem	=	Cicero (106–43 n. Chr.), Redner und Politiker der späten römischen Republik
Epiktet, Diss.		Epiktet (ca. 50–130 n. Chr.), Vertreter der jüngeren Stoa, Dissertationes.

Die Schriften Philos von Alexandrien

Die Schriften Philos von Alexandrien

(ca. 20 v. Chr.–50 n. Chr., Begründer einer jüdisch-alexandrinischen Auslegungsschule des Alten Testamentes)
(mit Angabe der Bandzahl der deutschen Cohnschen Gesamtausgabe in römischen Ziffern)

De Abr. = Über Abraham (I)
De aet. m. = Über die Unvergänglichkeit der Welt (VII)
De agric. = Über die Landwirtschaft (IV)
De cher. = Über die Cherubim (III)
De conf. ling. = Über die Verwirrung der Sprachen (V)
De cong. = Über das Zusammenleben (VI)
De dec. = Über den Dekalog (I)
De ebr. = Über die Trunkenheit (V)
De fug. = Über die Flucht und das Finden (VI)
De gig. = Über die Riesen (III)
De Jos. = Über Joseph (I)
De migr. Abr. = Über Abrahams Wanderung (V)
De mut. nom. = Über die Namensänderung (VI)
De op. m. = Über die Weltschöpfung (I)
De plant. = Über die Pflanzung Noahs (IV)
De post. C. = Über die Nachkommen Kains (IV)
De praem. = Über Belohnungen und Strafen (II)
De prov. = Über die Vorsehung (VII)
De sac. A. et C. = Über die Opfer Abels und Kains (III)
De sobr. = Über die Nüchternheit (V)
De somn. = Über die Träume (VI)
De spec. leg. = Über die Einzelgesetze (II)
De virt. = Über die Tugenden (II)
De vit. M. = Über das Leben Mosis (I)
In Flacc. = Gegen Flaccus (VII)
Leg. ad. G. = Gesandtschaft an Caligula (VII)
Leg. all. = Allegorische Erklärung des Gesetzes (III)
Quaest. in Ex. = Untersuchungen zum 2. Mosebuch (–)
Quaest. in Gen. = Untersuchungen zum 1. Mosebuch (–)
Quis rer. = Wer ist der Erbe? (V)
Quod det. = Über die Nachstellungen (III)
Quod deus = Über die Unveränderlichkeit Gottes (IV)
Quod omn. prob. = Über die Freiheit des Tüchtigen (VII)

Das jüdisch-rabbinische Material findet sich bei: Str.-B. = H. Strack – P. Billerbeck, Kommentar aus Talmud und Midrasch 3, 1926, S. 671 ff. Die Schriften Philos von Alexandrien liegen in einer deutschen Gesamtausgabe vor, hrsg. von L. Cohn, 1909–1938; Nachdr. 1962; Bd. 7, 1964. Wichtig ferner: W. G. Kümmel u. a., Jüdische Schriften aus hellenistisch-römischer Zeit (5 Bde. in Lieferungen).

Einleitung

1. Vergleicht man das Schreiben „An die Hebräer“ mit den anerkannten echten Paulusbriefen, so fällt unschwer seine eigentümliche Gestalt auf. Hinsichtlich der literarischen Form vermissen wir den üblichen Briefeingang: das sog. Präskript mit Absender, Adressatenangabe und Gruß sowie die Danksagung. Unvermittelt setzt es mit einem Kreis hoher Aussagen ein, an den sich konsequent fortschreitend größere Abschnitte reihen, die das in der Einleitung 1,1–3 genannte christologische Thema nach allen Seiten entfalten. Der Brief beginnt wie eine predigtartige Abhandlung, endet aber (13,22–25) wie ein Brief (E. Gräßer). Das bestimmt formal seinen eigentümlichen literarischen Charakter. Der zentrale Inhalt hat die Erhöhung Christi „zur Rechten der Majestät in der Höhe“ zum Inhalt, wobei sofort am Beginn in programmatischer Weise Ps. 110 aufgegriffen ist. In allen folgenden Ausführungen bezeichnet dieser offen oder insgeheim die biblische Grundlage, auf der sich das einmalige und in gewisser Hinsicht zugleich eigenartige theologische Zeugnis des Briefes erhebt (1,13; 3,1; 5,6; 6,20; 7,3.1.15.17.21.24.28; 8,1.12.20; 10,13; 12,2).

2. Von den Paulusbriefen unterscheidet sich der Hebr. sowohl durch die geradlinige *Durchführung des homiletischen Hauptgedankens*, mit dem sich ein unmittelbar praktisches Interesse verbindet, als auch durch den bunten Wechsel von Ausführungen mahnenden und lehrhaften Charakters. Die mahnenden Texte dienen der Aufgabe, die angesprochene Gemeinde in ihrem Glauben an den erhöhten Christus zu festigen, die lehrhaften weisen den Grund der Hoheit des himmlischen Herrn auf, nämlich sein Opfer und seinen hohepriesterlichen Dienst. Der moderne Betrachter mag dazu neigen, im Hebr. das theologisch-spekulative Werk einer bedeutenden schriftgelehrten Gestalt der Urkirche zu sehen. Wahrscheinlich wäre damit das eigentliche Anliegen des Schreibens, das in seiner sprachlichen und argumentativen Einmaligkeit im Neuen Testament seinesgleichen sucht, aufs gröbste verkannt. In unserem Brief, der sich selbst zutreffend als „Wort der Ermahnung“ (13,22) ausgibt, drängt alle Rede hin auf Ausdauer und Hoffnung, Glauben und Bekenntnis, wobei aber, um die Notwendigkeit dieser Haltung einzuschärfen, immer auch der von Gott her gesetzte Grund aufgezeigt wird. „Die auf Gewißmachung zielende Mahnung erfolgt so gut wie nie ohne eine zurückweisende Begründung“ (Herbert Braun). In der Tat! Der Verfasser weiß, daß es keine feste Willensentscheidung ohne das tiefere Verstehen der Christustat Gottes gibt. Daß solche Einsicht durch logische und hermeneutische Schritte erzielt werden soll, die den heutigen Christen weithin fremd anmuten, muß betont werden. Dennoch wird der Bibelleser die Argumente zu verstehen suchen, die darin gewiß ihren für alle Zeit bleibenden Wert haben, daß nach dem Hebr. zum einen Glaube und Leben des Christen unaufgebbar zusammengehören, und daß zum andern

das Zeugnis von dem erhöhten Christus keinen tieferen Grund hat als den Gehorsam seines Glaubens, die Niedrigkeit seines Leidens, die Abgründigkeit seines Todes und damit die Größe seines Opfers. In gewisser Hinsicht ist unser Schreiben ein einmaliges Dokument dafür, daß alles christusbezogene Bekenntnis des Einzelnen und der Gemeinde, will es mehr sein als hohle Deklamation, der theologischen Reflexion des Kreuzes bedarf. Es ist deshalb gewiß nicht zufällig, daß hier die Auferstehung kein primäres argumentatives Gewicht hat (s. nur 13,20), daß aber um so mehr das Verhältnis von Kreuz und Erhöhung Christi eingehend behandelt ist. Was dem modernen Leser besonders schwerfallen dürfte, ist die Aufgabe, die Denkschritte des Briefes von den Voraussetzungen seiner Umwelt, seiner Religiosität und seines ohne Zweifel eigentümlichen philosophisch-hermeneutischen Verstehenshorizontes her nachzuvollziehen. Es ist die Welt des hellenistisch-philosophischen Glaubens, in der platonische Begrifflichkeit die überirdischen nicht-materiellen Dinge aussagbar und konkret macht. Mit ihm verbindet sich eine vor allem kultisch orientierte Religiosität, die für jedes Gottesverhältnis des Menschen das Opfer als notwendig voraussetzt. Es ist nicht zuletzt ein jüdisch-schriftgelehrter Denkhorizont, der – streng am biblischen Text ausgerichtet – das Neue und Unerhörte des Christusgeschehens von der heiligen Schrift des Alten Testamentes her belegen und erweisen will.

3. Die *Sprache* verrät einen hochgebildeten Geist. Ihre Merkmale sind: ein reichhaltiger Wortschatz, sehr gewählte Wortbildungen und eine erstaunlich gewandte Diktion. Der Stil zeichnet sich aus durch schön gebaute Perioden und durch den spürbaren Willen zu argumentierender Darstellung. Fragen, Wortspiele, Bilder, Beispiele und die Verwendung der Schrift machen das Schreiben zu einem rhetorischen Kunstwerk, das seinesgleichen im Neuen Testament sucht, wobei aber nicht einfach ein geschriebener theologischer Traktat vorliegt und ebensowenig eine sog. Kunstepistel. Da es offensichtlich zur Verlesung vor einer bestimmten Gemeinde geschrieben wurde, eignet ihm der Charakter eines auf größte sprachliche Wirkung hin bedachten homiletischen Entwurfes. Aller Glanz der attizistischen Sprache und des hohen rhetorischen Könnens dienen nicht etwa eitlem schriftstellerischen Selbstzweck, sondern der Erkenntnis, daß die gegenwärtige Rede eine Funktion und Fortsetzung des größeren Wortes ist, das seit Urzeiten ergeht (1,1) und im Sohn einmalige Gestalt angenommen hat (11,3). Was den Stil betrifft, so darf man mit Recht darauf hinweisen, daß das mehrfach gebrauchte kommunikative „wir", das sehr persönliche „ihr" und das individuelle „ich" der Darlegung keineswegs nur einer rhetorischen Manier des Verfassers entstammen, sondern ein echtes homiletisches Moment darstellen: „Hier redet ein Prediger zu seiner Gemeinde" (H. Thyen).

4. Der Aufbau der Darlegungen hält sich an die *Form des Vortrages*, wie er in der Synagoge der jüdischen Diaspora, aber dann sicher auch im frühchristlichen Gottesdienst der hellenistischen Gemeinde üblich war, sofern er ein solch hohes Niveau einhalten konnte. Nach einem feierlichen Vorbau, der das biblische Leitthema im Blick auf Ps. 110 angibt, nämlich die Erhöhung des Christus, welcher

der seit Urzeiten verheißene Erbe und Sohn ist, folgen mehrere Abschnitte, die das Thema begründen, vertiefen und aktualisieren. Unsere Vermutung geht dahin, daß zumindest in den stärker lehrhaften Ausführungen sehr konsequent der wesentliche Inhalt dieses in der Urgemeinde ohne Zweifel von Anfang an hochwichtigen Psalms zu Worte kommt. Ps. 110 bildet einen Haupttext im nächsten Umfeld des sog. „Hallels" (= Ps. 113–118), das überhaupt auch in der (österlichen) Liturgie der ältesten Kirche von herausragender Bedeutung gewesen sein dürfte. Schon die jüdische Gemeinde hat es in der Passazeit, vor allem aber in der Festnacht gesungen, so daß man sagen konnte, das Hallel zerbreche in dieser Nacht die Dächer der heiligen Stadt. Es lassen sich jedenfalls gewisse Rückschlüsse auf den unmittelbaren gottesdienstlichen „Sitz im Leben" ziehen. Eine vielfältig angefochtene, vielleicht auch desorientierte und frustrierte Gemeinde sollte zu neuer Gewißheit, Entschiedenheit und Hoffnung geführt werden.

Nach dem Vorbild des Synagogenvortrags wird das Thema in reicher Fülle durch biblische Texte, typologisch bedeutsame Personen und gleichnisartige Hilfsgedanken erhellt. Ständige Vergleiche mit den Grundwahrheiten des Alten Bundes stellen das Besondere des Christusgeschehens sicher, wobei das Verfahren, vom Kleineren auf das Größere zu schließen, eine wichtige Rolle spielt. Ein nicht weniger geläufiges Beweismittel ist der Analogieschluß, bei dem für unsere Begriffe nicht streng logisch von der Bedeutung einer Sache oder Person auf die höhere Bedeutung der für biblisches Verstehen analogen Größe gefolgert wird. Insgesamt ist die Allegorese die Methode, die zu Erkenntnis Gottes und Einblick in die tieferen Gotteswahrheiten (bei Philo dagegen: zur Gottesschau) führen soll. Von dieser Voraussetzung her erklärt sich endlich auch das gelegentlich im Ansatz erkennbare Verfahren der sog. Begriffsspaltung (Dihairese), bei der allgemeine Begriffe den Ausgangspunkt für eine spezielle Definition bilden. Darüber hinaus können etymologische Ableitungen im Dienste der symbolischen Auslegung stehen (s. 7,1–3).

Vortragsstil, methodisches Vorgehen und Auslegungstechnik stellen den Hebr. unverkennbar in eine große Nähe zu dem Schrifttum Philos von Alexandrien (s. Nr. 10). Die neuere Forschung trägt dem mehr und mehr in gebührender Weise Rechnung, wobei sehr schnell auch prinzipielle Verstehensfragen angerührt sind (s. H. Braun, Wie man über Gott nicht denken soll, Tübingen 1971).

5. Es scheint, daß es neuerdings gelungen ist, den komplexen und vielschichtigen *Aufbau des Briefes* einigermaßen zu erhellen (A. Vanhoye). Demnach muß man nicht nur in herkömmlicher Weise mit Stichwort-Verknüpfung rechnen, sondern darüber hinaus mit dem Prinzip der Thema-Anknüpfung (sog. Indikation). Unverkennbar sind außerdem die einzelnen Abschnitte eng miteinander verknüpft (sog. Konkatenation). Man hat außerdem herausgefunden, daß der Verfasser thematische Abschnitte durch den Gebrauch gleicher Begriffe am Anfang und Ende herausgehoben hat (sog. Inklusion). Für die jeweiligen Abschnitte sind nicht zuletzt bestimmte Begriffe typisch (sog. Motivwörter). Das gesamte Schreiben verrät in der Anordnung somit äußerste gedankliche Anspannung sowie einen spürbaren Willen zur homiletischen Symmetrie. Die offensichtlich

ideale Beherrschung der Kunstmittel hellenistisch-synagogaler Rhetorik macht den Hebr. zu einem einzigartigen urchristlichen Dokument, wobei mit Recht von einer zugesandten Predigt gesprochen werden darf. Unsere Gliederung beruht auf der zusätzlichen Einsicht, daß ihr der messianisch bedeutsame Ps. 110 zugrunde liegt (s. Mk. 14,62 parr.; Apg. 2,33 ff.; 5,31; 7,55 f.; Röm. 8,34; 1. Kor. 15,25 u. a.). Auf keine atl. Stelle wird im NT so oft Bezug genommen wie auf den 110. Psalm (s. Str.-B. IV,1 S. 452–465). Schon Jesus selbst hat mit ihm vor Gericht seine künftige Machtstellung umschrieben. Der Leser bzw. Hörer wird sofort in einen pädagogisch-homiletischen Denk- und Lernprozeß hineingezogen, der deutlich durch elementare Auslegungsstufen charakterisiert ist: 1,1–3 ‚Der Herr spricht', 1,4–4,13 ‚Setze dich zu meiner Rechten', 4,14–6,20 ‚Du bist Priester', 7,1–10,18 ‚Ewiglich nach der Ordnung Melchisedeks', 10,19–12,29 ‚Der Herr wird das machtvolle Szepter aus Zion senden ... am Tage des Zorns ... wird er richten'. Bestimmender theologischer Inhalt der Darlegung ist eine Theologie des Opfers als unmittelbare praktische Anwendung einer Eschatologie des Kreuzes.

6. Die Probleme der Abfassung sind vielfältig. Wer sind die *Adressaten*? Anscheinend hat der Brief eine judenchristlich-hellenistische Hörergemeinde im Blick, der der jüdische Kultus vertraut ist und von der man deshalb erwarten kann, sie werde sich der Autorität des Alten Testaments als eines verbindlichen Zeugnisses über Christus beugen. Daß von den „Vätern" gesprochen wird (1,1) und daß überhaupt ohne nähere Erklärung der Verheißungscharakter des Schriftwortes anerkannt ist, wobei das Thema der Berufung der Heiden nicht im mindesten anklingt, mag von weiterer Beweiskraft sein. Der gläubige Christ darf sich der Wolke der Zeugen unmittelbar zugehörig wissen. Die Gestalt Abrahams interessiert logischerweise nur nach ihrer messianischen Bedeutung und Vorbildlichkeit (6,13 ff.; 7,4 ff.; 11,17 ff.), nicht in ihrer Relevanz für die Heidenmission. Dieser Sachverhalt springt zu sehr ins Auge, als daß man ihm bei der Festsetzung des Kanons mit der Briefüberschrift „An die Hebräer" (am Ausgang des 2. Jh.s) nicht Rechnung getragen hätte. Aus ihr spricht aber freilich zugleich die Verlegenheit der späteren Kirche, die ohne Zweifel die Abfassungsverhältnisse nicht mehr genau kannte. Daß der Brief schwerlich an Christen des jüdischen Mutterlandes geschrieben wurde, möchten wir annehmen. Eher kommt eine Gemeinde der jüdischen Diaspora in Betracht, so daß sich die Frage erhebt, wo wir überhaupt mit einer im Kern so geschlossenen judenchristlichen Gruppe wie der hier vorausgesetzten rechnen dürfen. Sollte sie, wenn man nicht an Rom denken möchte (s. 13,24), etwa im Osten des römischen Imperiums zu suchen sein? Verschiedene Einzelbemerkungen des Schreibens lassen eine solche Annahme zu, aber eine eindeutige Klärung läßt sich gewiß nicht herbeiführen (s. auch E. Gräßer). Soweit Warnungen gegeben sind, den beschrittenen Weg nicht zu verlassen und im Kampf des Glaubens nicht zu ermatten, wird die Möglichkeit eines Abfalls zum Heidentum an keiner Stelle ausdrücklich verhandelt oder erwogen. Da ebensowenig von einer drohenden judaistischen Gefahr gesprochen wird, sondern einzig und allein das Versäumnis des Heils und das Nachlassen der Hoffnung be-

fürchtet werden, kann das Schreiben nur Ausdruck der Sorge eines judenchristlichen Predigers um eine judenchristliche Gemeinde sein (2,1.3; 6,6; 4,1; 10,38; 10,35; 3,18). 3,12 wird der Abfall vom lebendigen Gott überdies als „Verhärtung" des Herzens interpretiert, weshalb auch diese Stelle keine Ausnahme bezeichnet. Besonders aufschlußreich ist dazu 6,1 ff., wo die Gefahr der Leser nicht eigentlich als Abfall gesehen wird, sondern als Rückfall in die frühere Zeit des unvollkommenen Wissens, der leidigen Buße und der toten Werke. Vielsagend ist außerdem die geäußerte Befürchtung, man könne noch einmal den Sohn Gottes kreuzigen und so zur Schau stellen (6,6).

7. Der *Zeitpunkt der Abfassung* läßt sich vielleicht näher erschließen. Aus den letzten Bemerkungen wird man folgern, daß die Christwerdung länger zurückliegt. Hinzu kommt, daß man sich schon früher einmal bei einer Verfolgung, in der materielle Opfer gebracht werden mußten, bewährt hat (10,32 ff.). Aber auch jetzt steht man wieder in einer Auseinandersetzung, bei der ganze Wachsamkeit gefordert ist (12,1 ff.). Sich früherer Bewährung zu erinnern, mag nützlich sein. Desgleichen soll der zu bedenkende „Ausgang" ihrer Lehrer, womit deren vorbildliches Sterben, kaum das Martyrium gemeint ist, für die Leser eine hilfreiche Richtschnur rechten Verhaltens abgeben (13,7).

Die verstreuten Hinweise machen es gewiß, daß wir das Schreiben zeitlich nicht zu früh ansetzen dürfen. In Anbetracht der Erwähnung des Timotheus 13,23 verbietet sich eine Datierung vor die sog. dritte Missionsreise des Paulus um 53/55 n. Chr. Andererseits ist ausgeschlossen, da der jüdische Tempelkult durchgehend als zentrale Einrichtung der Gegenwart Gegenstand der theologischen Argumentation ist, über die Zerstörung des Tempels 70 n. Chr. hinaufzugehen. Üblicherweise wird angenommen, daß der Hebr. nicht später entstanden sein kann als der 1. Klemensbrief (um 95 n. Chr.), der den Hebr. bereits zitiert (36,2–5). Aber die Tatsache, daß mit keinem Wort der katastrophale Einschnitt des Jahres 70 n. Chr. erwähnt ist oder sonstwie in den Blick gerät, läßt u. E. nur eine Datierung vor 70 n. Chr. zu. Da seit der Gründung der Gemeinde offensichtlich schon einige Zeit verstrichen ist (2,3; 5,12; 10,32; 12,4; 13,7), wird man gut daran tun, die Abfassung um 60 n. Chr. anzusetzen. Schließlich scheint 6,10 auf das große Liebeswerk der vor allem seit der dritten Missionsreise mit Energie und Tatkraft durchgeführten Jerusalemkollekte anzuspielen (2. Kor. 8,4; 9,1. 12; Röm. 12,13; 15,26–31), eine Aktion, die aber ebenfalls bereits einige Jahre zurückliegt. Alle diese Sachverhalte sprechen eindeutig gegen so vage Argumente wie die, daß der Satz 2,3 den chronologischen Ort des Verfassers und der Leser in der zweiten christlichen Generation fixiere und daß die Befürchtung neuer Leiden doch wohl auf die Zeit Domitians weise.

Einige Angaben des Briefes führen insofern weiter, als der Gedanke der vierzigjährigen Buß- und Wartefrist des wandernden Gottesvolkes (Kap. 4,3.7; s. hierzu Ex 23,30) klar für die Gegenwart der Christusgemeinde beansprucht ist, um natürlich letztlich wiederum vom Termin des Todes Jesu und seiner Erhöhung (d. h. 30 n. Chr.) insgeheim datiert zu sein. Das erkennbare Grundschema solcher heils- und endgeschichtlicher Orientierung zwingt mit Nachdruck zu einer prinzipiellen Ansetzung der Situation des Verfassers vor 70 n. Chr.

8. Der *Verfasser* selbst weiß sich der Gemeinde eng verbunden, hat vielleicht sogar früher in ihr gelehrt, weil sich nur so der am Schluß geäußerte Wunsch erklärt, er werde ihr hoffentlich bald „wiedergeschenkt" werden (13, 19). Nicht nur die unbestreitbare Erwähnung des Paulusschülers Timotheus, auch gewisse Berührungen mit theologischen Zentralthemen des Paulus selbst (z. B. 6, 8 ff./2. Kor. 6, 2; 5, 12/2. Kor. 3, 1 ff.; 6, 13 ff./Röm. 4, 1 ff.; 10, 37 ff./Röm. 1, 17/Gal. 3, 11; 11, 1 ff./Röm. 3/Gal. 3) lassen auf eine Persönlichkeit schließen, die vielleicht Kontakte zu diesem größten der Apostel besaß. Der Verfasser muß aber ein eigenständiger Denker von hohem theologischen Format gewesen sein.

Völlig irreal ist das Argument einer gelegentlich behaupteten geistigen Verwandtschaft mit Lk. und Apg. Was sich beispielsweise an sprachlichen Berührungen findet, geht ausschließlich auf das Konto einer ähnlichen hellenistisch-philosophischen Bildung, die im Falle des Hebr. aber stärker nach Alexandrien (Philo) weist.

Das eigentliche Raten beginnt u. E. dann, wenn man den Verf. namentlich benennen möchte. Im Blick auf die Erhebung der theologischen Bedeutung des Briefes ist die Frage zunächst völlig uninteressant. Aber sie stellt sich natürlich in Anbetracht der Größe und Eleganz des Schreibens. Betrachtet man die Fülle der vorgeschlagenen Namen (Lukas, Clemens Romanus, Silas, Apollos, Barnabas, Aquila und Priskilla, Timotheus, Judas u. a.), so ergibt die nüchterne Betrachtung, daß im Grunde allein der Hinweis auf Apollos erwägenswert ist. Dank der Apg. und mancher verstreuten Angaben bei Paulus sind wir über seine Persönlichkeit und seine missionarische Arbeit einigermaßen im Bilde (s. 10). Manche Sachverhalte stützen möglicherweise diese zuerst von Luther (1522 und 1537) geäußerte Vermutung, so die Tatsache, daß Apollos mit Paulus und Timotheus während der sog. dritten Missionsreise Kontakte aufnahm und offenbar sogar mit ihnen zusammengearbeitet hat, um freilich letztlich selbständig zu bleiben (1. Kor. 16, 12). Wir ersehen außerdem, daß er auch sonst Verbindungen zum Kreise der Paulusschüler unterhielt (Tit. 3, 13) und offenbar als Reiseprediger und Missionar einen ausgezeichneten Ruf besaß (1. Kor. 1, 12; 3, 4 f. 6). Möglicherweise deckte sich sein Tätigkeitsfeld im großen und ganzen mit dem der paulinischen Mission, doch wissen wir über sein weiteres Leben – etwa in den sechziger Jahren – wie auch über ein späteres Wirken in Rom nicht das geringste.

Möchte man von dem missionarischen Gespann Timotheus-Apollos her denken, so bliebe natürlich ebenfalls der Adressatenvorschlag (Gemeinde zu Korinth oder Ephesus) besonders plausibel. In Korinth gab es Anhänger des Apollos (Apg. 18, 27), und andererseits besaß Ephesus (Apg. 18, 24 ff.) für beide Apostel den Rang einer Muttergemeinde. Leider kommen wir aber über Vermutungen und Wahrscheinlichkeiten auf Grund der mangelnden Dokumentation nicht hinaus.

9. Von einiger Aussagekraft für den *Abfassungort* ist vor allem der Schlußsatz: „Es grüßen euch die aus Italien". Rein formal wäre es möglich, die Wen-

dung ebensosehr auf eine Gruppe zu beziehen, die aus Italien grüßt, wie auf eine solche, die sich in der Ferne befindet und ihre Landsleute in Italien grüßen läßt. Derlei Gemeinschaften gab es in der Tat, wie die Hausgemeinde um Aquila und Priskilla veranschaulicht (Apg. 18,2; 1. Kor. 16,19). Die Tatsache, daß die fragliche Wendung den Schluß des Briefes markiert, dazu sehr allgemein und weit formuliert ist, begünstigt indessen weitaus stärker die Annahme eines Schreibens aus Italien. Seine Adressaten müssen somit im Osten des Imperiums gesucht werden, doch sicher nicht in Alexandrien, über dessen erste christliche Gemeinden wir nichts wissen. Die jerusalemische Gemeinde kommt wegen der Erwähnung der Kollekte nicht in Betracht. Wie die übrigen Hinweise erkennen lassen, sollte vorzugsweise an eine Gemeinde im Umkreis der paulinischen Missionsarbeit während der dritten Reise gedacht werden, dazu an eine solche, die sich überwiegend aus Judenchristen zusammengesetzt hat. Da auch Timotheus, der als „unser Bruder" ausgegeben wird, nach geschehener Freilassung, offenbar aus einer Haft, unverzüglich zusammen mit dem Verfasser die Adressaten aufsuchen möchte, weil man sich offensichtlich dort zu Hause wußte, kann mit allen Vorbehalten Ephesus oder Korinth, jedenfalls eine größere Gemeinde des griechisch-kleinasiatischen Raumes, vorgeschlagen werden. Von daher käme man überdies zu einer einigermaßen plausiblen Erklärung dafür, warum und wie unser Schreiben in eine frühe Sammlung paulinischer Briefe gelangen konnte, müssen doch solche Sammlungen, was der vorhandene Briefbestand nahelegt, für die hervorgehobenen Kirchen angenommen werden.

10. Das Problem des *religions- und traditionsgeschichtlichen Hintergrundes* der Schrift spitzt sich heute auf die Frage zu, ob das scheinbar am meisten alttestamentlich-jüdisch fundierte Schreiben des Neuen Testaments wirklich zugleich eine fundamental hellenistische Schrift ist (so E. Gräßer). Bevor man hierzu negativ oder positiv Stellung nimmt, müssen verschiedene Sachverhalte klargestellt sein. Erstens muß zugegeben werden, daß das erwünschte Urteil nur abgegeben werden kann, wenn zwischen geistigen Voraussetzungen und wörtlicher Rede, dazu zwischen indirekten und direkten Strukturen einer Aussage nach bestem kritischen Vermögen unterschieden wird. Zweitens müssen die Begriffe „gnostisch", „essenisch", „hellenistisch" oder „apokalyptisch" soweit eindeutig sein, daß es zu keinen unklaren Analysen kommt, bei denen dann letztlich ein Etikett gegen das andere ausgetauscht werden könnte, etwa so, daß eine apokalyptische Aussage auch als gnostische gilt, weil eben im Grunde die Apokalyptik als Phänomen der hellenistisch-jüdischen Welt auch schon „Gnosis" sei. Derlei gedankliche Spielereien helfen gewiß nicht weiter.

Die folgenden Überlegungen gehen davon aus, daß Gnosis und Apokalyptik ihrem Wesen nach grundverschieden sind. Wir lehnen es daher ab, die Theologie des Hebr. unter der – religionsgeschichtlich gesehen – fragwürdigen Kategorie einer „apokalyptischen Gnosis" abzuhandeln (so aber H. Köster). Wir sehen uns ferner außerstande, in dem Schreiben ein Zeugnis des Ringens um die „Entwicklung des paulinischen Erbes" zu sehen, so daß es in diesem Fall in die beiden letzten Jahrzehnte des 1. Jh. zu datieren wäre. Von einer solchen Tendenz ist nichts wahrzunehmen. Der Verfasser des Hebr. gehört u. E. vielmehr noch in das weitere Umfeld der späten paulinischen Missionsarbeit (um 60 n. Chr.), von der er aber als eigenständige theologische Persönlichkeit klar unterschieden werden muß (s. Abs. 8).

Es zeigt sich, daß das Zeugnis des Hebr. einem *geistigen Milieu* entstammt, das in allen wesentlichen Punkten mit der theosophischen Gedankenwelt eines Philo von Alexandrien identisch ist. Höchstens im (neuplatonischen) Ansatz lassen sich gewisse Beziehungen zu jener späteren Bewegung aufweisen, die wir Gnosis nennen und die bekanntlich erst im 2. Jh. in einer gewissen ausgebildeten Gestalt vorliegt. Es wäre aber mit Sicherheit verfehlt, im Hebr. bereits eindeutige gnostische Elemente oder eine gezielte Kritik an solchen finden zu wollen, um mit ihrer Hilfe über die Eigenart des Schreibens zu befinden. Die Sätze über die Präexistenz des Erlösers passen sich fraglos ganz einer philosophischen Sprache und Denkwelt an, die mit Philo nächstverwandt ist (s. Abs. 1 und 3). Die typische Vorstellung eines „Abstieges des Erlösers durch die himmlischen Welten" ist am wenigsten in 9, 11 f. 24 f. angesprochen, wo vom Eingang in das himmlische Heiligtum gehandelt wird. Die Voraussetzungen des philonisch-alexandrischen Denkens werden desgleichen in 7, 1–3 eindrucksvoll deutlich, so daß die Meinung abgelehnt werden muß, hier sei im spezifisch gnostischen Sinn auf die „Inkarnation eines Urmenschen" angespielt. Ebenso ist unserem Verfasser die gnostische Idee des gemeinsamen (seinshaften) Ursprungs von Erlöser und Erlösten völlig fremd. Die Christen leiten sich nach 2, 11 nicht etwa auf Grund himmlischer Natur von Gott ab, sondern weil sie zu ihm in einem Verhältnis der geschöpflichen Abhängigkeit stehen. Sehr typisch ist endlich für den Hebr. wie für Philo die Vorstellung des Weges zurück in die himmlische Heimat, zumal ihr die biblische Exodusthematik zugrundeliegt und keineswegs die spezifische Idee eines Aufstiegs in jeweils höhere Seinsstufen. Der Hebr. vertritt ein wesentlich einfacheres Weltbild.

Die wahre Welt ist die himmlische; sie ist das ewige Sein. Die irdische Welt mit ihren vergänglichen Einrichtungen ist ausschließlich ein „Abbild" der höheren Wirklichkeit Gottes. Im Hebr. ist diese charakteristische Unterscheidung vor allem in Hinsicht auf die kultischen Einrichtungen des Judentums vorgenommen. Während das einmalige ewige Opfer Christi im himmlischen Heiligtum dargebracht wurde und zwar abschließend am Ende der Zeiten, vollzog sich bisher der kultische Opferdienst des jüdischen Volkes ganz in der vergänglichen Vorläufigkeit der alten Weltzeit. Solche Sicht der Dinge ist natürlich weder ein Beweis für die gnostische Prägung des Hebr. noch für eine Frühform der Gnosis, sie ist vielmehr zunächst identisch mit der philonisch-alexandrinischen Sicht, die ganz der (neu-)platonischen und stoischen Vorstellung entspricht, wonach die himmlische Wirklichkeit die vergängliche irdische Welt radikal überbietet (vgl. bes. Str.-B. III S. 702 ff. zu Hebr. 8, 5). Dem Zeugnis des Alten Testaments über Hohepriestertum, Kult und Opfer wird damit ein letzter tieferer Sinn abgenötigt. Der Hebr. liegt unbestreitbar auf dieser Denkebene der philonisch-alexandrinischen Schrift- und Weltdeutung, wobei aber nun freilich unser Verf. noch einen wesentlichen Schritt weitergeht, wenn er in typologischer Strenge das gesamte priesterlich-kultische Geschehen auf die Erfüllung in Christus bezieht. Er reflektiert allenthalben die alttestamentlichen Voraussetzungen des jüdischen Kultes mit seinen Einrichtungen und Gestalten hin auf die Person und das Werk des Messias Jesus (d. h. im Sinne einer streng christusbezogenen *Typologese*). Der verwirrenden Vielfalt allegorischer Interpretation ist dadurch eine klare Grenze gesetzt (zur Sache s. Sh. Nomoto). Hinzu kommt über das neuplatonisch-philonische Weltbild hinaus, das irdische und himmlische Werte streng unterscheidet, die in Wahrheit leitende Größe einer zielgerichteten Endzeiterwartung. Sie setzt die universale Hoffnung des rabbinischen und apokalyptischen Judentums fort, nun aber in der Neugestalt der gesamturchristlichen Eschatologie. Die Erhöhung des Gekreuzigten gilt darin als der endzeitliche Akt schlechthin, durch den der Gemeinde der baldige und endgültige Zugang zum himmlischen Heiligtum eröffnet wird (10,19 ff. 32 ff.). Dieser Akt der Vollendung wird demnächst Wirklichkeit werden, wenn die Gemeinde alle Ausdauer aufbringt und noch einmal in den Widerwärtigkeiten äußerer Anfeindungen bis aufs Blut Widerstand leistet, wobei schon jetzt gilt: „Sehet zu, daß ihr den nicht abweist, der redet!" (12,25). Kap. 12 fügt sich voll ein in den Gesamtkonsens einer universalen Endzeiterwartung der urchristlichen Gemeinde (6,1 f.). Ungebrochen geht die Hoffnung auf ein „unerschütterliches Reich", das Gott seiner Gemeinde bereitet hat (12,28).

Unsere Auslegung wird die äußerste *Nähe zum Schrifttum Philos* konsequent im Auge behalten (vgl. die Zusammenstellung seiner Werke oben Seite 6). Selbst die literarische Abhängigkeit von seinem Schrifttum ist keineswegs auszuschließen (anders R. Williamson), zumal sich durchgehend enge Berührungen finden (s. zu 6,16.19; 7,1–3.25; 8,5; 9,15.19; 11,2 u. v. a.). Gewisse essenische Traditionen können, wenn überhaupt, bestenfalls mittelbar übernommen sein, weshalb wir in der Auslegung nur gelegentlich darauf eingehen. In gewisser Hinsicht muß die universale Enderwartung (Eschatologie) des Hebr. als das leitende Kriterum der sachgemäßen religionsgeschichtlichen Einordnung des Briefes gelten.

Um den *Standort des Verfassers* zu bestimmen, wird man dabei nicht im Blick auf das spätere frühkatholische Denken die Frage zu beantworten suchen, ob und wieweit das Schreiben eine Entwicklung einleitete, die von der konkreten Wiederkunftserwartung fortführt. Festzustellen ist vielmehr das, was der Brief angesichts der empfundenen Problematik der Parusieverzögerung selbst als geboten erscheinen läßt. Es zeigt sich dabei, daß er – genau wie das ältere Urchristentum (Paulus und die Synoptiker) – nicht umdeutet, sondern mit lebhafter Naherwartung reagiert und der angeschriebenen Gemeinde die Notwendigkeit der Ausdauer einschärft. Sehr fraglich ist die häufig in der Forschung behauptete „gewisse Transformation der traditionellen (horizontalen) Eschatologie in eine vertikale", die mit Hilfe alexandrinischer Vorstellungsinhalte zwar vollzogen, aber nicht spannungslos gelungen sei (so E. Gräßer). Wo der Brief näher auf die Hoffnung der Christen eingeht, denkt er immer konkret-zeitlich, mögen sich bei den anderen Themen (himmlisches Heiligtum u. a.) auch betont die philosophischen Begriffe einer transzendenten Räumlichkeit zu Wort melden.

11. Wer war aber nun *Philo*, bei dem unser Verf. in die Schule ging, um noch als Christ von dessen Kunst der Schriftauslegung zu profitieren? Philo wurde um 20 v.Chr. in Alexandrien geboren. Er wuchs in einer Tradition der jüdisch-hellenistischen Bildung auf, wobei ihm daran lag, mit Hilfe der anerkannten allegorischen Deutung den bleibenden Wahrheitsgehalt des Alten Testaments zu bestimmen. Philo war als Schriftsteller ungewöhnlich produktiv und einflußreich. Er übte außerdem leitende Ämter in der bedeutenden jüdischen Gemeinde Alexandriens aus. Verwandtschaftliche Beziehungen erschlossen ihm den Zugang zum kaiserlichen Hof in Rom, so daß er 40 n.Chr. als Führer einer Delegation elementare jüdische Interessen im Protest gegen einen problematischen Kaiserkult durchfechten konnte. Wie der jüdisch-hellenistische Synagogenvortrag in Alexandrien ausgesehen haben muß, läßt sich den Schriften Philos sehr schön entnehmen. Die allegorische Tiefsinnigkeit einer hingebungsvollen Auslegung der alttestamentlichen Schriften, besonders des Pentateuch, läßt an einen größeren Schülerkreis Philos denken, mit dem der Verf. des Hebr. in Verbindung zu bringen ist. Als dieser mit dem christlichen Glauben bekannt wurde, offenbar im weiteren Umfeld der paulinischen Mission, erschlossen sich ihm neue Horizonte des Verstehens und der Gewißheit. Die Wirkungsgeschichte dieses Schreiben, das – wie wir meinen – einmal tief im Raum der ältesten frühchristlichen Predigt und urchristlichen theologischen Reflexion zu Hause war, verlief logischerweise immer in der Spannung von Ablehnung und Anerkennung (s. hierzu bes. E.Gräßer).

12. Wir halten daher zusammenfassend fest, daß der Hebr. als *Zeugnis eines judenchristlichen Urchristentums* zu deuten ist, das das Christusgeschehen zwar hellenistisch ausgesprochen, aber in Wahrheit durchaus apokalyptisch verstanden hat. Es wird Aufgabe der Auslegung sein, diese wichtige Erkenntnis hermeneutisch so umzusetzen, daß die Offenbarungsstruktur des Geschehens zur Möglichkeit heutigen Verstehens wird. Mit anderen Worten: Das Gottes- und Heilsgeheimnis des Kreuzes ist in heutiger Sprache als zeitlos-gültige „Eschatologie des Kreuzes" darzulegen. Darunter verstehen wir die bleibende Zeit- und Endzeitbedeutung des Kreuzes und zwar in der Weise, daß in dieser Welt das Leben des Menschen nur durch das Opfer einen ewigen Sinn und eine bleibende Zukunft hat. Der letzte Maßstab hierfür ist durch das Opfer Christi gesetzt.

Zusammenfassend läßt sich mit H.Hegermann (S.25) der Glaubensgrund und das zentrale homiletische Anliegen des unbekannten urchristlichen Verfassers auf den Satz bringen, daß es keine andere Gewißheit gibt als die aus dem Worte selbst. Der göttliche Eid (Ps. 110,4) ist die letztmögliche Festlegung Gottes in diesem Wort, und eben aus ihm soll wiederum die Heilszusage für den Glaubenden unverbrüchliche Gewißheit werden. Der Glaube an die endzeitliche und endgültige gnädige Offenbarung Gottes im Christusgeschehen trägt und beflügelt das Leben des Menschen. Die ganze Tiefe der Reflexion des Opfers Christi mündet somit letztlich ein in die Ermutigung des Nachfolgers zur eigenen Hingabe und zum eigenen Opfer.

Predigteingang (mit Themaangabe): „Der Herr sprach" (Ps. 110,1)

Die Erhöhung des Sohnes ist der endzeitliche Abschluß eines uranfänglichen Wortgeschehens 1,1-3

**1 Nachdem Gott auf vielfache und vielerlei Weise in früherer Zeit zu den Vätern
durch die Propheten gesprochen hatte, 2 sprach er in der Endzeit dieser Tage zu
uns durch den Sohn, den er zum Erben des Alls einsetzte und durch den er auch
die Welten erschuf. 3 Er, der der Glanz seiner Herrlichkeit und das Ebenbild
seines Wesens ist und dazu das All durch das Wort seiner Kraft trägt, „ hat seinen
Platz zur Rechten" der Majestät in den Höhen „eingenommen", dadurch daß er
eine Reinigung von den Sünden (durch sich selbst) bewirkte.**

V.3: *Ps. 110,1.*

Der sehr feierlich gehaltene Vorbau benennt sofort das Thema des homiletischen 1-3
Vortrags: die Einsetzung des Sohnes zum endzeitlichen Herrscher nach Ps. 110. Das kunstvolle, in seinen Einzelheiten wohldurchdachte Satzgefüge stellt die umfassende Bedeutung des erhöhten Christus in Worten von inhaltsschwerer Kürze dar.

Das Fehlen eines Briefeingangs (= Präskripts) weckt eine Reihe von Fragen. Ist etwa der ursprüngliche Anfang zum Zwecke der Hervorhebung der Allgemeingültigkeit des Schreibens in vorkanonischer Zeit durch diesen sprachlich und stilistisch kunstvollen Vorbau ersetzt worden? Liegt an Stelle des üblichen griechischen Briefformulars ein anderes vor? Kam es möglicherweise irgendwann durch Zufall oder aus Absicht zur Tilgung des üblichen Briefeingangs? Handelt es sich vielleicht um gar keinen Brief, sondern um einen gelegentlich niedergeschriebenen Traktat? Wir möchten eine in Briefform gebrachte Predigt (= Homilie) über Ps. 110 annehmen, die in der Tat für eine bestimmte urchristliche Gemeinde verfaßt wurde, worauf Kap. 13 weist. Wie bei allen Schreiben ist die Außenadresse verlorengegangen. Die wahrscheinlich sehr kurze Innenadresse mag durch häufigen Gebrauch der Schrift weggefallen sein. Beim Hebr. ist noch stärker als bei manchen paulinischen Briefen deutlich, daß Form und Inhalt ganz im Dienste der Verlesung vor einer bestimmten Gemeinde standen.

Der Vorbau stellt ein stilistisches Meisterwerk dar, das mit unserer Übersetzung nur in etwa wiedergegeben ist (s. die fünfmalige Alliteration im ersten Vers). Der Urtext bekundet darüber hinaus einen gewissen rhythmisierenden Stil, der den Vortrag im festlichen gottesdienstlichen Rahmen sofort zu einem feierlichen Geschehen werden ließ. Überhaupt ist dieser sprachliche Eingang ein klarer Beleg dafür, daß der Hebr. mit seinen „Figuren der Sprache" und mit den sie begleitenden „Figuren des Gedankens" eine gewisse sprachliche Tendenz zur „attischen Kunstprosa" aufweist. Sie gehört zum vollendeten Stil eines hochgebildeten Christen der jüdisch-hellenistischen Welt (vgl. Philo, De somn. I, 221; In Flacc. 46; De cher. 112).

1 Die Gedanken setzen ein bei dem einen Gott biblischen Glaubens, dem Urheber der Dinge und dem Urgeheimnis der Welt, gewiß keine bloße Ursache oder ein allumfassendes Prinzip, sondern allgewaltige Person, ausgerichtet auf worthafte Offenbarung. Indem betont wird, daß die Offenbarung auf „vielfache" und „vielerlei" Weise geschehen sei, wird sie in ihrer quantitativen und qualitativen Art als von unendlicher Fülle und tausend Möglichkeiten ins Auge gefaßt; denn vielfältig wie die Geschichte der Menschheit ist auch das Handeln Gottes an dem auf Anruf geschaffenen Menschen. Aber Gottes Wort verklärt sich nicht in mystische Tiefen hinein und es verströmt sich auch nicht pantheistisch in die Weite des Alls. Immer spricht es direkt an und immer ist der Einzelne unmittelbar gemeint. Deshalb gibt es eine Geschichte der Offenbarung und eine Bewegung des Wortes im Wandel der Zeiten seit „alters", d. h. seit der Urzeit. Damit tritt für die biblisch denkenden Menschen notwendigerweise die aus dem Alten Testament ableitbare Heilsgeschichte in das Licht der Betrachtung. Sie ist eine Geschichte der gerufenen „Väter", die in umfassender Weise als Betroffene der Anrede Gottes gesehen werden (s. Kap. 11). Vermutlich sind nicht einzelne Erzväter wie Abraham, Isaak oder Jakob gemeint, sondern die Frommen des alttestamentlichen Gottesvolkes im weitesten Sinn, da sie sich von den „Propheten" unterscheiden, denen die Ausrichtung des speziellen Wortes oblag. Der Blick scheint sich im besonderen auf prophetische Gestalten wie Samuel, Elia, Jesaja und Jeremia zu richten, also auf solche Boten des Gotteswortes, die als einsame Einzelne für ihr Volk gelitten und zu ihm gesprochen haben (s. auch 11,32ff.). Der Verfasser sieht die Geschichte des Wortes Gottes auch als die Geschichte seiner Zeugen und verrät sich hierin als Angehöriger des jüdischen Volkes. Die Zeit der prophetischen Bezeugung des Wortes Gottes betrachtet er als abgeschlossen, ähnlich wie in der Synagoge, wo man der Meinung war, die Zeit der Offenbarung des Geistes Gottes habe mit Maleachi ein vorläufiges Ende erreicht. Sie liegt für den Verfasser des Briefes im Grunde weit zurück. Es war eine Periode, in der Gott nur unvollkommen und sehr bruchstückweise, vielleicht auch sehr undeutlich, gesprochen hat. Erst in jüngster Zeit ist die Geschichte der direkten früheren Offenbarung in Überbietung alles vorherigen Geschehens zum Ziel und zur Vollendung gelangt: „Gott sprach zu uns in der Endzeit dieser Tage". Die Hörer und Leser des Briefes dürfen sich als die Gerufenen und Angesprochenen wissen.
2 Dies ist das Neue, daß nun das Wort unbegrenzt ergeht, vor allem aber, daß das Offenbarungsgeschehen in dem einen Sohn am Ende der Zeit seinen Abschluß hat (s. Ps. 110,1a). Der früheren Geschichte des Gotteswortes ist demnach eine vollkommenere zur Seite getreten, die nicht mehr überboten werden kann. Für den Menschen ist eine letzte Entscheidung gesetzt. Der „Sohn" wird als der letzte Offenbarungsträger in der heilsgeschichtlichen Kette der prophetischen Zeugen Israels geführt. Gedanklich bringen uns die Überlegungen in die Nähe der synoptischen Darstellung Mk. 12,1ff. (s. „Sohn", „Erbe", Zitat: Ps. 118). Der Begriff des „Erben" wird meist von Ps. 2,8 abgeleitet. Den Gott seit Uranfang als Erben vorgesehen hat, als er durch ihn die „Welten" (= Äonen) erschaffen ließ, derselbe ist auch das Ziel und das Ende aller Dinge, somit der eigentliche Inhalt des Geheimnisses Gottes in und über dieser Welt (s. auch Kol. 1,16). Der Inbegriff des Endes

ist kein anderer als der Inbegriff des Anfangs und umgekehrt. Eine urchristliche liturgische Bekenntnisüberlieferung scheint hier anzuklingen, dazu ein vor allem für die Paulusschüler bezeichnendes Thema, das wir bei Paulus nur gelegentlich finden (1. Kor. 8,6). Er, der die ewigen Zeitenläufe in Gang gebracht hat, ist zugleich auch ihre Vollendung. Wie ungewöhnlich stark das Paradox der angedeuteten Gedanken empfunden werden konnte, entnehmen wir der folgenden Aussagengruppe.
Der Sohn, der Gottes Herrlichkeit ausstrahlt und Gottes Wesen anschaulich macht, 3
der sogar das All durch das Wort seiner Kraft erhält, hat eine Reinigung von den Sünden durch *Selbst*hingabe ermöglicht. Die Einzelheiten werden später ausgeführt, aber es klingt die entscheidende Wahrheit bereits an. Man wird darauf achten, daß Christi Sohnschaft als eine ihrem Wesen und Ursprung nach himmlische ausgegeben ist. Sie stellt sich dar als „Glanz" der göttlichen Herrlichkeit (s. die Übersetzungen von Ps. 110,3 b), gewiß nicht nur als ihr schwächerer „Abglanz". Sie umschließt außerdem die stempel- und prägebildgleiche Wiedergabe seines Wesens. Die anschauliche Begrifflichkeit, die eine gewisse Nähe zur alexandrinisch-philonischen Beschreibung des Verhältnisses der menschlichen Seele zum göttlichen Logos aufweist (vgl. z. B. Philo, De plant. 18.50; auch Weish. 16,21), will nicht etwa sagen, daß Gott im Sohn nur mehr oder weniger deutlich sei, sondern daß jener seinem Wesen nach eben in ihm voll und ganz schaubar ist. Die Sprache des Briefes berührt sich an dieser Stelle engstens mit der zeitgenössischen Vernunft- und Weisheitsspekulation (s. Philo, De somn. I,233). Wir hören schließlich, daß der Sohn das „All" durch das Wort seiner Kraft trägt. Der Gedanke, daß Gott die Welt dadurch erhält und behütet, ist weder der rabbinischen Literatur (Str. B. III 673) noch Philo fremd (Quis rer. 36). Was unser Zeugnis auszeichnet, ist die ausschließliche Anwendung der Vorstellung auf Jesus, in dem in Wahrheit das uranfängliche Wort Gottes in abschließender Weise Gestalt angenommen hat. Die Vorstellung des „Tragens" weist darauf hin, daß die Welt für Gott eine Last darstellt und voller Spannungen ist, wobei Gefährdung und Auflösung drohen. Der Sohn indessen hält sie durch Gottes kraftvolles Wort zu ihrem Heil zusammen und sichert ihren Bestand. Die Überzeugung, die sich hier anmeldet, ist eine unaufgebbare, daß nämlich nur durch das Wort von Gott und über Gott, wie es allein mit Christus sachgemäß aussagbar wird, diese Welt eine Zukunft hat. Und man wird hinzufügen, daß die Ermöglichung hierzu allein im Opfer begründet ist, das er geleistet hat, um eine „Reinigung von den Sünden" zu bewirken, nämlich dadurch, daß er sich dahingab. Die Geschichte Gottes mit der Welt zielt somit auf Christi Kreuz, die Stelle seines Leidens und Sterbens. Wo scheinbar nur Sinnlosigkeit und Tod Triumphe gefeiert haben, ist in Wahrheit ein letztes Geheimnis niedergelegt. Im folgenden wird es auf Grund des biblischen Zeugnisses von Ps. 110 nach den verschiedensten Seiten hin erhellt. Weil die Selbsthingabe des Sohnes in Freiwilligkeit und Gehorsam geschehen ist, nahm er – wie im liturgischen Bekenntnisstil ausgesagt wird – seinen Platz „zur Rechten der Majestät in der Höhe" ein. Die Rede von der himmlischen Majestät ersetzt den Gottesnamen (s. 8,1). Das Stereotype der Aussage weist darauf hin, daß wir es mit einer Formel zu tun haben. Sie hat einen feierlichen Klang.

Erster Hauptteil: „Setze dich zu meiner Rechten“ (Ps. 110, 1) 1, 4-4,13

Die Majestät des erhöhten Sohnes überragt die Herrlichkeit der Engel 1,4-14

4 Um soviel machtvoller wurde er als die Engel, wie der Name, den er ererbt
hat, diese überragt. 5 Denn zu welchem der Engel hat er je gesagt: „Du bist mein
Sohn, heute habe ich dich gezeugt“ und wiederum „Ich werde ihm Vater sein
und er wird mir Sohn sein“? 6 Sobald er aber erneut den Erstgeborenen in
den Weltkreis ein(ge)führt (hat), sagt er einmal: „Und anbeten sollen ihn alle Engel
Gottes“. 7 Und zum anderenmal spricht er im Blick auf die Engel: „Seine Engel
macht er zu Winden und seine Diener zu Feuerflammen“; 8 im Blick auf den Sohn
aber: „Dein Thron, o Gott, steht von Ewigkeit zu Ewigkeit“ sowie außerdem:
„Ein Szepter der Geradheit ist das Szepter seiner Herrschaft“. „Du hast Gerechtig-
keit geliebt und du hast Ungesetzlichkeit gehaßt“. 9 „Deshalb hat dich, o Gott,
dein Gott mit Freudenöl gesalbt vor deinen Genossen“. 10 Dazu: „Du, o Herr,
hast die Erde in den Anfängen fest gegründet, und deiner Hände Werk sind die
Himmel. 11 Sie werden vergehen, du aber bleibst beständig, und alle werden wie
ein Übergewand veralten, 12 und wie einen Umhang wirst du sie zusammenrollen“,
wie ein Gewand „werden sie sogar gewechselt werden. Du aber bist derselbe und
deine Jahre werden nicht entweichen“. 13 Zu welchem der Engel hat er gar je
gesagt: „Setze dich zu meiner Rechten, bis ich deine Feinde zum Schemel deiner
Füße mache“? 14 Sind sie nicht alle dienstbare Geister, ausgesandt zu Hilfeleistung
an denen, die das Heil ererben sollen?

V. 5: *Ps.2,7; 2.Sam.7,14;* V. 6: *5.Mose 32,43;* V. 7: *Ps.104,4;* V. 8f.: *Ps.45,7f.;* V. 10-12: *Ps.102,26f.;* V. 13: *Ps.110,1.*

4-14 Entsprechend dem Aufbau des synagogalen Predigtvortrages folgt sofort ein Abschnitt, der das Thema der Erhöhung des Sohnes zur Rechten Gottes von der Schrift her beleuchtet. Es werden dabei in der Art einer sog. „Kette“ Schriftstellen zusammengetragen, die die wesentlichen Aussagen des Themas abstützen. Wie überlegt vorgegangen ist, zeigt die Auswahl der Texte, die in der Tat für die christologische Reflexion der Urgemeinde von elementarer Bedeutung sein mußten. V. 13 nimmt bezeichnenderweise die Eingangsfrage von V. 5 auf, so daß nun am Schluß mit Absicht nochmals jene Schriftstelle zu Wort kommt, die die homiletische Darlegung umfassend bestimmt. Eingeleitet wird die Zitatensammlung durch Ps.2,7, einen Text, dessen besondere Aussage ebenfalls primäres Interesse finden konnte. Das um so mehr, als auch sonst mit dem Thema der „Zeugung“ des Sohnes eine für den Schriftausleger bemerkenswerte Gemeinsamkeit gegeben war (s. Ps.110,3c und Ps.2,7c), die zu christologischen Betrachtungen auffordern konnte. Der rote Faden der Schriftzitate ist die Leitaussage V. 4, wonach Christus einen „Namen“ ererbt hat, der den der Engel überragt. Der Begriff des „Namens“ meint in umfassender Weise die neue Würde Christi, weil anders als für heutiges Denken der Name zugleich die Sache, hier: die Würde und das Amt, umschließt. Sicherlich ist zuerst an den Sohnesnamen gedacht, aber eben nicht nur. Die Funktion wird außerdem erhellt durch die Prädikate: „Herr“, „Erstgeborener“ und „Gott“.

Der Vergleich mit den Engeln erlaubte die ideale Herausarbeitung der einzigartigen Herrscherwürde des Sohnes, gegen die jene als himmlische „dienstbare Geister“ deutlich abgesetzt sind. Geht man davon aus, daß dieser erste Gedankenabschnitt 1,4-14 unmittelbar an V. 3 anschließt, daß also nicht eine größere Erhabenheit Jesu verhandelt wird, sondern seine Erhöhung und Inthronisation zur Rechten Gottes, dann ist es wahrscheinlich, daß der Inhalt durch das allgemeine Hauptthema vorgegeben war und daß somit Ps. 110 weiterhin die homiletische Grundlage bildet. Unverkennbar wird ein bestimmter Gedankengang sehr überlegt weitergesponnen. Auf eine besondere aktuelle Auseinandersetzung über Engel, veranlaßt durch die allgemeine oder die besondere gemeindliche Situation, deutet nichts. Einleuchtender bleibt, daß Ps. 110,3, bezog man ihn auf die Inthronisation des endzeitlichen Herrn, auf den himmlischen Hofstaat ausgelegt ist, der am Tage des Gerichts in Aktion tritt. Die Urgemeinde hat die Erhöhung Christi immer funktional als Einsetzung in das richterliche Amt am Ende der Zeit verstanden. Noch in 1,6 ff. liegt diese Sicht der Dinge vor. Daß Ps. 110,3 in der Urgemeinde auf eine Vollmacht Jesu gedeutet wurde, die höher ist als die der Engel, folgt auch aus Eph. 3,20 ff. und 1.Petr. 3,22. Eine solche Auslegung ergab sich ohne weiteres dort, wo nicht nur Zitate reproduziert wurden, sondern ihr Kontext und geistiger Sinnzusammenhang Beachtung fanden. Von daher sind ebenso die engen sachlichen Berührungen mit dem sog. Christushymnus Phil. 2,5 ff. hervorzuheben. Die Verwandtschaft mit Paulus ist unbestreitbar eng. Bedenkt man, daß es um die theologische Bedeutsamkeit des Todes Jesu am Kreuz ging, die es primär glaubwürdig zu entfalten galt, so erklärt sich natürlich das hier gegebene hohe homiletische Interesse an Ps. 110. Dieser Psalm hat aber wahrscheinlich überhaupt schon im Judentum der Zeit eine gewisse kerygmatische Eckposition zur Begründung der messianischen Erwartung und ihrer Konkretion im einzelnen eingenommen (s. Str.-B. IV,1 S. 452 ff.), woran die Urgemeinde anknüpfen konnte, wenn nicht schon sogar Jesus selbst einen einmaligen Menschensohn-Anspruch damit biblisch legitimiert hatte (Mk. 12,35 ff.; 14,62). Die auffallende Erscheinung, daß die alte Synagoge der ersten drei nachchristlichen Jahrhunderte kein Dokument der ehedem sicherlich beherrschenden messianischen Deutung hinterlassen hat, erklärt sich dann aus einer bewußten Opposition gegen diesen biblischen Kernbeweis urchristlichen Glaubens. Im Sinne der Satzlogik gehört V. 4 noch zum Vorbau, sachlich-gedanklich weist er bereits in eine neue Richtung. Das Bestreben der Darlegung zielt auf Grund von Ps. 110 nun verständlicherweise auf die Beschreibung des inthronisierten Christus. Die Überlegung wendet sich von der erwähnten Majestät Gottes her den himmlischen Mächten zu. Als Mittelwesen zwischen irdischer und himmlischer Region kam ihnen in der dualistischen Weltbetrachtung des damaligen hellenistischen und palästinischen Judentums große Bedeutung zu. Die Fülle der Vorstellungen war außerdem der Nährboden für wilde Spekulationen. Die Periode setzt im Lieblingsstil des Hebr. sofort mit einem Vergleich ein. Man hat von einem eigentümlichen proportionalen Denken des Verfassers gesprochen. Der „Sohn“ ist um so erhabener, genauer: machtvoller als die Engel, wie die ihm zugeteilte Würde (= „Name“) höher ist. Die Aussage zielt auf den Zeitpunkt der Inthronisation. Von Anfang an

als Erbe vorgesehen und testamentarisch eingesetzt (V.2), hat er durch sein gehorsames Opfer, das umfassende Reinigung von Sünden ermöglicht, nun endgültig sein „Erbe" am Ende der Zeit als Besitz erhalten, und er ist dabei, es gegen den Widerstand der Feinde kraft der ihm eigenen Stellung zu behaupten (V. 13). Die Ausführungen lassen erkennen, wie sehr hier bei allem Wissen um die erkannte Vorzeitlichkeit des Sohnes adoptianisch gedacht ist. Ganz ähnlich wie in Phil. 2,9 oder in Röm. 1,4 rechnet diese Überlegung nicht mit einem Heilsprozeß, in dem sich Vorgesehenes automatisch im Sinne einer ewigen Programmierung erfüllt hat, sondern ist sie bemüht, den eigentlichen Grund der Erhöhung, der zuallererst die geschichtliche Wahrheit des Gekreuzigten ist, zu bedenken. Nie hat die apostolische Predigt einfach statuiert oder deklamiert, sondern immer interpretiert und argumentiert. Letzteres geschieht in unserem Text zunächst durch breite biblische Ableitungen. Als erste Zitatengruppe folgt Ps. 2,7 in
5 Verbindung mit 2. Sam. 7,14. Beidemal steht der Begriff des Sohnes im Mittelpunkt einer einmaligen Rede und Zusage Gottes. Vermutlich durch Ps. 110,3: „*gezeugt* vor der Morgenröte" aus Gründen der auslegungstechnischen Kombination auf Ps. 2 gebracht: „heute habe ich dich *gezeugt* ", spricht aus dem Zitat die Gewißheit der messianischen Bedeutung der Aussage, die freilich ehedem im Sinne einer gemeinorientalischen Idee auf die Amtseinsetzung des israelitischen Königs zielt, der sich als „Sohn" seines Gottes wußte. Schon in vorchristlicher Zeit bezog aber das schriftgelehrte Denken den Psalm auf den erwarteten messianischen Heilskönig (s. Ps. Sal. 17,21ff.). Im Gefolge davon berief sich auch das Urchristentum in entscheidender Weise auf diesen christologischen Kardinaltext, um die Taufe (Apg. 4,25ff.; Lk. 3,22D) oder die Auferstehung darin angezeigt zu finden (Apg. 13,33), kaum die Geburt Christi (vgl. auch Offb. 12,5; Justin, Dial. 88,3.8; 103,6; Evang. Ebion. u.a.), die zunächst kein theologisches Interesse fand. Ob der Hebr. an eine vorzeitliche „Zeugung" denkt (s. Ps. 110,3), ließe sich neben der Möglichkeit der Anspielung auf die österliche Erhöhung erwägen, weil im folgenden vom „Erstgeborenen" gesprochen wird. Das „Heute" hätte dann die Einführung des Präexistenten in die Welt im Auge. Im Hebr. liegt aller Nachdruck auf der Wendung „Du bist mein Sohn". Der Nachsatz ist keineswegs nur gewohnheitsmäßig angeführt. Man konnte ihm Näheres über das Verhältnis des Sohnes zum Vater entnehmen. Dabei wurde das „ich habe dich heute gezeugt" ohne Zweifel auf einen besonderen Erwählungsakt bezogen (s. auch zu 5,6). Das „Ich" unterstreicht für urchristliches Hören den unbedingten Willen Gottes, sich in diesem Christus zu offenbaren. Setzt der Verfasser eine ältere Tradition nach Weise der synoptischen Überlieferung zur Taufe Jesu voraus, dann zielt das „Heute" wahrscheinlich, wie in 3,7 und 4,7, auf die mit Christus eingeleitete Heilszeit. Dies böte zugleich eine Erklärung dafür, weshalb in V.6 der früheren „Einführung" die „zweite" mit der endzeitlichen Wiederkunft des Sohnes zur Seite gestellt ist. Als zusätzliches Zitat folgt 2.Sam.7,14. Die Nathanweissagung konnte man unschwer auf den verheißenen Davidskönig der Endzeit beziehen, wofür auch die essenische Sekte von Qumran einen klaren Beweis liefert (4 Qflor.). Der Ton liegt bei diesem komplementären zweiten Zitat auf dem Schluß: „Er wird mir Sohn sein", so daß sich in feiner Weise die jüdische Stilfigur des antithetischen Parallelismus ergibt. Sie unterstreicht die Beweisführung, wonach keinem der Engel je solche Anrede und Zusage zuteil wurde. Wenn auch das Alte

Testament mehrmals die Engel als „Göttersöhne“ aufführt (1. Mose 6, 2. 4; Ps. 58, 1
LXX; 89,7; Hiob.1,6; 2,1; 38,7), so hat dies doch das Denken der späteren Über-
setzer, vor allem der Septuaginta, der sich der Hebr. anschließt, um eines ausgeprägten
Monotheismus willen nicht billigen können. Hier wurden dann Umdeutungen ver-
sucht oder Neuformulierungen gewählt. Wie die Eingangsfrage richtig festhält, ist
keinem einzigen Engel jemals ein so einzigartiges Verhältnis zu Gott zugestanden
worden. Im folgenden wird nicht die Beziehung zwischen Vater und Sohn, sondern 6
die zwischen dem Sohn und den Engeln von der Schrift her beleuchtet, wobei zu-
nächst einmal von jenem und dann von diesen her gedacht ist. 5.Mose 32, 43 (in
zusammengezogener LXX-Fassung) dient dem Nachweis, daß der Sohn, als „Erst-
geborener“ nun wahrscheinlich nach seiner vorzeitlichen Erwählung hin abgehoben,
bei der „erneuten Einführung“ in die Welt durch alle Engel Verehrung empfängt.
Vom ersten „Hineingehen“ in die Welt handelt, was aufschlußreich ist, auch 10,5.
Unser Text hat das Erscheinen des Sohnes bei seiner nahen Wiederkunft im
Auge, die nach allgemeiner urchristlicher Überzeugung in der Herrlichkeit der
himmlischen Engelheere erfolgt (s. Mk. 13, 26; Mt. 24, 30; Lk. 21, 27; 2.Thess. 1,7
u. a.; vgl. auch äth. Henoch 1,4). Wie weit sie durch die Erhöhung als bereits ein-
geleitet betrachtet wird, darf man fragen, weil die Formulierung einige Unklarheiten
bestehen läßt. Sie geschieht jedenfalls über den Erdkreis hin, in dem der Erhöhte,
der sein Erbe in Besitz nimmt, herrschen wird (s. hierzu Ps. 98, 7. 9). Möglicherweise
ist die Bezeichnung „Erstgeborener“ durch den wegen seiner Davidaussagen wich-
tigen Psalm 89, 28 mitveranlaßt. 5.Mose 32 beschreibt die letzte Offenbarung Gottes
zum Gericht und hat sich von daher gesehen auch sachlich-gedanklich in besonderer
Weise als Schriftbeleg angeboten. Insgesamt ist deutlich, daß die Ausführungen,
stärker als es die Zitate erkennen lassen, eine Fülle von Schriftbezügen aufweisen,
die das gelehrte Wissen des Verfassers unter Beweis stellen. V. 7 fährt fort in der 7
Beschreibung der untergeordneten himmlischen Funktionen der Engel, wobei
Ps. 104, 4 zitiert wird, das große Lob der Schöpfung, in dem eingangs die himm-
lische Majestät Gottes geschildert ist. Das einführende „Und“ des Verses mit dem
folgenden „Aber“ in V. 8 will den Kontrast zwischen der Stellung des Sohnes und
der der Engel betonen, die nur dienstbare Geister der Schöpfung sind. Die bildhafte
Rede, die die Engel mit den „Winden“ und „Feuerflammen“ vergleicht, möchte sie
selbstverständlich nicht Naturkräften gleichsetzen, wovon der hebr. Urtext handelt,
sondern weist auf, daß ihre Aufgabe dienstfertige Geschäftigkeit ist und ihr Wesen
ganz vom Willensentscheid Gottes abhängt. Ganz anders ist die Stellung und die 8
Funktion des Sohnes (s. V. 8: „aber“)! Sein Thron, also sein Herrscheramt, besteht
für alle Ewigkeit, wie Ps. 45, 7f. beweist, der vor allem deswegen so ausführlich
beigezogen ist, weil die Anrede „o Gott“ sich in besonderer Weise für eine Deutung
auf die einmalige Stellung des Christus eignete. Ps. 45, der als Hochzeitslied für
einen israelitischen König entstand, ist später wahrscheinlich ebenfalls messianisch
verstanden worden, wozu V. 8b Anlaß geben mochte. Die Verse konnten in der
Weise verstanden werden, als sei von dem durch Gott gesegneten Davidsthron die
Rede, der ewig bleiben wird, weil schließlich auf ihm der Messias thront. Dazu
paßte dann auch die Fortsetzung: „Der Herr, dein Gott, hat dich gesalbt“. Der
Hebr. denkt, ähnlich wie im Falle von Ps. 2,7 und Ps. 110, 1, an ein Zwiegespräch

zwischen Vater und Sohn, der hier von Gott auf eine Ebene mit ihm selbst erhoben
ist. Seiner Meinung nach gibt die Schrift an dieser Stelle Einblick in den Akt der
Übergabe des Reiches. Gott selbst spricht Christus die ewige Herrschaft über das
All zu, und er bezeichnet sein Reichsszepter als ein solches, das unbestechliche Ge-
rechtigkeit verkörpert, also ein „*Stab* der Geradheit" ist (vgl. hierzu „*Stab* der
Kraft" Ps. 110,2a). Seine richterliche Größe setzt eigene Bewährung voraus: er hat
9 die Gerechtigkeit geliebt und die Gesetzlosigkeit gehaßt. V.9 erläutert dies näher.
Eben deswegen hat ihn Gott gesalbt mit dem „Öl des Heilsjubels". Christus hat
sich im irdischen Wirken ausgezeichnet, so daß er erhöht werden konnte, um zu-
gleich jubelnde Akklamation von den himmlischen „Genossen", nämlich den En-
geln, entgegenzunehmen. Sie sind gewiß dienstbare Geister, aber darüberhinaus
10 ist ihre Aufgabe auch die ewige Verherrlichung Gottes. Als weiteres Zeugnis über
den Sohn folgt bündig angeschlossen als wohl längstes Zitat der Sammlung Ps.
102,26f. Ebenfalls als Wort an Christus verstanden, wobei diesmal die Anrede
„o Herr" vorliegt, besagt es nach dem Verständnis des Hebr. ein uranfängliches
Schöpfertum des Sohnes (s. 1,2), der die Erde gegründet hat (s. 1.Mose 1,7) und
11f. dessen Werk die Himmel sind. Während aber alles Geschaffene vergeht, bleibt er,
der Ewige, unberührt von der Flüchtigkeit und Vergänglichkeit der Zeit. Der Ur-
anfängliche kann nur als der Ewig-Seiende verstanden werden. Was im Psalm ur-
sprünglich vom Lobpreis der souveränen Majestät Gottes gilt, der die Welt ge-
macht hat, aber sie auch verbrauchen und wegwerfen kann wie ein altes, schäbiges
Gewand, ist wiederum als göttliches Wort an den Sohn begriffen. Die leicht ver-
änderte Fassung des LXX-Textes mag auf den Einfluß von Jes. 34,4 zurückgehen.
Die Erwähnung der „Anfänge" (so LXX) bringt 1.Mose 1,1 in Erinnerung. Die
Verwendung im Hebr. gibt zu erkennen, wie unmittelbar und direkt das früh-
christliche Denken das universale Schöpfertum des vorzeitlichen Christus ableiten
konnte. Dabei geschah die Benutzung der Schriftstellen offensichtlich nicht nach
13 zufälliger Auslese, sondern durchaus nach gewissen Grundsätzen. Die Auswahl
der Schriftworte, soweit sie jeweils sehr markant mit einer Christusprädikation
beginnen, schreitet über die Sohn-, Gott- und Herr-Anrede konsequent weiter
zu Ps. 110,1, um eben dieses Schriftwort als Beweis einer schlechterdings einmaligen
Würdeposition des Sohnes an den Schluß zu stellen. Die Erläuterung des Psalmes
ist die eigentliche homiletische Aufgabe des Briefes. In aller Form kehren die Ge-
danken zur homiletischen Grundlage zurück. Es stimmt in der Tat, daß Christus,
der Erbe und Sohn, eine einmalige Stellung bei Gott erlangt hat. Es steht zugleich
noch ein gewaltiges Geschehen bevor: die abschließende Unterwerfung der Feinde
Christi, in der Gott für den Sohn handelt (10,12ff.), so wie er ihn ja auch bei dieser
Gelegenheit „einführt" (s. V.6). Unverkennbar schwingt in diesem Zitat bereits ein
14 warnender Ton mit. Ihm wird später ausführlicher Rechnung getragen. In Straf-
fung des Gedankengangs folgt zunächst eine vorläufige Zusammenfassung: „Sind
also nicht alle Engel dienstbare Geister?" (zu dieser Wendung vgl. Philo, De virt.
74). Eigentlich müßte nun fortgefahren werden: Und ist nicht der Sohn machtvoller
als sie alle? Da dies aber bereits klargestellt ist, wird eine Ergänzung angehängt,
die thematisch zu einem neuen Gedankenkreis hinüberleitet. Über das Stichwort
„ererben" ist unversehens die Gemeinde in den Blick geraten; denn die himmlische

Welt ist nicht um der Selbstverklärung Gottes willen da, sondern zum Dienst am Menschen, der des Heiles bedarf und seiner gewürdigt werden darf. Gleichwie Christus ein eigenes leibhaftes Opfer gebracht hat, so sind auch die himmlischen Geister auf opfervollen Dienst und Einsatz ausgerichtet. Gleichwie der Vater dem Christus in seiner letzten Aufgabe zu Hilfe gekommen ist, so sind auch die Engel zum helfenden Dienst bestimmt. Die das Heil ererben werden, sind zugleich die, die es ererben „sollen".

Die Größe des Geschehens gebietet äußerste Hingabe an das gehörte Wort 2,1-4

1 Deshalb ist es nötig, ganz besonders auf das Gehörte zu achten, damit wir nicht etwa vorbeitreiben. 2 Denn wenn (schon) das durch Engel gesprochene Wort unverbrüchlich galt und jegliche Übertretung und Widersetzlichkeit ihre gebührende Strafe (= Vergeltung) empfingen, 3 wie sollen gar wir davonkommen, wenn wir ein so hohes Heil mißachtet haben? Es nahm seinen Anfang in der Verkündigung durch den Herrn und wurde von denen, die es gehört hatten, bei uns befestigt, 4 wobei Gott zugleich durch Zeichen und Wunder und mancherlei Krafttaten und durch Zuteilungen des heiligen Geistes nach seinem (freien) Willen mit Zeugnis (von seiner Wahrheit) ablegt.

Der Hebr. zieht mit Nachdruck die nötigen praktischen Folgerungen; denn für 1-4
ihn steht fest, daß der christliche Glaube die Lebensführung jeweils entscheidend bestimmt. Das Anliegen, das hinter den Überlegungen 1,5-14 steht, findet dabei erstmals seinen Ausdruck und es ist letzten Endes identisch mit dem Hauptzweck der Homilie (s. 10,19-12,29).

Formal ist einem einzigen Satz kräftiger Ermahnung (2,1) eine relativ umfangreiche Begründung angehängt (2,2-4). Inhaltlich und begrifflich klingt vorher Gesagtes in strenger Bündelung der Gedanken noch einmal an. Handelt 1,14 von den Engeln, die ausgeschickt werden um derer willen, die das „Heil" ererben sollen, so macht dieser Sinnabschnitt klar, daß alles Streben und alle Aufmerksamkeit darauf gerichtet sein müssen, das „Heil" nicht leichtfertig zu verscherzen (2,3 a). Gedanklich wird so vorgegangen, daß Alter Bund und neutestamentliche Wahrheit miteinander verglichen werden (s. auch 12,18 ff.). Thematisch fügt sich die Überlegung vor allem dadurch in den größeren Duktus ein, daß weiter die Engel erwähnt sind. Der Gebrauch des kommunikativen „Wir" bringt außerdem den Ton des nötigen gemeinsamen Vorgehens ein. Der Sprecher schließt sich aus feinem seelsorgerlichen Gespür mit der Gemeinde zusammen, weil ihm offenbar daran liegt, seine Person in der augenblicklichen Situation der Anfechtung nicht autoritativ zur Geltung zu bringen, sondern sich mit der ihm verbundenen Gemeinde solidarisch zu erklären. Wahrscheinlich hat der Verfasser eine größere gottesdienstliche Gemeinschaft im Blick, wofür auch die Aufforderung spricht, daß man um so mehr auf das „Gehörte" achten müsse. Sehen wir recht, dann bezieht sich die Aussage nicht auf früher vermitteltes katechetisches Wissen, sondern auf den eben vorgetragenen homiletischen Briefteil in Verbindung mit der dazugehörigen Schriftlesung.

1 Schickt Gott sogar himmlische Kräfte aus, um den Menschen zum ewigen Heil
zu verhelfen, dann dürfen auch diese am wenigsten in passiver Haltung verharren.
Ist der Himmel in Bewegung geraten, dann müssen auch alle jene davon erfaßt
und bestimmt werden, die um Gottes Hoheit auf Grund der Größe seiner retten-
den Tat wissen. Da nicht Durchschnittliches, sondern Einmaliges geschehen ist,
sind die Christen in starkem Maße herausgefordert, auf die ihnen anvertraute
Wahrheit zu achten. Man kann am Ziel „vorbeitreiben“, so wie ein Schiff durch
die Unachtsamkeit seiner Besatzung den rettenden und bergenden Hafen verfehlt.
Wahrscheinlich klingt mit dem typischen Begriff des „Vorbeitreibens“ ein in der
gehobenen philosophischen Betrachtung (s. Philo in Kp. 6,19) und auch später in der
Predigt der Kirche gern gebrauchtes Bild an, das die Existenz des Menschen dem
Leben auf dem sturmbewegten Meer, das Ziel aber einem schützenden Hafen
vergleicht, wobei vielfach vom „Hafen der Ruhe“ gesprochen wird (z.B. Epist.
Clem. ad Iac. 13 ff.; Const. Apost. 2,57,2 ff.; Josephus, 4. Makk. 7; 4. Esra
12,42). Ähnlich kann sich Philo (De sac. A. et C. 89) äußern, der den „Hafen der
Ruhe“, der im Toben des Sturms angelaufen werden muß, jedoch gleichsetzt mit
dem „festen Standpunkt“ religiöser Erkenntnis und sittlicher Tugend. Im Hebr.
2 ist das Ziel identisch mit dem ewigen Heil, das als eine Sache naher Zukünftigkeit
betrachtet wird. Wer es versäumt, verfällt einem Gericht, dessen Unerbittlichkeit
in einem Schluß a minori ad maius betont wird. Die Offenbarung des am Sinai
verkündigten „Wortes“ wird nicht unmittelbar auf Gott, sondern auf die Engel
zurückgeführt (vgl. schon 5.Mose 33,2; Targ. Onk. 5.Mose 33,2; Josephus, Ant.
15,5,3; Apg. 7,38.53; Gal. 3,19). Ebenso hat sich das rabbinische Denken in reichem
Maße mit den Umständen der Sinaioffenbarung beschäftigt (2.Mose 19,90ff.;
20,18; vgl. hierzu Philo, De dec. 32ff.). Der Hebr. spricht anders als Paulus wert-
neutral von dem durch sie ergangenen Offenbarungswort, um seine absolute Gültig-
keit hervorzukehren. Die Vorstellung der „Festigkeit“ des göttlichen Wortes wird
später noch mehrfach im Brief begegnen (s. 3,6.14; 6,19; 9,17; 13,9), wie sie über-
haupt ein festes Thema der biblisch orientierten Überlieferung ist (Röm. 4,16;
2.Petr. 1,19; Philo, De vit. M. II,14). Festigkeit des Gotteswortes und absolute
Heiligkeit des darin sich aussprechenden Willens bedingen einander engstens. Daher
wird im folgenden der absolute Strafcharakter des Bundesschlusses betont, der
sich darin erwies, daß jede „Übertretung“ und „Widersetzlichkeit“, nämlich des
Gottesvolkes des Auszugs, ihre gebührende Strafe empfangen haben (s. im folg.
2.Mose 17,7; 4.Mose 20,2-5; dazu Hebr. 3,7ff.; 4,11; 12,25). „Übertretung“ und
„Ungehorsam“ kennzeichnen das Verhalten des jüdischen Menschen, der das Gesetz
3 mißachtet. Noch schlimmer aber wird es denen ergehen, die das Angebot des ewigen
Heils aus Gleichgültigkeit oder Unachtsamkeit mißachten! Mit größter Eindringlich-
keit klingt hier ähnlich wie 1.Kor. 10,6ff. an, daß die Auszugsgeschichte „uns“, den
Christen, zum warnenden Vorbild geschrieben ist. Der Verfasser weiß sich zu-
sammen mit seiner Gemeinde am Ende einer entscheidungsvollen Zeit, in der sich
unerbittlich und abschließend die Alternative Gericht oder Heil stellt. Unfaßlich,
daß Menschen angesichts solcher Wirklichkeit in Nachlässigkeit und Gleichgültig-
keit gegenüber der Botschaft verfallen können! Die Botschaft der Rettung hat
schließlich ihren Ausgangspunkt nicht bei den Engeln genommen, sondern bei dem

Herrn selbst, also bei dem irdischen Christus, der nun der erhöhte Sohn ist. Es
kommt hinzu, daß die angesprochene Gemeinde sich unmittelbar auf Hörer des
irdischen Herrn zurückführen darf. Der Absender selbst verdankt diesen Jüngern
und Zeugen die Zusage des eigenen „Heils". Mit der Gemeinde zusammen erinnert
er sich der unbedingten Glaubwürdigkeit des Gesagten. Wahrscheinlich ist er selber
kein Jünger des irdischen Jesus gewesen. Er kann sich auf kein eigenes Christus-
erlebnis berufen wie Paulus, er stand aber vermutlich apostolischen Verkündigungs-
trägern - Hörern des irdischen Jesus - durchaus nahe. Worin er über alle aposto- 4
lische Vertrauenswürdigkeit hinaus letztlich Gewißheit gefunden hat, beweist die
abschließende bekenntnishafte Hervorhebung der Erfahrung, daß Gott überdies
„mit Zeugnis ablegte" durch mannigfaches Handeln. Der Reichtum und die
Eindrücklichkeit des Erlebten finden in einer sich steigernden Aufzählung ihren
Ausdruck, so daß auch auf das mehrfache „und" geachtet werden mag. Weg von
der gesprochenen Rede richtet sich die Beweisführung auf das in vielfacher Weise
„tätige" Wort, das nie nur Eindruck hinterläßt, sondern - weil Gott dabei ist - immer
auch erstaunliche „Wirkungen" hervorbringt. In unserem Fall fällt auf, daß über
„Zeichen", „Wunder" und „Krafttaten" hinaus vor allem auch charismatische Er-
lebnisse und Gaben erwähnt sind, die ohne Zweifel in die urchristliche Zeit ver-
weisen. Die Hörer wissen um diesen eindrucksvollen Tatbestand, der mit Recht
die gelieferte Argumentation krönt. Wenn betont vermerkt ist, daß Gott die Geistes-
gaben nach „seinem Willen" austeilt, so erinnert dies an ähnliche paulinische Sätze
(vgl. 1.Kor. 12,11; 2.Kor. 10,13). Der heilige Geist stellt sich dabei nicht als ein
Vorzugsrecht erwählter Einzelner dar, sondern ist der Gemeinde von Gott nach
freiem Ermessen gegeben (s. auch 1.Kor. 12). Die erkennbare Mannigfaltigkeit des
zeichenhaften und des pneumatischen Geschehens spricht für ein glaubwürdiges
Handeln. Anders als im ausgehenden ersten Jahrhundert stößt die Vielheit erstaun-
licher Erscheinungen und Offenbarungen noch nicht auf Zweifel. Es ist vielmehr
gerade die Fülle des Erlebten, die als Wahrheitsbeweis der Sache selbst genommen
ist (s. Röm. 1,19; 2.Kor. 6,7; 12,12; Gal. 3,2 u.a.). Aus ihr wird mit Nachdruck
die Forderung abgeleitet, alle Aufmerksamkeit auf das durch Christus ermöglichte
Heil zu wenden.

Die universale Herrschaft und der hochpriesterliche Dienst Jesu beruhen auf seiner absoluten Erniedrigung 2,5-18

2,5 bezeichnet einen deutlichen Sinneinschnitt. Auf die kurze ermahnende Rede folgt eine erneute sachliche Erörterung des Tatbestandes der universalen Herrscherstellung Jesu. Offenbar wird das Verständnis des Zusammenhanges in keiner Weise erleichtert, wenn man - wie gelegentlich vorgeschlagen - die V. 5-8b mit der Warnung V. 1-4 verbindet. In diesem Fall geht die Argumentation dahin, daß der Verfasser in V. 3 noch vom „Heil" spreche und nun offenbar analog hierzu weiterhin von der „künftigen Welt" handle. Wer nach ihr strebe, könne sich nicht nach den Engeln richten, die zwar (nach allgemeiner frühjüdischer Überzeugung) über dieser Erde mit ihren Völkern und Nationen herrschen, nicht aber über die künftige Welt.

Tatsächlich weist unser Text, anders als es dieses Verständnis besagt, in seiner Logik nach vorne, und es ist offensichtlich, daß mit ihm wiederum das übergeordnete Thema aufgenommen ist, also das Zeugnis von der universalen Herrschaft des erhöhten Christus. Auch der nachklappende Beisatz („worüber wir sprechen") dürfte in diesem Sinne beweiskräftig sein. Hinzukommt die den eigentlichen Gedankengang weiterführende Aussage V. 8b, die überdies den Wortlaut des Zitatendes in der Weise aufgreift, daß vielsagenderweise Ps. 8,7a ausgelassen ist. Erst in der Folge wird dann das vom Zitat her eingebrachte Problem der zeitweiligen Erniedrigung Christi verhandelt (V. 10ff.). Zunächst wird vorweg in V. 8b dem kritischen Einwand stattgegeben, daß wir ihm „noch nicht" alles unterworfen sehen. Der beunruhigende Sachverhalt wird dahingehend erklärt, daß Christus in tiefste Erniedrigung geführt werden mußte, um den Menschen ganz im Tode verbunden zu sein und auf diese Weise der Urheber ihres Heils zu werden (V. 10). Schließlich sind wir von Gott als „Söhne" gerufen, wie auch Jesus der „Sohn" ist. In Jesu Verhalten dokumentiert sich somit die Verwirklichung eines „bruderschaftlichen" Dienstes (V. 11ff.). Letztlich sei es darum gegangen, den Tod zu entmächtigen, um damit die Befreiung der von dem Widersacher versklavten Menschen zu erreichen (V. 14ff.). V. 16 greift im Sinne von 2,5 noch einmal beiläufig die bisher leitende Vorstellung auf: nicht ihrer, der Engel, sondern des „Samens Abrahams", also der Menschen, mußte sich Christus annehmen, nämlich durch „Gleichwerden" und Leiden. Gedanklich steht der Verfasser damit endgültig bei einem neuen Gedankenkreis. Sein Themawort ist der zentrale Begriff des „Priestertums Jesu" (nach Ps. 110,3).

Der Gedankengang unseres Abschnittes, der außerordentlich konsequent verläuft, hinterläßt u. E. keine Fragen. Im Blick auf den Aufbau des homiletischen Vortrags möchte man festhalten, daß offenbar Ps. 110 einigermaßen systematisch der Reihe nach erörtert wird. Als abwegig erweist sich jene Erklärung, die davon ausgeht, daß gewisse falsche Vorstellungen der Leser über die Engel ausgeräumt werden sollten. Die Dinge liegen vielmehr so, daß der biblische Grundtext die Gedankenführung bestimmt. Zur weiteren Vertiefung des Themas „Erhöhung Christi" ist auf Ps. 8,6-7 zurückgegriffen, wobei sich das Zitat assoziativ nach den Regeln schriftgelehrter Betrachtung sowohl sachlich (Krönung des Menschensohnes) als auch wegen des Wortlauts (vgl. „unter seine Füße" mit 1,13) im besonderen angeboten hat. Für die Verfahrenstechnik ist darüberhinaus die erneute Zitatenkette V. 12ff. ebenso bemerkenswert wie V. 8 der Schluß aufs Gegenteil („nichts nicht") und die bündige Zusammenfassung des Abschnitts.

Um der Brüder willen wurde Jesus eine kurze Zeit erniedrigt 2,5-13

**5 Denn er unterstellte nicht Engeln den künftigen Weltkreis, von dem wir spre-
chen (1,6). 6 Vielmehr hat jemand irgendwo bezeugt und gesagt: „Was ist der
Mensch, daß du seiner gedenkst? Oder des Menschen Sohn, daß du ihn ansiehst?
7 Du erniedrigtest ihn für eine kurze Zeit gegenüber den Engeln; mit Herrlichkeit
und Ehre kröntest du ihn, 8 alles unterwarfst du ihm unter seine Füße". Indem er ihm**

nämlich „alles unterstellte", ließ er ihm nichts nicht unterworfen. Nun sehen wir aber noch nicht, daß ihm alles „unterworfen sei". 9 Vielmehr sehen wir den, „der für kurze Zeit gegenüber den Engeln erniedrigt wurde", nämlich Jesus, um des Todesleidens willen „mit Herrlichkeit und Ehre gekrönt", damit er nach Gottes Gnade für einen jeden den Tod schmeckte. 10 Denn es geziemte ihm, um dessen willen das All und durch den das All ist, den, der viele Söhne zur Herrlichkeit geführt hat und Urheber ihres Heils ist, durch Leiden zur Vollendung zu bringen. 11 Denn der, der heiligt, und die, die geheiligt werden, sind alle von Einem, weshalb er sich nicht schämt, sie Brüder zu heißen, 12 indem er spricht: „Ich will deinen Namen meinen Brüdern verkündigen; inmitten der Gemeinde will ich dir lobsingen". 13 Und wiederum: „Ich will auf ihn Vertrauen setzen". Und wiederum: „Siehe, ich und die Kinder, die mir Gott gab".

V. 6-8: *Ps. 8,5-7 (ausgelassen 8,7a)*; V. 8f.: *Ps. 8,6f.*; V. 12f.: *Ps. 22,23*; V. 13a: *Jes. 8,17 und 2. Sam. 22,3*; V. 13b: *Jes. 8,18*.

Wozu aller Ernst und aller Nachdruck der Ermahnung? Die Hörer möchten die 5
Einmaligkeit des Geschehens bedenken. Wie immer sich ihr Glaube zufolge irgendwelcher Umstände in einer Krise befindet, er muß sich neu des Grundes vergewissern, daß Gott nicht Engeln, sondern dem Sohn den künftigen Weltkreis unterstellt hat. Weder Zukünftiges noch Jenseitiges, worüber spekuliert werden könnte, sollen Gegenstand der Überlegung sein. Es geht vielmehr um einen Sachverhalt, der den Menschen betrifft. Wie der artikellose Gebrauch von „Engel" erkennen läßt, steht Aspekt gegen Aspekt. Dem Sohn als Repräsentanten des Menschengeschlechts ist die höchste Gewalt gegeben. Nicht in einer unüberschaubaren Vielzahl von Engelkräften kommt alles zum Ziel, sondern in dem einen, der jetzt schon seinen Platz neben Gott eingenommen hat, weshalb auch das Zukünftige eine Sache gegenwärtiger Entscheidung und Ausdauer ist. Statt Christus sofort zu nennen, begnügt sich der Hebr. zunächst mit der negativen Feststellung, wonach der künftige Weltkreis nicht Engeln unterstellt sei. Damit bleibt sehr bewußt noch einmal die Christusfrage im Spiel. Die Hörer sollen sich weiteren wichtigen Gedanken öffnen. Was der Verfasser anstrebt, ist nicht deklamierende Rede, sondern argumentierender Vortrag, der die Angesprochenen aus ihrer spekulativen Distanz lockt. In gewisser Hinsicht weiß er sich mit ihnen in einem Dialog, weshalb es auch heißt: „worüber wir sprechen". Für Prediger und Gemeinde ist die endzeitliche Erlösung, über die höheres Zeugnis vorliegt, die Lebensfrage. Mit dem frühjüdischen Denken scheint sich die Erwartung unseres Verfassers darin zu berühren, daß er auf einen erneuerten Weltkreis hofft, um in z. T. hellenistischer Diktion davon zu handeln. Wörtlich spricht der Text von der „zukünftigen Oikumene", und der Blick richtet sich damit offenbar auf eine verklärte Erde, die von den Feinden Christi befreit ist (s. Ps. 110,1) und ihre Mitte in Zion hat (s. Ps. 110,2; vgl. Kap. 12,18ff.). Die Redeweise bekundet einen für das Denken des Verfassers aufschlußreichen Sachverhalt frühjüdischer Messianologie. Der Tatbestand der Herrschaft 6
Christi wird in der Folge durch ein weiteres Zitat aus Ps. 8 beleuchtet. Es besagt ebenfalls, daß „alles seinen Füßen unterstellt ist" (s. 1,13). Die Schriftstelle wird feierlich als „Zeugnis" ausgegeben. Demnach liegt keine Durchschnittsrede vor, worin „einer" über irgend etwas spricht. Sie bezeichnet vielmehr eine direkte Äußerung des Geistes Gottes, wobei völlig nebensächlich ist, wen Gott hiermit begabt

hat. Die Einführung des Zitats, die beim ersten Zusehen etwas merkwürdig anmutet, findet sich als formelhafte Wendung sehr häufig auch bei Philo (De ebr. 61; De agric. 51; De plant. 138; De conf. ling. 39; De somn. I 150 u.v.a.). Die auffallende Unbestimmtheit des Ausdrucks erklärt sich daraus, daß auf Grund einer überragenden Inspirationsvorstellung (s. „bezeugen") bewußt alle nebensächlichen Details beiseitegeschoben sind. Auch der Ort der Schriftstelle kann unerwähnt bleiben, weil die Begleitumstände hinter der Rede selbst zurücktreten. Sie ist nämlich ungewöhnlich genug. Vom „Menschen" und mehr noch vom „Menschensohn" zeugend, geht es nach der Meinung des gelehrten Verfassers und vielleicht auch der ältesten Kirche nicht etwa um irgendeinen Vertreter des Menschengeschlechts, sondern um den Inbegriff der Menschheit: ecce homo! Gibt es vielleicht einen so geringen und verachteten Menschen, daß Gott seiner vergessen hat? Gibt es den „Menschensohn", von dem Gott die Augen abwendet? Es gibt ihn mitnichten. Er mußte die Einsamkeit und Verlorenheit des Menschen tiefer durchleiden als alle
7 anderen. Daher hat Gott seiner in einmaliger Weise gedacht. Obwohl für kurze Zeit unter die Engel erniedrigt, krönte er ihn mit himmlischem Glanz und himmlischer Würde, so daß er jetzt alle an Vollmacht überragt (1,3). Was sich unseren Augen als tiefste Erniedrigung darstellt, ist in Wahrheit einmaliges Herrschertum am Ende der alten Zeit und am Anfang der erneuerten Welt. Wer kann die Logik
8 des göttlichen Handelns begreifen? Auf keinen Fall gibt es etwas, das diesem Menschensohn nicht unterstellt ist, denn der Höchste selbst verbürgt die Wahrheit. Nach der Überzeugung des Verfassers handelt Ps. 8,5-7 nicht in mehr oder weniger zeitloser Art skeptisch-verächtlich wie die Synagoge oder allzu hochgestimmt-optimistisch wie die LXX über die Stellung des Menschen in der Schöpfung und vor Gott, sondern es liegt ein Zeugnis vor über das geschichtliche Handeln Gottes an Christus, dem Inbegriff wahren Menschentums, weshalb an ihm ebensosehr die erschütternden Abgründe als auch die ewigen Zielsetzungen des Menschseins aufzuzeigen sind. Anders als es vor allem die ältere Auslegung wollte, dürfte das Schriftzitat — was die Feststellung V. 8b beweist — durchgehend christologisch verstanden sein, wozu vermutlich der vielsagende messianische Titel „Menschensohn" ersten Anlaß gegeben hat. Dabei wird nach Maßgabe der ältesten Gestalt der Menschensohn-Überlieferung (s. Dan. 7,13ff.) von der Erhöhung des Erniedrigten gehandelt. Ist er über „Alles" eingesetzt, dann sollte sich auch niemand seiner herrscherlichen Gewalt, die ja zuvörderst Dienen ist, entziehen; denn die Herrschaft des Erhöhten wird bereits ausgeübt, obschon wir noch auf den letzten sichtbaren Akt warten. Auf dieses schwerwiegende Problem, das dem Glauben Anfechtung bereiten kann, beziehen sich die folgenden Überlegungen, die mit einem „Jetzt aber" die brennende zeitliche Frage einbringen, wonach die Christuswahrheit, wie sie aus Ps. 8 spricht, „noch nicht" schaubar ist. Ist Christus das „Ende" dieser Welt als ihr Ziel und ihr Abschluß, wie kann sie dann noch weiterdauern? Die sog. eschatologische Frage ist offenbar nicht eine Sache der letzten Seiten der Dogmatik, sondern umgreift die Christologie in wesentlicher und unaufgebbarer Weise. Was das messianische Verständnis des Ps. 8 betrifft, so liegen für das rabbinische Judentum keine, für die spätjüdische Apokalyptik nur unklare Belege vor. Indessen hat die Tatsache größere Bedeutung, daß im

urchristlichen Schrifttum eine ähnliche Besinnung 1.Kor. 15,25ff. angestellt ist,
wobei ebenfalls Ps. 110,1 und Ps. 8,7 miteinander verknüpft sind. Das Urtümliche
dieses Ringens um einen zentralen christologischen Satz auf Grund aussagefähiger
Texte der Schrift unterliegt somit keinem Zweifel. Dies ergibt sich vor allem auch 9
daraus, daß die Wendung Ps. 8,6 („ein wenig unter die Engel" LXX), die in der
hebräischen Urfassung besagt, daß der Mensch ein wenig niedriger gemacht sei
als Gott, ganz auf den Menschensohn-Messias bezogen ist, um darüberhinaus im
Hinblick auf das zentrale Problem des „Noch-nicht" des Erhofften, also der Parusie-
verzögerung, ausgelegt zu werden. Wie sehr man hier Fragen hatte, beweisen auch
die Ausführungen 10,35ff. Für theologisch überaus bedeutsam halten wir die Tat-
sache, daß der erkannte theologische Sinn des Leidens und Sterbens Jesu allem An-
schein nach das Vakuum der noch nicht endgültig sichtbaren Christusherrschaft
füllen soll.

Sehen wir auch nicht Christus in der Allmacht Gottes thronen, so erblicken unsere Augen doch um so mehr den Menschen Jesus, der erniedrigt worden ist „auf kurze Zeit", der auch den Tod hat leiden müssen. Der Verfasser spricht im Zusammenhang vielsagenderweise von „Jesus", gebraucht also den Namen des irdischen Christus, auf den er Ps. 8,5ff. bezogen hat. Daraus geht hervor, daß auch die Rede vom „Menschensohn" weniger titular als vielmehr funktional gemeint ist. Jesus war demnach das Mensch-sein aufgetragen. Die Hilfe konnte nicht einfach von außen kommen, sondern die aussichtslose Lage des Menschen war von Grund auf und von innen her zu ändern. Dabei hat Gott paradoxerweise an dem aufs äußerste gedemütigten Menschen Jesus gehandelt. Wegen der „Leiden des Todes" wurde er mit Herrlichkeit und Ehre gekrönt. Der Tod ist demnach der vom Verfasser erkannte Grund der Erhöhung. Aber ist nicht der Grund, mit dem er sich des Geschehens vergewissert, ein Abgrund? Er muß es empfunden haben, ebenso wie auch der bekannte Hymnus im Philipperbrief (2,5ff.). Der judenchristliche Verfasser steht noch unverbildet vor dem widersinnigen Faktum des Messiastodes. Die paradoxe Begründung der Herrlichkeit Christi wird vom Hebr. sofort mit einer zusätzlichen Erklärung versehen: „damit er durch die Gnade Gottes für einen jeden den Tod schmeckte". Der Zwecksatz scheint unlogisch nachzuklappen, die Wendung „durch die Gnade Gottes" sachlich im Gedankengang des Satzes zu stören. Soll man einen späteren Einschub annehmen? Muß das „durch die Gnade Gottes", wie schon ältere Korrektoren wollten, in ein „ohne Gott" verwandelt werden, weil ihnen die Aussage unlogisch vorkam? Darf man die Redeweise von der „Krönung mit Herrlichkeit und Ehre" gar nicht auf den erhöhten Christus beziehen, sondern nur auf den erniedrigten, dessen hochpriesterliche Würde damit gemeint sei (nach 2.Mose 28,2: Mose soll seinem Bruder Aaron ein heiliges Gewand machen „zur Ehre und Herrlichkeit") (vgl. später 5,4ff.)? Die Entscheidung ist nicht ganz einfach. Sehen wir recht, dann stellt der Zitatenzusammenhang in 2,7 aber sicher, daß in der Rede vom Gekrönt-sein die Erhöhung mitgedacht ist. Mag der Hebr. auch schon den hohenpriesterlichen Dienst Jesu im Blick haben, so doch gleicherweise die Herrlichkeit und die Ehre des Erhöhten. Der unlogische Abschluß des Satzes ist zurückzuführen auf die vom Verfasser selbst empfundene Kühnheit der Aussage. Er hat sich genötigt gesehen, die kaum einsichtige Rede von der not-

wendigen Erniedrigung Jesu zu kommentieren, und er hat sie zunächst in der Weise verständlich gemacht, daß er von der Gnade Gottes spricht, die dahinter steht, sowie dadurch, daß er den Tod Jesu überdies in seiner allgemeinen und speziellen Bedeutung würdigt. Jesus mußte den Tod schmecken für einen jeden. Er, der vollmächtige Herrscher über alle, ist somit der, der für einen jeden Ohnmacht erfuhr. Die Hörer des Briefes werden indirekt sehr persönlich angesprochen. Existentielles und Existentiales sind gleicherweise eingebracht. Was mit Christus geschehen ist, geht einen jeden an, wie immer er sich dazu stellt. Die biblische Wendung „den Tod schmecken“ berührt dabei eine entscheidende Kategorie menschlicher Erfahrung, insofern anklingt, daß Sterben bitter ist, gerade auch als naturnotwendiger Vorgang. Unser Verfasser, der von dem „Leiden des Todes“ spricht, weiß um seine vielschichtige Schmerzhaftigkeit. Die tiefere existentiale Problematik, für die schließlich vor allem auch die antike Welt einen ausgeprägten Sinn besaß, ist offenbar aufgenommen. Wenn Christus den Tod „für einen jeden“, ohne Einschränkung, erfuhr, dann ist dies im Blick auf ihn zweifellos furchtbar gewesen. Aber nicht hierüber wird gehandelt, sondern über den Sinn seines Todes, der – wie bei Paulus – als universales stellvertretendes Leiden und Sterben verstanden ist. Dahinter steht, was um der Hörer willen überaus betont wird, die „Gnade Gottes“ – ein gleichfalls paulinischer Gesichtspunkt. Das „durch die Gnade Gottes“ ist vom Men-
10 schen her formuliert, der sonst im Nihilismus versinken müßte. Ein weiterer Satz bietet ein zusätzliches Argument, den Tod Jesu verstehbar zu machen, wobei der Hintergrund des Handelns Gottes in ihm näher beleuchtet wird. Auch von Gott her gesehen war nur der Weg des Leidens möglich. Die Wendung „es geziemte sich für den, um deswillen alles ist und durch den alles ist“ setzt als Subjekt Gott voraus. Dahinter steht theologische Reflexion, mag auch die Redeweise philosophisch klingen (vgl. Philo, Leg. all. I, 48; De aet. m. 41). Darf man aber im Blick auf das Sterben Jesu, des Sohnes, sagen, es sei Gott „angemessen“? Der Leser kann die Erschütterung des Verfassers, der solche Überlegung riskiert hat, nachempfinden, bedenkt er die offenbar bewußt gewählte, überaus kühne Aussage des Satzes. Ihr zufolge mußte Gott, der als Vollender und Urgrund der Schöpfung ausdrücklich hervorgehoben ist, den Urheber unseres Heils durch Leiden vollenden, um seiner Gottheit zu entsprechen. Damit ist eine Überlegung angestellt, die an eine logische Grenze heranführt, wobei man sie nicht als Spekulation abtun sollte. Alles Nachdenken drängt nämlich auf den Schluß, daß Gott nur als der Verhüllte der Geoffenbarte sein kann, weil er sonst nicht mehr Gott wäre. Auch die Vollendung kann somit nicht einfach „in Macht“ oder „in Herrlichkeit“ geschehen, sondern nur „in Ohnmacht“ bzw. „in Leiden“.

Der mehrfach gebrauchte Begriff der „Vollendung“ ist komplexen Inhalts, wie er auch eine Art Lieblingsbegriff oder Motivwort darstellt (s. 5,9; 7,28; 9,9; 10,14; 11,40). Wörtlich meinend „zur Vollendung bringen“ umschließt er eine kultisch-soteriologische und eine geschichtlich-apokalyptische Komponente (s. bes. 7,28). Der ethische Gesichtspunkt ist nur soweit wichtig, wie die Vollendung auch das Geheiligt-werden umgreift. Mensch und Welt, so klingt es an, werden allein durch das Opfer zum Ziel gebracht. Vollendung gibt es nur durch Gott und vor Gott, aber sie muß zugleich seiner Heiligkeit, die nichts Unheiliges zuläßt, entsprechen.

Somit gehören zum Begriff der „Vollendung“ die Teilaspekte der totalen Hingabe und der radikalen Heiligung. Ein besonderes Problem ist damit aufgeworfen, ob der Satz „der viele Söhne zur Herrlichkeit geführt hat“ auf Gott oder auf Christus zielt. Aus sprachlichen Gründen geben wir der letzteren Möglichkeit den Vorzug. Daß die Rede keineswegs auf Gott zu beziehen ist, beweist die Fortsetzung des Gedankengangs, wo sofort mit Nachdruck angemerkt wird, daß alle, der, der heiligt, und die, die geheiligt werden, von dem einen Gott stammen, nämlich als seine „Söhne“. Weil sich Jesus bewährt hat im Dienst an den Menschen, die zur Herrlichkeit *geführt* werden sollen, ist er auch als ihr „Anführer“ und „Urheber des Heils“ vollendet (erhöht) worden. Gott hat sich somit nicht aus Willkür zu diesem Weg entschlossen, sondern weil dieser Weg seiner Gottheit im Blick auf den Menschen angemessen war. Unser Verfasser weiß, daß Gott jemanden nur über Gehorsam und Dienst „vollendet“, denn sein Wort stellt sich als ethischer Anspruch dar, der das Leben erfaßt, und als sittlicher Ruf, der die Person fordert. Von solcher Überlegung her erscheint es auch zweifelhaft, mit V. 11 ein gnostisches Theologumenon behaupten zu wollen (sog. Syngeneia-Lehre).
Die Christen leiten sich nicht etwa auf Grund himmlischer Natur von Gott ab 11
(s. Apg. 17,28), sondern weil sie zu ihm in einem Verhältnis gläubiger Abhängigkeit
und geschöpflicher Unterordnung stehen. Sie können als „heilig“ bezeichnet werden,
weil ihre Zugehörigkeit erwiesen ist. Als Menschen bedurften sie der Heiligung
durch den „Heiliger“, dem ebenfalls die Tiefen des menschlichen Lebens nicht er-
spart blieben. Der Hebr. führt über die philanthropische hellenistische Vorstellung
der einen brüderlichen Menschheit hinaus, was im übrigen auch die folgenden
Schriftbelege zeigen. Christus, der die Heiligung ermöglicht hat, schämt sich nicht,
die Menschen „Brüder“ zu heißen. Indirekt bleibt weiterhin der Gedanke der Sohn-
schaft aller leitend. Christus und die Menschen stehen somit in einem bruderschaft-
lichen Verhältnis. „Schämt sich jener nicht“ (Präsens), so ist er allezeit bereit zum
rettenden Eintreten für sie vor Gott. Er beschritt sogar bewußt aus brüderlicher
Verantwortung den Weg der Tiefe und übte hierin Selbstverleugnung. Was aus 12
seinem Leben unschwer anschaulich gemacht werden könnte, wird – um die
Gegenwartsbedeutung sicherzustellen – durch Schriftworte erläutert, die den ganz
persönlichen Willen des Christus verdeutlichen. Weil Jesus sich von Gott her ver-
stand, hat er den Menschen in ihrer unheiligen Art gedient. Das erste Zitat aus
dem von der Leidensgeschichte her bekannten Ps. 22 (s. Mk. 15,34) handelt nach
dem Hebr. davon, daß Jesus Gott die Versicherung gab, seinen Namen (und damit
seinen Willen) den „Brüdern“ kundzutun. Es wird im Lobpreis der neuen Gottes-
gemeinde geschehen, die für ihre Heiligung und Rettung dankt. Thematisch liegen
gewisse Berührungen vor mit jenen Osterüberlieferungen, in denen der Auferstan-
dene sehr betont Weisung erteilt für seine „Brüder“ (Mt. 28,10; Joh. 20,17), was
auf eine ähnliche Schriftbetrachtung zurückweisen mag. Jedenfalls schärft das
Zeugnis ein, daß vor Gott die Verantwortung untereinander das Opfer der unbe-
dingten Selbsthingabe einschließt. Jesu Dienst der Brüderlichkeit macht daher an-
schaulich, wie weit die Verantwortung für Leben und Heil unter uns Menschen
geht. Mitmenschlichkeit sollte sein unbedingtes Opfer als Maßstab anerkennen!
Die beiden nächsten Zitate, die in Jes. 8,17ff. unmittelbar aufeinander folgen, 13

jedoch vom Verfasser getrennt zitiert sind, wohl weil der eine Teil auch in 2.Sam. 22,3 vorkommt, handeln ausdrücklich von Gott als der Quelle des Vertrauens Jesu. Das zweite Zitat besagt offen, daß er sich im Blick auf die anvertrauten „Kinder“ verantwortlich gewußt hat. Die Beweisführung mittels der Schrift widerspricht der Annahme, es sei eine gnostische Konzeption verarbeitet. Offensichtlich ist der Gedanke der Verwandtschaft zwischen Erlöser und Geheiligten nicht im Sinne einer physischen Göttlichkeit aufgeworfen, sondern nur im Sinne eines ethischen Bruderverhältnisses. Jes. 8,18 umschließt die Meinung des Propheten über sich und seine „Kinder“ bzw. „Schüler“: „Wir sind Zeichen und Vorbedeutung in Israel von dem Herrn“. Der Kontext Jes. 8,16 handelt von der Offenbarung, die verwahrt und versiegelt ist, bis daß Gott das Dunkel über Jakob zerreißen wird. Von der Überzeugung der in Christus erfüllten Weissagung her bezieht der Hebr. die Rede auf die „Kinder Gottes“, für die Gott dem Christus die Verantwortung übertragen hat. Dem Wortlaut zufolge nahm sie dieser voll und ohne Widerrede auf sich.

Die Todesverfallenheit des Menschen ist durch den Tod des Christus aufgehoben 2,14-18

14 Da nun die Kinder an Blut und Fleisch Anteil bekommen haben, nahm er auch selbst in gleicher Weise an ihnen teil, damit er durch den Tod den vernichtete, der Macht hat über den Tod, nämlich den Widersacher, 15 und damit er all die befreite, die in Todesfurcht die ganze Lebenszeit hindurch der Knechtschaft verfallen waren. 16 Denn es sind ja doch nicht Engel, deren er sich annimmt, sondern „des Samens Abrahams nimmt er sich an“. 17 Deshalb schuldete er, in jeder Beziehung „den Brüdern“ gleich zu werden, damit er sich barmherzig erzeige und ein getreuer Hoherpriester sei in Hinsicht auf das Verhältnis zu Gott, um die Sünden des Volkes zu sühnen. 18 Denn (nur) dadurch, daß er selbst versucht wurde und Leiden auf sich nahm, konnte er denen, die in Versuchung stehen, Hilfe verschaffen.

V. 14: *Jes. 8,18;* V. 16: *Jes. 41,8f.;* V. 17: *Ps. 22,23.*

14-18 Der Gedankenkreis V. 14-18 führt aus, wie der Tod Jesu, der ganz in der er-
schütternden Weise menschlichen Sterbens geschah, verstanden werden muß. Damit
erfährt die Überlegung von V. 9 („wegen der Leiden des Todes“) ihre nähere Er-
hellung. Stand vorübergehend das menschliche Bruderschaftsverhältnis zwischen
Jesus und den Menschen in der Mitte der Besinnung, so nun ihre Schicksals-
gemeinschaft im „Sein zum Tode“, worin in Wahrheit Jesu brüderliche Verant-
14 wortung sich bewährt hat. Mit Hilfe eines einfachen Schlußverfahrens wird fest-
gestellt, daß Jesus wie „die Kinder“ an „Blut und Fleisch“ Anteil erhalten
mußte und zwar „in gleicher Weise“, qualitativ und quantitativ. Die Überlegung
ist aufschlußreich. Es wird nicht gesagt, daß er eine himmlische Seinsweise
verlassen habe. Ohne Zweifel sieht der Hebr. den Zusammenhang viel unmy-
thischer, wenngleich natürlich eine solche hohe Aussage hätte riskiert werden
können. Was er hervorhebt, ist die Tatsache, daß Jesus die tödliche Verfallenheit
der menschlichen Existenz nicht gescheut hat. Was lähmt, demütigt und sinn-

los vernichtet, ist ihm nicht fremd geblieben. Wird sonst durchweg im Denken der Zeit von „Fleisch und Blut“ gesprochen, so hier – nicht ohne Grund – in umgekehrter Reihenfolge von „Blut und Fleisch“. Damit klingt nicht nur an, daß es in dieser Welt Sterben und Tod gibt, sondern auch Blutvergießen und Kampf. Es ist eine Welt der feindlichen Brüder, die der Rettung und des Friedens bedarf. Christus hat sie gebracht. Er scheute die Brüderschaft mit den Kainsexistenzen nicht, wie er selbst ja durch Brudermord umkam (s. 11,4). Die Tatsache, daß V. 14 erneut Jes. 8,18 eingearbeitet ist („die Kinder“), weist ebenfalls auf übernommene, nichtgnostische, biblische Denkkategorien hin. Demnach konnte der Bringer der Erlösung in keiner anderen Existenz leben als die übrigen Menschen. In gleicher Geschöpflichkeit war er ihnen verbunden. Er führte nicht das Scheinleben eines Himmelswesens, das nach antikem Verständnis nie wirklich hätte sterben können, weil göttliches Sein und irdische Natur im griechisch-hellenistischen (auch gnostischen) Denken immer als unvereinbar galten. Anders hingegen die biblische Betrachtungsweise des Hebr., der die brüderliche Verbundenheit Jesu bis in die leibliche Hinfälligkeit hinein vertritt, um in dieser paradoxen Identität die Macht des Todes gebrochen zu sehen. Die tödlichen Herrschaftsverhältnisse, denen menschliches Leben unterworfen ist, werden durch kein himmlisches Mirakel geändert, sondern „durch den Tod“ wurde, „der, der die Macht des Todes hat“, vernichtet. Offensichtlich ist an keinen Scheinkampf gedacht, ebensowenig an eine irdisch-leibliche Scheinexistenz. Die Sprache legt es vielmehr nahe, daß der Verfasser die Mitte der Botschaft, worauf christlicher Glaube gründet, bewußt paradox formulieren wollte. Wie er sich die Überwindung des Widersachers im einzelnen vorstellt, erfahren wir nicht. Er betrachtet den „Widersacher“ als den, der „die Macht des Todes“ hat. Spätjüdische Vorstellungen, in denen der Satan als Urheber des Bösen sowie als Todestyrann (oder: Todesengel) gedacht ist, können hinter der Aussage stehen. Ähnlich gibt Paulus die Sünde als Stachel des Todes aus (1.Kor. 15,56; Röm. 7,13 ff.). Um aber den Menschen nicht aus der ethischen Verantwortlichkeit zu entlassen, bleibt der Satan als Urheber der Macht der Sünde und des Todes bei ihm außer Betracht. Anders der Hebr., der den satanischen Widersacher, die metaphysische Verkörperung alles Bösen und aller Lebensfeindschaft, als bewußtes personales Gegenüber der Person des Heilsträgers entgegensetzt (s. Weish. 3,24)! Das Ja zum personalen Gott des Lebens und des Heils umschließt eben logischerweise zugleich auch das Nein zu dem, der Nicht-Gott, Verderber und Lebensfeind ist.
Die Welt ist von außen und innen schicksalhaft bedroht. Das beweist die Fort- 15
setzung des Gedankengangs, wonach Christus gerade durch seinen Tod die Befreiung gebracht hat für alle, die ihr ganzes Leben über durch Todesfurcht zur Knechtschaft verdammt sind. Die Analyse menschlichen Lebens und irdischer Wirklichkeit könnte kaum ungeschminkter vorgenommen sein. Sie ist wahr; denn das, was wir Leben nennen, ist hier richtig als Sklaverei Todgeweihter krassestens verdeutlicht. Dabei geht es gleichermaßen um die Geworfenheit des menschlichen Lebens und um seine Schuldhaftigkeit. Man kann nicht sagen, daß in solcher Äußerung der Skeptiker vernehmbar sei. Hinter den Worten steht unverkennbar der elementare Protest eines sehr wachen Geistes, der jedoch auf Grund seines Christusglaubens in voller Gewißheit möglicher Freiheit seinen Weg geht. Offenbar

empfindet er nicht wie der gnostische Mensch, der in ähnlicher Weise von der Gefangenschaft der Seele weiß, aber im eigenen Erlösungsstreben die aussichtslose Verlorenheit verkennt. Die Möglichkeit irgendwelcher billiger Selbstbefreiung ist auch nicht im Ansatz erwogen. Die rettende Möglichkeit sieht er allein gesetzt durch die befreiende Tat des Christus, der im Vertrauen auf Gott gehandelt hat (2, 13). Da Christus „durch den (eigenen) Tod" Befreiung gebracht hat, ergibt sich der überaus tiefe Gedanke, daß Gott seine Siege durch Ohnmacht erkämpft, und daß andererseits unsere Ohnmacht in Wahrheit den Weg freimacht für Gottes Wirken. Spätere altkirchliche Interpreten des Heilswerkes haben die Hilfsidee einer Täuschung des Teufels entwickelt oder gelehrt, daß Jesus dem Satan seine Seele als Lösegeld gegeben habe, der sie aber nicht zu halten vermochte. Damit liegt der unzureichende Versuch vor, das Unlogische des Gotteshandelns anschaulich zu machen. Die meist ontisch fixierte Paradoxie muß daher heute zur Wahrung des Entscheidungscharakters unserer Existenz auf die – logisch gesehen – widersinnige Praxis des Verhaltens der Liebe und des Opfers übertragen werden, wobei Christus die Rolle des Anfängers und des Vollenders des Glaubens zukommt. Diese Intention liegt im Sinne des christlichen Zeugnisses des Hebr., der keineswegs einseitig auf die Schilderung jenseitiger Vorgänge bedacht ist, sondern den Menschen in seiner Verlorenheit sieht. Daher heißt es folgerichtig, daß sich Christus doch nicht der
16 „Engel" annimmt, sondern des „Samens Abrahams". Die absurde Möglichkeit wird verworfen, er könnte sich die Aufgabe leicht gemacht haben oder er habe sich auf Abseitiges wie die Rettung der Engel verlegt. Aus Gehorsam gegenüber Gott brachte er die Hilfe dort, wo sie am nötigsten gewesen ist, nämlich bei den Menschen, die ihr Leben als „Krankheit zum Tode" führen. Die Redeweise vom „Samen Abrahams" (nach Jes. 41, 8 ff.) setzt voraus, daß allen, Juden und Heiden, geholfen wurde, wobei das letztere vor judenchristlichen Lesern freilich nicht weiter hervorgekehrt zu werden brauchte. In unserem Zusammenhang liegt der Ton darauf, daß die Menschen durch Gottes Zuwendung in der Wirklichkeit dieser Welt einen Beistand haben. Sie haben den Überwinder des Todes bei sich. Um der Retter zu sein, blieb
17 diesem nichts erspart. Ein erklärender Satz führt aus, daß dies nur in absoluter Solidarität, „in jeder Beziehung", mit den menschlichen Brüdern geschehen konnte, denen er „gleich", nicht etwa ähnlich wurde. Wichtige Schlüsselworte künftiger Ausführungen klingen an. Desgleichen wird die Aussage von 2, 10 noch einmal erläutert. Nicht als Objekt eines himmlischen Prozesses, nicht weil Christus gleichsam für seine Erlöseraufgabe vorprogrammiert war, ist er zum Beistand der Menschen geworden. Gerade umgekehrt verhält es sich! Er wurde den Brüdern gleich, „damit er sich barmherzig erzeige und ein treuer (= standhafter) Hoherpriester sei in Hinsicht auf das Verhältnis zu Gott". Mit diesen Worten ist genau dem biblischen Denken entsprochen, das jedem Heilsautomatismus das Korrektiv des von Gott her geforderten Glaubens entgegensetzt. Die Solidarität Jesu mit den Menschen fand überzeugenden Ausdruck in der Bewährung des Glaubens, der Liebe und der Hoffnung. In V. 17 wird zum erstenmal ganz selbstverständlich, nämlich wiederum auf Grund der Schrift (Ps. 110), vom „Hohenpriester" gesprochen, der die Sünden des Volkes sühnt. Vermutlich ist bewußt im Blick auf spätere Überlegungen ein neuer Gesichtspunkt berührt (s. 4, 14 ff.). An dieser Stelle sei betont,

daß abgesehen von der Todesverfallenheit unserer Existenz nun erneut (s. zuletzt
1,3) offen von der Verderbtheit des Menschengeschlechts gehandelt wird. Damit 18
ist der logische Übergang zu dem überaus inhaltsreichen, ebenfalls nach vorne
weisenden V. 18 hergestellt. Sofern nämlich diese Welt von der Sünde gekennzeichnet ist, ist sie auch eine Welt der Anfechtung. Deshalb gilt der Satz, daß dem leidenden Christus am wenigsten die Versuchung erspart blieb, weil nur so den versuchten Menschen wahre Hilfe zuteil wurde. Er „kann" den Versuchten helfen! Die Konfrontation mit dem angefochtenen Christus ist der erste Schritt zur Erfahrung des lebendigen Herrn; denn Christi Leiden ist als vor Gott verantwortetes immer Gewähr der Gegenwart des Gekreuzigten selbst.

Christus, der treue Sohn im Hause Gottes, will auch die Treue seiner Gemeinde 3,1-6

1 Daher, heilige Brüder, die ihr der himmlischen Berufung teilhaftig seid, blickt auf den Gesandten und Hohenpriester unseres Bekenntnisses, Jesus, 2 der seinem Schöpfer „treu" ist wie auch „Mose in seinem Hause". 3 Denn dieser ist einer um soviel größeren Herrlichkeit als Mose gewürdigt wie der Erbauer eines Hauses höhere Ehre empfängt als dieses selbst. 4 Denn jedes Haus wird von jemandem erbaut; der aber alles erbaute, ist Gott. 5 Und Mose war zwar „treu in seinem ganzen Hause" wie „ein Diener" zur Bezeugung dessen, was da sollte gesprochen werden. 6 Christus aber ist wie ein Sohn „über seinem Haus", wobei wir sein Haus darstellen, sofern wir den Freimut und den Ruhm der Hoffnung fest bewahren.

V. 2 und 5a: *4.Mose 12,7.*

Erstmals werden die Hörer (3,1) direkt angesprochen. Nach sehr tiefen Gedan-
ken (2,5-18) kommt es überdies zu einer erneuten Ermahnung (3,1ff.), die eben- 1-6
falls wie 2,1-4 mit einer Begründung versehen ist (3,3-6). Darin wird betont, daß Christus, der Sohn, höhere Ehren als Mose erlangt hat. Mit der Mahnung soll die praktische Konsequenz des vorher Gesagten eingeschärft werden. Der begründende Teil enthält Begriffe, die erneut nach vorne weisen. Die Rede von der „himmlischen Berufung" wird später inhaltlich gefüllt werden (9,15). Der thematische Hinweis auf den „Hohenpriester", soeben 2,17ff. eingeführt, prägt die rahmenartige Aussage V. 1. Sie gibt dem folgenden Aufruf Gewicht, das „Heute" der göttlichen Verheißung nicht zu verpassen (3,7-4,13). Mit 4,14-16 kommt es noch einmal zu einer ähnlichen Darlegung wie 2,17ff. Auch die Mahnung, auf den Hohenpriester des „Bekenntnisses" zu achten, wird 4,14 wiederholt, so daß sich für 3,7-4,11 (bzw. 4,13) der Tatbestand eines überaus geschlossenen Komplexes ergibt. Über ihn wird noch eigens zu handeln sein. Unser Abschnitt will jedenfalls zu diesem größeren Gedankengang überleiten, den wir nicht mit anderen Auslegern als eine „große
Einschaltung" ausgeben möchten. Sehen wir recht, dann wird auf ihre Weise eine
weitere Steigerung des Vortrags erreicht. Der Hebr. bietet wenig Anreden. Um so 1
auffallender ist die gefüllte Wendung: „heilige Brüder". Es ist keine Floskel wie
sie der Redner aus Verlegenheit einstreut, um eine Denkpause zu überbrücken (s. 3,12; 10,19 und 13,22). An dieser Stelle eignet ihr vielmehr sachliches Gewicht,

hat er doch soeben noch den einmaligen Grund der Gemeinschaft der Christen aufgezeigt, nämlich das *Bruder*sein des Hohenpriesters Jesus, durch den das Verhältnis des Menschen zu Gott in Ordnung gebracht und eine Sühne für die Sünden bewirkt ist. Ihm muß man alle Aufmerksamkeit zuwenden. Die Ermahnung will offenbar einen Entschluß bewirken. Sie sagt nicht, was selbstverständlich ist, sondern zielt auf besonderes Verhalten, sofern die Hörer an einer „himmlischen Berufung" teilhaben. Es geht schwerlich um eine allgemeine Bestimmung zum Christ-sein, sondern um die spezielle Aufgabe, den „Ruf" zu festigen und sich als Getaufter zu bewähren. Die Anrede weist die Angesprochenen als vorgestellte Teilnehmer einer festlichen gottesdienstlichen Handlung aus, vielleicht mit einem Taufgottesdienst verbunden (s. 10,22), so daß es von daher überdies nahelag, an frühere Unterweisung zu erinnern (s. 6,11ff.). Auch die Charakteristik „Teilhaber eines himmlischen Rufes" will beachtet sein. Daneben hat logischerweise der typische Begriff des „Bekenntnisses" seinen Platz, der wahrscheinlich in einem etwas weiteren Sinn das Wort- und Lebenszeugnis meint. Wir vernehmen, daß der Christ nicht seinshafte himmlische Natur aktualisieren kann, sondern daß er auf Grund ergangenen göttlichen Wortes beansprucht wird. Das Ziel ist in gewisser Hinsicht sehr fern, aber die Orientierungshilfe, die der „Gesandte" und „Hohepriester unseres Bekenntnisses" gibt, darf als absolut zuverlässig betrachtet werden. Hinter ihm steht Gott, der Sendende (1,2), und er hat sich im priesterlichen Dienst in einmaliger Weise bewährt. Die Sätze sind von Ps.110 her verfaßt, worauf die Rede vom „Hohenpriester" deutet (so auch schon 2,17). Ps.110,2 enthält zudem die Aussage, daß Gott, der Herr, den Herrscher, der den Platz zu seiner Rechten einnimmt, „senden" wird. Der Hebr. weiß, daß sich die Autorität und der Auftrag Gottes in „Jesus" verkörpert haben. Ähnlich wie im Hymnus Phil. 2,5ff. wird deutlich ausgesprochen, daß es um einen irdischen Namensträger und sein Verhalten vor Gott geht. Er ist der Inhalt des „Bekenntnisses". Bei diesem Begriff wird jedoch Akt und Inhalt gleicherweise gemeint sein. Wahrscheinlich zielt er im weitesten Sinn auf das Taufzeugnis der Gemeinde, das Treue verlangt (s. noch 4,14) und in dem sie auch umgekehrt der Treue Christi gewiß sein darf, weil er die Verheißung der ewigen Hoffnung gewährleistet (s. 10,22ff.). Es ist nicht an eine feste Bekenntnisformel zu denken, die vielleicht u.a. vom Hohenpriester sprach, sondern eher an einen förmlichen liturgischen Akt (s. auch 13,15). Er besaß vermutlich feierlichen Gelöbnis- und Versprechenscharakter, weshalb das Problem des möglichen Abfalles im besonderen aufgeworfen war. Der Verfasser stellt sich der Gefahr mit auffallendem Einsatz in 3,7-4,13. Bevor er in die tiefsten Wahrheiten des Christusglaubens einführt, macht er die Gemeinde mit großem seelsorgerlichen Nachdruck
2 auf den Ernst der gefällten Entscheidung aufmerksam. Er erwartet ihre Treue, die nichts anderes sein soll als die Antwort auf das gleiche Verhalten Jesu, der gegenüber seinem Schöpfer Treue beweist. Es fällt auf, daß damit nicht ein bestimmtes Verhalten bei einer bestimmten Gelegenheit beschrieben wird, sondern Jesu gegenwärtiges und allgemeines Treueverhältnis zu Gott. Nach 2,17 ist Jesus „treuer" Hoherpriester im Leiden mit den Brüdern geworden. Hier steht, daß sich die Gemeinde jederzeit darauf stützen darf. Das Verhältnis des Sohnes zum Vater wird dabei als das Verhältnis des Geschöpfes zum Schöpfer bestimmt, was für den Ver-

fasser kein Widerspruch zu anderen hochgestimmten Aussagen über den Sohn als
Schöpfungsmittler ist. Offensichtlich bleibt ihm der Gedanke eines seinshaften meta-
physischen Verhältnisses Jesu zum „Schöpfer" absolut fremd. In biblischer Weise
bestimmt er die Stellung des Sohnes zum Vater als ein Gehorsams- und Treue-
verhältnis und er macht es anschaulich unter Verweis auf den „treuen" Dienst
des Mose „in seinem Hause", um damit bewußt ein Zeugnis aufzunehmen, das in
4.Mose 12,7 von Gott über Mose abgegeben ist (s. LXX). Wegen dieser Treue nahm
Mose einen Platz vor Gott ein, der ihn über die Engel stellte. In Steigerung der 3
früheren Überlegungen wird ferner auf Grund des Begriffes „Haus" dargelegt, daß
Jesus rangmäßig größerer Herrlichkeit als Mose gewürdigt ist. Mose war zwar mit
der leitenden Aufgabe in dem ihm anvertrauten „Hause" Israel betraut, aber er
kann nicht als der Erbauer dieses „Hauses" gelten. Im Grunde war er, an verant-
wortungsvoller erster Stelle der Gemeinschaft stehend, nur ein Teil des Hauses,
auf keinen Fall aber der „Erbauer" selbst, um damit „über" dem Haus zu stehen.
Folglich – so geht die Argumentation, die als Analogieschluß den Regeln rabbini-
scher Auslegung entspricht – ist die Ehrenstellung Jesu eine entsprechend höhere;
denn als „Sohn" steht er mit Gott, dem Erbauer des Hauses, auf einer Ebene.
Formal ist der Begriff des „Hauses", dem Mose gedient hat, aus 4.Mose 12,7 ge-
nommen, inhaltlich ist natürlich im weitesten Sinn an das „Haus Israel" gedacht
(vgl. hierzu Ps. 114,1; 118,1 ff.). V. 4a lautet sehr allgemein. Er bringt einen Neben- 4
gedanken zur Sprache, wenn es heißt, daß jedes Haus von jemand gebaut werde.
Was allgemeiner Tatbestand ist, dient aber im Sinne des Schlußverfahrens der Fort-
führung des Gedankengangs, daß auch Gott, der alles geschaffen und errichtet
hat, der Baumeister eines „Hauses" ist, das die Welt umfaßt. Die Überlegung setzt
voraus, daß Jesus, der Sohn des Vaters, als der Herr dieses „Hauses Gottes" be-
trachtet werden kann. Nach 1,2 ist er es in der Tat als der „Erbe" des Alls. Die
leitende Vorstellung geht dahin, daß er mit dem Erbauer rang- und ehrenmäßig
als Sohn auf einer Ebene steht. Der Gedanke an das Treueverhältnis wird dabei
nicht vergessen. Der Beweisgang nähert sich nach den erwähnten Zwischengliedern 5
nun endgültig dem Schluß. Mose erwies sich (nach 4.Mose 12,7) als „Diener" in
seinem Haus treu (vgl. auch 2.Mose 4,10; 14,31; 4.Mose 11,11 u. a.). Es geschah
vor allem, daß er das, was „geredet wurde", also die Worte Gottes, unverkürzt
und unverfälscht bezeugte. Nach 4.Mose 12,8 (LXX) war er im Grunde der „Mund"
und das „Sprachrohr" Gottes; denn er gab das Zeugnis dem Volk nicht „unklar"
oder „verschlüsselt", sondern wörtlich weiter. Hinter dem Gedanken steht die Über-
zeugung sowohl der absoluten Heiligkeit als auch der ethischen Verbindlichkeit
der Thora. Während Mose Treue bewies „in seinem Hause", das ihm anvertraut 6
war von Gott, steht Christus als Sohn „über seinem Haus"; er ist vom Vater her
der Erbe und der Eigentümer. Seine Würde ist also eine höhere und einmalige.
Der nicht zufällig gesetzte Würdetitel „Christus" verstärkt das Anliegen; denn es
klingt an, daß wie das Diener-sein die Aufgabe des Mose war, so das Christusamt
die Aufgabe des Sohnes. 10,21 heißt es noch deutlicher, daß wir einen Hohenpriester
haben, „der über das Haus Gottes gesetzt ist". Das „Zwar-Aber" des Satzes präzi-
siert mit Nachdruck das christologische Beweisziel, wobei nun etwas überraschend,
doch im Ganzen der Darlegung durchaus passend, die Folgerungen für die Leser

im Sinne des „Wir" von 3,1 gezogen sind (s. „*unser* Bekenntnis"). Wozu diese erneute Überlegung? Das „Haus Gottes", über das der „Sohn" als Erbe gesetzt ist (s. Ps. 110), sind „wir", die Christen. Genauer spricht V. 6 vom „Hause Christi". Man hat nicht einfach daran teil. Die Zugehörigkeit ist vielmehr an gewisse Voraussetzungen geknüpft (s. 2,17). Das Israel des alten Bundes war durch Blutsbande zusammengekettet, das Christushaus bzw. die Christusgemeinde stellt sich hingegen dar als das „Volk" derer, die die Vergebung empfangen haben. Der nationale Gesichtspunkt ist demnach außer Kraft gesetzt. Hatte das „Haus Israel" nur auf Zeit Bestand, so reicht das nun endgültig verwirklichte „Haus Gottes", dessen Eckstein Christus ist (Ps. 118,22), hinein in die ewige himmlische Welt. Für den Christen liegt alles daran, daß er „den Freimut und den Ruhm der Hoffnung" bewahrt. Damit wird festgehalten, daß der Glaube eine Sache freien und sieghaften „Bekenntnisses" ist (s. 3,1).

Wie Israel steht auch das neue Gottesvolk in der Gefahr, die Verheißung der Sabbatruhe zu mißachten 3,7-4,13

Der Form nach stellt sich dieser sehr geschlossene Abschnitt als „Homilie" in der Homilie dar, wie er sich ja auch - nicht von ungefähr - als typische Ermahnung in einer Predigt findet, die „Wort der Ermahnung" sein will. Daraus geht hervor, daß ihm im Ganzen des Aufbaus keine Nebenrolle, sondern sogar eine sehr wesentliche Aufgabe zukommt. Der Verfasser schweift nicht ab zu einem Exkurs, sondern gibt seiner Darstellung genau jene kritische Brisanz, die es über Menschenwort hinaus zu Gotteswort macht, insofern nur letzteres mit der nötigen Unerbittlichkeit vor die Entscheidung stellen kann, nie aber menschliche Besinnung. Der Hebr. geht davon aus, daß nur insoweit eine Vollmacht des Predigers beansprucht werden darf, wie es ein vollmächtiges Wort gibt. Daher gehört der eigentümlich anmutende Schlußabschnitt 4,12ff. unbedingt zu dieser durchaus harten „Ermahnung" dazu. Wieder weist der Hebr. das Recht seiner Rede auf, wobei er nun über 3,3-6 hinaus noch grundsätzlicher denkt.

Als typischer Teil des homiletischen Ganzen verdienen die Ausführungen 3,7-4,13 besondere Beachtung. Ihre Grundlage ist ein längerer Abschnitt aus Ps. 95. Der Verfasser weiß sich wie das Israel der Wüste mit seiner Gemeinde in einer Zeit des Übergangs. Es ist eine „kurze Zeit" (s. 10,37). Insgeheim mag daran gedacht sein, daß ähnlich wie in der Wüste eine Frist von ca. vierzig Jahren bis zur Erfüllung des Erhofften gesetzt bleibt (s. auch 10,37f.). Wie schon ausgeführt, dürfte der Hebr. zwischen 60 und 70 n. Chr. geschrieben sein. Insgeheim rechnet er vom Jahr des Todes Jesu her (30 n. Chr.). Eine gewisse empfundene Dringlichkeit der Erwartung spricht aus dem Gebot der „täglichen" Ermahnung.

Das „Heute" des Gottesrufes fordert eine letzte Entscheidung 3,7-11

7 Darum gilt, was der heilige Geist sagt: „Heute, wenn ihr seine Stimme hört,
8 verhärtet eure Herzen nicht wie in der Erbitterung am Tage der Versuchung in
der Wüste, 9 wo (mich) eure Väter in einer Probe versuchten 10 und meine Werke

vierzig Jahre lang schauten. Daher verabscheute ich dieses Geschlecht und sprach: „Immer befinden sie sich mit dem Herzen in Irrtum". Sie aber erkannten meine Wege nicht, 11 weshalb ich in meinem Zorn schwur: „Sie sollen nicht in meine Ruhe hineingehen!"

V. 7-11: *Ps.95,7-11.*

Kann die Gemeinde an Jesus ersehen, was Treue ist, so muß sie am Volk des 7
alten Bundes lernen, wie leicht es zur Untreue kommt. Ist auch der größere Gedankengang durchaus einsichtig, in sprachlicher und logischer Hinsicht wirft der Übergang einige Fragen auf. Soeben ist noch gesagt worden, daß sich die Zugehörigkeit zum Hause Christi letztlich daran entscheidet, ob die Christen zuversichtlich und und getrost an ihrer Hoffnung festhalten. Etwas abrupt kommt es im Anschluß daran zur Einführung des Schriftzitats Ps.95,7-11 mit seinem harten, warnenden Ton: „Deshalb, wie der heilige Geist sagt". Man wird die scheinbare Schwerfälligkeit nicht so erklären, daß insgesheim schon die Fortsetzung V.12 ins Auge gefaßt ist: „... sehet zu Brüder, daß nicht ...". Die etwas stereotyp gehaltene Einleitungsformel „wie der hl. Geist sagt" macht es wahrscheinlicher, daß das „deshalb" vom vorausgehenden Anliegen her bestimmt wird im Sinne: „Darum gilt, was der heilige Geist sagt", um zu V. 8 hinzulenken und zu sagen: „Darum gilt ... verhärtet eure Herzen nicht!". Es ist deutlich, daß das Schriftwort im Ganzen der homiletischen Darlegung zunächst nicht eigentlich als Belegstelle dient. Der Verfasser füllt sein eigenes warnendes Wort vielmehr mit einer massiven biblischen Warnung, deren heilsentscheidende Gegenwartsbedeutung ihm außer Zweifel steht. Erst die Länge des Zitats, das den ganzen Schlußteil des Psalms umfaßt und das wahrscheinlich auswendig wiedergegeben ist, hat es zum stärker formalen Argument gemacht, woraus wiederum die Notwendigkeit erwachsen ist, es auch näher ausführlich zu erklären. Das Vorgehen des Hebr. ist erstaunlich. Fast rücksichtslos stellt er die Leser unversehens einem Wort des Geistes gegenüber, das sie zutiefst fordern und treffen muß. Weil sie als (Tauf-)Gemeinde eine Entscheidung getroffen haben, die alles übliche Wollen hinter sich läßt, prägt er ihnen unüberhörbar ein, daß es auf dem begonnenen Weg weder ein Zurück noch einen Widerruf geben kann. Die Folgen wären sonst furchtbar (V.12; 4,1). Hinter dem Verfahren steht die feste Überzeugung, das Schriftwort sei von gegenwärtiger Aktualität. Er versteht das „Heute" als den augenblicklichen Ruf des Geistes Gottes, der besagt, daß die angesprochenen Christen, nach 3,1: „Teilhaber eines himmlischen Rufes", auf Gottes Stimme hören sollen. Das „Heute" umgreift den Zeitraum der Ausrufung der Christusbotschaft (ähnlich 2.Kor.6,2), zielt aber offenbar auch auf die besondere gottesdienstliche
Situation, in der der „Ruf" Gottes in klarer Zusage vernehmbar ist. Da den Christen 8
Freimütigkeit und Gewißheit des Erhofften kennzeichnen, darf es keine Verhärtung des Herzens geben. Gemeint ist die Verstockung, worin sich der Mensch der Stimme Gottes verschließt, nicht etwa das angefochtene und suchende Herz. Die Schrift tadelt jene Haltung, die sich gegen Gott in Trotz und Auflehnung empört. Damit wird die Gemeinde vor jener „Verbitterung" gewarnt, die die Absage an Gott zum Inhalt hat, so wie sich Israel in Massa und Meriba dem Zweifel hingab: „Sollte der Herr unter uns sein? Doch wohl nicht!" (s. 2.Mose 17,1ff.). Eine so verstockte Haltung bestraft Gott, weil sie nicht plötzlich wie eine Anfechtung über Israel

gekommen ist, sondern lange mutwillig vorbereitet war. Obwohl Teil des Zitats,
9 deutet die Redeweise „eure Väter“ auf angesprochene jüdische (christliche) Men-
schen hin. In besonderen Zeiten der Geschichte sollte man sich niemals in leicht-
fertiger Weise gegen Gott stellen. Auch hiermit will der Hebr. die Gemeinde un-
mittelbar ansprechen. Kommt sie nicht ebenfalls von unerhörten Glaubenserfah-
10 rungen her (s. 2,1-4)? Vierzig Jahre lang sah Israel in der Wüste Gottes „Werke“.
Was ist damit gemeint? Das Schriftwort ist durch ein zusätzliches „darum“ (mit
der Fortsetzung: „verabscheute ich ...“) anders abgetrennt als in der Septuaginta,
wo die Rede lautet: „Und sie sahen meine Werke. Vierzig Jahre lang zürnte ich
jenem Geschlecht“. Während darin Werke des Zornes gemeint sind, denkt der
Verfasser somit wohl stärker an die „wunderbaren“ Machterweise als Zeichen
der gnädigen Führung Gottes. Von hier aus mußte der angesprochenen Ge-
meinde das Verhalten der Väter um so befremdlicher, die Reaktion Gottes aber
um so verständlicher erscheinen. Früheres Versagen darf auf keinen Fall jetzt noch
einmal geschehen. Dabei bleibt nach dem Vorbild des Psalms die genaue Örtlich-
keit, weil im Grunde bedeutungslos, ja für das Zeugnis hinderlich, offen. Während
der hebräische Text auf „Massa“ und „Meriba“ Bezug nimmt, was der Hebr.
sicher wußte, läßt er die lokalen Details wie die griechische Fassung völlig außer
Betracht. Das Verhalten Ganz-Israels kommt dadurch in den Blick; denn eben
dessen Unglauben soll und darf die Gemeinde des neuen Gottesvolkes nicht zu dem
ihren machen. Die Stationen der Wüstenwanderung gewinnen notwendigerweise
Aussagekraft für strafwürdige Verhaltensweisen (sich gegen Gott „empören“, ihn
„erproben“ und „versuchen“). Mit V.10 wird der Spruch aus Ps.95 zur direkten
Aussage, in der Gott selbst redet. Er äußert darin seine Abscheu und seinen Über-
druß an der Generation des Wüstenzugs, die immer im Herzen dem Irrtum zu-
11 neigte, obwohl sie die „Werke“ schauen durfte. Weil es an Glauben und Gehorsam
mangelte, schwur Gott in seinem Zorn, sie sollten nicht in seine Ruhe, d. i. in das
von ihm in Aussicht genommene „Land der Verheißung“ ziehen. Die wörtliche
Wiedergabe des Schwursatzes des griechischen Textes der LXX, der ohne Kenntnis
des hebräischen Wortlautes nicht verstanden werden kann, beweist die jüdische
Schriftgelehrsamkeit des Verfassers (vgl. 4.Mose 14,30). Der Hebr. hat ebenfalls
keine Veränderung vorgenommen, weil ihm die Inspiriertheit des Gotteswortes
oberstes Axiom gewesen ist. Das furchtbare Gottesgericht über die Generation
der Wüstenwanderung wird zum Zwecke der Abschreckung voll anerkannt. Es
ist dabei keineswegs antijüdisch gedacht, sondern durchaus in der Weise der Syna-
goge, die ebenso hart urteilen konnte. Die erwähnte eigenwillige Abtrennung des
Psalms V. 10a erweckt den Anschein, als habe Gott erst nach vierzig Jahren ein-
gegriffen, wogegen hierfür das Zeugnis des Alten Testaments vielmehr ausdrück-
lich den Anfang der Wanderung benennt, gelegentlich sehr genau sogar das zweite
Jahr (4.Mose 14,21-35; 32,10-13; 5.Mose 1,34-40), um damit die lange Dauer
des Wüstenzugs ursächlich zu verbinden. Tatsächlich ermöglicht die geringfügige,
aber sicher bewußte Abweichung von der Vorlage einen im Blick auf die Situation
der Leser passenderen Vergleich. Man weiß sich am Ende des Auszugs, nicht etwa
am Anfang. Die Möglichkeit ist nicht auszuschließen, daß die urchristliche Er-
wartung wie die jüdische mit zunächst 40jähriger Messiaszeit rechnete, was schon

für Rabbi Elieser (um 90 n. Chr.) überliefert ist: „Die Tage des Messias sind vierzig Jahre, wie gesagt ist Ps. 95,10“ (Sanh. 99a). Dennoch wird seitens unseres Briefes keine Rechnung geliefert, sondern alle erkannte Dringlichkeit wird umgesetzt in ernstliche Mahnung zur Bereitschaft. Man kann daran erinnern, daß in ähnlicher Weise Paulus warnend auf das Beispiel Israels hinwies (1.Kor. 10,7). Das Kreuz als Grund christlichen Verhaltens ist gottgesetztes Zeichen hin auf Liebe *und* Hoffnung. Christlicher Glaube bedarf der unbedingten Bereitschaft zum Handeln, kann aber auch nie der Ausdauer entbehren, die nötig ist, um eine letzte Zukunft anzugehen.

Nur tägliche Ermahnung untereinander wehrt der Gefahr des Abfalls 3,12-14

12 Brüder, seht zu, daß nicht in einem von euch ein böses Herz des Unglaubens sei, das vom lebendigen Gott abfallen könnte! 13 Ermahnt euch selbst vielmehr täglich, solange das „Heute“ ausgerufen wird, damit nicht jemand unter euch durch Betrug der Sünde verhärtet werde. 14 Wir sind nämlich Mitgenossen des Christus geworden, wenn wir die anfängliche Glaubensgrundlage bis zum Ende beständig festhalten.

V. 13: *Ps. 95,7ff.*

Da die Gemeinde wie das Israel der Wüstenzeit zu einem ewigen Ziel unterwegs 12
ist, hat sie als Gemeinschaft der „Brüder“, so die Anrede, Sorge dafür zu tragen, daß niemand zum Abtrünnigen werde. Alle tragen füreinander Verantwortung, und jeder verantwortet das Letzte. Wovor gewarnt wird, ist der Abfall vom Christusglauben, an dem der „Ruhm der Hoffnung“ hängt (3,6). Die Aussage ist kein Beweis für die Annahme, hier könnten heidenchristliche Adressaten gemeint sein, die vom Rückfall zum Heidentum ohne Gott bedroht waren. Von der Apostasie wird schließlich schon 4. Mose 14 im Blick auf Israel gehandelt. Abfall ist erst recht die fürchterliche Gefahr der Christuszeit, die eine Zeit des „Heute“ ist und in der deshalb die Stimme Gottes nochmals in besonderer Weise ergeht (s. 12,25). Gott will den Glauben, der sich ihm bedingungs- und vorbehaltlos zuwendet und seiner Rede ganzes Vertrauen schenkt.

Was unser Prediger erteilt, nämlich ein „Wort der Ermahnung“, ist im Grunde 13
die Aufgabe aller Angesprochenen; denn „keiner unter ihnen“ soll in Verbitterung den Weg des Abfalls beschreiten. Niemand soll meinen, allein gelassen zu sein, was zur Verstockung führen kann. Solche Verhärtung des Herzens ist die große Versuchung der Gegenwart, zumal sie zurückgeht auf den „Betrug der Sünde“, die nicht nur menschliches Versagen bezeichnet, sondern eine widergöttliche Macht. Demnach stellt nicht allein der eigene Wille eine potentielle Gefahr dar, sofern er schwach sein kann, gefährlicher ist ein Fremdes und Unbekanntes, das uns be-
herrscht. Der Christusglaube ist nicht nur sittliche Aufgabe, sondern auch Be- 14
währung in einem Kampf, in dem Machtverhältnisse entschieden werden. Zum Trost und zur Stärkung wird hinzugefügt, daß die „Teilhaber“ eines himmlischen „Rufes“ (3,1) auch „Genossen Christi“ und somit Miterben sind. Er begleitet ihren Weg, nun da sie als Getaufte seinen Namen tragen, um Beistand zu sein bis zum

Erreichen des letzten Ziels. Noch einmal bringt der Verfasser eine einzige, aber wesentliche Bedingung ein: „sofern wir den Anfang der Glaubensgrundlage bis zum Ende beständig festhalten“ (vgl. Kap. 11). Gemeint ist nicht die „anfängliche Glaubenszuversicht“, sondern die „Glaubensgrundlage“ bzw. der „Grund“ der Zuversicht, mit der bei den Hörern längst ein Anfang gemacht ist.

Galt die Verheißung einer letzten Ruhe des Gottesvolkes etwa Israel? 3,15-19

15 Wenn das Wort sagt: „Heute, da ihr seine Stimme hört, verhärtet eure Herzen nicht wie in der Erbitterung“, wer waren denn dann die, welche, nachdem sie „zugehört hatten“, in „Bitterkeit (gegen Gott) verfielen?“ 16 (Aber) waren es denn nicht alle, die unter Moses Führung am Auszug aus Ägypten teilgenommen hatten? 17 Welchen „zürnte er denn vierzig Jahre lang?“ Geschah es nicht gegenüber denen, die gesündigt hatten, und „deren Leiber in der Wüste dahinfielen?“ 18 Welchen aber galt denn der Schwur, „sie nicht in seine Ruhe hineingehen zu lassen“, wenn nicht denen, die ungehorsam gewesen waren? 19 Und so sehen wir, daß sie auf Grund des Unglaubens nicht haben hineingehen können.

V. 15: *Ps.95,7ff. (vgl. dazu 2.Mose 17,1ff. sowie bes. 4.Mose 14,20-45);* V. 17: *Ps.95,10 und 4.Mose 14,29.32;* V. 18: *Ps.95,11 (hierzu 4.Mose 14,22f.).*

15-19 Die V. 15-19 erläutern den Begriff der „Verhärtung“ auf Grund des nochmaligen
15 Zitats Ps. 95,7f. In sehr gewandter rhetorischer Manier wird über drei nacheinander
eingeworfene Fragen der Tatbestand bewiesen, daß „Empörung“, Versagen und
Ungehorsam als Formen hartnäckigen Unglaubens keine Aussicht haben, in die
verheißene Ruhe zu „gelangen“. Bei äußerem Zusehen wirkt die Argumentation
etwas künstlich und gewollt (s. das überflüssige „Aber“ V. 16). Tatsächlich will
sie aber den Gedankengang dermaßen steigern, daß die Hörer mit der folgenden
Mahnung 4,1 vollständig übereinstimmen, und umso entschiedener den Willen auf
16 jenes hohe Ziel richten, das mit 4,1-11 positiv entfaltet wird. Die erste Frage blickt
auf das Verhalten des Volkes bei Massa und Meriba (2.Mose 17,1ff.). Kein Hörer
17 kann leugnen, daß das Volk des Auszugs gegen Gott „erbittert“ war. Daraus leitet
sich zwangsläufig sein Ja zu dem Urteil ab, das auch bei seinem Versagen droht.
Die zweite Frage spielt auf die Begebenheit bei Kadesch an, als Israel nicht kämpfen
wollte, um das Land einzunehmen, so daß Gott daraufhin vierzig Jahre „zürnte“
(so nach 4.Mose 14,20-38). Als man schließlich doch den Versuch wagte, kam es
zu einer furchtbaren Niederlage durch die Amalekiter und Kanaaniter (4.Mose 14,
18 45). Die dritte Frage hat den Schwur Gottes bei gleicher Gelegenheit zum Inhalt,
der aber freilich als Ergebnis des damaligen Verhaltens hier an den Schluß gestellt
ist (4.Mose 14,28ff.). Im letzteren Fall sind die Hörer ebenso gezwungen zu bestätigen, daß Verfehlung und Ungehorsam prompt bestraft werden. Sie geben damit
zugleich kund, daß sie sehr wohl wissen, welches Geschick auch ihrer warten
19 könnte. V. 19 zieht das Fazit, lenkt aber zugleich hinüber zur neuen Darlegung,
die positiv erhärtet, daß es darum geht, in die „Ruhe“ Gottes zu gelangen. Was
der Verfasser anstrebt, ist auf Seiten der Gemeinde die Einsicht in die Bedeutung
der Stunde. Sie muß sich über die Konsequenzen ihrer Entscheidung völlig klar

sein. Was sich wie eine Drohung ausnimmt, ist in Wahrheit ein Plädoyer für den mündigen Christen, der über das bloße Ja des einstigen Taufentschlusses hinauskommen muß zu einem Leben der stündlichen Verantwortung.

Die Zusage des Wortes gilt der Christusgemeinde 4,1-3

1 Da die Verheißung, in seine Ruhe einzugehen, ihrer Erfüllung nach noch aussteht, laßt uns in Furcht darauf bedacht sein, daß nicht jemand von euch als Zurückgebliebener erscheinen könnte. 2 Ganz wie jene haben auch wir die frohe Botschaft empfangen, doch das Wort der Predigt war für sie ohne Nutzen, weil es sich nicht im Glauben mit den Hörern verbunden hatte. 3 „Wir gehen" nämlich „in (eine) Ruhe hinein", wenn wir zum Glauben gekommen sind, gleichwie er gesagt hat: „So daß ich schwur in meinem Zorn: Sie sollen nicht zu meiner Ruhe gelangen", obwohl die Werke seit Grundlegung der Welt geschaffen waren.

V. 3: *Ps. 95,11;* V. 4: *2. Mose 2,2;* V. 5-7: *Ps. 95,11 und Ps. 95,7ff.*

Israels Geschick beim Auszug zwingt zum Nachdenken. Haben letztlich nicht alle 1-3
versagt? Hat das göttliche Gericht nicht einen jeden erreicht? Hat der Mensch, der zum Aufstand gegen Gott neigt, überhaupt die Möglichkeit zu bestehen? Der Gedankengang 4,1ff. beweist, daß der Verfasser als jüdischer Christ derlei Fragen empfunden hat. Indessen verfällt er weder der Resignation noch der Skepsis. Im Wissen darum, daß dem Glauben vor Gott die Verheißung gehört, zieht er Folgerungen, die Verantwortung und Zuversicht bekunden. Er weiß außerdem um die Gemeinschaft des neuen Gottesvolkes, die unter dem Worte Gottes steht und auf ein letztes Ziel hin ausgerichtet ist, wobei sie sich wie Israel in der Wüste auf eine feste Zusage stützen kann. Der Hebr. bezeichnet diese als „frohe Botschaft"
und er weist auf, daß ihr Inhalt unvergleichlich ist. Sorge, ja Furcht soll alle leiten, 1
daß nicht „einer von ihnen" (vgl. schon 3,13) sich als zurückgeblieben finde, nämlich derart, daß er schließlich den Eingang in die „Ruhe Gottes" versäumt. Der ewige Sabbat bringt die Befreiung von beschwerlicher Wanderschaft, quälendem Suchen und verzweifeltem Ringen. Es gibt aber ein Zu-spät. Wer vom Weg abkommt, wer unentschlossen geht, ist nicht nur ein zeitweilig „Zurückgebliebener", sondern verliert das Ziel aus den Augen. Die Furcht, die die Gemeinde bis zur unbedingten Verantwortung untereinander leiten soll, ist dabei keine Sache lähmender
Resignation, sondern ein Verhalten kluger Vorsicht und aktiver Hingabe. Solch 2
geistliche Wachsamkeit ist vor allem deswegen vonnöten, weil auch die Christen „ganz wie jene" eine „frohe Botschaft" besitzen. „Wir" haben sie, sagt der Verfasser. Man hört die Freude heraus, einen überragenden Besitz vorweisen zu können. Die Ausdrucksweise V. 1 klingt an, daß die Verheißung eigentlicher Inhalt dessen ist, was im „Wort der Predigt" zur Zeit als „frohe Botschaft" verkündigt wird. Der Sprachgebrauch dürfte an Jes. 52,7 (LXX) ausgerichtet sein. Offenbar ist das Evangelium als „frohe Botschaft" keineswegs nur das Zeugnis von Christus, sondern mehr noch der Zuspruch der letzten Dinge, die uns sein Opfer erschlossen hat: Die eigentliche Gefahr, vor der gewarnt wird, ist nicht ein falsches christologisches Denken, sondern ein Erlahmen der eschatologischen Spannkraft des Glaubens. Seine wesensmäßige Ausrichtung auf die Zukunft kann unterschätzt

werden. Darin sieht der Verfasser auch das eigentliche Versagen Israels in der Wüste; es blieb immer am Gegenwärtigen hängen, anstatt nach vorne zu blicken. Der Gott, der es aus Ägypten rief, hat schließlich die größten Wunder in der Zukunft vollbracht. Später folgt eine sehr klare Bestimmung des Glaubensbegriffes, die der angestellten Betrachtung voll entspricht (s. 11,1). Echter Glaube hat ausgesprochenen Zuversichtscharakter, wobei nicht etwa eigene Aktivität verschüttet, sondern diese umsomehr freigelegt werden soll. Dies darf geschehen, wenn die Sinnfrage einer Antwort zugeführt ist. Dem Versagen Israels stellt der Hebr. aus diesem Grunde nichts weiter als die Zuversicht des Glaubens entgegen, der Gott
3 alles zutraut. Ps. 95 aufgreifend, stellt er fest, daß „wir", die wir zum Glauben gekommen sind, „in Ruhe" eingehen, und zwar gerade in Anbetracht des Schwurs, der es Israel verwehrte. Gott habe ihn abgelegt, „obschon die Werke seit Grundlegung der Welt geschaffen waren". Da die sehr verkürzt vorgetragene Antwort zunächst nicht ganz einsichtig ist, folgt ein ausführlicher Beweis (4,4-10), dessen Grundlinien klar sind. Als Gott die Werke der Schöpfung zum Abschluß brachte, bereitete er sich und dem Menschen eine ewige „Ruhe". Da Israel seines Versagens wegen noch nicht in sie eingehen konnte, besteht das Angebot bis zur Stunde fort. Daher darf und soll das neue Volk Gottes davon Gebrauch machen. Im Hinblick auf die spezielle Erwartung des Hebr. wird man die präsentische Aussage beachten, daß „wir, die wir zum Glauben gelangten, in (die) Ruhe hineingehen". Den Hebr. leitet die Vorstellung, daß mit dem Christ-sein der Bezug zu einer neuen Wirklichkeit hergestellt ist, die dem Glaubenden (und nur ihm!) die Welt (= ewige Ruhe) Gottes erschließt. Er unterscheidet sich darin vom philonisch-hellenistischen Denken, das zwischen dem Menschen und der Gotteswelt im Grunde einen Gegensatz bestehen läßt, der nur durch Erkenntnis und religiöse Schau wenigstens teilweise überbrückbar ist. Die Ansicht geht darüberhinaus ohne Zweifel dahin, daß die Erwartung zeitlich gespannt nach vorn gerichtet sein soll, wo Gott die letzte Vollendung bereithält. Den Verfasser leitet die unaufgebbare Überzeugung, daß christlicher Glaube einen Gottesbezug eröffnet, dessen Dimension nicht nur ein neues Gegenwartsverständnis umgreift, sondern auch jene Zukunft erschließt, in der Gott einen unaufgebbaren Platz hat.

Auch das Zeugnis Davids bleibt Beweis für eine künftige „Ruhe Gottes" 4,4-9

4 Denn über den siebten Tag hat er irgendwo so gesagt: „Und Gott ruhte am siebten Tag von allen seinen Werken". 5 Doch an der erwähnten Stelle wiederum heißt es: „Sie sollen nicht in meine Ruhe hineingehen". 6 Da also noch aussteht, daß welche „in sie eingehen", und da jene, die früher die frohe Botschaft empfangen hatten, wegen ihres Unglaubens nicht hineingelangt sind, 7 bestimmt er erneut einen Tag „heute", um nach so langer Zeit durch David mit vorerwähnten Worten zu sprechen: „Heute, wenn ihr seine Stimme hört, verhärtet eure Herzen nicht". 8 Wenn sie nämlich schon Josua zur Ruhe gebracht hätte, dann hätte er nicht von einem anderen Tag danach gesprochen. 9 Somit ergibt sich, daß dem Volke Gottes noch eine Sabbatruhe verbleibt.

V. 5-7: *Ps. 95,11 und Ps. 95,7ff.*

Die mit 4,4-9 ergänzte Beweisführung, die die Tatsache einer noch vorhandenen 4-9
Ruhe erhärten soll, zergliedert die vorher zusammengezogenen Denkschritte aus-
führlich. In der vor allem für Philo bezeugten unbestimmten Weise (s. „irgendwo"
auch 2,6) wird ausdrücklich die klassische Stelle 1.Mose 2,2 zitiert, wo Gott die 4
Sabbatruhe am siebten Tag der Schöpfung gebietet. In der gesamten frühjüdischen
und urchristlichen Literatur gilt sie als Hauptbeleg für den künftigen großen „Tag
Gottes", der tausend Jahre umfaßt. Die Betrachtungsweise des Hebr., die ganz ins
Grundsätzliche geht, verzichtet auf Zahlenangaben. Um so stärker tritt das Wesent-
liche hervor: wie der Anfang der Schöpfung so auch das Ende! Daher weiß sich
der Mensch des biblischen Zeugnisses zu einem Leben der ethischen Verantwortung
unter dem Anruf Gottes befreit. Die bleibende Gültigkeit von 1.Mose 2,2 wird 5
schließlich durch Einbeziehung von Ps. 95,11, dem Haupttext dieses Gedankengangs,
unterstützt, in dem der zentrale Begriff der „Ruhe" ebenfalls seinen bestimmten
Platz hat. Aus der gegebenen Wortgleichheit ergibt sich für schriftgelehrtes Denken
das Recht zu gewissen Schlüssen. Man wird sie zu verstehen suchen, wenn auch
freilich nicht mehr übernehmen können. Weiß das Psalmwort, daß das Israel der 6
Wüste nicht in die Ruhe einziehen durfte, dann bleibt die Aussage aber doch für
andere gültig, die hineingehen können. Gott nimmt ein gegebenes Wort niemals
zurück. Gelangten die, denen in früherer Zeit mit solchem Angebot „frohe Bot-
schaft" zuteil wurde, nicht hinein, dann lag es nahe, die früher gesprochene Ver-
heißung zu gegebener Zeit erneut in Kraft zu setzen. Dies geschah, als David das 7
Wort Gottes noch einmal zur Geltung brachte. Nach der Überzeugung des Hebr.
gibt es eben kein zufälliges Reden Gottes. Es steht immer ein fester und bleibender
Sinn dahinter. Deshalb wird als zusätzliches Argument angehängt, daß Josua Israel 8
noch nicht zur „Ruhe" gebracht hat. Er führte es zwar ins Heilige Land,
aber dieses selbst ist nie und nimmer der eigentliche Inhalt der göttlichen Zusage gewe-
sen. Indem nach dem letzten Aussagegehalt geforscht wird, berührt sich die
schriftgelehrte Auslegungstechnik unseres Verfassers wiederum mit einem methodi-
schen Prinzip der alexandrinisch-neuplatonischen Allegorese. Die interessante Tat-
sache, daß an dieser Stelle in vorbehaltloser Weise der gräzisierte Name Josuas ge-
braucht wird, nämlich (wie in der LXX) „Jesus", stellt eine Bestätigung dafür dar,
daß Kontakte zur hellenistischen Synagoge vorliegen, die auf die Bildung des Hebr.
ein bezeichnendes Licht werfen. Grundsätzlich wird von der Überzeugung her ge-
schrieben, daß das Wort der Schrift sowohl erkenntnismäßig als auch zeitlich offen
ist. Es meint ein Bleibendes, das eigentlicher Inhalt der künftigen Vollendung
ist. Im Blick auf die nachgetragene ausführliche Beweisführung kann endlich der 9
Schluß gezogen werden, daß dem „Volke Gottes" — die Wendung kommt erstmals
hier vor – in der Tat noch eine „Sabbatruhe" verbleibt, die Inbegriff seiner Hoff-
nung sein sollte (s. 4,1). Auf Grund des Kap. 4 wurde die These entwickelt (E.
Käsemann), das gesamte Zeugnis des Hebr. lasse sich mit Hilfe der Konzeption des
„wandernden Gottesvolkes" auf einen einheitlichen theologischen Nenner bringen,
zumal ihr auch eine bestimmte (gnostische) Erlöservorstellung zugrunde liege.
Aber stellt sich der Hebr. das „Volk Gottes" (s. auch 11,25) als auf der Wanderung
befindlich vor? Eine genauere Betrachtung führt zu Vorbehalten; denn offen-
sichtlich weiß sich der Hebr. mit der angesprochenen Gemeinde nicht eigentlich

am Beginn der Wanderung, sondern vor ihrem nahen Abschluß. Das Eingehen in die Sabbatruhe ist in gewisser Hinsicht sogar bereits eine Sache der Gegenwart, des „Heute". Bündig wird festgehalten, was als Wahrheit gültig ist und somit ergriffen werden darf.

Jeder sollte die Gefahr des Ungehorsams ernstnehmen 4,10f.

10 Wer nämlich „in seine Ruhe hineinging", gelangt auch selbst „von seinen Werken zur Ruhe" wie Gott von den seinigen. 11 So laßt uns also danach streben, daß wir „in jene Ruhe hineingehen", damit nicht jemand nach dem gleichen Beispiel des Ungehorsams zu Fall komme.

V. 10ff.: *Ps. 95,11 und 2. Mose 2,2.*

10 Zur Vertiefung des Resultats werden noch eine Erläuterung, die persönlich-individuell gehalten ist, und eine nachdrückliche Mahnung im Wir-Stil angehängt, die der Aussage 4,1 gleicht. Dort ein Zuspruch, hier ein Aufruf. Wie Gott am siebten Schöpfungstag von seinen Werken zur Ruhe kam, so ist auch der Mensch, der in die Ruhe Gottes eingetreten ist, „von seinen Werken zur Ruhe gelangt". Was ist gemeint? Im Blick auf Gott gewiß seine 1. Mose 1 berichteten Schöpfungstaten, wobei vor allem daran gedacht sein mag, daß sie Mühe und Arbeit gemacht haben. Wird außerdem davon gesprochen, daß der Mensch von „seinen Werken" zur Ruhe gelangt ist, so kann damit nur Ausdruck finden, daß er Beschwerliches und Hinderliches abgelegt hat. Möglicherweise ist nicht an die üblichen Lasten des menschlichen Lebens gedacht, die zu tragen keinem erspart bleiben, sondern eher schon an die Gesamtheit der Verfehlungen eines Lebens, die der Vergebung bedürfen. Der Gedanke wäre dann ein ganz ähnlicher wie in 1. Petr. 4, 1 ff., daß „der, der am Fleisch litt", Christus, „aufhören gemacht hat (= Ruhe gebracht hat) von der Sünde". Hinter den Wendungen steht ein sehr reichhaltiges judenchristliches Gedankengut. So schreibt Epiphanius über die Judenchristen, daß sie Christus als großen „Sabbat" lehrten (Pan. haer. 30, 32, 6 ff.). Offensichtlich besagt der erklärende Satz nicht etwa eine „Ruhe Gottes", die erst in der fernen Zukunft anbricht. Es ist vielmehr eine Wirklichkeit des angebotenen Heils, das sich in naher
11 Zukunft durch Gottes Eingreifen vollendet. Aus dieser Spannung erwächst die Notwendigkeit der Ermahnung, alles Streben auf das Hineingehen in „jene Ruhe" zu richten, „damit nicht jemand nach dem gleichen Beispiel des Ungehorsams (wie Israel) zu Fall komme". Nicht die Gemeinschaft insgesamt ist in Frage gestellt, sondern der Einzelne. Als „Haus Gottes" (3, 6) ist die Gemeinde schließlich mehr als Israel und sicherer gegründet. Die Gefahr des Abfalls sollte aber der einzelne Christ ernstnehmen (s. 3, 12; 4, 1). Sein persönliches Versagen kann den Verlust des Heils nach sich ziehen und ist somit noch eine Dimension abgründiger, als es das Versagen Israels war.

Gottes Wort stellt eine richterliche Größe dar 4,12f.

12 Denn Gottes Wort ist lebendig, wirksam und schärfer als ein zweischneidiges Schwert, wobei es durchfährt bis zur Zertrennung von Seele und Geist, Gelenken und Mark, und die Anschläge und Gedanken des Herzens richtet. 13 Es gibt

auch kein Geschöpf, das nicht vor ihm offenbar ist. Alles ist vielmehr nackt und entblößt vor den Augen dessen, dem wir Rechenschaft abzulegen haben.

Auch das neue Gottesvolk trifft seine Entscheidungen in der Erkenntnis der unerbitt- 12 f.
lichen Schärfe des „Wortes Gottes". Eine theologische Besinnung begründet den mahnenden Satz 4,11, bringt aber zugleich die gesamte Warnung zu Ende (3,7-4,11). In ihrer strengen thematischen Ausrichtung wirken die Sätze wie ein Exkurs. Ihrer Form nach handelt es sich um eine kompakte allegorische Erörterung der gerichtlichen Merkmale des Wortes Gottes, das einem Schwert verglichen wird. Damit melden sich Grundgedanken an, die den Verfasser wiederum in die Nähe der philonisch-alexandrinischen Theologie rücken, wenn auch das Besondere seiner Darlegung zu sehen ist.

Philo beschreibt zwar mit ähnlichen Worten (in einer Auslegung von 1.Mose 15,10) die zerteilende Kraft des Wortes (Quis rer. 130-140, 225, 234-236), meint aber damit vom Hintergrund einer pantheistischen, philosophisch-stoischen Weltvernunftlehre her die kritische Fähigkeit des Verstandes, das Weltganze zu zergliedern sowie den gegensätzlichen Aufbau des Kosmos zu erkennen: „Denn der göttliche Logos hat alle Dinge in der Natur geteilt und zerlegt". Im deutlichen Unterschied dazu fehlt dem Wortbegriff des Hebr. sowohl die Komponente der allgemeinen Vernünftigkeit als auch die des rational-logischen Zergliederns. Hinzukommen ohne Zweifel streng biblische Vorstellungsgehalte, die nicht am Vernunftbegriff, auch nicht an einem philosophischen Weisheitsbegriff (s. Weish. Sal. 7,22), sondern am Zeugnis vom göttlichen Willen ausgerichtet sind. Das göttliche Wort ist demnach kein Wesensbestandteil der Welt, sondern zielt auf sie, genauer auf den Menschen, um Gottes Anspruch darzulegen und durchzusetzen. Das „Wort" ist nicht die Weltvernunft, auf der alles Sein gründet, sondern das Unerhörte, das Gott im Sachverhalt des Hörens und Gehorchens gewiß und verbindlich erscheinen läßt. Die Grundlagen dieses Denkens liegen im Alten Testament, wo vor allem die Propheten die Macht des Wortes bezeugen und seinen Auftrag wahrnehmen (Jes. 40,8; 49,2; Jer. 23,29). In der Weish. Sal. 18,14 wird das „Wort Gottes", das Israel in der Passanacht befreit, einem „unwiderstehlichen Krieger" verglichen, der vom Himmel auf die Erde springt: „Als scharfes Schwert trug er deinen unwiderruflichen Befehl, und dastehend erfüllte er alles mit dem Tode". Daß die Worte der Thora einem Schwert gleichen, ist ebenfalls verbreitete Überzeugung der Rabbinen. Der Hebr. steht diesem bildhaften Vergleich näher als dem philosophischen Logos-Begriff.

Wort Gottes ist bei ihm nicht das Wort, das Gott oder Göttliches, wie auch 12
immer, zum Inhalt hat, sondern das Wort, das Gott selbst spricht. Dessen Eigenschaften sind ihm gemäß. Es ist wie er lebendig und will folglich zum Leben bringen (5.Mose 32,47; 1.Petr. 1,23). Jedes Nichthören bedeutet den Tod. Wirkliches Leben kann eben angesichts der wahren Wirklichkeit dieser Welt (s. 2,15) nur ausgesagt werden im Blick auf Gott. Das Wort ist nichts Lebloses, ist kein Schall und Rauch, sondern bringt uns der Wirklichkeit seiner Person näher. Der Mensch lebt davon (Lk. 4,4). Als Wort über Gott ist es auch Wort von Gott.

Gottes Wort ist „wirksam"; es ruft die Wirkung hervor, von der es handelt. Gott wacht über seinem Wort, damit es auch „geschieht" (Jes. 1,12). Es kann Heil

schaffen oder Verderben bewirken, wofür es kein anschaulicheres Beispiel gibt als die Geschichte Israels. Wie sehr die doppelseitige Art des Wortes im Mittelpunkt der Überlegungen steht, veranschaulicht endlich die dritte Eigenschaft, wonach es „schärfer“ ist als ein zweischneidiges Schwert. Damit wird deutlich, daß es notfalls nicht nur um Leben und Wirkungen geht, sondern auch um Trennung und Scheidung, also um die Schaffung klarer Verhältnisse von Gott her. Dies wird an drei Punkten ebenfalls bildhaft aufgezeigt. Wie ein Schwert trennt Gottes Wort, wenn es „durchfährt“, das Innerste, das Engste und das Geheimste. Seele und Geist bezeichnen den seelisch-geistigen Bereich des Menschen, d. h. gleichsam das Innerste, das Gott verantwortlich ist. Das Bild der Zertrennung von Gelenken und Mark will wahrscheinlich nicht den Bereich des Körperlichen einbringen, sondern bezieht sich auf Engverfugtes. Endlich wird gesagt, daß das Wort ein Richter der „Anschläge und Gedanken des Herzens“ ist, also auch Geheimstes freizulegen vermag. Offenbar ist Gottes Wort die schärfste Waffe, die den Menschen treffen kann. Andererseits gibt es kein Mittel, mit dem man sieghafter vorgehen könnte. Das Wort bezeichnet die Wirklichkeit von Gottes Gegenwart und somit das Mittel seiner Offenbarung im Leben des Menschen, der Geschöpf ist. Durch sein Wort hat Gott den Menschen geschaffen. Durch sein
13 Wort ruft er ihn auch immer wieder zum geschöpflichen Ursprung zurück, wobei Rechenschaft abzulegen ist. So scharf das Wort ist, so unbestechlich auch Gottes Blick. Er urteilt eben nicht vordergründig, sondern im Wissen um die wahren Zusammenhänge, wobei alles „nackt“ und „entblößt“ vor ihm liegt. Die Wendungen deuten an, daß sich der Mensch wie ein Opfer zu verantworten hat, um jederzeit des tödlichen Hiebes gewärtig zu sein. In sehr pointierter Weise heißt es am Schluß des Abschnittes wörtlich: „dem wir Rede (= Wort) stehen müssen“. Damit ist klar gesagt, daß Gottes Wort unsere Antwort verlangt.

Zusammenfassend betonen wir, daß der Abschnitt 4,12ff. ein Beweis für die leitende Erkenntnis ist, daß die Theologie des Kreuzes und die Theologie des Wortes unaufgebbar zusammengehören. Sie gibt dem gesamten Zeugnis des Hebr. das Gesicht. Vor allem die Fortsetzung trägt dieser Erkenntnis Rechnung. Läßt sich das paulinische Zeugnis auf den Satz bringen, daß das „Wort vom Kreuz“ in Macht besteht, so das des Hebr., daß das „Wort vom Opfer“ unsere Verantwortung fordert (s. noch 13,15f.).

Viele Ausleger lassen mit 4,14 einen zweiten größeren Abschnitt beginnen, der bis 10,18 reicht. Der Verfasser soll im Gefühl, bei der Erörterung von Ps. 95 abgeschweift zu sein, nun energisch auf früher Gesagtes zurückgegriffen haben. Die mehr oder weniger abrupte Hinwendung zum schließlichen Hauptgegenstand des Briefes sei von daher verständlich zu machen. Schon für 3,7-4,13 ließen sich Gründe gegen eine solche Betrachtung erarbeiten. Offensichtlich geht das Bemühen des Hebr. dahin, innerhalb der Homilie Gedankenkreise in der Weise zu bilden und aneinanderzureihen, daß jeweils auf bestimmte Worte und Sätze zurückgegriffen ist, die im wesentlichen die homiletische Grundlage Ps. 110 voraussetzen. Ein solcher neuerlicher Gedankenkreis, der ein weiteres Thema zu erfassen sucht, um daraus die nötigen Folgerungen zu ziehen, liegt mit 4,14-6,20 vor.

Zweiter Hauptteil: „Du bist Priester" (Ps. 110,4) 4,14-6,20

Die Freudigkeit zum Bekenntnis erwächst aus dem hohenpriesterlichen Dienst Jesu, der bis in die tiefste Existenznot eine Hilfe gebracht hat 4,14-5,10

Unser Abschnitt behandelt zunächst den Tatbestand des Hohenpriestertums Jesu prinzipiell, wobei vor allem seine Wesensmerkmale beleuchtet werden, nämlich die unmittelbare Berufung durch Gott und die unbedingte Mitleidsfähigkeit. Dabei geht es um die detaillierte Ausführung früherer Gedanken in 2,9ff. und 2,17ff. Der ermahnende Aufruf 4,14, der die Intention der umfangreichen Erörterung 3,7-4,11 noch einmal im Sinne des eigentlich leitenden praktischen Anliegens aufgreift, richtet sich sachlich und begrifflich bewußt nach 3,1. Der größere Gedankengang selbst läßt sich in drei Abschnitte gliedern: a) 4,14-16 schlägt – wie erwähnt – die Brücke zu früheren Aussagen, was vor allem die verwendeten Begriffe zeigen; b) 5,1-4 benennt die erwähnten beiden grundsätzlichen Sachverhalte, die das hohepriesterliche Amt charakterisieren, nämlich menschliche Mitleidsfähigkeit und Berufung durch Gott; c) 5,5-10 endlich wendet die genannten Kriterien in umgekehrter Reihenfolge (sachlicher Chiasmus!) auf den Dienst Jesu an, dem ebenfalls, obwohl von Gott berufen, nicht erspart blieb, alle Tiefen menschlichen Leidens zu durchmessen. Die Schlußsätze 5,9 und 5,10 weisen auf den eigentlichen Zentralteil (7,1-10,18) voraus, in dem eingehend die Wendungen „nach der Ordnung Melchisedeks" und „in Ewigkeit" erörtert werden. Wie eng die logische Verbindung zum vorhergehenden Teil 3,7-4,11 ist, zeigt die Wiederaufnahme der gleichen, dem Verfasser wichtigen Themen. Ps.110,4 besagt: „Der Herr *schwur* und es wird ihn *nicht gereuen*: ‚Du bist Priester in Ewigkeit nach der Ordnung Melchisedeks'." Bevor dieses homiletische Hauptthema zur Sprache kam, wollte der Verfasser 3,7ff. offenbar zunächst von jenem damaligen Schwur handeln, der im Zorn und aus Reue gesprochen wurde, um nicht das Heil zu gewähren. Wie sehr ihn diese Aussage unseres Psalms in der Tat beschäftigt hat, entnehmen wir den Überlegungen in 7,18-22. Die Konsequenz, mit der die Wendungen aus Ps.110 durchgehend offen oder auch unausgesprochen verdeutlicht werden, ist ein überzeugender Beweis für die besondere homiletische Struktur des Schreibens.

Um Jesu Bewährung willen laßt uns am Bekenntnis festhalten und vor Gott treten! 4,14-16

14 Da wir nun einen großen Hohenpriester haben, der durch die Himmel hindurchgeschritten ist, Jesus, den Sohn Gottes, laßt uns am Bekenntnis festhalten!
15 Wir haben nämlich keinen Hohenpriester, der mit unseren Schwächen nicht mitleiden könnte, sondern vielmehr einen, der in jeder Hinsicht gleicherweise versucht worden ist (doch) ohne Sünde. 16 So laßt uns mit Freudigkeit zum Thron der Gnade hinzutreten, damit wir Barmherzigkeit erlangen und Gnade finden zu rechtzeitiger Hilfe!

14 Der Eingang „da wir nun haben“ zieht weder die Folgerungen aus 3,7-4,13, noch greift er in ausschließlicher Weise auf früher Gesagtes zurück (s. bes. 2,17ff.); er faßt vielmehr Gültiges zusammen: wir besitzen in Jesus einen überragenden Hohenpriester, dessen Dienst uns den Himmel zugängig gemacht und uns damit Gottes ureigenstes Wesen erschlossen hat. Wenn der Satz so lautet, als habe der Verfasser bisher von nichts anderem geredet, dann ist dies darauf zurückzuführen, daß er im Grunde von Ps. 110 her denkt. Die Aussage von der richterlichen Hoheit und der hohenpriesterlichen Würde des Sohnes „nach der Ordnung Melchisedeks“ gibt dem Psalm das Gepräge. Das Schriftzeugnis schlägt durch, wenn es heißt: „Da wir nun einen großen Hohenpriester haben, der durch die Himmel hindurchgeschritten ist“. Weil es so im Grunde bereits in dem österlichen Psalm steht, kann unvermittelt darauf Bezug genommen werden. Freilich mit eigener Akzentsetzung! Christus, der den Himmel erschlossen hat, wird als „großer“ Hoherpriester ausgegeben, gewiß nur scheinbar eine Übertreibung, insofern dieses hellenistische Herrscherprädikat vor allem die Würde des Herrn der Welt bekundet, die dem Erhöhten eignet (s. auch 1,4-13). Die Wendung kommt vielsagenderweise gleichfalls bei Philo vor, der mit ihrer Hilfe die kosmische Bedeutung des Hohepriester-Symbols unterstrichen hat (De somn. I, 215-219; II, 183). Der Hebr. aber will, anders als Philo, nicht die Hohepriester-Funktion eines himmlischen Logos anschaulich machen, sondern den Nachweis liefern, daß eben der irdische Jesus, der Christus der Passion und des Kreuzes, sowohl Hoherpriester als auch Sohn Gottes ist. Stellt sich bei Philo der himmlische Logos als das Wahrhaft-Seiende dar, von dem her Irdisches erklärbar wird und Sinn erhält, wie z.B. das jüdische Hohepriestertum, so denkt der Verfasser des Hebr. von einer anderen Warte aus; ihn weist die irdische Wirklichkeit Jesu auf jene himmlische Welt, die natürlich auch für ihn keine Frage gewesen ist. Man wird in diesem Zusammenhang sehr genau auf das Zeugnis des inhaltsreichen Rahmens V. 14 achten. Er fällt eine Aussage über den irdischen Jesus, der als „Sohn Gottes“ tituliert ist, womit zweifellos nicht einfach seinshafte Vorstellungen verknüpft sind; denn nach 1,4 hat er diesen Namen „ererbt“. Noch viel weniger wird Jesus als „Sohn“ bezeichnet, um ihn etwa, was manche Ausleger meinen, von Jesus = Josua (4,8) zu unterscheiden. Dieses Christusprädikat will vielmehr sagen, wer Jesus eigentlich ist, vor allem auch als Hauptinhalt des Bekenntnisses. Daher hören wir näher, worin seine Aufgabe besteht, nämlich im hohenpriesterlichen Dienst für die ganze Welt und für alle Menschen (s. schon 1,3 und 2,5ff.). Gegenstand des christlichen „Bekenntnisses“ ist demnach keineswegs einfach eine Wahrheit oder ein Lehrsatz, denen man gedanklich zustimmt oder nicht, sondern ein existentiell Erkanntes und Bejahtes, worauf man seine Hoffnung setzt, und zwar im Wissen darum, daß sich sonst keine Hoffnung abzeichnet. Im „Bekenntnis“ spricht sich darüberhinaus das Lob des Menschen aus, den freudige Zuversicht erfüllt (s. 4,16; 10,19). Im Hebr. richten sich das theologische Zeugnis und der liturgische Lobpreis in einmaliger Weise auf Jesus, der den Namen „Sohn Gottes“ ererbt und in Erfüllung einer priesterlichen Aufgabe „die Himmel durchschritten hat“. Welchen Sinn hat diese Wendung? Wir halten es für ausgeschlossen, daß sie nach Weise der gnostischen Theorie, die die Vorstellung der „Himmelsreise der Seele“ kennt, auf einen Rückweg oder auf eine Auffahrt des

Erlösers durch die Himmelssphären zu beziehen ist (vgl. z.B. Test. Levi 3; Asc. Jes.
7 ff.). Kontext und Sprache (s. „durchschreiten") legen es vielmehr nahe, daß das
Geschehen in Analogie zum Gang des Hohenpriesters in das Allerheiligste des
jerusalemischen Tempels am großen Versöhnungstag beschrieben ist. Nach der
Schilderung des Josephus (Bell. Iud. V,5,3ff.) mußten dabei zwei Vorhänge durch-
schritten werden, nämlich einer zum Heiligsten und ein anderer zum Allerheiligsten.
Mit kosmischen Symbolen geschmückt, sollten sie ein Abbild des Himmels sein.
Die Überlegung, wonach es nicht um eine mythisch vorgestellte Auffahrt in die
himmlische Welt geht, sondern um eine Veranschaulichung des Dienstes Jesu mit
Hilfe des bekannten Tempelrituals, ergibt sich nicht zuletzt aus der folgenden Fest-
stellung, wonach nun auch die Christen Zugang haben zum „Thron der Gnade".
Daß dem Verfasser an der Beschreibung der priesterlichen Aufgabe gelegen ist, 15
nicht an Erlösungsspekulationen, ergibt sich aus V. 15. Wie in 2,17ff. konzentriert
sich das Augenmerk auf die irdische Seite des leidvollen und blutigen Dienstes
Jesu. Offenbar wird das Recht freudigen Bekenntnisses nicht mit dem Sohn-sein,
sondern mit dem Mensch-sein Jesu begründet. Was den Schauplatz des Dienstes
betrifft, so ist es ein doppelter, nämlich die Erde und der Himmel. Das dortige
Geschehen gewinnt dabei unmittelbare Bedeutung für das Verständnis der Be-
stätigung durch Gott. Zunächst gilt: Jesus hat mit unseren Schwachheiten mit-
leiden können. Er war ein Mensch aus „Blut und Fleisch" (2,14). Er fühlte und litt,
wie es ein jeder in dieser Welt schmerzlich erfahren muß. Ebensowenig sind ihm
die persönlichen inneren Kämpfe erspart geblieben. Er hat nicht nur in gleicher
Weise der Versuchung widerstehen müssen (s. 2,18), sondern darüberhinaus „in
jeder Hinsicht". Die Anfechtungen sind nicht etwa einzelne oder gelegentliche ge-
wesen, sondern eine Prüfung, in der sich die ganze Person bewähren mußte. Die
Notwendigkeit einer letzten Entscheidung gehörte dazu und sie betraf die furcht-
bare Möglichkeit des Abfalls vom Glauben. Sehr betont folgt nach dieser Charak-
teristik der Menschlichkeit Jesu die Wendung „(doch) ohne Sünde". Damit ist
kein Urteil über den Anlaß der Versuchungen abgegeben, sondern ein Urteil über
den Endeffekt. Die „Sünde", der Jesus widerstanden hat, umschreibt in der schrift-
gelehrten Theologie des Verfassers die Verletzung der Gebote Gottes, ja letztlich
die Absage an Gott überhaupt (s. 4,16ff.). Der fragliche Ausdruck ist demnach
nicht moralisch-ethisch zu verstehen, etwa im Blick auf die zahllosen Sünden des
Alltags, wie es ein modernes Mißverständnis eintragen könnte, sondern hat sein
Kriterium am geoffenbarten Gotteswillen, dem Jesus in radikaler Grenzsituation
entsprochen hat. Im Falle Jesu bestand also die Gefahr, nicht nur eine sog. Sünde
zu begehen, sondern Gott untreu zu werden. Ihr hat er widerstanden. Das Recht
zu dieser Auslegung wird bestätigt durch 5,7ff. In gewisser Hinsicht hält die ge-
samte Überlieferung des Neuen Testaments in dem beschriebenen Sinn an der
„Sündlosigkeit" Jesu fest. Obwohl als Charakteristikum des leidenden Gottes-
knechts vorgeprägt (s. Jes. 53,9), ja sogar auch von dem göttlichen Logos und Hohen-
priester bei Philo gelehrt (De fug. 108), bleibt das Kriterium rechten Verständnisses
doch immer das Faktum des am Kreuz erbrachten Gehorsams (Phil. 2,5ff.; 2.Kor.
5,21; 1.Petr. 1,19; 2,22; 3,18; 1.Joh. 3,5 u.a.). Der Grund christlichen Glaubens 16
ist somit wesensmäßig und ursprungshaft ein geschichtlicher, kein Produkt der

religiösen Phantasie. Die Formel „ohne Sünde" hält als theologische Chiffre das Wesen der Sache fest, weil sich hieraus befreiende Konsequenzen ergeben. Gottes Thron ist letztlich kein Thron des Gerichtes, sondern ein Thron der Gnade. Die Herrschaftsverhältnisse sind mit der Inthronisation Christi andere geworden. Wer sich ihm in rechter Weise naht, wird nicht verworfen. Zum Schemel seiner Füße werden nur die Feinde (s. Ps. 110,1f. in 1,31 und 10,13). Wer kommt, geht noch viel weniger leer aus. Er „empfängt Barmherzigkeit" und „findet Gnade" – zwei biblische Wendungen, die klar besagen, daß es um die Annahme des Menschen vor Gott geht, nicht um die Erschließung göttlicher Mysterien. Im Elend bedarf der Mensch der Barmherzigkeit, in auswegloser Schuld bedarf er der Gnade. Ähnlich typisch heißt es Ps. 111,4, daß der Herr „gnädig und barmherzig ist". Wenn außerdem hervorgekehrt wird, daß dies der Fall sei „zu rechtzeitiger Hilfe", dann ist wahrscheinlich daran gedacht, daß Jesus allezeit aus Anfechtung und Versuchung befreit, nicht zuletzt natürlich zum gegenwärtigen Zeitpunkt. Die Aussage gewinnt ihr Recht vor allem auf dem Hintergrund des „Heute", beschränkt sich aber, was das allgemeine „laßt uns herzugehen" beweist, keineswegs auf die gottesdienstliche Stunde. Bei allen Problemen und Versuchungen darf sich die neutestamentliche Gemeinde um Jesu willen des göttlichen Wohlgefallens getrösten. Der etwas formelhafte Begriff der „Hilfe" (s. auch schon 2,18) scheint gleichfalls dem Zeugnis der Schrift angepaßt zu sein (für die Gruppe der Hallelpsalmen vgl. Ps. 115,10ff.; Ps. 118,6 zit. 13,6!).

Die Wahrnehmung der priesterlichen Pflichten ist an bestimmte Voraussetzungen gebunden 5,1-4

1 Denn jeder aus Menschen genommene Hohepriester wird in Bezug auf das Gottesverhältnis für Menschen eingesetzt, damit er Gaben sowie Opfer um der Sünden willen darbringe, 2 wobei er mit den Unwissenden und Irrenden (normal) empfinden kann, da er ja auch selbst mit Schwachheit behaftet ist. 3 Und deswegen gehört es zu seiner Pflicht, wie für das Volk, so auch für sich selbst im Blick auf die Sünden (Opfer) darzubringen. 4 Auch nimmt niemand für sich selbst die Würde in Anspruch, sondern er wird von Gott berufen, gerade wie auch Aaron.

Der Gedankenkreis erläutert den Sinn und die Aufgabe des hohenpriesterlichen
1-4 Amtes. Die allgemeinen Merkmale werden erarbeitet, um sie im folgenden auf
Christus zu übertragen (s. 5,5-10). Wir haben es somit weniger mit einer Begründung von 4,14-16 zu tun als mit einem erklärenden Nachweis, in dessen Mitte
die vornehmste und höchste Würde der jüdischen Staats- und Kultgemeinschaft
1 steht. Das Interesse richtet sich jedoch nicht auf die politische Stellung des Hohenpriesters, der auch Vorsitzender des Hohen Rates, oberster Richter und Repräsentant des Staates war, sondern ausschließlich auf seine priesterlich-kultische Aufgabe „vor Gott", wobei insbesondere der hohe Dienst am großen Versöhnungstag ins Auge gefaßt wird. Letzteres geschieht in der Weise, daß all jene Momente zur Sprache kommen, die für sein stellvertretendes Handeln an diesem Tag wesentlich sind. Vom Fest wird im einzelnen noch nicht gesprochen (s. später Kap. 9), wohl aber steht jener eigentliche Sachverhalt zur Diskussion, der dem Hohenpriester seine

unvergleichliche Würde gibt: „Aus Menschen genommen ist er eingesetzt in Bezug
auf das Gottesverhältnis für Menschen". Damit tritt ins Bewußtsein, was im Alten
Testament über ihn gesagt ist (s. 2.Mose 28ff.; 3.Mose 16; 4.Mose 18ff. u.a.),
nicht was sich im Laufe der Geschichte Israels sonst noch an Aufgaben und Be-
sonderheiten herausgebildet hat. Im Hohenpriester verkörpert sich die Überzeu-
gung, daß ein Mensch für Menschen vor Gott einzutreten habe, „damit er Gaben
sowie Opfer um der Sünden willen darbringt". Möglicherweise ist darin besonders
an unblutige und blutige Darbringungen gedacht. Noch wahrscheinlicher ist es,
daß die verschiedenen hohenpriesterlichen Opfergaben des Versöhnungsfestes
gemeint sind, wobei die Blutopfer eigens hervorgehoben sein mögen (s. 8,3), weil
sie von besonderer Bedeutung waren (s. 3.Mose 16,15). Hinzukommt, daß nur am
großen Versöhnungstag der Hohepriester in solcher Weise für sich und sein Volk
tätig werden konnte. Die Bedeutung des Rituals kommt ziemlich offen 2f. in den 2f.
folgenden beiden Versen zur Sprache. Die Aussage, die den Hohenpriester mit „Un-
wissenden und Irrenden" auf eine Ebene stellt, um ihm „Schwachheit" zuzuschrei-
ben, die ebenfalls gesühnt werden muß, erhellt sich sachgemäß nur vom Geschehen
des Versöhnungstages her. Bekanntlich sprach dabei der Hohepriester jeweils ein
Sündenbekenntnis für sich, für die Priesterschaft und für das ganze Volk (M. Joma
III,8; IV,2; VI,2), in dem Vergebung erbeten wurde für das, was man im vergan-
genen Jahr „gefehlt, gefrevelt und gesündigt" hatte. Offensichtlich sollten alle ver-
sehentlichen und unvorsätzlichen Verfehlungen, leichte und schwere, wissentliche
und unwissentliche, vor Gott gebracht werden, ausgenommen natürlich jene, die
eine radikale Absage bedeuteten (4.Mose 15,22-31). Die Wendung „Unwissende
und Irrende" faßt diesen Sachverhalt ins Auge. Wenn außerdem vom Hohenpriester
gesagt wird, daß er sehr wohl (normal) „leiden" bzw. „fühlen" kann, so meint der
entsprechende Wortlaut des Urtextes (s. auch 4,15) die Fähigkeit des Mit-fehlens,
Mit-frevelns und Mit-sündigens auf Grund der natürlichen menschlichen Konsti-
tution, soweit sie die gesunde Mitte hält zwischen gottloser Leidenschaft und gött-
licher Leidensunfähigkeit (Philo, De Abr. 257; Quod Deus 162ff.). Dieser Tat-
bestand einer grundsätzlichen „Schwäche", die die ganze Person betrifft, gilt auch
vom Hohenpriester, der deshalb nach dem Gesetz „verpflichtet" war, „wie für das
Volk so auch für sich selbst" ein Sündenbekenntnis zu sprechen und „für die Sün-
den (Opfer) darzubringen" (s. M. Joma I,2). Von besonderer Feierlichkeit und
Bedeutung war das Tamid am Morgen des Versöhnungstages sowie die übrigen
Opferhandlungen. Im Sinne des Beweisanliegens verzichtet der Hebr. an dieser
Stelle auf die ihm geläufigen Details. Ein anderer wichtiger Gesichtspunkt ist die 4
Tatsache, daß sich niemand die „Würde" oder „Ehre" des Hohenpriesters selbst
nehmen kann, sondern von Gott dazu ermächtigt sein muß, was schon 2.Mose
28,1ff. im Blick auf Aaron bezeugt ist. Hinter einem solchen Amt steht demnach
göttliche Berufung, nicht eigenes Wollen und Trachten. Aaron als Ahnherr des
levitischen Priestertums wurde ausdrücklich erwählt, „daß er mein (sc. Gottes)
Priester sei". Wo man priesterliche Rechte unberechtigterweise an sich reißt,
wie es der Aufruhr der Rotte Korahs bezweckte (4.Mose 16), tritt Gottes
Gericht in Kraft, denn: „Welchen er erwählt hat, (nur) der soll zu ihm nahen"
(4.Mose 16,5).

Welchen theologischen Sinn verbindet der Verfasser mit dem jüdischen Hohenpriestertum? Er denkt von den biblischen Grundlinien her, spricht aber allem Anschein nach doch über eine noch bestehende Institution, was in die Jahre vor der Zerstörung des Tempels (70 n. Chr.) weist. Ohne von einzelnen Persönlichkeiten zu handeln, die -wie wir wissen - in spätjüdischer Zeit oft sehr umstritten waren, richtet er seine Gedanken am hohenpriesterlichen Amt als einem Ideal aus. Seine einzigartige Bedeutung leitet sich ab aus der Einsetzung und aus der Aufgabe. Es ist Gott, der für sein Volk den priesterlichen Dienst gewollt hat, weshalb Aaron und das levitische Priestertum für Israel erwählt sind. Menschen sollen offenbar für Menschen priesterlich-stellvertretend tätig sein, damit das Volk Gottes heilig und rein vor Gott stehe. Um rechten Dienst verrichten zu können, bedarf es hierfür der Solidarität mit den sündigen und schwachen Menschen. Wo immer Versagen und Verfehlung Platz greifen, ist solcher Dienst nötig. Was im Alten Bund als Sache besonderer und ausschließlicher Erwählung erscheint, ist im Neuen Testament Aufgabe aller.

Von Gott berufen wurde Jesus um seines absoluten Gehorsams willen der Urheber des Heils 5,5-10

5 So verherrlichte auch Christus nicht sich selbst, um Hoherpriester zu werden, sondern der (tat es), der zu ihm sprach: „Mein Sohn bist du, ich habe dich heute gezeugt". 6 Und desgleichen sagt er an der anderen Stelle: „Du bist Priester in Ewigkeit nach der Ordnung Melchisedeks". 7 Welcher in den Tagen seines Fleisches Bitten sowie Flehen mit lautem Geschrei und Tränen zu dem darbrachte, der ihn aus dem Tode retten konnte, und aus seiner Angst erhört wurde; 8 obwohl er der Sohn war, lernte er an dem, was er litt, den Gehorsam, 9 und wurde dadurch, daß er Vollendung erfuhr, für alle, die gehorsam sind, ein Urheber „des ewigen Heils", 10 benannt von Gott ein Hoherpriester „nach der Ordnung Melchisedeks".

V. 5: *Ps. 2,7;* V. 6: *Ps. 110,4.*
V. 7: *Ps. 116,1 ff.;* V. 9: *Jes. 45,17;* V. 10: *Ps. 110,4.*

Das Ergebnis der Ausführungen 5,1-4 wird in einem eigenen gedanklichen Abschnitt auf Christus übertragen, um nachzuweisen, daß der letzte Sinn des alttestamentlichen Priestertums in ihm seine Verkörperung, Erfüllung und Überhöhung
5 f. gefunden hat. Ein typisches „So auch" stellt den Vergleich zwischen Aaron und Christus her, wobei zunächst erhärtet wird, daß sich auch dieser selbst die „Ehre" bzw. die „Herrlichkeit" des hohenpriesterlichen Amtes nicht angemaßt hat. Wenn er Hoherpriester „wurde" - ein Hinweis auf sein Leiden -, dann geschah es nach dem Willen und nach der Rede Gottes. Die beiden Schriftworte Ps. 2,7 und Ps. 110,4 (s. 1,13) enthalten die Zusage an Christus, Sohn und Hoherpriester zu sein, bekräftigen also das Vorrecht Jesu, vor Gott, den Vater und Herrn, treten zu dürfen. Blickt Ps. 2,7 stärker auf die Beauftragung des Sohnes, so Ps. 110,4 auf seine ewige Würde als Hoherpriester. Immer findet Gottes erwählende Zusage klaren Ausdruck. Die Kombination beider Schriftstellen hat ohne Zweifel Sachgründe, mag sie auch gewisse auslegungstechnische Regeln voraussetzen (s. Ps. 2,7 und Ps. 110,3). Ist das richtig, dann geht es in diesem Zusammenhang weniger um die Herausarbei-

tung eines sog. Weissagungsbeweises über die Einsetzung Jesu zum Hohenpriester als vielmehr um die unmißverständliche Klarstellung seiner einmaligen Berufung. Die Worte geben nämlich zu erkennen, daß Gott mit Christus Größeres anstrebte als mit Aaron und dem levitischen Priestertum. Seine priesterliche Aufgabe bestand im Leiden, wodurch er „Hoherpriester wurde". Möglicherweise zielt die Verwendung von Ps.2,7 (also speziell das: „Ich habe dich heute gezeugt") auf den Tatbestand der Einsetzung Jesu in die erworbene hohepriesterliche Würde (s. 5,10). Für Ps.110,4 steht diese Ausrichtung außer Zweifel, woraus folgt, daß das „Heute" genau wie Ps.95,7 einen besonderen kerygmatischen Bedeutungsgehalt hat, demzufolge sich Jesu Tod und Erhöhung als endzeitliche Wende von kritischer Relevanz darstellen. Sie bezeichnen das Fundament eines ewigen Dienstes. Daher kann mit dem Zitat unbekümmert nur vom „Priestertum" gesprochen werden, zumal der Wortlaut die einmalige Art „nach der Ordnung Melchisedeks" deutlich festhält. Was es damit letztlich auf sich hat, wird noch ausführlich zur Sprache kommen (Kap. 7). An dieser Stelle hören wir indessen bereits heraus, daß damit das Hohepriestertum Aarons nicht nur eine letzte Verkörperung erfahren hat, sondern auch überhöht und abgelöst ist (s. 7,12). Den Grund dieser neuen „Einrichtung" beschreiben die folgenden Sätze (5,7-10), die etwas unlogisch an Ps.110,4 anschließen, doch sinnvoll sind, sieht man sie von V.5a abhängig.

Ein Hymnus in 5,7ff.? Sprache und hebraisierender Stil der V.7-10 waren in neuerer Zeit wiederholt Anlaß, ein darin verarbeitetes hymnisches Fragment (E. Käsemann) oder Bekenntnis (G. Schille) zu suchen. Sogar seine Rekonstruktion wurde angestrebt (G. Friedrich, H. Zimmermann). Allgemein geht man von der wohl sicheren Voraussetzung aus, daß in diesen Versen ein vorgeformter Text durchschlägt (M. Rissi, J. Jeremias). Eine näherliegende Erklärung der sprachlichen und sachlichen Eigentümlichkeiten bietet sich an, zieht man die von der homiletischen Arbeitsweise her sehr plausible Möglichkeit in Betracht, die Schilderung der Verzweiflung und Drangsal Jesu könnte ebenfalls vom Schriftbeweis her vorgenommen sein. Man wird vor allem an eine Reihe einschlägiger Psalmtexte denken, wobei wir neben Ps.22,3.25, Ps.31,23, Ps.39,13 und Ps.69,2ff. eindeutig dem Ps.116 (= Ps.114 und 115 LXX) den Vorzug geben möchten (vgl. E. Gräßer und Fr. Schröger). Die Kritik vermag den Tatbestand zahlreicher Abhängigkeiten und Berührungen nicht zu bestreiten, ganz zu schweigen davon, daß der grundsätzliche Einblick in die homiletische Arbeitsweise des Hebr. einer solchen Erklärung vorteilhaft zustatten kommt. Demnach hat der Verfasser einen von der Urgemeinde auf Christus bezogenen Text verarbeitet und zwar wiederum aus der Gruppe der Hallelpsalmen. Er konnte wie kaum ein anderer dazu dienen, das Ringen des Christus, dem „Schwachheit" anhaftet (5,2), anschaulich zu machen, wobei zugleich die Überlieferung von einem Gebetskampf Jesu (s. die Gethsemanegeschichte) einwirken mag (vgl. bes. Lk. 22,44; Mk. 14,32ff.; Joh.12,27ff.). Die Annahme erscheint einleuchtender, daß der geschichtliche Tatbestand, worüber es früh eine Überlieferung gegeben haben dürfte, zwar bedeutsam gewesen ist, aber noch wichtiger auf Grund des Weissagungsbeweises die christologische Reflexion hierüber.

7 Der bei äußerem Zusehen unlogische Übergang von V. 6 zu V. 7 („welcher"), mit dem das biblische Zeugnis über den leidenden Christus eingeführt wird, beruht auf der Tatsache, daß der Hebr. an Bekanntes erinnert, um dabei wahrscheinlich auf typische Wendungen des Schrifttextes anzuspielen. Die Beschreibung der Gestalt des biblischen Christus der Passion bedingt eine längere (partizipialreiche) Satzkonstruktion 5,7-10, die von der Niedrigkeit Jesu zum erhöhten Christus führt, weil sein Hohepriestertum in der Dialektik des ihm zugemuteten Geschickes begründet ist (5,5). Wir erfahren, daß ihm nichts erspart blieb „in den Tagen seines Fleisches", d. h. während seiner irdischen Existenz, die Versklavung unter Todesfurcht (2,14ff.) und Verbundenheit mit „Schwachheit" umgreift (5,2). Auch der Beter des Psalms ruft „in seinen Tagen", d.h. in seinem Leben zu Gott (Ps. 116,2). Christus hat angesichts des Todes „Bitten" sowohl als „Flehen" dargebracht, eine gebräuchliche Doppelwendung, die sein Gebet den Gaben des Hohenpriesters parallelisiert, worauf die Verwendung des kultischen Begriffes („Opfer) darbringen" deutet (vgl. Philo, De cher. 42). Desgleichen bringt der Beter von Ps. 116,1 in Todesnot seine „Bitte" vor. Vielleicht hat der Hebr. in typischer Diktion den Sachverhalt für seinen Zweck auf „Bitte und Fürbitte" hin veranschaulicht. Das ungewöhnliche Gebetsringen Christi wird durch einige Nebenzüge erhellt, die von „lautem Geschrei und Tränen" wissen, wahrscheinlich zum Teil nach Ps. 116,8 (vgl. auch Ps. 22, 25). Man möchte vermuten, daß die Passionsüberlieferung über einen „Kampf in Gethsemane" (s. bes. Lk.,22,41) im biblischen Sinne verarbeitet ist, um die Verzweiflung des Christus und zugleich seinen fürbittenden Einsatz vor Gott einzuschärfen. In älterer Zeit ermöglichten ohne Zweifel in erster Linie die Psalmen den erwünschten messianologischen Vergleich. Ein leidender Christus dieser Art war der jüdischen Erwartung der neutestamentlichen Zeit fremd und aufs höchste anstößig. Nirgends erschien somit die Erarbeitung des göttlichen Sinnes dringlicher als gerade hier. Wenn es eine sehr späte Überlieferung über das „Schreien" und „Weinen" des Messias gibt (s. Midr. Pesiq. R 36 (162a)), dann stellt dies eine durch die christliche Botschaft veranlaßte Ausnahme dar. Eine bessere Verstehenshilfe gewährt die jüdische Sentenz: „Es gibt drei Arten des Gebets, jede ist stärker als die vorhergehende, Gebet, Geschrei und Tränen. Das Gebet geschieht in Schweigen, das Geschrei mit erhobener Stimme, aber die Tränen überragen alles" (Zohar 2,19 b/20 a). Offenbar spricht in ähnlicher Weise der Hebr. von einem Gebet, das in seiner Inbrunst und Verzagtheit beispiellos ist (vgl. auch Hos. 12,5 über Jakob; anders 1. Mose 32,26). Er kann nur das Ringen Jesu mit Gott in den Tagen der Passion meinen, das nach dem Zeugnis der Evangelien zum Inhalt hatte: „Vater, wenn du willst, so nimm diesen Kelch von mir" (Lk. 22,42), worauf als weitere Äußerung des Willens Jesu Ps. 116,13 bezogen werden konnte: „Ich will den Kelch des Heils nehmen" (s. hierzu 5,9: „Ursache des Heils"). Das Zeugnis der Septuaginta wird als erbetene „Errettung" des Christus aus dem Tode verstanden, nicht etwa als „Bewahrung" vor dem Tode, was ja im Falle Jesu nie gestimmt hätte. Ps. 116,3.8 spricht bei solcher Konzeption davon, daß die Seele aus dem Tode gerissen ist und der Betroffene „im Lande der Lebenden" wandelt. Lehnt man die gelegentlich konjizierte Fassung ab, wonach der betende Christus „*nicht* aus seiner Angst" erhört wurde, dann ist das Gebet, dessen Inhalt die Rettung aus dem Tode gewesen ist, in der Tat erhört

worden. Ein anderer Vorschlag lautet dahin, daß Christus „wegen seiner Frömmig-
keit“ erhört wurde. Er hat sowohl das sprachliche Argument (s. auch 12,28) als
auch den Zusammenhang gegen sich. Die Ansicht des Hebr. geht offenbar dahin,
daß Christus jene furchtbare Angst gerade zufolge der Gewißheit seiner Errettung
aus dem Tode überwunden habe. Eben dies deutet im Grunde auch Ps. 116 an,
worin der Beter ausdrücklich von seiner „Angst“ spricht und bemerkt, daß Gott
der „Tod seiner Heiligen“ kostbar sei (s. Ps. 116,15; vgl. hierzu Str. B. I S. 847).
Die äußerst kühne Vorstellung besagt, daß Christus den Gehorsam des Sohnes in 8
der Situation größter Versuchung, nämlich im Widerfahrnis des Todes selbst,
erbracht hat. Das Wortspiel „er lernte – er litt“ hat seine nächsten Parallelen bei
Philo, der es häufig gebraucht (z. B. De fug. 138). Nicht Jesu fromme, tugendhafte
Gesinnung will bedacht sein, sondern seine einmalige Bewährung in den Tiefen
der Angst und in der Nacht der Anfechtung, worin er in Wahrheit mit uns Men-
schen einsgeworden ist. Genau deswegen ist dem Sohne von Gott her nichts er-
spart geblieben. Aber von Eigenmächtigkeit kann keine Rede sein; denn er nahm,
wenn auch widerstrebend, das Leiden (mit dem Tod) auf sich, das „Vollendung“
bewirkt hat. Er war noch nicht, was er werden sollte, nämlich Hoherpriester, ob-
schon als Sohn erwählt. Wenn es heißt, daß er „den“ Gehorsam lernen mußte, so
ist ohne Zweifel an ein absolutes Opfermaß gedacht, welches das Übliche weit über-
troffen hat. Was der Hebr. andeutet, hat seine nächste paulinische Parallele in
Phil. 2,7 ff. Wahres Sohn-sein gibt es nur durch Gehorsam – ein verarbeiteter funda-
mentaler Erkenntnissatz biblischer Theologie, der es als abwegig erscheinen läßt,
nach einem gnostischen Erlösungsmythos zu fragen, der die Darstellung geprägt
haben könnte. Nicht vermeintliche göttliche Natur und schon gar nicht „Wissen“
oder „Erkenntnis“ (griech. gnosis) eröffnen dem Menschen das Heil, sondern
einzig und allein Glauben und Gehorsam (s. auch 4,2). Kann es eigentlich un-
mythischer und unphilosophischer gesagt werden? Vor Gott gibt es keine Automa- 9
tik des Erlösungsprozesses. Der Hebr. arbeitet ein Doppeltes heraus: *daß* Jesus als
der „Vollendete“ Grund der Rettung für die Menschen ist, und darüberhinaus, daß
an ihm beispielhaft sichtbar wird, *wie* solche Errettung möglich ist. „Vollendung“
geschieht durch ein absolutes Lebensopfer vor dem Altar Gottes (s. 4,16), d. h.
durch Hingabe an Gott und durch Bewährung in der zugemuteten Gottlosigkeit.
Im Hinblick auf die Voraussetzungen dieses Begriffs (vgl. 2. Mose 29,9.33; 3. Mose
8,33; 16,32; 21,10; 4. Mose 3,3) möchte man sagen, daß der Mensch nicht leer
vor Gott treten kann, sondern zumindest sich selbst darzubringen hat. Aus dem
Opfer Jesu ergibt sich für den Menschen die Notwendigkeit der totalen Bindung
an ihn. Wäre er nur Vorbild, könnte man darauf verzichten. Wenn er aber zugleich
der Grund der neuen Wirklichkeit ist, die „ewiges Heil“ genannt wird (vielleicht
nach Jes. 45,17; eher nach der Wendung „Priester in Ewigkeit“; vgl. bes. auch
Philo, De agric. 96), dann gibt es keine Vollendung abseits des gelegten Fundaments.
Mit dem Christus der Passion ist demnach der Zugang zu einem Leben der Hingabe
und der Annahme durch Gott ermöglicht, sofern er die Norm und den Gegenstand
des Glaubens bezeichnet. Der Hebr. stellt an den Schluß der Überlegung die Gottes- 10
rede aus Ps. 110,4. Er besagt ein „öffentliches Ausrufen“ und somit eine „festliche

Proklamation", wobei über den Wortlaut des Psalms hinaus nun ausdrücklich vom „Hohenpriestertum" Jesu gesprochen wird. Der Ausklang der Überlegungen 4,14-5, 10 gibt zu erkennen, daß noch Tieferes zu erörtern ist. Vor allem die Wendung „nach der Ordnung Melchisedeks" ist rätselhaft genug, um nach einer eigenen Erklärung zu verlangen (s. 7,1ff.).

Entgegen aller Trägheit, die dem unwiderruflichen Abfall nahebringt, soll die Gemeinde nach Reife streben, zumal ihr Gott eine ewige Hoffnung fest zugeschworen hat 5,11-6,20

Mit der hochgestimmten Aussage, daß Gott Christus feierlich als „Hohenpriester nach der Ordnung Melchisedeks" (Ps. 110,4) ausgerufen hat, steht der Verfasser erneut bei der thematischen Mitte seiner Predigt. Indessen sieht er davon ab, sofort darauf einzugehen. Überfiel ihn etwa plötzlich die Empfindung, seine Leser würden den Ausführungen zu wenig Verständnis entgegenbringen? Wahrscheinlicher ist es, daß aus bewußter Überlegung im Sinne des Charakters der Predigt, die sich als „Wort der Ermahnung" versteht, noch einmal eine aufrüttelnde Passage eingeschoben wurde. Was als plötzlicher Einfall erscheinen könnte, ist bewußtes Vorgehen. Damit stimmt überein, daß der Abschnitt mit seinen erneuten Ermahnungen ebenfalls wieder mit Ps. 110,4 ausklingt. Diese zurechtweisenden Abschnitte entsprechen im Blick auf eine spezifische Gemeindesituation ganz und gar der Form des angestrebten Predigtvortrages. Die Darlegungen 5,11-6,20 bestehen aus zwei verschiedenen Teilen, die sich im Ton deutlich unterscheiden. Bis 6,8 herrschen Warnung und Strafandrohung vor, danach bis 6,20 wird Ermunterung gegeben und Zuversicht ausgestrahlt. Der Verfasser hatte offenbar über den wenig erfreulichen Zustand der ihm näher bekannten Gemeinde Nachricht erhalten. Vielleicht auch um ein „Wort der Ermahnung" gebeten, wie es Brauch war, geht er nach sorgfältiger Vorbereitung und nicht ohne ständige Bindung an seine biblische Grundlage nun auf die dortigen Verhältnisse ein. Daher ist es kein Zufall, daß eben dieser Abschnitt am stärksten den aktuellen Predigtcharakter des Schreibens aufdeckt. Hat er 3,7-4,11 im wesentlichen die Verantwortung der Christen für den Einzelnen eingeschärft, so faßt er nun endgültig die gemeindliche Gesamtheit ins Auge, wobei der harte Vorwurf der geistlichen Unreife und der Hinweis auf eine unmögliche zweite Buße zwar ernstgemeint, aber doch auch in gewisser Hinsicht eine homiletische Pflicht ist. Es würde sonst kaum zur Begründung in 6,12 heißen: „... damit ihr nicht träge werdet". Die Tatsache dieses Vorgehens zwingt dazu, über den generellen Sinn solcher Schwarz-Weiß-Zeichnung nachzudenken. Wie wenig die Angesprochenen in definitiver Weise als Unmündige und Unreife bewertet sind, ergibt sich vollauf aus der Tatsache, daß ihnen die ganze Tiefe der christologischen Erkenntnis im folgenden am wenigsten vorenthalten wird (s. Kap. 7ff.).

Der Vorwurf gegenüber den Hörern, sie seien eigentlich für die anzustellenden Gedanken nicht „vollkommen" genug, weckt zweifellos nach der Absicht antiker Redekunst bewußt ihr Interesse. Daß dem Verfasser im Grunde an einer liturgischfestlichen Ansprache lag, ist an dieser Stelle besonders offenkundig. Zumindest ein Teil der Hörer wird auf die Anfänge ihres Christ-seins hingewiesen, womit wahrscheinlich zugleich eine Erneuerung und Vertiefung des abgelegten Taufbekenntnisses erreicht werden soll. Insgesamt läßt sich aber nicht bestreiten, daß allem Anschein nach Neugetaufte kein eigenes Thema des Briefes sind. Das mag damit zusammenhängen, daß wir es mit einer judenchristlichen Gemeinde zu tun haben (s. 6,6), die selbst kaum noch größere missionarische Kräfte entfaltet, sondern eher bereits sich selbst zum Problem geworden war.

Im einzelnen bewegen sich die Gedanken dieser stark rhetorisch gehaltenen 11-14
Grundsatzerörterung folgendermaßen vorwärts: 5,11-14 begründet die Notwendigkeit der Homilie mit der geistlichen Trägheit der Gemeinde, deren Glieder eigentlich selbst fähig sein sollten, zu lehren. Der Begriff „träge, stumpf" umschreibt das Leitthema bis 6,12. Die Predigt selbst soll ein entscheidender Schritt sein zum Aufweis der tieferen Wahrheiten, mit denen sich gereifter Glaube befaßt. Die Gedanken kreisen dabei um den traditionellen Bildkreis: Kind–Erwachsener, Milch–feste Speise, unkundig–vollkommen. Die Tatsache, daß alle in dieser Weise angesprochen sind, nicht ein exklusiver Kreis der Gemeinde, beweist, daß ein katechetisches Anliegen in philosophischer Sprache Ausdruck gefunden hat (vgl. z.B. auch Philo, De agric. 9; De migr. Abr. 29), und daß nicht etwa eine gnostische Vollkommenheitslehre vorliegt. Von daher sehen wir außerdem einen deutlichen Unterschied zu 1.Kor. 3,1-3.

6,1-6 fordert auf, über die Elementarkenntnisse endlich hinauszustreben, wie 1-6
es „einmal Erleuchteten" angemessen ist. Warnend schließt sich außerdem der Gedanke an, daß eine zweite Buße für Abgefallene nicht in Frage komme, weil die Absage an Christus identisch wäre mit einer erneuten persönlich vollzogenen
Kreuzigung des Sohnes Gottes. Die Verse 6,7f. enthalten eine kurze gleichnis- 7f.
hafte Ausführung über die Fruchtbarkeit der Erde, die den Regen zum Segen oder zum Fluch empfangen kann. Die Art und Weise der Darstellung hat ihr Analogon in 4,12ff., wo ebenfalls in ähnlicher Weise gerichtliche Töne eingebracht sind.
Mit 6,9-12 kommt es zu einem deutlichen gedanklichen Umschwung, insofern 9-12
in weiser seelsorgerlicher Erwägung an die guten Kräfte appelliert wird, die in der Gemeinde am Werk sind. Die Leser und Hörer werden nun sogar als „Geliebte"
angesprochen. 6,13-18 verweist zur Stärkung des Entschlusses auf das Vorbild 13-18
Abrahams, der durch Ausdauer jene Verheißung erlangt hat, die eben auch jetzt noch Grund der Hoffnung der Christen ist. Damit ist der Verfasser sachlich und gedanklich wiederum beim größeren Thema angelangt, was auch die verwendeten Begriffe zeigen (s. z.B. 6,17.18). Der größere Zusammenhang ist außerdem dadurch beachtet, daß erneut an einen Schwur Gottes erinnert wird (s. vorher 4,11, später
7,21), der das Recht der christlichen Hoffnung garantiert. Die beiden Schlußverse 19f.
6,19f. bezeichnen deutlich eine Überleitung zum homiletischen Hauptgedanken, wobei sowohl zurück als auch nach vorn geblickt wird (s. 2,17ff.; 4,14ff.; 7,1ff.; 9,1ff.). 6,20 enthält eine gegenüber 5,10 vollständigere Verwendung von Ps. 110,4. Insgesamt kann von einer nun endgültig vollzogenen energischen Hinwendung zum Hauptthema der Homilie gesprochen werden.

Der geistliche Zustand der Gemeinde befriedigt nicht 5,11-14

11 Darüber haben wir eine umfangreiche und in ihrer Erklärung schwierige Predigt zu halten, weil ihr schwerhörig geworden seid. 12 Und die ihr der Zeit nach eigentlich Lehrer sein müßtet, habt wiederum nötig, daß man euch gewisse Anfangsgründe der Worte Gottes lehrt, zumal ihr solche geworden seid, die der Milch bedürfen, nicht der festen Speise. 13 Denn jeder, der Milch bekommt, weil in rechter Rede unerfahren, ist unmündig. 14 Die feste Speise dagegen ist eine Sache der Gereiften (= Herangewachsenen), also derer, die durch Schulung geübte Sinne besitzen zur Unterscheidung von Gut und Schlecht.

11 Es ist die sachliche Überlegung des Predigers und Theologen, die den Verfasser bestimmt, nicht sofort das letzte Zeugnis zu entfalten, nicht gleich „darüber" zu sprechen, nämlich über den Kernsatz, der Ps. 110 das Gepräge gibt. Er bedarf der umfangreichen Erörterung und einer nicht einfach zu verdeutlichenden Erklärung vor allem deswegen, weil die angesprochenen Christen „schwerhörig", wörtlich: „stumpf im Gehör", geworden sind. Rein formal betrachtet entschuldigt der Prediger die spätere Ausführlichkeit der Darlegungen (s. 7,1-10,18) mit der Schwierigkeit des Vorhabens. Andererseits geht er soweit, Umfang und Schwierigkeit eben damit zu erklären, daß die Gemeinde ihrer bedarf. Mit anderen Worten: über das nun Folgende reden zu müssen, ist nicht einfach. Was aber noch wichtiger ist: davon hören zu dürfen, ist am wenigsten eine Selbstverständlichkeit. Das Geheimnis der Person Christi erschließt sich nicht leicht und billig. Und schon gar nicht kann man ihm träge oder gleichgültig nahetreten. Die übliche Schwerhörigkeit, die jede Durchschnittsgemeinde charakterisiert, muß abgelegt werden. Der Verfasser ist nicht gewillt, das Geheimnis Christi nach Ps. 110 abseits einer kritischen Analyse der Gemeindesituation darzulegen. Der Vorwurf der Schwerhörigkeit ist hart. Dem Zusammenhang nach zielt er zugleich auf die erlahmende Hoffnung der Angesprochenen (s. 6,12). Fehlte es auch schon vorher nicht an Mahnungen, so doch an direkten Äußerungen, die uns die angeschriebene Gemeinde näher erfassen ließen. Anders nun an dieser Stelle! Der Prediger hat offenbar empfunden, daß menschliche Wahrheit, die überaus unbequem sein kann, letztlich nur angesichts der tieferen Wahrheit Christi aussagbar wird. Wo es dann geschieht, hat das, was wir Kritik nennen, nicht das letzte Wort. Es muß sowohl die Berechtigung hierzu aufgewiesen (s. 6,7ff.) als auch Mut und Zuversicht geweckt werden, um den anderen, besseren Weg gehen zu können (so 6,9ff.). Über den Rhetoriker und
12 Theologen hinaus ahnen wir den Seelsorger. Im Grunde sollten sie, die sie in ihm den Lehrer sehen und wohl auch gesucht haben, selbst schon längst „Lehrer" sein. Die Formulierung läßt daran denken, daß der Verfasser in der Tat ziemlich genau über die Entstehung der Gemeinde, vor einigen Jahren, informiert ist. Möglicherweise verdankte man ihm sogar den christlichen Glauben oder jedenfalls eine entscheidende Unterweisung. Was man von ihm erwartet, müßte im Grunde selbst geleistet werden. Selbstverständlich können nicht alle „Lehrer" sein (ein herausragendes Amt z.B. 1.Kor. 12,28), sehr wohl aber gibt es ein geistliches Wachstum, das einem jeden zugemutet werden muß. Die Aussage hat kaum eine längere, im Grunde fruchtlose Katechumenatszeit im Auge, sondern einen seit geschehener

Taufe nicht wahrgenommenen Reifeprozeß, der zum Christ-sein hinzugehört. Er betrifft keine innere Vervollkommnung im Sinne einer „Vergöttlichung" wie bei den Gnostikern, sondern die Lehrfähigkeit, die auch das selbständige Eindringen in die Christuswahrheit umgreift. Der Hebr. verleiht damit einer grundsätzlichen Meinung des frühen Christentums Ausdruck, derzufolge im Grunde jeder Christ unmittelbar „von Gott" gelehrt ist (s. 1.Thess. 4,9) und worum er, der er doch Geistträger ist, in der Tat wissen darf (s. 6,4ff.). Um so bedauerlicher erscheint es, daß die Angesprochenen offenbar untätig, d.h. geistig „stumpf" geblieben sind und daher erneut „*gewisse* Anfangsgründe der Worte Gottes" vermittelt bekommen müssen. Eine andere Übersetzung ist an dieser Stelle nicht auszuschließen, nämlich: „Ihr ... habt wiederum *jemand* nötig, der euch die Anfangsgründe der Worte Gottes lehrt". Im letzteren Falle würde stärker der Kontrast betont sein, daß sie, die sie selbst lehrfähig sein sollten, noch einen Lehrer brauchen. Gibt man unserer Übersetzung den Vorzug, so ist hervorgehoben, daß es eigentlich um bestimmte Elementarkenntnisse geht, wie sie dann auch 6,1 in der Tat aufgezählt sind. Die philosophisch gebräuchliche Redensart von den „Anfangsgrundlagen" meint wahrscheinlich Elementarlehren des Katechumenenunterrichts. Was die „Worte Gottes" betrifft, die als ihr Inhalt ausgegeben sind, so verraten die gewählten Begriffe vielleicht, daß die Gemeinde nicht versteht, sie als „Gottessprüche" auf Christus auszulegen. Es geht eben um mehr, nämlich um die Tiefe der Erkenntnis Christi, womit bewußt ein Argument der Vernunft, wenn auch nie und nimmer etwa ein gnostisches Kriterium für das Christsein eingebracht ist (s. 6,1: „Anfangslehre über Christus"!). Der in keiner Weise befriedigende Stand der Lehrbefähigung findet schließlich noch V. 12b seine Untermalung. Der Hebr. greift sowohl ein in der Philosophie (s. Philo, Quod omn. prob. 160; Epictet. II,17) als auch im Urchristentum geläufiges Bild auf (1.Petr. 2,2), das hier eine gewisse kritische Schärfe besitzt. Bedenken sie nicht, daß sie noch den Status des Kindes, ja des unmündigen Säuglings einnehmen, wogegen man doch längst erwachsen und selbständig sein sollte (vgl. auch Philo, De migr. Abr. 46)? In folgerichtiger Logik bezieht der Hebr. das Bild auf den „sprechunfähigen Menschen, der unselbständig ist und bedient werden will, anstatt selbst zu handeln und eigene Gedanken in klare Worte zu fassen. Der Säugling, der Milch bekommt, nicht „feste Speise", lebt in Abhängigkeit und Passivität (vgl. Philo,
De agric. 9). Ein erläuternder allgemeiner Satz unterstreicht die Notwendigkeit „rech- 13
ter (=richtiger) Rede." In gehobener, zugleich hebraisierender Sprache handelt der Urtext vom „Gerechtigkeitswort", um dem Sinn nach die „rechte Rede" zu meinen. Vielleicht ist andeutungsweise schon auf die eigentliche Aufgabe des erwachsenen Christen hingewiesen, der das „gerechte Wort" zu entfalten hat. Wie auch anderwärts, streut der Verfasser allgemeines Wissen ein (so z.B. 3,4), wodurch die Selbstverständlichkeit des Gesagten betont wird. Der natürliche Regelfall kann eben auf unbedingte Zustimmung aller hoffen. Was aber für den Alltag gilt, zwingt auch
zu Schlußfolgerungen für das geistliche Leben. Nicht mystische Erkenntnis – so 14
in der Gnosis –, sondern der Gebrauch erworbener Fähigkeit, das Rechte zu sehen und zu tun, ist demnach der Beweis der vollen Reife des Christen. Während der Säugling über die Nahrung nicht zu befinden vermag, kann der erwachsene Mensch z.B. über gute und schlechte Speise sehr wohl entscheiden. Aber vielleicht ist der

Satz weniger eindeutig gemeint. Mit der absolut gehaltenen Wendung „zur Unterscheidung von Gutem und Schlechtem“ kann ebensogut daran gedacht sein, daß die angesprochenen Christen doch eigentlich wissen müßten, was ihnen in ihrem christlichen Alter „frommt“. Mag auch nicht zur Debatte stehen, ob sie Christen bleiben wollen oder nicht, so geht es doch darum, einen „guten oder schlechten Kampf“ zu führen. Dafür sollte sich der Christ „geübte Sinne“ aneignen, eine Überlegung, die unterstreicht, daß dem Menschen sehr wohl ein Auffassungsvermögen für die geistlichen Dinge eigen ist (s. auch Philo, Leg. all. III, 183: „Sinneswerkzeuge“), das der Bildungsfähigkeit untersteht, ja sogar unterworfen werden muß. Das Ziel ist also – mit einem Satz formuliert – der „mündige Christ“, der sich um die ganze Tiefe des Zeugnisses bemüht und es auch weiterzugeben in der Lage sein soll.

Da jeder Abfall unwiderruflich wäre, bedarf das Christ-sein des geistlichen Wachstums 6,1-6

1 Darum wollen wir auf das Erwachsen-sein (= Reife) bedacht sein, indem wir die Anfangslehre über Christus aufgeben, so daß wir nicht erneut den Grund legen, der die Buße von den toten Werken und das gläubige Vertrauen auf Gott zum Inhalt hat, 2 die Lehre über Taufbäder sowie Auflegung der Hände, über Totenauferstehung und ewiges Gericht. 3 Und wir werden dies tun, falls Gott es zuläßt. 4 Denn es ist unmöglich, daß die, die einmal erleuchtet wurden, ja die himmlische Gabe schmeckten und am heiligen Geist als Empfänger Anteil bekamen, 5 dazu das gute Wort Gottes und die Kräfte der künftigen Weltzeit kosteten, 6 wieder in Buße erneuert werden, sollten sie abgefallen sein, da sie für sich selbst den Sohn Gottes erneut kreuzigen und der Schmach preisgeben.

1 Mit einem energischen Einsatz „darum“ zieht der Verfasser Folgerungen für sich und die Gemeinde. Er will sie zu dem anleiten, was ihr in Wahrheit gemäß ist. Er gibt keine bloße Ermahnung, wie es nach den bisherigen Ausführungen erwartet werden konnte, sondern will dem erkannten Mangel unverzüglich abhelfen. Da die Angesprochenen der Zeit nach erwachsene Christen sind, müssen sie es nun endlich auch der Sache nach werden. Der Verfasser setzt in diesem Sinne ja auch Hoffnungen auf sie (6,9). Er wäre ein schlechter Lehrer seiner Gemeinde, wollte er nur belehren und nicht selbst sofort als Helfer tätig werden. Dazu gehört, daß man die „Anfangslehre über Christus“ aufgibt und sich der Lehre für Gereifte zuwendet. Was er „Reife“ nennt, versteht sich aus dem Gegenüber zum Unmündigsein, ist also nicht einfach identisch (was auch übersetzt werden könnte) mit „Vollkommenheit“. Schließlich meint er keinen physisch-sittlichen Zustand, sondern die durch Übung erworbene Fähigkeit, sich tieferen Überlegungen zu stellen, die nicht nur einen Teil, sondern das Ganze der Christuswahrheit umfassen, woraus praktische Konsequenzen entstehen. Die Christuswahrheit gleicht einem Gebäude, dessen Grund gelegt ist. Seine Mauern müssen aufgebaut werden, weil der Grund allein eine unvollkommene, ja in sich sogar unmögliche Sache darstellen würde (ähnlich 1.Kor.3,10ff.). Christ-sein ist keine naturhafte Vollkommenheit, sondern ein ständiges Ergreifen und Weitergeben jener Wahrheiten, die das Leben gestalten

und auf ein Ziel ausrichten. Was der Hebr. als Fundament bzw. als Elementarunterweisung versteht, wird im einzelnen näher aufgezählt. Er erwähnt zunächst in einer doppelgliedrigen Wendung „die Buße von den toten Werken und das gläubige Vertrauen auf Gott", um damit schon das Verhältnis der genannten Größen zueinander anzuzeigen. In der messianischen Zeit kann nicht mehr auf die „Werke" gebaut werden, sondern nur noch auf den vertrauenden Glauben. Eine Berührung mit paulinischem Denken zeichnet sich ab, wenn sowohl in zusammenfassender Weise von „toten" Werken als auch vom „Vertrauen auf Gott" gesprochen wird (s. Röm. 4,5). Das Neue, das „lebendiges" Handeln ermöglicht, ist allein der Glaube der Christuszeit. Daher stehen beide Themenkreise in einem ausschließlichen Ver-
hältnis zueinander. Es ist deutlich, daß diese Charakteristik geschehener früherer 2
Unterweisung jüdische Christen voraussetzt, was auch die Fortsetzung sicherstellt, die nun ausdrücklich die ehedem vermittelte „Lehre" nennt, identisch mit dem „gelegten Grund", um den katechetischen Stoff in zwei weitere große Sachkreise aufzugliedern: „Lehre über Taufbäder sowie Auflegung der Hände, über Totenauferstehung und ewiges Gericht". Trotz der knappen Sprache wird man zunächst daran denken, daß – worauf der Plural verweist – rituelle Reinigungsbäder im frommen Judentum allezeit eine große Rolle gespielt haben (so z. B. bei den Essenern) Offen bleibt bei solcher Möglichkeit, ob die christliche Unterweisung sich hierüber negativ geäußert oder ihre Ausübung in gewissen Grenzen erlaubt hat (so wohl 9,10). Es ist aber ebenso denkbar, daß über das Besondere der Jesustaufe im Vergleich zur Johannestaufe und zu sonstigen kultischen Tauchbädern gehandelt worden ist (s. Apg. 18,24ff. 19,1ff.), wobei man dann deren Einmaligkeit als Geisttaufe herausarbeiten mußte. Diese Überlegung hat im Blick auf die folgenden Sätze 6,4ff. einiges für sich, scheint doch eine Erläuterung dessen vorzuliegen, was das Christ-sein in bestimmter Weise auszeichnet. Auch die „Handauflegung" ist ein spezifisch christlicher Akt, der zur Unterweisung gehört. Bekanntlich hat schon die Urkirche die Handlung zum Zwecke der Geistmitteilung vorgenommen (Apg. 8,17.19; 9,12.17; 13,3 u. a.). Dabei sei nicht übersehen, daß sie ihr unmittelbar jüdisches Vorbild in der Ordination der Gelehrtenschüler zum Lehramt besitzt, bei der die Hände „aufgestemmt" wurden, wie es technisch heißt (vgl. hierzu 4.Mose 20,18ff.; 5.Mose 34,9). Der Verfasser mag daran denken, daß die dadurch vermittelte Gabe des Geistes auch zugleich den einzelnen Christen zum Lehrer des Wortes macht, was bei den angesprochenen Christen tadelnswerterweise ungenutzt geblieben ist. Wenn schließlich noch an die Belehrung über „Totenauferstehung und ewiges Gericht" erinnert wird, dann handelt es sich auch hierbei um traditionelle jüdische Themen. Der Hebr. kann freilich nur voraussetzen, ihre Bedeutung sei im Licht der Christuswahrheit in besonderer Weise zur Geltung gebracht worden. Inhalt der Auferstehungsbotschaft mußte auch für das Judenchristentum zuerst der Auferstandene selbst sein. Er aber verbürgt zugleich den gnadenweisen Freispruch im letzten Gericht. Die erwähnten sechs Themen der katechetischen Unterweisung deuten ohne Zweifel auf einen judenchristlichen Empfänger des Briefes, wenngleich die Aufzählung eine gewisse neutrale Sachlichkeit zum Ausdruck bringt, die bis ins Äußerliche unterstreicht, daß das Streben nach tieferer Erfassung der Wahrheit gehen sollte. In diesem Fall werden dann ganz andere Horizonte

aufgerissen. Immerhin aber deutet die Hervorhebung der sechs Themen hinreichend an, was als unerläßliche Fundamentallehre des Katechumenenunterrichts angesehen wird: die Abkehr vom Vergangenen, die Einfügung in das Neue und schließlich die Herausstellung des Ernstes der gefällten Entscheidung in Anbetracht der künftigen Dinge. Das ist gewiß nicht wenig. Wenn es dennoch dabei nicht bleiben soll, dann deswegen, weil die vielerlei in Christus zusammenlaufenden Linien, die das Einmalige und Wunderbare des Geschehens unterstreichen, zu kurz kommen. Daß Jesus gekommen ist, genügt für sich als Anlaß und Grund des Glaubens, aber es bringt nicht weiter in Hinsicht auf den „Eifer zu ganzer Überzeugung der Hoffnung bis ans Ende“ (6,11). Was aufgezählt ist, mag gerade für christliche Anfänger ausreichen, die in den Schwierigkeiten der gegenwärtigen Stunde durchhalten wollen, nicht aber für jene Nachfolger mit nach vorne gerichteter hoffnungsvoller Ausdauer
3 und Konsequenz, die aus der unerschöpflichen Wahrheit Christi erwächst, ein Leben
in Spannung versetzt und die Gemeinde in missionarische Bewegung bringt. Weil es im Grunde um Wichtigeres geht, wird der gefaßte Entschluß, nach dem „Erwachsen-sein“ zu streben, überdies davon abhängig gemacht, daß Gott das gemeinsame Bemühen doch gelingen lassen möge. Der Verfasser äußert sich in der Weise des frommen jüdischen Menschen (s. auch 1.Kor. 16,0), der sich Gottes vergewissert, weil es um mehr als um den eigenen guten Willen geht. Hinter dem Satz steht überdies nicht eigentlich der Zweifel, ob es denn Gott zulasse, sondern die Gewißheit, daß es mit seiner Hilfe unter allen Umständen so sein werde. Dem Hebr. liegt daran, die Gemeinde in die persönliche Gewißheit mit hineinzuziehen,
4 denn als träge bedarf sie ihrer. Sie bedarf dieses Schrittes als gefährdete. Sollte man
nämlich so weit gehen, auch auf das Unerläßliche zu verzichten, dann gäbe es keine Hilfe mehr. Ein relativ langer Satz weist die Möglichkeit der zweiten Buße ab und hält damit zugleich die Einmaligkeit der Bekehrung zu Christus fest. Der Sachverhalt wird nur festgestellt und nicht eigens auf die Hörer bezogen. Aber sie mußten heraushören, daß es Zeit war, umzudenken, umzulernen und weiterzukommen, hin zu den ewigen Wahrheiten. Es ist die Schuld ihrer Trägheit, wenn es beim Stillstand bleibt und damit die Gefahr des Abfalls droht. Auf keinen Fall gibt es den Schritt hinter die Taufe zurück. Auf letztere ist angespielt, wenn von „einmal Erleuchteten“ gesprochen wird (s. auch 2.Kor. 4,6; dazu Justin, Apol. I,61). Formal ist dies ein Begriff der hellenistischen Mystik. Aber auch christliches Denken kann sagen, daß Christus dem Täufling „aufgestrahlt“ ist (Eph. 1,18; 5,13), nämlich als Licht zum Leben, weil er herausreißt aus der Macht der Finsternis (Kol. 1,13). Mit der „Erleuchtung“ ist überdies unmittelbar der Empfang des Geistes verbunden, eine „himmlische Gabe“ zur Vermittlung himmlischen Lebens und überirdischer Kräfte. Man besitzt ihn nicht, sondern hat daran Anteil, bezeichnet der Geist doch in umfassender Weise die gegenwärtige Wirklichkeit des erhöhten Christus, die niemand allein für sich beanspruchen kann. Wenn es überdies heißt, daß ihn die Christen „geschmeckt“ haben, dann will dies sagen, daß ihnen für Seele und Leib gleichsam aufbauende Nahrung zuteil wurde. Ob die Redeweise auch durch bestimmte symbolhafte Handlungen beim Taufakt beeinflußt ist, muß offen bleiben (zur Wendung vgl. auch 1.Petr. 2,3). Möglicherweise wurden ähnlich wie in den heidnischen Mysterienhandlungen dem Täufling zum Zwecke an-

schaulicher Symbolik gewisse Gaben gereicht, die ihm als Vorgeschmack himm-
lischer Speise erscheinen konnten (z.B. Milch, Honig u.a.). Wenn es noch heißt: 5
"dazu das gute Wort Gottes und die Kräfte der künftigen Zeit", so soll ebenfalls
zumindest an persönlich Zugesprochenes erinnert werden. Es kommt hinzu, daß
mit der Feier der Taufe häufig auch die erste Feier der Eucharistie verbunden war.
Immer handelte es sich dabei um eine Vorwegnahme der Güter der künftigen Welt,
die ja keineswegs nur als rein geistige gedacht waren. Spricht der Hebr. auch weit-
hin in hellenistischer Begrifflichkeit, so bleibt doch insgesamt der Tatbestand
jüdisch-rabbinischer Vorstellungen unbestritten. Letztlich zielt die Beschreibung
des „einmal erleuchteten" Christen auf die Hervorhebung der Größe und des Reich-
tums der mit der Taufe empfangenen Gaben. Sie können, fällt der Beschenkte ab, 6
nicht noch einmal gewährt werden, was sich die Gemeinde vorhalten möge. Schließ-
lich sind es samt und sonders zeichenhafte Vergegenwärtigungen der Gnade Gottes.
Mit ihnen kann man nicht nach Belieben verfahren. Man hat sie einmal empfangen oder hat ganz darauf verzichtet. Um das Furchtbare des Abfalls anschaulich zu machen, spricht der Hebr. in abschreckender Weise davon, daß der abtrünnige Getaufte „für sich selbst wiederum den Sohn Gottes kreuzigt und der (erniedrigenden) Schmach (öffentlicher Hinrichtung) preisgibt". Zieht man in Erwägung, daß der Brief an judenchristliche Leser gerichtet ist, dann allein ermißt man die ganze anklagende Schärfe, die hinter diesem Satz steht. Schließlich mußten vor allem jüdische Christen den Tod des Messias als eine schwere Schuld ihres Volkes empfinden, wobei andererseits für sie das Geschenk des Glaubens und der damit verbundenen Vergebung um so kostbarer war. War überhaupt ein härteres Argument denkbar?

Das Problem der zweiten Buße. Das Problem der zweiten Buße ist im Grunde identisch mit dem Problem der zweiten Taufe, insofern der Begriff der „Buße" rein theologisch, nicht etwa vom späteren Kirchenverständnis her normiert ist. Genauer: nicht ein Fallen in einzelne Sünden (welche auch immer!) steht zur Debatte, sondern der Abfall überhaupt. Der Hebr. verhandelt, was den Evangelien zufolge Jesus die Sünde gegen den hl. Geist genannt hat (Mk. 3,29). Auch sonst weiß das Zeugnis des Neuen Testaments um diese Möglichkeit eines dem Glauben gesetzten klaren Entweder-Oder (1.Tim. 1,19; Mt.25,1ff. u.a.). Das theologische Problem von 6,4ff. ist dabei nun nicht eigentlich die Tatsache möglichen Abfalls, noch viel weniger seine Erörterung, sondern wer darüber befindet und welche Kriterien über den „Abfall" entscheiden. Das harte Urteil Luthers über unsere Stelle und damit letztlich über den ganzen Brief, ist bekannt. Seine Vorausssetzung ist eine bestimmte ausgeprägte Sündenlehre, vor allem: Todsündenlehre der späteren Kirche, die zur Zeit des Hebr. noch nicht vorlag. Bei geschichtlicher Betrachtungsweise ist Luthers Einstellung deshalb heute nicht mehr annehmbar. Es geht schließlich keineswegs darum, daß etwa die Kirche oder ein Amtsträger den eingetretenen Fall der Apostasie zum Zwecke kirchenamtlicher Sanktionen feststellt, sondern daß die Verkündigung die Möglichkeit desselben aufzeigt und so die Gefährdeten zur Neuorientierung zwingt. Das Recht hierzu besteht, wenn der Christusglaube nicht nur der Grund der Gnade, sondern auch der Prüfstein im Gericht ist, was für den Hebr. unbestreitbar gilt. Wer 6,4ff. zu einem Leitsatz der kirchlichen Bußdisziplin erhebt, wie die

Novatianer im 3. und 4. Jahrhundert, verkennt den Sinn der uns in Christus eröffneten Möglichkeiten und macht die Kirche zur pharisäisch-sektiererischen Gemeinschaft. Es gibt Urteile, die sich Gott vorbehält, damit alle sie in heiliger Scheu um so ernster nehmen.

Das fruchtlose Gewächs verfällt der Vernichtung 6,7f.

7 Denn die Erde, die den oftmals auf sie fallenden Regen trinkt und nützliches „Gewächs" für die hervorbringt, um deren willen sie auch bearbeitet wird, nimmt teil am Segen von Gott. 8 „Bringt sie" aber „Dornen und Disteln" hervor, so ist sie unnütz und dem Fluch nahe, der am Ende zur Verbrennung führt.

V. 7f.: *1.Mose 3,17.*

Eine kurze bildhafte Rede 6,7f. unterbricht die harten, auf Neubesinnung drängenden Sätze. Äußerlich fast wie die Beschreibung eines Naturidylls wirkend, dienen sie der Veranschaulichung des Gerichtsernstes, über den die Hörer Klarheit gewinnen müssen. Da jede Deutung fehlt, rücken die Aussagen in die Nähe gleichnishafter Rede. Ihre Bedeutung unterliegt jedoch keinem Zweifel: wo empfangener Segen nicht rechte Frucht bringt, kommt es zur Verwerfung des Unfruchtbaren oder Unnützen. Der im Anklang an die biblische Urgeschichte geschilderte Tatbestand soll ohne viel mahnende Worte die Hörer zur willigen Einsicht bringen.
7 Der Hebr. will aufzeigen, was der zu erwarten hat, der abfällt und für sich erneut
Christus kreuzigt: anstatt Segen bereitet er sich Fluch. Ausgegangen wird zunächst vom Gegenteil, indem die Erde geschildert wird, die den häufigen Regen trinkt (s. auch 5.Mose 11,10f.) und nützliche Gewächse hervorbringt. Insgeheim steht hinter der Aussage die auch philosophisch verbreitete Überzeugung, daß alles natürliche Geschehen seiner Bestimmung (= Entelechie) nach im Grunde auf Nutzen ziele wie auch alles irdische Gewächs zum Besten des Menschen da sei (vgl. hierzu Philo, De agric. 8ff.). Wertvoll sind somit ausschließlich die Kulturpflanzen (s. auch 1.Mose 1,11ff.; 3,17). Andererseits wird allein die „Erde", die als ausgedörrte durstig die himmlische Gabe des Regens aufnimmt, um „nützliches Gewächs" hervorzubringen, ihrer Bestimmung gerecht. Letztere beruht überdies darin, daß sie es für die tut, „um deren willen sie bebaut wird". Die gleichsam mütterliche Erde ist für den Menschen da (s. auch Philo, De op. m. 133). Damit ist sie ein Gegenstand des göttlichen Segens und sie wird auch fernerhin mit Eifer bebaut werden. Vielleicht ist der Begriff des „Segens" im Blick auf das biblische Zeugnis 1.Mose 3,17 gewählt.
8 Bringt die Erde aber „Dornen und Disteln" hervor, ein biblisch gewählter Ausdruck
für das wertlose Gewächs, dann ist sie „unnütz" und dem „Fluch" nahe, wie dem dortigen Gotteswort entnommen werden kann. Sie hat die in sie gesetzte Erwartung nicht erfüllt und sie hat damit ihre Bestimmung verfehlt. Das Ende ist das Feuer des göttlichen Gerichtes. Da mit dieser Aussage dem kerygmatischen Anliegen entsprochen ist, darf die – bei gewisser Betrachtung – sogar mit Recht leichte Unlogik, wonach die Erde verurteilt wird, nicht das wertlose Gestrüpp, kaum stören. Der Ernst des eingeschalteten Bildes ist unüberhörbar. Es bedarf keiner weiteren Worte. Wieder leitet den Verfasser die Rücksicht auf seine Leser, die er zwar zur Einsicht bringen möchte, die er aber niemals aufgeben kann.

Die gleichnishafte Rede ist ohne Zweifel meisterhaft formuliert. Die Darbietung verrät das erzählerische Können und die klare Logik des Redners. Obwohl biblische Sprache aufnehmend, paßt er sie zugleich dem Denken der Zeit an. Man könnte auch fragen, ob nicht eine gewisse Bindung an Gleichnisgut Jesu vorliegt (s. Mt. 7,16ff.; Mk. 4,14ff.), wobei freilich keine Sicherheit zu gewinnen ist. Endlich wäre zu überlegen, ob nicht das charakteristische Element des „häufig fallenden Regens" ein für die Passazeit wichtiges messianisches Symbol einbringt, wobei dann auch Stellen wie Jak. 5,7, besonders Joel 2,23 und Hosea 6,3 in die Überlegungen einbezogen werden müßten (vgl. b. Taanit 4a-5a). Wie immer man im einzelnen Schlüsse ziehen wird, es bleibt festzuhalten, daß sich die Verse in die streng biblischen Strukturen des größeren Gedankengangs weitaus mehr einfügen, als es bei äußerem Zusehen den Anschein hat (vgl. auch Philo, Quod deus 155ff.).

Es besteht Hoffnung, daß die Gemeinde ihre Trägheit überwindet 6,9-12

9 Wir sind aber von euch, Geliebte, des Besseren überzeugt und dessen, was (euch) zum Heil gereicht, auch wenn wir so sprechen. 10 Denn Gott ist nicht ungerecht, so daß er eures Werkes und der Liebe vergäße, die ihr in seinem Namen erzeigt habt, da ihr den Heiligen Unterstützung zuteil werden ließet und sie nocht unterstützt. 11 Wir wünschen aber, daß ein jeder von euch denselben Eifer in ganzer Überzeugung der Hoffnung bis ans Ende beweisen möge, 12 damit ihr nicht träge werdet, sondern vielmehr Nachahmer derer, die durch Glauben und Ausdauer die Verheißungen ererben.

6,9ff. bezeichnet eine entscheidende Wendung nicht nur im Ton, sondern auch im Gedankengang. Klang bisher nur zwischen den Zeilen an, daß der Verfasser seine Hörer nicht aufzugeben gewillt ist, so wird es nun ausdrücklich gesagt. Herrschte bis jetzt der gerichtliche Ernst der Mahnpredigt vor, so strahlen die folgenden Ausführungen mitreißende Zuversicht und kräftige Ermunterung aus. Dem Hebr. liegt offenbar am wenigsten daran, die Hörer kleinmütig und verzagt zu machen. Seine harten Sätze wollen nicht die Frustation der träge gewordenen Christen, sondern ihre Aktivierung auf einer Ebene der willigen Einsicht und der bußfertigen Selbstbesinnung. Dazu gehört aber freilich auch ein Wort des Ansporns.
In unmißverständlicher Formulierung faßt er seine Zuneigung und Verbundenheit 9
in Worte. Der schriftstellerische Plural gibt dem Satz Gewicht, wobei wir den auf
seine Autorität pochenden Lehrer heraushören. Er vertraut auf das „Gute" im
Blick auf sie, und er tut es als Christ, nicht einfach als Mensch. Zwar ist er sich
bewußt, ernste und unbequeme Worte gesagt zu haben, denn er konnte und durfte
sie nicht verschweigen, aber sie sollen sich bei alledem nicht als Aufgegebene oder
Verstoßene wissen. Im Gegenteil! Er nennt sie, übrigens nur hier, „Geliebte", weiß
sich ihnen also, was an dieser Stelle größtes Gewicht hat, zutiefst verbunden. Nicht
Verbitterung oder Unverständnis haben ihn getrieben, sondern Sorge und Zuneigung.
Dabei liegt es dem Verfasser gänzlich fern, Gesagtes zu schmälern oder zurück-
zunehmen. Er drückt sich behutsam aus, wenn er formuliert, „des Besseren" über-
zeugt zu sein, nämlich verglichen zu dem 6,8 Angezeigten. Die Hörer werden im
Blick auf das Heil nicht versagen. Die Gründe dafür sind nicht bei ihnen zu suchen, 10

sondern in der Gerechtigkeit (= Treue) Gottes, der die von ihnen in seinem Namen getane Liebesarbeit gewiß nicht vergißt. Die Wendung „euer Werk und die Liebe" fällt auf. Es kann nur an einen besonderen, die Kräfte der Gemeinde beanspruchenden Einsatz gedacht sein. Es ist wohl kaum Wohltätigkeitsarbeit im Raum der eigenen Gemeinde angesprochen. Ebenso ist es unwahrscheinlich, es seien vielleicht besondere „Dienste" während einer Verfolgungszeit gemeint (10,32ff.). Der Satz deutet vielmehr auf eine außerordentliche Unterstützung hin, die die Gemeinde geleistet hat, um einer auswärtigen Gruppe, „den Heiligen", zu helfen. Geschah das Liebeswerk so betont im Namen Gottes und ist es inzwischen eine feste Einrichtung geworden, dann sollte doch wohl erwogen werden, ob hier nicht ein Bezug auf die große urchristliche Kollektenarbeit vorliegt, von der wir im paulinischen Schrifttum (der 3. Missionsreise) mehrfach hören (s. 2.Kor. 8,5). Die ohne Zweifel typische Wendung „den Heiligen dienen" meinte demnach ebenfalls die finanzielle Unterstützung der armen Gemeinden des palästinischen Mutterlandes (s. Röm. 15,25.31; 1.Kor. 16,1; 2.Kor. 8,4; 9,1.12; Apg. 11,29). Wir wissen, daß diese Arbeit ein Anliegen sowohl der judenchristlichen als auch der heidenchristlichen Mission war (Gal. 2,10) und daß sie sich über Jahre hinzog. Wenn technisch von den „Heiligen" gesprochen wird, so ist wahrscheinlich eine Bezeichnung der jerusalemischen Gemeinde aufgenommen. Gehört das Schreiben des Hebr. tatsächlich in die Zeit vor 70 n. Chr., so gewinnt diese Erklärung, die in der Auslegung nicht allein steht, sogar erheblich an Wahrscheinlichkeit. Wie immer die Einzelheiten näher zu bestimmen sind, der Verfasser steht unter dem Eindruck entfalteter und vorhandener vorbildlicher Kräfte der Liebe. Ihm kann er sich nicht entziehen; denn Gott läßt solche Opfer- und Dienstbereitschaft am wenigsten ungesegnet. Er will Barmherzigkeit unter den Menschen, nicht zuletzt unter denen, die sie um Christi willen vor dem
11 Thron der Gnade selbst erlangt haben (4,16). Womöglich ist Eifer in der Liebestätigkeit, wir würden heute sagen: soziales Engagement, aber in gewisser Hinsicht leichter anzuregen und dementsprechend leichter durchzuhalten als „Eifer zu ganzer Überzeugung der Hoffnung bis ans Ende". Die Nächstenliebe hat wohl immer, wenn sie echte und natürliche Empfindung ist, ein unmittelbares Objekt, woran sie die Notwendigkeit und den Sinn ihres Auftrages erkennt. Schwieriger liegen die Dinge im Falle der christlichen Hoffnung, die als lebendige wahrscheinlich nur dann den Christen bestimmt, wenn sie ihm ständig zugesprochen wird. Eine Gemeinschaft kann in tätiger und hilfsbereiter Zusammenarbeit Unerhörtes leisten, sofern einer den anderen überbieten möchte (s. 2.Kor. 9,2). Damit Hoffnung lebendig sei, bedarf es indessen gerade des Eifers der einzelnen Christen, wie auch von der Sache her alles daran liegt, daß ein jeder diese Haltung bei sich durchhält. Offenbar will der Hebr. gerade die Erwartung des Einzelnen in der Gemeinde anfachen und stärken; daher das intensiv-sehnsüchtige: „wir wünschen (innig)". Wo Kräfte der tätigen Nächstenliebe aufgebracht werden, sollte die „ganze Überzeugung" ihren festen Platz haben. Wird der Christ auch nicht um Lohn dienen, so ist er doch nicht zuletzt um deswillen tätig, in „dessen Namen" er Liebe übt, und eben mit diesem Namen verbindet sich Hoffnung (s. 6,13ff.). Möglicherweise ist daran gedacht, daß im Endeffekt Liebe und Hoffnung miteinander gewonnen oder verspielt
12 werden. Von hier aus gesehen fährt V. 12 im Grunde folgerichtig fort. Der Begriff

der Trägheit greift auf 5,11 zurück. Während dort aber der eingerissene Zustand der „Trägheit im Hören" festgestellt wird, geht es hier um eine allgemeine Trägheit, die das ganze Christenleben bestimmt. Neben dem Wort des Zuspruchs gewinnen die Vorbilder des Glaubens und der Ausdauer größte Bedeutung. Sie sind nachzuahmen, nicht in imitierender Weise, was ja nur Karikaturen hervorbrächte, sondern in der Weise des Nachvollzugs ihrer spannungsvoll gelebten Existenz. Die Wendung „derer, die ... die Verheißungen ererben" hat keine bestimmte Gruppe der Vergangenheit Israels oder der Gegenwart der Kirche im Auge (so dann später 11,1ff. und 12,1ff.), sondern die, die in bescheidener Namenlosigkeit allen Anfechtungen und Widerwärtigkeiten zum Trotz den Weg der Hoffnung „bis zum Ende" gehen, das auch für sie „Ziel" und „Sinn", ja „Erfüllung" umschließt (s. Ps. Sal. 12,8). Der Plural „Verheißungen" trägt dem vielfachen Zeugnis der Schrift Rechnung. Aus der unbegrenzten Zahl derer, die als Vorbilder des Glaubens und der Ausdauer zu nennen wären, wird im folgenden jedoch nur eine Gestalt herausgehoben.

Die von Gott dem Abraham zugeschworene Verheißung besitzt auf jeden Fall unwandelbare Gültigkeit 6,13-20

13 Als nämlich Gott dem Abraham die Verheißung gab, „schwur er bei sich selbst", weil er keinen Größeren besaß, bei dem er hätte schwören können.
14 Und er sagte: „Wahrlich, segnend will ich dich (überaus) segnen und mehrend will ich dich (überaus) mehren". 15 Und nachdem er so Ausdauer bewahrt hatte, erlangte er die Verheißung. 16 Menschen nämlich schwören bei dem Größeren, und der Eid dient ihnen als Ausschluß jeder widersprechenden Aussage zur Bekräftigung. 17 Dabei trat Gott, der das Unverrückbare seiner Absicht den Erben der Verheißung um so nachdrücklicher aufzeigen wollte, mit einem Eide (in die Mitte) ein, 18 damit wir durch zwei unwandelbare Tatsachen, in denen Gott unmöglich unwahr sein konnte, eine starke Ermunterung hätten; wir, die wir unsere Zuflucht dazu genommen haben, die vorliegende Hoffnung zu ergreifen, 19 welche wir wie einen sicheren und dazu festen Anker der Seele haben, „der auch hineinreicht in das Innere des Vorhangs", 20 wohin als Vorläufer für uns Jesus eingegangen ist, indem er „nach der Ordnung Melchisedeks" ein Hoherpriester wurde „in Ewigkeit".

V. 13f.: *1.Mose 22,16ff.;* V. 19: *3.Mose 16,2.12;* V. 20: *Ps.110,4.*

Israel hat als Volk viele Verheißungen empfangen. Die Botschaft der Propheten
spricht in diesem Sinne eine deutliche Sprache. Will man einzelne Menschen des 13-20
alten Bundes herausgreifen, die persönlicher Verheißungen gewürdigt worden sind, so kann eigentlich nur David, der Begründer des Königtums (s. 2.Sam.7,14ff.) genannt werden. Will man endlich eine Persönlichkeit bestimmen, die mehr umgreift als Israel, so ragt Abraham in einsamer Größe heraus. Das Zeugnis über ihn nimmt in der Schrift einen ungewöhnlich breiten Raum ein. Wichtig ist, daß er mehrfach als Empfänger göttlicher Verheißung erscheint, ja, daß er im Grunde die ihrem Inhalt nach größten Zusagen Gottes empfangen hat. Abraham wird immer als das herausragende Beispiel dafür gelten, daß dem Glauben die Welt und die

Zusage Gottes gehören, wobei er sich eben nicht auf Israel beschränkt, mag Israel auch das Volk des Messias sein (s. 1.Mose 12,2). Solches Denken dürfte den Verfasser des Briefes zutiefst bewegt haben. Mit den Denkregeln des jüdischen Schriftgelehrten jener Zeit geht er dem Geheimnis, und das will sagen: den Hinweisen auf Christus in der Gestalt Abrahams nach. Der Abschnitt 6,13–30 leitet dabei unversehens, doch gewiß wohlüberlegt zu 7,1ff. 4ff. über. Bemerkenswert ist der Unterschied zu Paulus. Zwar stellt auch der Verfasser des Hebr. in Abraham den Empfänger der Verheißung heraus (s. Röm. 4,14ff.; Gal. 3,8.16), aber er schlägt in der Entfaltung des Sachverhalts doch einen völlig anderen Weg ein, insofern weder der rechtfertigende Glaube noch die einzigartige Bedeutung der Vätergestalt für die Heiden die geringste Beachtung finden. Da somit ein ausgesprochen heidenchristlich-theologisches Interesse fehlt, darf man auch von hierher auf einen judenchristlichen Theologen rückschließen. Um die Ausdauer seiner Gemeinde zu stärken, schärft er weniger das inhaltliche Wie der Verheißung als vielmehr das formale Daß ein, wobei in erster Linie die ungewöhnliche Form des Schwurs interessiert, leitet sich von daher doch zugleich die Unbedingtheit seiner Geltung ab. Bezeichnet Gott nicht nur einen Begriff, sondern die Wirklichkeit des Glaubens, dann ist sein verheißendes Wort mehr als nur „Rede", nämlich absolute Zusage, biblisch gesprochen: ein unverbrüchlicher „Schwur".

13 Der Hebr. spricht von der an Abraham ergangenen Verheißung Gottes so, als
handle es sich nur um eine. Das stimmt sachlich-inhaltlich gewiß, doch berichten
die Abrahamserzählungen davon, daß die Verheißung mehrfach erging (s. 1.Mose
12,2ff.; 13,16; 15,5ff.; 17,5ff.). Um darzulegen, was es mit dieser Verheißung in
ihrer unverbrüchlichen Art auf sich hat, wird auf den als letzten berichteten Gottes-
spruch zurückgegriffen (1.Mose 22,16ff.). Dort steht, daß Gott im Blick auf
Abraham „bei sich selbst schwur" — eine für schriftgelehrtes Denken überaus selt-
same Formulierung, worauf der Verfasser sofort einleitend zu sprechen kommt.
Da Gott keinen Größeren besaß, bei dem er hätte schwören können, legte er den
Schwur „bei sich selbst" ab. An sich darf hinter der bildhaft-anthropomorphen
Wendung nicht das Geringste gesucht werden. Anders – wie gesagt – vom dama-
ligen Standpunkt aus. Daß es sich um ein verarbeitetes größeres Denksystem handelt,
beweisen vor allem zwei Texte bei Philo, dessen methodisch-hermeneutische Schule
der Verfasser einmal durchlaufen zu haben scheint. Philos Ausführungen enthalten
einen dem Hebr. parallelen Gedankengang. An der einen Stelle (De sacr. A. et C. 93)
legt er ausführlich dar, daß Gott selbstverständlich schon auf sein bloßes Wort hin
glaubwürdig sei. Seine Worte bedürfen nicht des Eides, sondern sind stets selbst
damit identisch. Werde in der Schrift aber Gott mehrfach als der Schwörende be-
schrieben, dann deswegen, um dem Menschen, der in menschlichen Vorstellungen
denkt, eine notwendige Verstehenshilfe zu geben. An der anderen Stelle (Leg. all.
III, 203ff.), die ausdrücklich auf 1.Mose 22,16ff. Bezug nimmt, wird bei über-
raschend gleicher Erörterung des Problems festgehalten, daß Gott allein der stärkste
Bürge sei, zunächst für sich selbst und dann auch für seine Werke; folglich könne
14 er deshalb nur bei sich selbst schwören und sich selbst als Sicherheit bieten. Über
Philo hinaus werden vom Hebr. Konsequenzen gezogen für den Glauben der
Christusgemeinde, die um Gott und sein Wort in neuer Weise weiß. Dieser Tat-

bestand hat sogar auf den Wortlaut des Gottesspruches abgefärbt, der an einer
bezeichnenden Stelle vom Wortlaut der Septuaginta abweicht. Statt von der Ver-
mehrung des „Samens“ Abrahams zu sprechen, ist die Formulierung gewählt:
„ . . . und ich will dich (überaus) mehren“. Damit ist der Blick fortgelenkt von der
Vielzahl der Nachkommen, also Juden und Heiden, in der die Erfüllung der Ver-
heißung auch bei Paulus gesehen wird. Das theologische Interesse zielt vielmehr
auf den Erzvater selbst, dem die erfüllte Verheißung in Gestalt von „großer Ver-
mehrung“ zuteil geworden ist. Aus 11, 8ff. geht noch deutlicher hervor, daß sie
nach der Meinung des Hebr. das erhaltene „Erbe“ des „fremden Landes“ umschließt
und natürlich primär auch den Verheißungsträger Isaak, dessen gewollte Opferung
wiederum prototypisch ist für das Opfer Christi (11, 17ff.). Bei solcher inhaltlichen 15
Bestimmung des Verheißungsinhalts wird die Feststellung V. 15 durchaus einsichtig.
Abraham bewies Ausdauer und Zuversicht vor Gott sowohl hinsichtlich der Land-
als auch hinsichtlich der Sohneszusage, wodurch er „die Verheißung erlangte“.
Der Hebr. setzt selbstverständlich voraus, daß Abraham die Erfüllung des erstmals
1. Mose 12, 2ff. Zugesagten noch erleben durfte (s. 1. Mose 23). Er kann dies ohne
Schwierigkeiten festhalten, da er von der theologischen Überzeugung ausgeht, daß
beide Gaben, das erhaltene Land und der empfangene Sohn, bereits das künftige
Heilsgut in sich schlossen (11, 10). Hatte sich die „Verheißung“ auch noch nicht
erfüllt, so konnten sie die Väter doch durchaus schon „von ferne“ schauen und be-
grüßen (11, 13). Daraus geht hervor, daß die Fassung der Gottesverheißung 1. Mose
22, 16ff. christologisch-typologisch akzentuiert ist, nicht etwa im paulinischen Sinne
messianisch-ekklesiologisch. Was man an Abraham in erster Linie lernen kann,
ist seine Ausdauer im Glauben an das künftige Heil. Das Gewicht der Ausführun- 16
gen, deren Anliegen vorläufig nur zwischen den Zeilen herauszuhören ist, wird
mit V. 16 dadurch gestärkt, daß zunächst das bei den Menschen Gültige in Er-
innerung gebracht wird, um in einem Schlußverfahren vom Kleinen zum Großen
darzutun, daß es bei Gott erst recht, ja verstärkt so geschehe. Menschen schwören
beim Größeren und der Eid dient der Ausschaltung dessen, was widersprechen
könnte. Da der Verfasser methodisch bei Philo gelernt hat, wundert es nicht, bei
diesem wörtlich den gleichen allgemeingültigen Satz zu finden (De sacr. A. et C. 93;
vgl. auch De somn. I, 12). Und ganz ähnlich schließt sich sofort die Folgerung an,
daß es doch bei Gott in noch höherem Maße so sein müsse. Der Hebr. arbeitet in- 17
dessen mit Nachdruck heraus, daß Gott die Festigkeit seiner Zusage eben durch
einen Eid derart verbürgen wollte, „damit wir durch zwei unwandelbare Tat-
sachen, worin Gott unmöglich unwahr sein konnte, eine starke Ermunterung
hätten“ (V. 18), nämlich durch sein verheißendes, glaubwürdiges Wort und über-
dies durch den Eid bei sich. Inhalt des letzteren ist nach dem Zusammenhang die
Zusage 1. Mose 22, 16ff. und zwar im Sinne der gegebenen Interpretation auf das
in Christus verwirklichte und zugängliche „Erbe“. Man wird nicht übersehen, daß
insgeheim dem größeren Thema Rechnung getragen ist, wonach Gott sein Heil
durch Schwur garantiert, was grundsätzlich durch Ps. 110, 4 angeregt gewesen sein
mag (s. zu 3, 7ff. und 7, 20ff.). Wenn es an unserer Stelle in wörtlicher Übersetzung
heißt, daß Gott „mit einem Eid in die Mitte trat“, so treffen darin zwei Vorstellungen
zusammen. Gott ist sowohl der Schwörende als auch der Bürge seines Schwurs,

also gleichsam die „Mittelperson", „auf die der Eine sich beruft, der Andere sich
18 verläßt" (Fr. Bleek). Diese zwei Fakten, die die Wahrhaftigkeit Gottes unterstreichen
(s. 4.Mose 23,19; Röm. 3,4; Tit. 1,3), können und sollen demnach der Gemeinde
als „kräftige Ermunterung" dienen. Die „Wahrhaftigkeit" Gottes erweist sich vor
allem als Treue zu der ausgesprochenen Verheißung. Daran dürfen die Christen, die
um menschliche Wankelmütigkeit nur zu gut wissen, einen unbedingten Halt haben.
Man wird ihn nicht auf seiten derer aufgeben, die eben hier ihre „Zuflucht" suchen.
In einer feindlichen Welt, die den Menschen verfolgt und jagt, besteht die Möglichkeit des Überlebens auf Grund der Christushoffnung. Sie vermag aus einem tödlichen Sog zu reißen. Gewißheit erhalten wir zufolge der im Wort der Verheißung
sich aussprechenden unbedingten Treue Gottes. Lehrt die Religionsgeschichte, daß
das Wort von Gott allezeit den Menschen bewegt hat, so bezeugt die Geschichte
Israels, an deren Beginn die Gestalt Abrahams steht, daß das Wort Gottes in seiner
Bewegung ein Ziel hat, woran sich der Mensch halten kann, will er im Sturm des
19 Lebens nicht zum gestrandeten, ausgeschlagenen Wrack werden. Die existentiale
Daseinsnot des Menschen der antiken Welt schlägt für einen Augenblick hindurch,
wenn der Hebr. von der „ergriffenen Hoffnung" in bildhafter Sprache sagt, daß
wir sie „wie einen sicheren und dazu festen Anker der Seele haben". Ähnlich wie
in 2,1 mischt sich in die sonst durch und durch biblische Denk- und Sprachwelt
ein fremdes, stärker populär-philosophisches Bild ein, das die Verlorenheit und
die Gefährdung des Menschen in einem Meer der Irrungen und Stürme beschreibt.
Wieder meldet sich eine gewisse Bekanntschaft mit Philo zu Wort, der von den
Menschen, die des wahren Gottglaubens ermangeln, sagen kann (De dec. 67), daß
sie wie schwankende Fahrzeuge ewig unruhig umhertreiben und „niemals in den
Hafen einlaufen und ihren sicheren Anker in der Wahrheit finden". Sieht aber der
Alexandriner die „edelste Stütze des Seelenlebens" in dem „nötigen Glauben an
den ewig lebenden Gott", so geht der Hebr. für die Christusgemeinde noch einen
entscheidenden Schritt weiter, wenn er die durch Gott verbürgte Hoffnung als
„Anker" ausgibt. Der Glaube trägt gewiß in einem Leben, das Stürmen ausgesetzt
ist, aber die Hoffnung gibt allein die Orientierung. Notwendigerweise bricht die
Frage auf, worin die Hoffnung begründet ist. In abrupter Durchbrechung des Bildes
wird festgestellt, daß der Anker „hineinreicht in das Innere des Vorhangs", wobei
3.Mose 16,2.12 im Wortlaut anklingt. Demnach ist das Allerheiligste, das das
„Innere des Vorhangs" bezeichnet und die Stätte des jährlichen Sühneopfers am
Tag der Versöhnung umschließt, das feste Fundament der Hoffnung. Der Anker
ist verborgen, so wie das Geschehen im Allerheiligsten nicht letztlich schaubar sein
konnte. Er ist zugleich absolut zuverlässig, weil er an der Stätte Gottes selbst Grund
gefaßt hat. Aus 4,14 ergibt sich, daß der Hebr. natürlich den Himmel, genauer:
20 das himmlische Heiligtum, im Blick hat. Um zum Hauptthema zurückzukommen,
greift er, den größeren Komplex abschließend, wiederum den Gedanken auf, daß
Jesus in das Allerheiligste einging (s. 4,14), wobei es genauer heißt, daß er es für uns
als „Vorläufer" getan hat. Außerdem wird erneut Ps. 110,4 wörtlich berücksichtigt.
Worauf schon in 5,10 thematisch Bezug genommen ist, das kann nun endgültig in
der Predigt entfaltet werden. Verschiedenen wichtigen Gesichtspunkten hat der
Hebr. bereits Rechnung getragen. Jesus ist Hohepriester „in Ewigkeit" geworden, und

es geschah dadurch, daß er „für uns" in das Allerheiligste einging, genauer: daß ihm durch seinen Tod Vollendung, d.h. Einsetzung in die neue Würde zuteil geworden ist. Das „für uns" zeigt den Zweck seines stellvertretenden Dienstes an, der der persönlichen Aneignung bedarf. Wenn es zudem heißt, daß Jesus als „Vorläufer" das Allerheiligste betrat, dann ist in Durchbrechung und Überbietung des jüdischen Rituals, das nur ein Betreten des Raumes durch den Hohenpriester kennt, das Hoffnungsziel der Christusgemeinde schärfstens ins Auge gefaßt.

Dritter Hauptteil: „Ewiglich nach der Ordnung Melchisedeks" (Ps. 110,4) 7,1-10,18

In zweifachem homiletischen Anstieg hat sich der Hebr. dem Kernvers Ps. 110,4 genähert, der dem Psalm neben V. 1 das Gesicht verleiht (s. 4,14-5,10 und 5,11-6,20). Das Vorgehen läßt wohl zwingende Schlüsse über die Textgrundlage der Predigt zu, die den Gedanken Inhalt und Richtung gibt. Unverkennbar erweisen sich die folgenden Ausführungen verstärkt als Interpretation des biblischen Zeugnisses, wobei neben dem Namen und der Gestalt Melchisedeks vor allem die Bedeutung des göttlichen Schwurs (Ps. 110,4a) verhandelt wird. Der Hörer der Predigt steht mit 7,1-10,18 vor dem eigentlichen lehrhaften Hauptteil, in dem jedes Zeugnis der Herausstellung der Größe des Christus dient.

Das ewige Amt des Hohenpriestertums Jesu nach der Ordnung Melchisedeks bedeutet die Ablösung des levitischen Priestertums sowie des mosaischen Gesetzes 7,1-28

In 7,1-28 geht es zunächst stärker um den Nachweis des Geheimnisses der Person und des Amtes Christi. Die Überzeugung einer besonderen (typologischen) Vorbildlichkeit Melchisedeks mischt sich darin mit dem Glauben an eine Präexistenz des Sohnes, die in gewisser Hinsicht auch urzeitliche figurative Wirklichkeit gewesen sein mag. Offensichtlich wird in Ps. 110,4 mehr hineingetragen, als die Stelle selbst zunächst hergibt; denn die Wendung „nach der Ordnung Melchisedeks" meint im Urtext nur „nach der Weise des Priestertums Melchisedeks". Wenn der Verfasser nun dazu übergeht, sie von der für zeitgenössisches schriftgelehrtes Verständnis überaus dunklen Schilderung 1.Mose 14 aus in bestimmter Ausprägung zu füllen, dann bricht zwangsläufig die Frage nach seinen hermeneutischen und religionsgeschichtlichen Voraussetzungen auf. Dabei steht der neuzeitliche Bibelleser verstärkt unter dem Eindruck der Fremdartigkeit dieser Auslegungskunst. Wir stellen dazu vorweg fest: Was der Hebr. bietet, ist ein sich weithin methodisch und inhaltlich von Philo her zu verstehender Versuch, die Vorzeitigkeit Christi nach Ps. 110 zu bezeugen. Können wir ihm darin auch nicht mehr folgen, so bleibt doch erst recht heute weiterhin die Aufgabe, die ewige Bedeutung Jesu theologisch aussagbar zu machen. Gliederung und Form des homiletischen Vortrags, der sich an dieser Stelle thematisch in besonderer Weise steigert, sind kurz zu bedenken.

1-3 7,1-3 bricht das seit 5,1ff. zurückgehaltene Wissen des Hebr. über Melchisedek in einer längeren Satzperiode, die Aufzählung und Auslegung zugleich ist, endlich frei hervor. Die Merkmale, die das Geheimnis seiner Gestalt umschreiben, werden in bündiger Weise, doch im üblichen gehobenen Stil referiert. 7,1-3 ist sachlich wie auch methodisch-hermeneutisch das Fundament des gesamten folgenden Gedankengangs, der dem Nachweis des ewigen Priestertums Christi nach der Ordnung Melchisedeks im Sinne von Ps. 110,4 dient. Stil, Inhalt und homiletischer Ort des Satzes verbieten die Annahme eines etwa verarbeiteten Hymnus.

4-12 Mit V.4-12 wird das Augenmerk der Hörer auf den besonderen Tatbestand gerichtet, daß Abraham dem Melchisedek den Zehnten gab, woraus sich die Unterordnung des levitischen Priestertums unter das Priestertum von Melchisedek-Christus folgern läßt. Das gedankliche Vorgehen entspricht den üblichen, im Brief erkennbaren hermeneutischen Regeln: a) Feststellung eines merkwürdigen Sachverhalts der Schrift V.4; b) Rückfrage nach dem tieferen Sinn vom allgemeinen Wissen her V.5; c) Betonung des paradoxen Tatbestandes, worin ein Hinweis auf den tieferen geistlichen Sinn liegt V.6; d) Schluß vom Kleineren zum Größeren V.7; e) Beschreibung des Fazits V.8ff.: Melchisedek-Christus steht höher als Levi. V.11f. wird in typischer Weise hypothetisch vom Gegenteil her argumentiert.

13-17 Mit V.13-17 kommt es endlich zur ausdrücklichen Identifikation des Melchisedek mit Christus, dessen Herkunft aus dem Stamme Juda für die Richtigkeit der Aussage Ps. 110,4 Zeugnis sein soll. Christus sei Hoherpriester nicht nach dem „Gesetz einer fleischlichen Satzung" geworden, sondern nach der „Kraft unzerstörbaren Lebens".

18-25 Die folgenden V.18-25 wenden sich wiederum von der Person Christi zu der von ihm inaugurierten neuen Ordnung, wobei erstmals die Vorstellung des größeren „Testamentes" eingeführt wird. Die Aussage wird gestützt durch den Hinweis auf den abgegebenen Schwur Gottes. Der größeren Zusage entspricht zugleich eine „größere Hoffnung". Auch diese Verse weisen sich unschwer als Teil des größeren Gesamtbeweises aus. Für sie ist der Schluß vom Kleineren zum Größeren charakteristisch. V.25 berührt sich mit Röm. 8,34.

26-28 Die V.26-28 wirken wie eine Zusammenfassung des Gedankengangs. In ihnen wird noch einmal das unvergängliche und ewige Priestertum Christi herausgestellt. Die beiden Verse 27 und 28 weisen in Weiterführung von 4,14ff. auf thematisch Neues (s. den Begriff „ein für allemal"). An die Stelle des Priestertums der „Schwachheit" ist mit Christus ein ewiges Priestertum des „vollendeten Sohnes" getreten (s. 1,2 und Ps. 2,7).

Für das auslegungstechnische Vorgehen des Hebr. fällt ins Gewicht, wie sehr die Beweisführung in den unterschiedenen Abschnitten immer wieder zu Ps. 110,4 zurückführt (s. V.3.11ff.17.21ff.28). Etwas schematisierend läßt sich darin ein besonderes Bemühen um die folgenden Wendungen erkennen: 7,1-3 „Melchisedek",

4-12 „nach der Ordnung Melchisedeks“, 13-17 „Priester in Ewigkeit“, 18-25 „der Herr schwur“, 26-28 „Sohn in Ewigkeit“ (Ps. 2,7 und 110,4).

Man hat in neuerer Zeit Kap. 7 als „Midrasch-Pescher“ über Ps. 110,4 und Gen. 14,17–20 ausgegeben (F. Schröger). Die beiden im Alten Testament von Melchisedek handelnden Stellen aus dem 1. Mose- und aus dem Psalmbuch seien nach Art der rabbinischen Auslegungsmethodik zusammengestellt, wobei man an die 2. Regel Rabbi Hillels erinnert werde, nach der zwei sich entsprechende Stellen einander ergänzen und auffüllen. Tatsächlich ist die Verarbeitung der Texte so vorgenommen, daß die Zeugnisse in ihrer Verbindung miteinander eine einmalige Aussage über Christus ergeben. Vielleicht ist aber der Begriff des „Midrasch“ nicht ganz zutreffend. Sehen wir recht, dann liegt eine gewisse allegorische Auslegungstechnik wie bei Philo vor, die der Hebr. in vollendeter Weise beherrscht. Das Priestertum Jesu wird nun endgültig einer ausführlichen Darstellung unterzogen, wobei dem Hebr. daran liegt, die Tiefe des heilsgeschichtlichen Zusammenhangs aufzudecken. Ihn leitet die Überzeugung, daß das Bekenntnis zu dem „Priester nach der Ordnung Melchisedeks in Ewigkeit“ keine bloße Deklamation sein kann, sondern der Argumentation bedarf. Er liefert sie mit Recht, wenn freilich auf seine Weise.

Die ewige Gestalt Melchisedeks enthüllt sich als die Verkörperung des Sohnes Gottes 7,1-3

1 Dieser „Melchisedek“ nämlich, „König von Salem, Priester des höchsten Gottes, der dem von der Schlacht der Könige zurückkehrenden Abraham (zur Einholung) entgegenging“ und „ihn segnete“, 2 dem auch Abraham „den Zehnten von allem (Beutegut)“ entrichtete, der wenn man (den Namen) auslegt, zuerst zwar ein „König der Gerechtigkeit“ ist, dann aber auch „König von Salem“, was meint: ein „König des Friedens“, 3 ohne Vater, ohne Mutter, ohne Stammbaum, der weder einen Anfang der Tage noch ein Lebensende hat, vielmehr aber dem Sohne Gottes gleichgestaltet ist, eben er bleibt „Priester“ für immer.

V. 1ff.: *1. Mose 14,17-20.*

Mehr skizzenhaft beschreibt V. 1 auf Grund von 1. Mose 14,17ff. die Begegnung 1
Melchisedeks mit Abraham, wobei alle für die Beweisführung wichtigen Faktoren in einem Satz stehen: „Dieser Melchisedek nämlich ... bleibt Priester für immer“. Zunächst wird das Ereignis in Erinnerung gebracht. Melchisedek ist in der Schrift als „König von Salem“, d.h. Jerusalem, so jedenfalls der wörtliche Sinn, ausgegeben (s. Ps. 76,3). Er war ein „Priester des höchsten Gottes“, ein Ausdruck, der zur Zeit des Hebr. ausschließlich im Sinne des jüdischen Monotheismus verstanden werden konnte. Die Wendung umgreift die Gewißheit, daß Gott der höchste und der einzige ist (Philo, Leg. all. III, 82). Die geringste Form von polytheistischen Anklängen war nicht mehr denkbar oder statthaft. In Verkürzung von 1. Mose 14 heißt es außerdem, daß Melchisedek dem Abraham „entgegenging“, nicht etwa – wie dort – der König von Sodom, dem es Melchisedek als König von Salem gleichtat, was nur indirekt erschlossen werden kann (s. 1. Mose 14,18). Dadurch wurde unmittelbar die Vorstellung einer feierlichen „Einholung“ des Siegers und Triumphators eingebracht (s. auch Philo, De Abr. 235), weil das griechische „Entgegengehen“

in diesem Sinne ein technischer Begriff ist. Die weiteren Einzelheiten treten dadurch noch markanter hervor. Da steht erstens die Tatsache, daß Melchisedek Abraham gesegnet hat, worin sich dessen höhere Stellung dokumentiert, und zweitens das
2 Faktum, daß diesem sogar Abraham den Zehnten „von allem" — gemeint ist: der Beute, s. V.4 - entrichtet hat. Bedenken wir, daß der fromme Jude in Abraham den Erzvater schlechthin verehrte, auch daß es üblich war, im Gedenken an ihn eine Benediktion zu sprechen, so ermessen wir, wie sehr ein Schriftausleger von den erwähnten Fakten hat fasziniert sein müssen. In solchem Falle richtete sich zwangsläufig alles Interesse auf die Person dessen, der den Erzvater in so eindeutiger Weise überragt. Dem Geheimnis Melchisedeks kommt der Verfasser zunächst näher über eine etymologische Deutung des Namens. Wie auch bei Philo (Leg. all. III,79) erschließt solche Interpretation eine ethisch-psychologische Eigenart des Namensträgers. Er ist - zerlegt man den hebr. Namen in seine beiden Bestandteile (*melchi* - *sedek*) - „ein König der Gerechtigkeit". Selbst die Angabe des Regierungssitzes läßt in entsprechender Weise einen Schluß auf die Weise seiner Herrschaft zu. Das fast titular klingende „König von Salem" meint einen „König des Friedens" (s. hebr. *schalom*). Beide Wesensmerkmale gehören nach dem Verfasser unabdingbar zum idealen Herrschertypus des Melchisedek-Christus. Philo kann ganz ähnlich sagen: „So mag der Tyrann der Herrscher des Krieges heißen, der König aber der Fürst des Friedens, Salem ..." Der Hebr. wendet dazu wie Philo den uns fremden exegetischen Grundsatz an: „Was nicht in der Thora steht, gibt es nicht auf Erden (*in mundo*)", freilich in charakteristischer Akzentverschiebung. Nach Philo bezeichnet Gott den Melchisedek als König des Friedens und als seinen Priester, „ohne eine Tat von ihm vorher angegeben zu haben; vielmehr hatte er ihn von vornherein (!) solchermaßen königlich, friedfertig und seines Priester-
3 tums würdig geschaffen", denn sein Name bedeutet „gerechter König". Philo schließt von da auf die Präexistenz des „Wortes". Anders, doch in ähnlicher Weise, unser Ausleger, der weniger die Herrscherfunktion als die Einmaligkeit der Person zur Geltung bringt. Auf Grund des Schweigens der Schrift leitet er die Fakten ab: „ohne Vater, ohne Mutter, usw.", um daraus die Präexistenz und die Ewigkeit der Person zu folgern. Dies *argumentum e silentio* gründet in der für heutige Begriffe rein zufälligen Tatsache, daß das Alte Testament über Geburt und Tod des Melchisedek nichts vermeldet. Um so gewichtiger mußte dem Hebr. die in der Schrift angedeutete Singularität dieser königlichen Priestergestalt erscheinen, die ihm schließlich zum Beweis ihrer Ewigkeit geworden ist. Die Ausführungen, die den fehlenden Stammbaum festhalten, setzen natürlich das jüdische Priesterrecht voraus, das in ausschließlicher Weise das Amt von der levitischen blutsmäßigen Abstammung abhängig sieht (2.Mose 28,1ff.; 4.Mose 3,10 u.a.). So stellt sich für den Schriftausleger unweigerlich die Frage, ob dieser geheimnisvolle Melchisedek illegitimer oder legitimer Herkunft gewesen ist. Wenn letzteres zutrifft, wofür Argumente gesammelt werden, dann zwingt dies zu der Annahme einer einmaligen Gestalt. Und eben dieser Schluß wird gezogen, wobei der Verfasser in der Radikalität seiner Beweisführung sogar Philo zu übertreffen gewillt ist. In sich steigernder Rede fällt schließlich die gewichtige Wendung: „Er ist vielmehr gleichgestaltet dem Sohne Gottes". Dann wird der Satz endgültig in gedanklicher Bindung an Ps. 110,4 zu Ende geführt: „[Er] bleibt Priester für immer".

Die Kühnheit der Aussage, die darin beruht, daß ohne Zweifel Melchisedek mit Christus in einer Art realtypologischer (philosophisch-spekulativer) Betrachtung identifiziert ist, darf in keiner Weise beschnitten werden, wozu die neuere Auslegung neigt. Es gilt nicht nur zu bedenken, daß der Hebr. über ganze Abschnitte seine Hörer darauf vorbereitet hat. Wir müssen auch sehen, daß alle folgenden Abschnitte über das priesterliche Werk Christi auf der Gleichheit von Christus und Melchisedek weiterbauen. Daher verbietet es sich, an dieser Stelle moderne Verstehenshilfen in der Weise zu geben, daß man sagt, Melchisedek sei als Abbild und Typus Christi verstanden oder er sei ihm „ähnlich" gewesen. Nicht minder zweifelhaft stellt sich die Meinung dar, es gehe um eine sinnbildliche Gestalt, wie man auch nicht mit altkirchlichen Auslegern sagen wird, Melchisedek sei als Engel vorgestellt. Was nach Philo ein letztes Ziel der menschlichen Seele ist (De op. m. 144), nämlich die sog. „Gleichartigkeit mit Gott", hat zufolge dem Hebr. im Sohn längst prototypische Erfüllung gefunden.

Gnostisches Gut in 7, 3? Man wird vor allem jene religionsgeschichtliche Erklärung in Zweife, ziehen, die besagt, daß hinter 7, 3 die Vorstellung der „Inkarnation eines Urmenschen" stehe (E. Käsemann). Auch wenn man sie nicht unmittelbar dem Hebr. zuschreibt, sondern einer verarbeiteten hymnisch-liturgischen Tradition bzw. Quelle, wird der Nachweis nicht wahrscheinlicher. Die Dinge liegen vielmehr so, daß der Hebr. von der Überzeugung aus denkt, daß Christus als Hoherpriester „nach der Ordnung Melchisedeks" eine uranfängliche ewige Gestalt ist, insofern er die Verleiblichung des alexandrinischen Logos bezeichnet (Philo, De fug. 108 ff.) Daß er die priesterliche Aufgabe bis in die abgründige Tiefe menschlicher Schwachheit und Todeswirklichkeit wahrnehmen mußte, zeichnet ihn vor Philos Gebilde einer personhaften göttlichen Weltvernunft aus. Völlig abwegig ist der Gedanke, der postulierte gnostische Urmensch-Mythos habe bereits in 1, 1-6, 20 dazu verholfen, die „Analogie" von Erlöser und Erlösungsbedürftigen herauszuarbeiten (E. Gräßer). Für Philo läßt sich nämlich die Identität Logos und Urmensch nicht belegen (U. Früchtel). Gäbe es überhaupt noch einen Zweifel, woher der Hebr. in seinem Denken bestimmt ist, so beseitigte ihn das an dieser Stelle überaus bedeutungsvolle Prädikat des „Sohnes Gottes", mit dem dann später in 7, 28 der Gedankengang ebenfalls feierlich ausklingt. Als „Sohn Gottes" ist auch bei Philo der Logos bezeichnet, von dem er annimmt, daß er als Geschöpf Gottes wiederum den Menschen geschaffen habe. Wenn der Hebr. an dieser Stelle des Beweises den vorzeitlichen Christus-Melchisedek als „Sohn Gottes" tituliert, dann geschieht es offenbar von der Grundlage der philonischen Kosmologie her, die der Wahrheit des christologischen Zeugnisses dienstbar gemacht ist (1,2). Die Hörer sollen erkenntnismäßig in die Nähe dieses „Sohnes" gebracht werden, der Logos-Mittler ist zu Gott. Von der Stufe des Hörens möchten sie zur Stufe der inneren Schau gelangen (s. 7, 4 folgerichtig: „*Schaut!*"). Mit anderen Worten: 7,1-3 verrät sachlich und methodisch deutlich die Voraussetzungen eines gewissen philonisch-alexandrinischen Schuldenkens. Es ist dem christologischen Zeugnis vom ewigen Hohenpriestertum Christi nach Ps. 110 unmittelbar dienstbar gemacht. Dabei herrscht zunächst der Gedanke des „dauernden" Priestertums vor (s. „für immer"). Indem über eine griechische Begrifflichkeit stärker der „ununterbrochene Bestand" betont wird, gewinnt vor allem die durch die Gleichsetzung von Melchisedek und Christus eingebrachte offenbarungsgeschichtliche Dimension größte Anschaulichkeit.

Die unverkennbar philonische Färbung des in 7,1-3 gegebenen Gedankenguts weist nicht auf einen verarbeiteten gnostischen Urmensch-Erlösermythos hin. Dabei sei aber nicht bestritten, daß die biblische Melchisedeküberlieferung relativ früh das religiöse Denken des Judentums und der Kirche beeinflußt hat. Der geistige Hintergrund solcher Spekulationen war offenbar schon im 1. Jh. n. Chr. vorbereitet (s. 11 Q Melchisedek; 1. Klem. 36). Für die spätere Zeit ragt die gnostische Gruppe der Melchisedekianer heraus, eine Gründung Theodots des Wechslers um 200 n. Chr. (Hippolyt, Ref. omn. haer. VII,36; X,24; Ps.-Tertullian, Haer. 24; Epiphanius, Haer. 55). Überaus reichhaltig ist weiter das Zeugnis der späteren jüdischen haggadischen Schriftgelehrsamkeit, die natürlich an Ps. 110,4 und 1. Mose 14 ebensowenig vorbeigehen konnte. Wir vermissen aber in diesem Fall Antworten, die inhaltlich in die Nähe von Hebr. 7 führen, obschon notiert werden muß, daß man das Psalmwort ebenfalls auf den Messias als den besonderen Erwählten Gottes beziehen konnte (s. Aboth R. N. 34 (9a)). Hinzukommt die offenbar verbreitete Deutung des Melchisedek auf einen Hohenpriester der messianischen Endzeit (Str. B. IV,1 S. 464).

Für alle sog. gnostischen Systeme ist typisch und somit für eine Bewertung maßgeblich, daß der Erlöser durchweg in irgendeiner Weise mit Christus identifiziert und seine Leidensfähigkeit als himmlische Gestalt bestritten wird. Der Hebr. ist vom gnostischen Denken dadurch streng geschieden, daß er bei aller (philonisch-neuplatonischen) Spekulation über die (präexistente) Herkunft und die mysteriöse Urgeschichte Christi gerade sein Leiden und seinen Tod zur Grundlage des Zeugnisses gemacht hat. Können wir seine Gedanken auch nicht mehr nachvollziehen, so zwingen sie uns doch dazu, die Wahrheit des Todes Jesu ebenfalls im Blick auf seine Uranfänglichkeit und Herkunft zu durchdenken. Wo nämlich die Gotteswahrheit des Kreuzes Jesu festgehalten wird, muß der theologische Satz, daß er göttlichen Ursprungs sei, denknotwendigerweise ebenfalls gefolgert werden.

Aus der Überlegenheit des Melchisedek-Christus über das levitische Priestertum folgt die Ablösung der mosaischen Ordnung 7,4-12

**4 Betrachtet aber, wie groß dieser ist, dem „Abraham den Zehnten gab" aus
den besten Beutestücken, er, der Patriarch! 5 Während die, welche von den Söhnen
Levis das Priestertum empfangen, eine Vorschrift besitzen, das Volk nach dem Ge-
setz zu zehnten, und zwar ihre Brüder, obwohl diese aus Abrahams Lende hervor-
gegangen sind, 6 „hat er", der seinen Stammbaum nicht auf sie zurückführt, den
Abraham gezehntet, und den, der die Verheißungen hat, „gesegnet". 7 Ohne allen
Widerspruch aber wird dabei das Geringere von dem Herausragenderen gesegnet.
8 Und während hier Menschen, die sterblich sind, die Zehntabgaben entgegen-
nehmen, so dort einer, von dem das Zeugnis vorliegt, daß er lebt. 9 Und durch
Abraham ist sozusagen auch Levi, der die Zehntabgaben empfängt, gezehntet
worden. 10 Er war nämlich noch in der Lende des Vaters, „als Melchisedek die-
sem entgegenging". 11 Wäre nun freilich durch das levitische Priestertum, worüber**

das Volk ja Gesetze erhalten hat, Vollendung möglich, was ist es dann noch not, daß „nach der Ordnung Melchisedeks" ein anderer „Priester" aufgestellt wird und nicht „nach der Ordnung" Aarons genannt ist? 12 Wenn nämlich das Priestertum verändert wird, tritt unvermeidlich auch eine Wandlung des Gesetzes ein.

V. 4: *1.Mose 14,20b;* V. 6: *1.Mose 14,19;* V. 10: *1.Mose 14,17;* V. 11: *Ps.110,4.*

In einem weiteren gedanklichen Abschnitt V.4-12 kommt es zur Auswertung 4
der zuletzt gesammelten Merkmale, die die Größe des Melchisedek und seines Priestertums belegen. Die Leser sollen mit dem geistigen Auge die tieferen Zusammenhänge wahrnehmen, so wie es „gereiften Christen" ziemt (6,1). Schon Abraham beugte sich der Größe des Melchisedek in selbstverständlicher Weise, als er ihm den Zehnten von den besten Beutestücken gab. Und der Hebr. hebt es hervor: „er, der Patriarch". Er stand bereits, so will er sagen, unter dem Eindruck der überirdisch-priesterlichen Gestalt. Daher hat er ihm auch den Zehnten, bestehend aus den „besten Beutestücken" gegeben, also die Auslese der Beute, was eine Präzisierung der Sache über V.2 hinaus bedeutet. Handelte der Erzvater nicht aus Zwang, sondern in natürlicher Freiwilligkeit, weil er um die himmlische Größe seines Gegenüber gewußt hat, so geschah dies selbstverständlich ebenfalls ganz in Erfüllung
eines göttlichen Entschlusses, den die folgenden Überlegungen aufzeigen. V.5 wird 5
zunächst auf die innere Paradoxie des Geschehens hingewiesen, die darin liegt, daß offenbar mit dem Erzvater zugleich die Söhne Levis – damals freilich noch in der „Lende Abrahams" (also: noch ungeboren) – gezehntet worden sind. Und dies, obwohl sie selbst nach dem Gesetz Gottes das Recht haben, das Volk, ihre Brüder, zu zehnten (s. 4.Mose 18,20-32). Wer sich – so geht das Anliegen – in diese Tatsache hineindenkt, muß die spannungsvolle Widersprüchlichkeit des Sachverhaltes empfinden. Dabei bleibt außer Betracht, daß der Stamm Levi erst viel später aufgetreten ist. Da dem Verf. die Geschichte der Menschen, vor allem seit Abraham, als eine kontinuierliche Geschichte des göttlichen Handelns erscheint, dem unmittelbare Bedeutung für die Gegenwart eignet, treten andere Perspektiven notwendigerweise zurück. Er hängt dagegen um so mehr an dem Wunderbaren, daß die an sich durch göttliches Gesetz bevorrechtigten „Söhne Levis" in einem freiwilligen Akt einem Höheren unterstellt sind. Der Gedanke, daß damals Abraham
gedemütigt worden sein könnte, liegt fern. Wir ersehen es daraus, daß neben der 6
Zehntung Abrahams nun noch einmal davon gesprochen wird, daß Melchisedek ihn, den Verheißungsträger, auch „gesegnet habe". Im griechischen Urtext fällt das sog. Perfekt der Allegorie auf, das anzeigt, daß der damals erteilte Segen noch von unmittelbarer Bedeutung für die Gegenwart ist. Somit besteht kein Zweifel, daß es mit dem Priestertum dieses Melchisedek-Christus eine eigene, sogar aktuelle Bewandtnis hat. Mehr noch! Der Leser hört heraus, daß man an diesem Segen heute in der Christuszeit unmittelbar teilhaben kann (s. 6,7). Er kommt von dem her, der „seinen Stammbaum nicht auf sie", die Kinder Levi, zurückführt, weil er nämlich größer ist als diese und sein Recht das ihre in unbestreitbarer Weise überhöht, ja bricht. Dagegen hat der Erzvater nicht den geringsten Einwand vorgebracht.
Um den grundsätzlichen Tatbestand schärfstens anzuvisieren, folgt eine Aussage 7
sehr genereller und lehrhafter Fassung. Wiederum sollen die Leser die Verschieden-

heit der beiden Personen ermessen, von denen jede für sich zugleich eine eigene
8 Ordnung repräsentiert. Worin sie letztlich besteht, weist der zusätzliche V. 8 auf. An der Formulierung interessiert das vergleichende „Hier -Dort", insofern darin der vom heutigen Leser empfundene zeitliche Abstand bedeutungslos gemacht, ja sogar durch eine fast gegenwärtige lokale Gleichzeitigkeit ersetzt ist. Wenn nun aber überdies das „Hier" im Blick auf das levitische Priestertum gewählt wurde und dagegen das „Dort" in Hinsicht auf Melchisedek, dann klingt zumindest an, daß jenes eine noch bestehende Größe darstellt, wohingegen das Priestertum des letzteren in dieser Weise nicht mehr unmittelbar präsent ist. Auf daß es so sei, bedarf es eben auf seiten der Hörer der tieferen Einsicht in das Zeugnis, das da lautet, „daß er lebt", womit zunächst primär die Gestalt des Melchisedek gemeint ist, die aber freilich zugleich in Wahrheit identisch ist mit dem Sohn Gottes, dessen Tage kein Ende haben (V. 3). Das Wesen der Dinge liegt für den Hebr. nicht vor Augen, sondern erschließt sich nur dem eindringenden Erkenntnisbemühen. Die Gegenüberstellung von „sterblichen Menschen" und „lebendem" Melchisedek bringt erneut andeutungsweise die Existenzproblematik ein (ähnlich 7,23). Wo diese sich anmeldet, wird der fragende Mensch immer versuchen, über das Vordergründige zum Kern der Dinge, zum Offenbarungsursprung, vorzustoßen. Nicht daß er dabei Gott schauen würde! Wohl aber dringt er zumindest in jenen Bereich vor, in dem Gott seinen Willen zu erkennen geben kann. Der Verfasser sieht in Christus den bis in die Existenznot hinein mit dem Menschen verbundenen Offenbarungs- und
9 Lebensträger schlechthin. Im Wissen darum, daß alle herkömmliche Betrachtung nicht mehr genügt, faßt er deshalb die Summe seiner Überzeugung noch einmal in V. 9ff. zusammen. Durch die etwas zurückhaltende sprachliche Formulierung (s. „sozusagen") deutet er an, daß seine Meinung, die nun in solcher Kürze niedergelegt wird (vgl. auch Philo, De cher. 112 u. v. a.), wohl von nicht allen ohne weiteres geteilt werden wird. Er selber kann davon jedoch in keiner Weise abgehen. Durch Abraham sei sozusagen auch Levi, der die Zehntabgaben empfängt, der Ahnherr und Inbegriff des gesamten jüdischen Priestertums, gezehntet worden (Perfekt der
10 Allegorie). Er sei nämlich noch in der Lende des Vaters Abraham (= des Stammvaters) gewesen, ‚als Melchisedek diesem entgegenging'. Was vorher in V. 5 im Grunde nur indirekt zur Sprache kam, weil es zunächst einfach darum ging, das Paradox des Sachverhalts herauszuarbeiten, wird nun mit einem gewissen Vorbehalt endgültig präzise festgestellt. Die Tatsache soll unbedingt in ihrer Gegen-
11 wartsbedeutung bedacht werden. Um jeden Zweifel an der gewonnenen Erkenntnis auszuschließen, wird sofort in einem irrealen Bedingungssatz nachgewiesen, daß es auch gar nicht anders sein könne. Die Zehntung des selbst zehntberechtigten levitischen Priestergeschlechtes - ein Akt von rechtlicher Bedeutung - hat den Charakter einer unumstößlichen Realität. Die Beweisführung entfernt sich hier von der allegorisch gedeuteten Grundlage 1.Mose 14, um nur noch von Ps. 110,4 aus zu denken. Gäbe es durch das levitische Priestertum „Vollendung", d.h. die Neuordnung des Gottesverhältnisses in endgültiger, auch das Hoffnungsgut umschließender Weise, so brauchte kein anderes Priestertum errichtet zu sein, wie es mit Melchisedek-Christus geschehen ist. Damit wird das levitische Priestertum, das offenbar als noch gegenwärtig amtierende Institution vorgestellt ist (s. bes.

7, 8), zur rechtlich abgelösten Größe erklärt. Es hat seinem gesetzlich niedergelegten
Auftrag nicht zu entsprechen vermocht. Die eingeschobene Bemerkung „worüber
das Volk ja Gesetze erhalten hat" bezieht sich kaum auf die Aufgabe der „Voll-
endung", sondern auf das levitische Priestertum, worüber das israelitische Volk
sehr genaue Weisungen besaß. Der volle Sinn dieser Andeutung erschließt sich erst
auf Grund der folgenden Abschnitte, in denen die ganze Größe des einmaligen
Erlösungswerkes Christi zu erarbeiten gesucht wird. Nach der Meinung des Hebr. 12
ist nämlich nichts Geringeres geschehen als die Einführung einer neuen „Ordnung",
was schließlich V. 12 in aller Form und unter Zuhilfenahme philonischer Denk-
vorstellungen (s. Einleitung 10.) Ausdruck findet: jede Umstellung des Priestertums
bringe unvermeidlich (wörtl.: ‚aus Notwendigkeit') eine Wandlung des Gesetzes
mit sich. Offensichtlich denkt der Hebr. Gesetzes- und Priesterordnung eng zu-
sammen. Die Tragweite des Geschehens, so steht es bereits andeutungsweise hinter
diesem Satz, ist ungeheuer; denn es geht keineswegs etwa nur um irgendeine
Sache des Volkes, sondern um seine Grundordnung, die für abgelöst erklärt ist.
In gewisser Hinsicht scheint der Hebr. sehr nahe bei Paulus zu stehen, der Christus
als das „Ende des Gesetzes" (Röm. 10, 4) ausgibt. Während Paulus aber von der
Tatsache des im Gesetz geäußerten Willens Gottes her denkt, dem der Mensch
letztlich nicht zu entsprechen vermag, weshalb er Christus braucht, nimmt der
Hebr. seinen Ausgangspunkt beim Ungenügen der alten Kultordnung. Paulus will
die Augen des verlorenen Menschen für das Christusgeschehen öffnen, der Hebr.
weckt die Einsicht des jüdischen Menschen in das Versagen der kultischen Gesetz-
lichkeit.

Christus ist nicht levitischer, sondern göttlicher Abstammung 7, 13-17

13 Der nämlich, worauf sich diese Worte beziehen, ist Angehöriger eines anderen Stammes, von dem sich keiner mit dem Altardienst befaßt hat. 14 Es ist ja wohlbekannt, daß unser Herr „aus Juda hervorgegangen" ist, über welchen Stamm Mose in Hinsicht auf Priester nichts sagte. 15 Und dies ist noch viel offensichtlicher, wenn in der Gleichheit mit Melchisedek ein anderer „Priester" aufgestellt wird, 16 der es nicht nach dem Gesetz einer fleischlichen Satzung geworden ist, sondern auf Grund der Kraft unzerstörbaren Lebens. 17 Das Zeugnis über ihn lautet schließlich dahin: „Du bist in Ewigkeit Priester nach der Ordnung Melchisedeks".

V. 14: *1. Mose 49, 10; dazu Ps. 112, 4;* V. 15: *Ps. 110, 4;* V. 17: *Ps. 110, 4.*

Mit V. 13-17 wird ein zusätzlicher Beweis dafür erbracht, daß das dem Stamme
Levi aufgetragene Priesteramt in seiner Gültigkeit abgelöst ist. Der Verfasser wen- 13
det sich dem bekannten historischen Sachverhalt zu, daß Christus, worauf sich
der Ausspruch Ps. 110, 4 bezieht, ja in der Tat einem anderen Stamm angehört. Wird
für unsere Begriffe an dieser Stelle auch zum Argument erhoben, was eigentlich
erst zu beweisen ist, so liegen die Verhältnisse für den Hebr. doch etwas anders.
Er bemüht sich um ein weiteres Detail und will es über den allgemeinen Kenntnis-
stand der Gemeinde als zusätzliches Glied einer größeren Beweiskette zu bedenken
geben. Geht man davon aus, daß Ps. 110 von Melchisedek-Christus handelt, der
nach 1. Mose 14 ohne Stammbaum ist, so mutet der Gedankengang in der Tat

etwas unlogisch an. Wenn man andererseits der Tatsache Rechnung trägt, daß – wie schon V. 11f. – nun erneut stärker Ps. 110 im Blickpunkt der Betrachtung steht, dann wird die Darlegung verständlich. Ps. 110,4 läßt für die schriftgelehrte Betrachtung keinen Zweifel darüber, daß der darin erwähnte Priester nie ein Angehöriger des Levi-Stammes sein kann. Die Folgerung erscheint daher gerechtfertigt, daß er Glied eines Stammes ist, „von dem sich keiner (je) mit dem Altardienst befaßt hat". Schließlich ist diese Aufgabe einzig und allein den Nachkommen Levis übertragen. Wörtlich lautet V. 13: „Er hat Anteil an einem anderen Stamm" (Perfekt der Allegorie), worin sich die Gewißheit der gegenwärtigen Erfüllung von
14 Ps. 110,4 ausspricht. V. 14 präzisiert die Überlegung durch den Hinweis auf die Herkunft Jesu aus Juda. Dabei ist im Sinne einer gemein-urchristlichen Überzeugung der Davidssohnschaft Jesu Ausdruck verliehen (s. bes. Röm. 1,3; Mt. 1,1ff.; Lk. 1,27; 2. Tim. 2,8 u. a.). Ist das richtig, dann treffen in der Feststellung zwei Komponenten zusammen, nämlich einmal der Glaube des Judentums der Zeit, daß der im Alten Testament verheißene Messias aus Davids Stamm (= Juda) kommt (s. bes. 1. Makk. 2,47; Ps. Sal. 17 und 18; 4. Esra 7,28; 11,1ff.; b. Sanh. 97a u. a.), und zum andern tatsächlich geschichtliches Wissen über einen derartigen genealogischen Anspruch der Familie Jesu. Die Formulierung von V. 14 ist dabei weniger in der Art eines exakt-historischen Referats gehalten, als vielmehr in der Weise einer liturgisch-kerygmatischen Aussage: „Unser Herr ist aus Juda hervorgegangen", wörtlich: „aufgegangen". Sie dürfte, worauf das Bild vom „Aufgang aus Juda", etwa in der Art eines Sternes, weist, dem Wortlaut biblischer Weissagungen (vgl. Sach. 3,8; 6,12; Jer. 23,5; Mal. 3,20) angepaßt sein. Vor allem kann eine besondere Nähe zu 4. Mose 24,17 vorliegen (vgl. dazu Ps. 112,4!). Der Bekenntnisstil der hellenistischen Christusgemeinden klingt an, wenn es heißt: „unser Herr". Daraus spricht die sieghafte Überzeugung, daß Christus einen weltweiten Anspruch erhebt und ihm die gebührende Verehrung in der Tat nicht verweigert werden kann (s. zu 1,10ff.). Ob sich nicht vielleicht überdies eine frühe Auseinandersetzung über die Herkunft des Messias abzeichnet, möchte man fragen. Sicherlich war es allgemeine Überzeugung des jüdischen Volkes, daß ein davidischer Messias am Ende der Zeit kommen werde. Es ergaben sich aber ohne Zweifel gewisse Probleme, wenn nun für Jesus aus dem Stamme Juda überdies noch die hohepriesterliche Würde beansprucht wurde. Dies um so mehr, weil es fromme Kreise des Volkes gab (s. die Essenergemeinde vom Toten Meer), die offensichtlich zwei Messiasse, den königlichen aus Israel und den priesterlichen aus Levi-Aaron, erwartet hatten (s. 1 QS IX,9ff.; 1 QSa 28a; auch bes. Test. XII Rub. 6,7ff.; Test. Sim. 7,1ff.; Test. Juda 21,2). Waren die Vorstellungen, wie es nicht anders sein konnte, auch uneinheitlich, so kann doch der Hebr. mittelbar von der allgemeinen Auseinandersetzung bestimmt sein. Schließlich betont er auf seine Weise sehr wohl, daß in Jesus ein doppeltes Messiastum vereinigt ist, wobei er der priesterlichen Komponente offensichtlich den Vorrang gibt. Geschieht es auch nicht im Sinne einer levitisch-aaronitischen Priestermessias-Erwartung, so doch auf Grund einer eigentümlichen Melchisedek-Spekulation, die ebenfalls in dieser oder jener Form in Qumran zu Hause gewesen sein kann, wie das Fragment 11 Q Melch. beweist, das freilich manche Fragen offen läßt. Die Tendenz des Hebr. geht jedenfalls ziemlich offen

auf ein hohepriesterliches Messiastum, das in der übrigen urchristlichen Literatur
nicht so stark betont wird, mögen vielleicht auch hin und wieder Ansätze vorliegen
(so z.B. in dem vorpaulinischen Traditionsstück Röm. 3,24ff.). Wenn es heißt, daß
Mose in Hinsicht auf den Stamm Juda „über Priester“ nichts habe verlauten lassen,
so wird zusätzlich eingeschärft, daß Jesus sehr wohl der nichtlevitische Messias
und Hohepriester nach Maßgabe von Ps. 110,4 sei. Eben diesem Nachweis dient 15
auch ein zweiter verstärkender Satz V. 15, eingeleitet durch das sachlich sich auf
V. 13 beziehende: „Und dies ist noch viel offensichtlicher“. Das Priestertum Christi
ist demnach in der Tat eine eigene Größe, die mit dem Stamme Levi nicht das Geringste zu tun hat, weil der Wortlaut des Psalms die „Gleichheit“ mit Melchisedek
besagt. Man muß außerdem sehen, daß Gott, der mit himmlischer Lebenskraft am
Werk gewesen ist, niemals eine irdisch-vergängliche Anordnung gewollt hat. Indem
die Wendung „nach der Ordnung Melchisedeks“ als „nach der Gleichheit mit Melchisedek“ verstanden wird, gibt der Verfasser der Überzeugung Ausdruck, daß Christi Priestertum nicht nur ein besonderes ist, sondern sogar eine eigene neue Wirklichkeit repräsentiert. Ihr Wesensmerkmal stellt im Gegenüber zu dem „Gesetz einer 16
fleischlichen Satzung“ die „Kraft unzerstörbaren Lebens“ dar, die in Melchisedek
erkennbar wird, kann doch von ihm gesagt sein: „ohne ein Ende des Lebens“
(so wörtlich 7,3), „er lebt“ (7,8), und: „er bleibt Priester für immer“ (7,3b). Ähnlich wie Philo liebt offenbar der Hebr. die Vorstellung der in dieser Welt wirksamen
„Kräfte“ Gottes, durch die der Mensch imstande ist, den ewigen Wahrheiten näherzukommen. Aber er geht sicherlich noch ein entschiedenes Stück weiter, wenn er
die „Kraft unzerstörbaren Lebens“ in Christus-Melchisedek umfassend und einmalig
verleiblicht sieht. Das „Gesetz der fleischlichen Satzung“ enthält nicht den Gedanken der Sünde, sondern den des Vergänglichen und Ablösbaren, wie ja auch
die levitischen Priester, die man nach den Kriterien der leiblichen Abstammung
und der körperlichen Beschaffenheit berufen hat, sterblich sind (s. 7,8.23). Wenn 17
erneut Ps. 110,4 zur Begründung zitiert wird, dann liegt unverkennbar der Ton auf der Wendung: „Du bist Priester in Ewigkeit“. Darin wird Christus auf Grund eines Gottesspruches als die ewige priesterliche Gestalt bezeugt, an der sich nun endgültig alles Leben entscheidet. Den Gedankengang V. 13ff. zusammenfassend, bewegt sich der Hebr. wiederum auf die Schriftunterlage zu, deren Kernsatz in ganzer Ausführlichkeit genannt wird. Der Gedanke schwingt wahrscheinlich mit, daß im Zuspruch Gottes selbst die „Kraft unzerstörbaren Lebens“ ihren letzten Ursprung hat. Schließlich denkt der Verfasser nicht mehr wie Philo die Welt als einen freien Raum der ewigen Kräfte Gottes. Als neue Offenbarungs- und Erkenntnismitte gilt ihm vielmehr die rettende Gestalt des ewigen Hohenpriesters Christus, „der das All durch das Wort seiner Kraft“ trägt (1,3).

Christus ist der Urheber einer unvergänglichen und vollkommenen Ordnung 7,18-25

18 Denn einerseits erfolgt Aufhebung eines vorher ergangenen Gebots wegen seiner Schwäche und Nutzlosigkeit, 19 denn das Gesetz vollendete nichts; **andererseits kommt es zur Einführung einer besseren Hoffnung, durch die wir Gott**

nahen. 20 Und wiefern das nicht ohne Eidschwur geschah – denn jene sind zwar ohne Eidschwur Priester geworden 21 er aber mit einem Eidschwur durch den, der zu ihm sagte: „Geschworen hat der Herr und es wird ihn nicht gereuen: ‚Du bist Priester in Ewigkeit‘ –, 22 um soviel ist auch Jesus der Bürge eines hervorragenderen Testamentes geworden. 23 Und die einen sind in großer Zahl Priester geworden, weil sie durch den Tod am Bleiben gehindert wurden, 24 er aber hat das Priesterum als ein unveränderliches, weil er „in Ewigkeit“ bleibt. 25 Daher kann er auch in vollendeter Weise jene retten, die durch ihn zu Gott hinzutreten, weil er allezeit lebt, um für sie einzustehen.

V. 21: *Ps. 110, 4 a;* V. 24: *Ps. 110, 4.*

18-25 Die Auslegung neigt allgemein dazu, die V. 18-25 als eigene gedankliche Einheit abzugrenzen, finden sich doch darin drei gleichartige Sätze nach dem Schema: „zwar – aber“. Im einzelnen enthalten sie die folgenden formalen Elemente: V. 18 ff. These, V. 20-22 Schriftbeweis, V. 23 ff. Tatsachenbeweis, V. 25 Wiederholung der These in konkreterer Fassung. Mehr nach inhaltlichen Gesichtspunkten lassen sich unterscheiden: V. 15-19, V. 20-22 und V. 23-25. In Anbetracht des besonderen homiletischen Vorgehens des Hebr. sollte man in der Tat die V. 18-25 für sich nehmen. Es geht darin um die Herausstellung der rechtlichen Konsequenzen des Hohenpriestertums Christi. Offenbar münden Kap. 7 die Ausführungen jeweils typisch in eine Wendung des Schriftwortes ein, wonach die Aufteilung des Stoffes vorgenommen werden kann.

18 Lautet in V. 13 die fast lehrsatzähnliche Erkenntnis, daß die „Veränderung“ des
Priestertums notwendigerweise auch eine solche des Gesetzes nach sich zieht, so
wird hier noch schärfer von der „Aufhebung“ des „vorher ergangenen Gebots“
gesprochen. Und zwar zunächst wieder in der Weise, daß die allgemeine Praxis
zum Ausgangspunkt der Betrachtung gemacht wird. „Aufhebung“ bezeichnet den
Tatbestand einer rechtskräftigen Annullierung; der Begriff ist inschriftlich als
juristischer Terminus vielfach belegt. In unserem Fall wird davon ausgegangen,
daß der rechtliche Akt der Ungültigmachung dann geschieht, wenn ein Gebot oder
eine Verordnung sich als „schwach und nutzlos“ erweisen. In der Tat gibt es Rechts-
sätze, die eine ihnen zugemutete Aufgabe nicht leisten, sei es, daß das Gebot ent-
schiedener formuliert sein müßte, sei es, daß der gewünschte Ordnungseffekt um
19 anderer Ursachen willen nicht erzielt wird. Wie der eingeschobene Satz V. 19 a zu
erkennen gibt, blickt der Verfasser bereits unmittelbar auf das Gesetz des Mose.
Ist vorher schon V. 16 vom „Gesetz der fleischlichen Satzung“ die Rede gewesen,
um seine natürliche Ablösbarkeit anzuzeigen, so wird nun seine „Schwäche und
Nutzlosigkeit“ festgehalten. Paulus kann bekanntlich sagen, daß das Gesetz,
obwohl heilig und gut, zum Tode führt (Röm. 7, 9-12). Der Hebr. hält sein Un-
vermögen fest, zu „vollenden“. Die Beurteilung stellt sich weniger radikal dar, läuft
aber im Endeffekt auf das gleiche Resultat hinaus. Wer sich auf das „Gesetz“ ver-
läßt, hat keine „Hoffnung“. Jenes Priestertum der Söhne Levis verwaltet eine ver-
gängliche Sache, das „unzerstörbare Leben“ V. 16 hat es nicht vermitteln können.
An die Schranken des natürlich-leiblichen Lebens gekettet, hat es zwar seine Auf-
gabe im Blick auf das Gottesverhältnis (5, 1), es vermag aber bei alledem den Zu-
gang zu Gott nicht zu erschließen. Nur durch seine Aufhebung ist es zur „Einfüh-
rung einer besseren Hoffnung“ gekommen. Das eine hat das andere zur Voraus-

setzung; denn Gottes Verfügungen haben gesetzlichen Rang, weshalb sie nicht nebeneinander bestehen können. Die „bessere Hoffnung" ermöglicht es dem jüdischen Menschen, Gott „näher zu kommen" (vgl. das „wir"). Die Redeweise ist vielsagend. Bleibt nicht das Verhältnis des jüdischen Menschen, der dem Gesetz und dem Kult verpflichtet ist, davon entscheidend geprägt, daß er vom Zugang zu Gott, dessen Wohnstätte das Allerheiligste darstellt, ausgeschlossen ist? Wenn das formelhafte „Sich-Gott-nähern" in der Septuaginta fast ausschließlich vom Dienst der Priester gebraucht wird, dann versteht man, daß die Sache früher oder später zum erkenntniskritischen und somit zum grundsätzlich theologischen Problem werden mußte. Philo steht als Repräsentant jener gebildeten Juden, die von der Offenbarungs- und Erkenntnisfrage zutiefst angerührt waren, weshalb sich bei ihm sogar in starkem Maße existentiale Töne einmischen: „Denn auch als Abraham sich Gott nahte, erkannte er sogleich sich selbst als Erde und Asche" (1.Mose 18,27) (Quod deus 160ff.). Man hört heraus, daß das „Sich-Gott-nähern" im Alten Bund die Möglichkeit einiger weniger Erwählter gewesen ist. Der Hebr. dagegen schreibt aus der befreienden Gewißheit einer „besseren Hoffnung", „wodurch wir (und er hat nun die gesamte Gemeinde im Blick) Gott nahen". Daß die Begegnung mehr ist als empfangene Offenbarung und erkenntnismäßiges Ergreifen der göttlichen Zusammenhänge, nämlich Zugang zum Allerheiligsten auf Grund des Opfers Jesu, ersehen wir aus 6,20. Wenn aus einem Sonderrecht weniger Menschen ein Grundrecht aller Glieder der Gemeinde geworden ist, so dokumentiert dies die
völlig veränderte neue Lage. Wie das Ergebnis so sind natürlich auch die Voraus- 20f.
setzungen radikal andere, was nicht zuletzt daran erkennbar ist, daß Gott die neue Ordnung durch einen feierlichen Eidschwur bekräftigt hat. Er steht somit ohne Vorbehalt zu seiner erneuten, nun endgültigen Zusage. Wenn es etwas umständlich heißt „nicht ohne Eidschwur", dann klingt vielleicht an, daß Gott auf einen solchen einmaligen Akt eben doch nicht hat verzichten wollen, weil es durch die intendierte Sache mit Nachdruck geboten war. Für alle Ewigkeit ist die Erlangung des ewigen Hoffnungsgutes gewährleistet. Nichts kann und wird mehr zurückgenommen werden. Dabei ist der Gegensatz zu dem, was bisher an Ordnung gewesen ist, ein erheblicher. Um der Überlegung „und wiefern das nicht ohne Eidschwur geschah" Nachdruck zu verleihen, wird der Satz zunächst nicht abgeschlossen, sondern parenthetisch unterbrochen, wobei eine Erläuterung eingeschoben ist: „denn jene sind zwar ohne Eidschwur Priester geworden, er aber mit einem Eidschwur durch den, der zu ihm sagte: Ps. 110,4a". Damit wird der Schriftbeweis für die vorausgehende Satzhälfte („und wiefern das nicht ohne Eidschwur geschah") sofort nachgeholt – ein Tatbestand, der deutlich zu erkennen gibt, daß der Hebr. nicht auf Ps. 110 hin argumentiert, sondern vielmehr homiletisch davon ausgeht. Die vergleichende Entgegensetzung „denn jene – er aber" blickt auf das levitische Priestertum sowie auf Christus. Wenn jene nicht durch einen Eidschwur zu ihrem Amt gelangt sind, dann deswegen, weil Gott zunächst nur eine vorläufige Anordnung
gewollt hat. Ähnlich und doch anders als in 6,17 wird der noch gewichtigere Be- 22
griff des „Eidschwurs" aufgegriffen, wobei ohne Zweifel der Überzeugung Ausdruck verliehen ist, daß ihn Gott selbst gegenüber Jesus geleistet hat (s. 5,9ff.). Eben dieser hat deshalb, so schärft es der Nachsatz V. 22 ein, die Rolle des „Bürgen

eines hervorragenderen Testamentes (bzw. Bundes)" übernommen. Indem wir die Übersetzung „Bund" zugunsten von „Testament" vermeiden, halten wir fest, daß für den Hebr. die Vorstellung leitend ist, es liege keine zweiseitige Abmachung (im Sinne eines Bundesverhältnisses) vor, sondern eine freie Verfügung Gottes allein. Sie besitzt den Charakter einer eidlich abgesicherten Stiftung, wobei Gott Jesus für ihre unbedingte Geltung und Wahrheit als „Bürgen" eingesetzt hat (zum Begriff s. Philo, De cher. 45). Damit verbindet sich zugleich die Überzeugung, daß Jesus (man achte auf den Namen des irdischen Herrn!) als Garant der unbedingten Wahrheit der Zusage Gottes geführt werden darf. Jesus ist Bürge, weil er einen einmaligen Gehorsam am Kreuz erzeigt hat, auf Grund dessen er erhöht ist. Wir möchten von daher den Satz bedenken, daß Jesus als der Zeuge des Glaubens für den fragenden und suchenden Menschen immer auch der Garant der Wahrheit sein wird.
23 Diese Erkenntnis vertieft der zusätzliche Vergleich V.23ff., in dem die große Menge
der levitischen Priester dem Priestertum des einen Christus konfrontiert wird. Der
Gedanke der Vielzahl erscheint darin auf Grund der Tatsache abgewertet, daß sie
durch den Tod der sterblichen Priester notwendig gewesen ist. Der Tod verhindert,
daß sie ihres Amtes in Dauerhaftigkeit walten. Damit bringt der Verfasser wieder-
um einen Gedanken ein, der nicht unterschätzt werden darf, mag er auch rein
äußerlich gesehen etwas künstlich erscheinen. Diese Welt, so empfindet er in ehr-
licher, kritischer Analyse, zwingt das Priestertum Israels wegen ihrer Todesver-
fallenheit zu einem beispiellosen religiös-kultischen Aufwand. Aber ist es nicht in
Wahrheit ein vergebliches Bemühen, das nur in noch tiefere Resignation führt?
Wie die Dinge liegen, setzt er seine Hoffnung (s. V. 19) daher ausschließlich auf
24 jenen Priester, der das Zeugnis hat, „für immer zu bleiben" (s. V. 3). Was dort
wandelbar an einzelne Personen gegeben ist, die als Sterbliche kommen und gehen,
hat Gott bei Jesus zum unveränderlichen und nicht übertragbaren Amt erhoben.
Alles daran ist absolut, abgeschlossen und endgültig, weil es durch Zeitlichkeit
und Tod nicht mehr relativiert wird. Der Begriff des „Bleibens" ist in besonderer
Weise theologisch-philosophisch gefüllt und hat die Bedeutung des ewigen Be-
stehens (Philo, De somn. II, 221). Weil durch den Tod des Priesters „geworden",
hat das Priestertum eine Gültigkeit erlangt, die jenseits unserer Sterblichkeit ge-
gründet ist. Anders gesagt: Eine aus dem Kreuz geborene Hoffnung ist ein Hoffen
25 wider Hoffen (Röm. 4,18). Ist das Priestertum ausschließlich und unwandelbar
Jesus übertragen, dann ist damit endgültig der Weg erschlossen, auf dem man zu Gott gelangen kann (s. V.25 „daher"). Jedes verzweifelte Suchen oder tastende Bemühen erübrigt sich. In „vollendeter Weise" (wörtlich: „ganz und gar"; auch bei Philo) kann der Priester nach der Ordnung Melchisedeks all jene retten, die „durch ihn", d.h. durch seinen Dienst, „zu Gott hinzutreten". Über V.19 hinaus ist hier nicht nur von einem „Näher-kommen", sondern sogar von einem „Hinzutreten" die Rede (vgl. 2.Mose 16,9; 3.Mose 9,5), wie ja auch ein Zugang zum „Gnadenthron" (4,16) und zur allerheiligsten Stätte Gottes selbst besteht (6,20). Demnach ist Gott durch den priesterlichen Dienst Christi aus seiner Unerreichbarkeit hervorgetreten. Er hat sich nicht nur der Erkenntnis erschlossen, sondern so, daß wir „Barmherzigkeit erlangen" und „Gnade finden können" (4,16). Obwohl sein Wesen nun freiliegt, ist doch seine Heiligkeit dabei nicht im mindesten verletzt. Als der

bisher Verborgene ist Gott „durch ihn", „der allezeit lebt, um für sie (fürbittend) einzustehen", zugänglich geworden. Hinter dem Satz steht die tief-ehrfürchtige Scheu des gläubigen jüdischen Menschen, der darum weiß, daß das Problem Mensch – Gott niemals eine billige Lösung hat finden können. Die vorläufig noch offene Situation deutet die Wendung „er kann retten" an. Demnach ist die Rettung des Menschen nicht einfach eine abgeschlossene generelle Sache, die jedem zugute kommt, sondern sie hat ihren Ermöglichungsgrund ausschließlich in ihm, sofern er den Zugang zu Gott für die vermittelt, die „herzutreten".

Wenn es weiter heißt, daß er als allzeit lebendiger Hoherpriester „für sie (fürbittend) einsteht", so erinnert die Aussage an Überlegungen Philos, der dem Logos in ähnlicher Weise eine vermittelnde und fürbittende Tätigkeit zuschreibt (Quis rer. 205). Dieser wird als Hoherpriester im Tempel der Welt vorgestellt (s. zu 4,14), worin er u.a. die Funktion des fürbittenden Mittlers zwischen Gott und Welt bzw. Mensch ausübt. Vom Hebr. scheint der Gedanke nicht nur übernommen, sondern in neuer, eigentümlicher Weise auf Christus bezogen zu sein. Das Wort Gottes gewann in ihm einmalige Gestalt. Seine Funktion übt er in der Weise aus, daß er für die verlorenen und sterblichen Menschen priesterlich „eintritt" (sc. vor Gott). "Dies ‚Eintreten' ist der Dienst eines Fürsprechers, ist also in diesem Fall nicht entlastende Aussage, sondern Fürbitte" (O. Michel). Dadurch bleibt unmißverständlich klar, daß wir Menschen immer die „Geretteten" sind, er aber der Retter. Andererseits ist dies das unfaßliche Wunder, daß dank seines mittlerischen Dienstes die Unheiligen dem heiligen Gott nahen dürfen.

Das einzigartige Hohepriestertum Jesu gründet auf seinem einmaligen Selbstopfer 7,26-28

26 Denn solch ein Hoherpriester war uns auch angemessen, der heilig, ohne Falsch, ohne Flecken und geschieden von den Sündern ist und hochgestellter als die Himmel wurde, 27 der nicht jeden Tag wie die (übrigen) Hohenpriester nötig hat, zuerst für die eigenen Sünden Opfer darzubringen, sodann für die des Volkes. Denn dies tat er ein für allemal, indem er sich selbst darbrachte. 28 Denn das Gesetz setzt Menschen zu Hohenpriestern ein, denen Schwachheit eignet, das Wort des Eidschwurs aber, das nach dem Gesetz erging, einen „Sohn", der „in Ewigkeit" vollendet ist.

V. 28: *Ps. 110,4.*

Wieder ganz auf die Person des Hohenpriesters blickend, wird im hymnisierenden 26
Stil der Gedankengang abgeschlossen. 7,1 begann mit einem hinweisenden „dieser", 7,26 rundet die Überlegungen ab mit: „ein solcher war uns auch angemessen". Die Aussage greift zurück auf V. 25, schließt aber im Grunde alle Ausführungen ein, die das ständige priesterliche Walten des Christus vor Gott in irgendeiner Weise unterstreichen. Ist 2,10 gesagt worden, was Gott „geziemte", um durch Leiden Vollendung zu bewirken, so hier, welcher Hoherpriester *uns* „angemessen" bleibt. Dahinter steht die z.T. philosophisch abgesicherte Vorstellung, daß Gott in freier Entscheidung ganz bestimmte Wege geht, um das Heil zu wirken. Sein Handeln zielt auf eine letzte, absolute Verwirklichung dessen, was nötig ist. Er weiß auch,

was dem Menschen in Wahrheit hilft. Nur ein einmaliges Priestertum konnte den ewigen Gottesbezug, der das Heil umgreift, erschließen. In aufzählender Redeweise wird die Beschaffenheit dieses Priestertums Christi nach einer doppelten Seite hin charakterisiert. Staunen und Lob schwingen mit, wenn die kultisch-ethische Einzigartigkeit und die himmlische Seinsweise nach verschiedenen Seiten hin formuliert werden. Er ist „heilig", nicht etwa seinshaft oder auf Grund seiner Herkunft, sondern in der Gottesbindung, die sein Denken und Handeln bestimmt hat, allezeit geleitet von der Rücksicht auf den Willen des Vaters. Er ist außerdem „ohne Falsch (Bosheit)" und „ohne Flecken (bzw. Befleckung)", weil nämlich in doppelter Frontrichtung versucht *und* bewährt. Er hat rein bleiben können in den Anfechtungen, die dem Menschen von Natur anhaften, aber auch in jenen Versuchungen, die von außen herantreten, um den Charakter der Unschuld und Reinheit zu verderben. In offenbar „priesterlich-kultischen" Begriffen wird eine Charakteristik der absoluten Vollkommenheit Christi gegeben, die die sittlich-ethische Einmaligkeit der Person mit zu erfassen versucht (vgl. auch Philo, De spec. leg. I, 260). Zwei weitere Glieder beschreiben die Art und die besondere Stellung des Bewährten: „geschieden von den Sündern" und „hochgestellter als die Himmel". Ähnlich wie in 4,15ff. wird noch einmal die „Sündlosigkeit" des Hohenpriesters festgehalten. Es kann nach den vorausgehenden Ausführungen kaum ein Zweifel darüber bestehen, daß sie nicht als eine angestammte oder angeborene zu bewerten ist, sondern als eine in der Solidarität mit den „Sündern" ausgewiesene. Nun blickt V.26 sicherlich ganz auf das Ergebnis, nämlich auf den Ort des erhöhten Christus bei Gott, die Aussage darf aber nicht reflektiert werden, ohne ihre Voraussetzungen zu bedenken. Einer ist aus der Masse der „Sünder", denen Gott fern und sein „Thron der Barmherzigkeit" verschlossen ist, herausgenommen. Einer konnte so den unendlichen Gegensatz zwischen Erde und Himmel durchbrechen und zwar nicht um seiner selbst, sondern um der Sünder willen, die wir sind. Er amtiert nun im himmlischen
27 Heiligtum, wo er bei Gott für die Seinen eintritt (7,25). Die Bedeutung seiner Stellung ergibt sich daraus, daß er nicht mehr tagtäglich opfernd amtieren muß. Die Aussage scheint ungenau zu sein, insofern der Hohepriester nur in den Tagen des großen Versöhnungsfestes täglich geopfert hat, nicht aber das ganze Jahr. Kein Zweifel, daß der Verfasser dies wußte (s. 9,7,25; 10,1.3)! Ob er aber nun speziell an die Tage jenes Festes denkt, worauf weist, daß wiederum wie in 5 3 das Opfer für die Schuldhaftigkeit des Hohenpriesters und des Volkes hervorgekehrt wird (aufschlußreich auch: „zuerst – dann" s. 3.Mose 16,6.9), oder ob er einfach davon ausgeht, daß das Hohepriestertum für das tägliche Opfer verantwortlich zeichnet, was weniger wahrscheinlich ist, er stellt jedenfalls die Einmaligkeit des Opfers Christi drastisch dem täglichen und vielfachen Dienst am Tempel gegenüber. Gerade weil sich Christi Aufgabe vor Gott als ein ständiges fürbittendes Eintreten erweist (s. 7,25), ist der Kultus Israels überflüssig geworden und abgelöst: „denn dies tat er ein für allemal, indem er sich selbst darbrachte". Triumphierend bricht das Argument hervor, fast abrupt bringt es den übergeordneten Gedankengang zumindest vorläufig zum Schluß. Zwischen den Zeilen klingt an, daß Christus um seiner Sündlosigkeit willen auf das Opfer „für sich selbst" verzichtet hat. Dagegen brachte er, der Sündlose und Reine, sehr wohl seine eigene Person als ein

untadeliges und makelloses Opfer vor Gott dar, um dessen Verhältnis zu den Menschen von Grund auf zu ändern. Zum erstenmal tritt schärfstens hervor, daß Christus Hoherpriester *und* Opfer zugleich ist. Eine kühne Vorstellung, die später
entfaltet wird! Um aber wenigstens den bisherigen Gedankengang abzurunden, 28
wird noch einmal an die eingetretene Ablösung des Gesetzes (7,18-7,25) erinnert. Es ist eine Ablösung, bei der ein ewiger und unvergänglicher Hoherpriester, ja mehr noch der Sohn (s. 3,1-6), durch den Eidschwur des Wortes Gottes die Stelle einer Ordnung eingenommen hat, die bisher von schwächlichen, sündigen Menschen besetzt gewesen ist. Die Zielstrebigkeit der Gedankenführung, die von Ps. 110,4 ausgeht und immer wieder darauf hinlenkt, fällt an dieser Stelle besonders auf. Betont nämlich beispielsweise Paulus, daß das Gesetz zwischen Verheißung und Messiaszeit gleichsam nur als Interimsordnung Gottes vorliegt, weil die Verheißung zuerst ergangen ist und somit den Vorrang der eigentlichen Zusage Gottes hat, so schärft der Hebr. ein, daß der Eidschwur, von dem die Rede Davids handelt, zeitlich nach dem Gesetz ergangen ist und somit als die eigentliche Meinungskundgabe Gottes gelten kann. Frühere Anordnung hat deshalb weichen müssen. Durch Gott ist eine ewige Vollendung bewirkt, und die Gewißheit, die davon ausgeht, beruht nicht auf der Tatsache des „Gesetzes“, sondern auf seinem „Wort“, das im Leben und im Tod des Sohnes nunmehr gleicherweise anschaulich und glaubhaft geworden ist.

Die Größe des priesterlichen Dienstes Christi besteht darin, daß er ihn zur Rechten Gottes versieht 8,1-13

In 8,1 wendet sich der Hebr. ausdrücklich dem Wesentlichen zu. Er hat im gleichen Satz mit der charakteristischen Wendung „Sitzen zur Rechten“ Ps. 110,1 wörtlich verarbeitet. Schon in der Einleitung 1,3 bezeichnet sie das formulierte Leitthema (s. auch 1,13). Hier in 8,1 wird es erneut eingeschärft und somit die textliche Grundlage der Homilie offen benannt. Stand aber vorher im wesentlichen zunächst das göttliche Geheimnis der Person Christi im Mittelpunkt der Betrachtung, so richten sich nun die Gedanken auf den himmlischen Ort seines Priestertums. Eben damit kommt es zu Darlegungen, die die Wahrheit seines Handelns vor Gott erstmals gedankenreich ausschöpfen. Ihre Ergänzung finden sie später noch in 9,11-10,18. In mancher Hinsicht ist für 8,1ff. erneut eine gewisse argumentative Nüchternheit kennzeichnend. Der feierliche, z.T. sogar hymnisierende Prosastil von 7,26ff. wird verlassen, um einer spürbaren Sachlichkeit Raum zu geben, die in der bündigen Feststellung gipfelt: Hauptsache aber ist Christi Sitzen zur Rechten Gottes. Es kommt somit letztlich nicht auf die vielfältige Möglichkeit tiefsinniger Beweisführung an.

Der auf Grund von 4.Mose 24,6 (LXX) eingeführte Begriff des „wahrhaftigen 1-5
Stiftszeltes“ läßt zwar sofort erkennen, daß tiefere Zusammenhänge zu erörtern sind, die Ausführungen bewegen sich aber zunächst im Rahmen durchaus sachlicher Feststellungen. V.3 zieht die Schlußfolgerung aus einem allgemeinen Tatbestand. V. 4 folgt eine für den Stil typische irreale Erwägung (vgl. 7,11 u.a.). V. 5 bezieht sich auf einen vielsagenden biblischen Sachverhalt, dem entnommen

werden kann, daß zwischen dem Ort irdischen und himmlischen priesterlichen Handelns tiefe und letzte Zusammenhänge vorliegen, die es zu erkennen gilt. Alles in allem ist für den Abschnitt 8,1-5 deutlich, daß darin zunächst neues Gedankengut vorbereitet wird, das noch der Auswertung bedarf. Das eigentliche Zeugnis wird aber wiederum markant in Bindung an Ps. 110 formuliert, um die Zielstrebigkeit des Predigtvortrags sicherzustellen. Als thematischer Leitbegriff ist allem Anschein nach der Begriff des „Dieners“ bzw. der des „Dienstes“ gewählt.

6-13 Der folgende Abschnitt wird eingeleitet durch einen Schluß vom Geringeren auf das Größere (*a minori ad maius*). Christi „Dienst“ ist um so überragender, wie er eines besseren Testamentes Zeuge ist. Mit Hilfe von Jer. 31,31 ff., übrigens das längste geschlossene Zitat im Brief, wird die Wahrheit des gültigen neuen „Testamentes“ (= Bundes) Gottes bekräftigt. Der Hebr. ist damit bei einer entscheidenden Stelle seiner Beweisführung angelangt. In geradezu idealer Weise gelingt es ihm, die Aussagen der Thora und der Propheten zu vereinigen, um die Wahrheit des erhöhten Christus, worauf die Gemeinde ihre Hoffnung setzen darf, zu bekräftigen. Den grundlegenden Überlegungen in 8,1-12, die auf 7,18 ff. weiterbauen, wird später der zusammenfassende Abschnitt 10, 11-18 korrespondieren, worin ebenfalls noch einmal mit Nachdruck Ps. 110,1 und Jer. 31,31 ff. vereinigt sind. Der Durchblick in das „Wort“ des Alten Testamentes wird mit Hilfe der Weltanschauung eines philosophisch-theologischen Alexandrinismus zum Einblick in die in Christus gesetzte Brücke von Idee und Erscheinung, Ewigem und Endlichem, Himmlischem und Irdischem.

Christus dient nicht im irdischen Abbild, sondern im himmlischen Heiligtum selbst 8,1-5

1 Hauptsache aber bei dem, was in Rede steht, ist dies, daß wir einen solchen Hohenpriester haben, der sich „zur Rechten“ des Thrones der Majestät in den Himmeln „setzte“, 2 als Diener des Heiligtums und des wahrhaftigen Stiftszeltes, das der Herr, nicht ein Mensch, aufschlug. 3 Jeder Hohepriester nämlich wird eingesetzt, um Gaben und auch Opfer darzubringen, weshalb es nötig ist, daß auch dieser etwas hatte, was er opferte. 4 Wenn er nun auf Erden wäre, so würde er nicht einmal Priester sein, da es solche gibt, die nach dem Gesetz die Gaben darbringen. 5 Sie dienen einem Abbild und Schatten der himmlischen Dinge, wie ja auch Mose, da er das Stiftszelt anfertigen wollte, eine (göttliche) Weisung empfing: „Siehe zu“, sagte er nämlich, „du sollst alles nach dem Urbild dessen machen, was dir auf dem Berge gezeigt wurde“.

V. 1: *Ps.110,4;* V. 2: *4.Mose 24,6 (LXX);* V. 5: *2.Mose 25,40.*

1 Nun, da der Verfasser die wesentlichen Aussagen des Textes Ps. 110,1-4 eingehend erklärt hat und die Hörer vor einer fast verwirrenden Materialfülle stehen, wird – weil offenbar stark empfunden – die Frage nach dem eigentlichen und wesentlichen Zeugnis in rhetorisch-pädagogisch sehr glücklicher Weise aufgeworfen und an den Anfang eines neuen Abschnittes gesetzt. Die Hauptsache, der Grundgedanke des biblischen Zeugnisses Ps. 110, das „in Rede steht“, ist die Erhöhung Christi „zur Rechten des Thrones der Majestät in den Himmeln“. Damit werden die hymnischen Sätze des Psalms auf einen Nenner gebracht, der auch zugleich das wesentliche

Kerygma für den Hörer der Homilie umschließt. Er darf auf Grund des göttlichen
Wortes wissen, daß wir einen „solchen Hohenpriester“ haben, der vor Gott in
himmlischer Herrlichkeit amtiert. Somit kann er absehen von seiner eigenen
irdischen Sündhaftigkeit, die bindet (s. 7,26), um sich eines besseren Ausblicks zu
getrösten. In feierlicher Rede wird Gott nach seinem richterlichen Ort umschrieben
(s. „Thron der Majestät in den Höhen“). Was normalerweise den suchenden Men-
schen hemmt und resignieren läßt, nämlich die heilige Unnahbarkeit Gottes, ist
durch den erhöhten Christus zur einmaligen befreienden Botschaft vom „Thron der
Gnade“ geworden (s. 4,16). Hat Christus seinen Platz „zur Rechten des Thrones der
Majestät“, dann heißt dies, daß ihm alle Gewalt übertragen ist. Diese Tatsache wird 2
vor allem anschaulich gemacht, indem er im folgenden als der „Diener des Heilig-
tums und des wahrhaftigen Stiftszeltes“ erscheint. Demnach ist Christus nicht nur
eine himmlische Person, sondern die handelnde und vollmächtige Mitte des Him-
mels, der keineswegs als ein beliebiges Heiligtum gedacht ist, das alle Vorstellungen
sprengt, sondern mehr noch als der Inbegriff der Stiftshütte der Frühzeit Israels.
Vorstellung und Sprache scheinen wiederum stark von Philo her geprägt zu sein
(s. Leg. all. III,135: „Diener und Gehilfe des Heiligtums“; De fug. 93). Dieser
spricht nicht nur in ähnlicher Weise vom wahren Hohenpriester, der „frei von
Sünden“ ist (De spec. leg. I,230), sondern stellt ebenso das irdische Heiligtum des
Volkes abbildlich dem himmlischen Gebäude zur Seite. Was ihn vom Hebr. klar
unterscheidet, sind die pantheistischen Aspekte (De spec. leg. I,66). Daß es ein
himmlisches Zelt gibt, das nicht von Menschenhand gemacht ist, sondern auf Gott
zurückgeht, wird vom Hebr. im Anklang an das biblische Wort 4.Mose 24,6 gesagt
(s. auch Jes. 42,5). Philo kann ebenfalls anderwärts das „von Gott befohlene Zelt“
mit der „(göttlichen) Weisheit“ in Verbindung bringen (Leg. all. III,46), ent-
wickelt dabei aber offensichtlich eine abweichende Konzeption, wenn er ausführt,
daß sich Gott nur gegenüber wenigen Menschen offenbare. Kein Zweifel, daß bei
dem Hebr. die Offenbarungsfrage eine eigene Antwort findet, so daß der Abstand
zu Philo grundsätzlich ist und bleibt. Daher schlägt mit V.3-5 die Argumentation 3
eine andere Richtung ein. Obwohl der Rückschluß auf das himmlische Heiligtum
vom Stiftszelt der Mosezeit aus geschieht, wird doch zunächst wieder ähnlich wie
5,1ff. daran gedacht, was Jahr für Jahr am Versöhnungstag im Tempelheiligtum
geschieht (s. die Gegenwartsaussagen). In diesem Sinne steht V.3 als allgemeiner
Erfahrungssatz. So wie der Hohepriester des Volkes „Gaben und Opfer“ darbringt,
so ist dies auch die in der Natur der Sache begründete Pflicht des Christus gewesen,
der sich „geopfert“ hat (Aor.). Überraschenderweise handelt der Hebr. hier nicht
vom himmlischen Ort der Opferung des Leibes Christi, sondern davon, daß auch
dieser „etwas“ haben mußte, um vor Gott mit einem Opfer zu dienen. Was erst
9,11ff. ausführlich vorgetragen wird, ist hier, weil als wichtig erkannt, bereits vor-
weggenommen. Mit V.4 ist er indessen sofort wieder bei der Stätte der Darbringung, 4
wenn auch freilich in negativer Abwandlung des Gedankens: wenn er „auf Erden“
seinen Priesterdienst verrichtete, wäre es anders. Da hier „nach dem Gesetz“ Priester
fungieren, bliebe für ihn und das ihm aufgetragene Amt kein Raum. Die Absicht der
Formulierung richtet sich deshalb darauf zu beweisen, daß Jesu Dienst letztlich nur

an himmlischer Stätte zur Erfüllung gelangt ist. Er bedurfte wie des eigenen Opfers so auch der eigenen Opferstätte. Die Aussage „es gibt solche, die nach dem Gesetz die Gaben darbringen“ ist ein Beweis für die Annahme, daß das homiletische Schreiben vor der Zerstörung des Tempels im Jahre 70 n. Chr. abgefaßt wurde. Viele Ausleger meinen, daß der Satz V. 4 auch im andern Falle in dieser Weise vom Hebr. hätte formuliert werden können, wird doch im Zusammenhang von der Stiftshütte gehandelt. Aber inhaltlich ist eindeutig vom jüdischen Priestertum überhaupt die
5 Rede, und die Fortsetzung des Gedankens in V. 5 schließt klar die Gegenwart des Verfassers ein. Die Katastrophe der Hl. Stadt und ihres Heiligtums wäre andernfalls ohne Zweifel gedanklich aufgegriffen und aufgearbeitet worden. Da es weder möglich war noch zu denken gewagt wurde, vertritt der Verfasser einzig und allein die theologische Überzeugung, es liege mit dem offenbar noch bestehenden jerusalemischen Kult ein „Abbild und Schatten“ des himmlischen Urbildes vor. Die Wendung „himmlische Dinge“ meint das Heiligtum mit seinen Einrichtungen im weitesten Sinne, also den Bau und die Geräte. Während die Rabbinen 2.Mose 25,40 so ausgelegt haben, als ob Mose damals die ewige Beständigkeit der Dinge zugesprochen worden sei, wertet der Hebr. als vermutlich einstiger Philo-Verehrer und nunmehriger Christ das biblische Zeugnis mit Nachdruck für die bestehende Institution im gegenteiligen Sinne aus, nämlich zum Beweis ihrer nur vorläufigen und mangelhaften Gültigkeit. Hat in der LXX der Begriff „Urbild“ (griech. *typos*) wohl stärker die Bedeutung „Vorlage, Muster“, so wird nun mit Hilfe der alexandrinischen Hermeneutik der Ton auf die minderwertige Abbildlichkeit des irdischen Heiligtums und seiner Einrichtungen gelegt. Als „Nachbildung“ und „Schatten“ stellen sie nur einen schwachen Abglanz der Sache dar, sind aber nicht selbst mit ihr identisch. Während der hebräische Text 2.Mose 25,40 besagt, daß Mose gleichsam ein genaues „Modell“ der Stiftshütte gezeigt worden ist, nach dem er gebaut hat, nimmt der Hebr. an, indem er wie Philo von der platonischen Ideenlehre ausgeht, daß den irdischen Dingen eine unvergängliche ewige Wesenheit im Himmel zugrundeliege, auf die Mose zurückgegriffen hat. Die exegetisch-methodische Abhängigkeit von Philo bekundet sich bis hinein in das zusätzliche „alles“ des Schriftzitats (Philo, Leg. all. III,102). Von Philo (vgl. bes. De vita M. II,74 (3)) unterscheidet sich der Hebr. bei aller Gleichartigkeit des Denkens dadurch, daß ihm die himmlische Welt Ort des erhöhten Christus ist, wodurch ihre ewige Wirklichkeit überhaupt erst Sinn und Gewicht erhält. Sie ist es nicht schon allein als solche. Wie er in 8,1 andeutet, lassen sich mannigfache gedankliche Überlegungen anstellen, ihre Bedeutung aber erhalten sie durch den hohepriesterlichen Dienst Christi. Er bezeichnet als geschichtlich gewordenes „Wort Gottes“ in Wahrheit die Brücke zwischen ewiger und vergänglicher Welt.

Christus ist der Zeuge eines neuen Testaments, mit dem sich festere Verheißungen verbinden 8,6-13

6 Nun aber hat er einen überragenderen Priesterdienst in dem Maß erlangt, als er auch eines besseren Testamentes Mittler (= Zeuge) ist, das auf festere Verheißungen hin rechtlich verfügt worden ist. 7 Wenn nämlich jenes erste (Testament)

**frei von Tadel wäre, dann würde nicht Platz für ein zweites gesucht. 8 Denn tadelnd
sagt er zu ihnen: „Siehe, es kommen Tage, spricht der Herr, da will ich mit dem
Hause Israel und mit dem Hause Juda einen neuen Bund (= Testament) schließen,
9 nicht einen Bund (= Testament), wie ich ihn mit ihren Vätern schloß an dem
Tage, da ich sie an der Hand nahm, um sie aus Ägyptenland hinauszuführen. Denn
sie selbst verblieben nicht in diesem Bunde (= Testament) mit mir, und ich küm-
merte mich nicht um sie, spricht der Herr. 10 Denn dies ist der Bund, den ich mit
dem Hause Israel nach jenen Tagen schließen werde, spricht der Herr: ich werde
meine Gesetze in ihren Sinn geben und sie in ihre Herzen einschreiben. Und ich
werde ihnen zum Gott sein, und sie werden mir zum Volk sein, spricht der Herr.
11 Und keiner soll mehr seinen Mitbürger lehren und zu seinem Bruder sagen: Er-
kenne den Herrn!, weil alle, vom Kleinsten bis zum Größten, mich kennen werden.
12 Denn ich werde gnädig sein in Anbetracht ihrer Ungerechtigkeit, und ich will
ihrer Sünden überhaupt nicht mehr gedenken". 13 Indem er sagt „einen neuen"
(Bund), hat er den ersten für veraltet erklärt. Was aber die Fähigkeit hat, zu ver-
alten und zu altern, ist der Beseitigung nahe.**

V. 8-12: *Jer. 31,31-34.*

Die zeitliche Wende gerät noch einmal schärfstens mit dem Abschnitt V. 6-13 6
in den Blick („nun aber"). Wird in 7,20ff. von der Größe des Christusgeschehens
auf das gestiftete „hervorragendere Testament" geschlossen, so an dieser Stelle
umgekehrt von dem Testament, dessen Bürge Christus ist, auf den überragenderen
Priesterdienst, den „er erlangt hat". Liegt dort als biblischer Text Ps. 110,4 zugrunde,
so hier Jer. 31,31 ff., das Wort Gottes von dem künftigen „neuen Bund" bzw. „neuen
Testament". Inhaltlich werden damit die Ausführungen in 7,18 ff. weitergeführt,
logisch empfangen sie ihre wünschenswerte Ergänzung. In aller Breite wird der Tat-
bestand der neuen Ordnung, der durch festere Verheißungen erhärtet werden kann,
zum Erweis der Größe des Priesterdienstes Christi beigezogen. Das Schlußverfahren
ist im besonderen für den Hebr. typisch. Schon im Alten Testament war das Ver-
hältnis zwischen Volk und Gott durch einen testamentarischen Akt festgelegt
(griech. *diatheke* = „Bund, Testament") und Mose hatte die Aufgabe des „Mitt-
lers" oder „Bürgen" (s. Gal. 3,19). Nun aber sind mit Christus die „festeren Ver-
heißungen" wahr geworden und sein Dienst ist entsprechend überragender. Worauf
die Wendung zielt, ist beim ersten Zusehen nicht ganz deutlich. Wahrscheinlich ist
der Inhalt von Jer. 31 gemeint, der mannigfache Zusagen im Blick auf die verwirk-
lichte Gottesgemeinschaft enthält. Vor allem bekundet darin Gott den festen Willen,
seinem Volk eine letzte innige Gemeinschaft zu schaffen, die durch keine Trennung
mehr aufgehoben wird und alle Glieder des Volkes umfaßt. Gerade in dieser Hin-
sicht war die alte Ordnung nicht tadelsfrei. Da Gott sie nur durch viel menschliches
Versagen aufrecht erhalten hatte, wobei seine Geduld bis zum äußersten strapaziert
wurde, konnte sie nicht für immer in Geltung bleiben. War nicht schon das Ringen 7
der Propheten ein Kampf Gottes um das uneinige und treulose Volk? Immer wieder
ging diesem das Wissen um die Gottesgemeinschaft ab. Gott sah sich schließlich
gezwungen, das „erste Testament" durch ein „zweites" zu ersetzen. Die Vorstellung
der einseitigen testamentarischen Verfügung ist doch wohl beherrschend. Um so
stärker erscheint das Verhalten des Volkes als Revolte und Ungehorsam, weshalb

Gott, um das „Schwache" und „Nutzlose" zu beseitigen (s. 7,18), strafend eingreifen
8 mußte. Im umfangreichen Jeremia-Zitat ist Gott der Sprechende. Sein Urteil ist ver-
nichtend und sein Wille, die Dinge zu ändern, unerschütterlich. In feierlicher Rede
kündigt er für die spätere messianische Zeit ein neues Rechtsverhältnis an, einen
„neuen Bund". Er wird dadurch am Hause Israel und am Hause Juda in abschließen-
der und endgültiger Weise handeln. Weil das neue Gemeinschaftsverhältnis voll-
kommen und dauerhaft sein wird, kann das alte vom Berge Sinai abgelöst werden.
9f. Das Volk, das Gott seine Rettung aus der Knechtschaft verdankt, lohnte es ihm
schlecht durch Abfall und Ungehorsam. Im Gegensatz hierzu wird der „neue Bund"
ein Verhältnis ungestörter Gemeinschaft und freien Gehorsams sein. Herzen und
Sinne beugen sich willig den Geboten, die somit das Innerste der Menschen aus-
füllen und nicht mehr Forderung von außen her sind. Werden die Vorbehalte aus-
geräumt sein, können Gott und Volk einander frei annehmen und bedingungslos
11 bejahen. Gab es im alten Bund weithin keine persönliche Gotteserkenntnis, sondern
nur eine vermittelte, so wird auch dies künftig geändert sein. Ein jedes Glied des
Gottesvolkes wird zu Gott in ein Verhältnis unmittelbarer Erkenntnis treten. Die
religiösen, die sozialen und die natürlichen Unterschiede werden dahinfallen. Was
früher Gebot war („Erkenne den Herrn"), stellt sich dann als persönliche Erfahrung
12 aller dar. Der Schluß des Zitates ist so gewählt, daß der Grund hervortritt, auf dem
die Ordnung des „neuen Bundes" ruhen wird. Die früheren Ungerechtigkeiten
(= Übertretungen des Gebots) wird Gott vergeben. Die Sünden können das Ver-
hältnis nicht mehr stören, weil Gott ihrer nicht mehr gedenkt. Demzufolge charak-
terisiert das Gotteswort den „neuen Bund" in dreifacher Weise: als Zeit des ver-
innerlichten Gehorsams, als einen Zustand persönlicher ungehinderter Gottes-
erkenntnis und schließlich als ein Verhältnis, das umfassend durch Sündenvergebung
geordnet ist. Die Vorbehalte des trotzigen Willens, des gebrochenen Erkennens und
des mangelnden Glaubens werden ausgeräumt sein, weil Gott die erforderlichen
Voraussetzungen hierfür von Grund auf geschaffen hat. Indem der Verfasser das
Zitat mit der Zusage der Sündenvergebung abschließt, steht er wiederum beim
größeren Thema, das vom hohenpriesterlichen Dienst des Christus handelt, der eine
Reinigung von den Sünden bewirkt hat (1,2). Der Gedanke wird freilich vorläufig
13 nicht ausgesprochen. In der Einleitung des Zitats hören wir vielmehr noch einmal,
daß die Gottesrede ausdrücklich den alten Bund für veraltet erklärt. Zur weiteren allgemeinen Begründung wird darauf verwiesen, daß Veraltetes und Alterndes der Vernichtung nahe sind. Ihnen eignet somit nur Vorläufigkeit. Entsprechend ist der alte Bund in seiner Lebensdauer befristet. Hinter den Worten steht die Überzeugung des nahen Endes der Dinge (s. auch 6,8) und wohl überdies die Ansicht, der jüdische Kult werde in absehbarer Zeit in der Tat von einer schaubaren reineren Form des Gottesverhältnisses abgelöst. Kein Zweifel, daß der Hebr. das prophetische Wort nach seiner gegenwärtigen Relevanz hin versteht! Unter dem Eindruck seiner Erfüllung bricht sich die Gewißheit der nahen gewaltsamen Beseitigung der überflüssig gewordenen kultischen Institution Bahn (s. auch 10,26ff.). Anders als Philo weiß er Gott nicht als den in himmlischer Welt ewig ruhenden Herrn, sondern als den schaffenden Erlöser, der auf eine neue Welt und Gemeinschaft hin tätig ist.

Die kultischen Einrichtungen des alten Bundes tragen den Stempel der Unvollkommenheit an sich, weshalb sie ein göttlicher Hinweis auf die Überlegenheit der neuen Ordnung sind 9,1-10

1 Es besaß nun zwar auch das erste (Testament) Rechtsbestimmungen über den (kultischen) Gottesdienst wie auch das irdisch-weltliche Heiligtum. 2 Denn es wurde ein Zelt angefertigt, das erste (vordere), in dem sowohl der Leuchter als auch der Tisch und die Schaubrote waren, welches das Heilige genannt wird. 3 Hinter dem zweiten Vorhang aber wurde ein Zelt errichtet, welches das Allerheiligste heißt, 4 und das goldene Räuchergerät und die allseits mit Gold verkleidete Bundeslade enthielt, worin sich ein goldener Krug mit dem Manna und der Stab Aarons, der Knospen getrieben hatte, befand, sowie die Bundestafeln, 5 über ihr aber die Cherubim der Herrlichkeit, die den Sühndeckel beschatteten. Im einzelnen brauchen wir darüber nicht zu handeln. 6 Da dies aber so verfertigt ist, nehmen die Priester allezeit ihren Weg in das vordere (erste) Zelt, um die kultischen Dienste zu verrichten, 7 das zweite aber betritt einmal im Jahr allein, nicht ohne Blut, der Hohepriester, welches er für sich und für die unerkannten Verfehlungen des Volkes darbringt. 8 Damit gibt der heilige Geist kund, daß der Weg zum Heiligtum noch nicht offenbar gemacht ist, solange das erste Zelt Bestand hat, 9 das ein sinnbildlicher Hinweis auf die gegenwärtige Zeit ist, wobei ihm entsprechend sowohl Gaben als auch Opfer dargebracht werden, die den, der den kultischen Dienst verrichtet, nach dem Gewissen nicht vollenden können, 10 stellen sie doch fleischliche Rechtssatzungen in Hinsicht auf Essen und Trinken und allerlei Waschungen dar, die nur bis zur Zeit der Richtigstellung auferlegt sind.

Um die Überlegenheit des Dienstes Christi anschaulich zu machen, lenkt der 1-10
Hebr. das Auge sogar auf die Details der kultischen Geräte und des wesentlichen gottesdienstlichen Geschehens. Offensichtlich liegt es ihm fern, die herkömmlichen Institutionen einfach abzuwerten. Das Bestreben richtet sich durchaus darauf, ihrer Besonderheit und Größe, also ihrem relativen Wert, einigermaßen gerecht zu werden. Erst im Verlaufe der Schilderung findet dann doch der Gedanke unvermeidlicherweise Ausdruck, daß alle kultische Gesetzlichkeit des alten Bundes auf eine letzte vollkommene Einrichtung hinweist, für die das Christusgeschehen bürgt. Unter dieser Zielsetzung beschreiben die V. 1-5 die Stiftshütte mit ihren Geräten, die V. 6-11 aber den Gottesdienst, dessen Höhepunkt mit dem großen Versöhnungstag gesetzt war. Die Darstellung hat in streng biblischer Fundierung (2. Mose 25-30) die Stiftshütte zum Inhalt, nicht den zeitgenössischen Tempel und das dortige Kultgeschehen. Da es sich um einen theologischen Gedankengang von einiger Bedeutung handelt, leuchtet diese fast einseitige Orientierung ein. Stillschweigend ist vorausgesetzt, daß das, was am Tempel zu Jerusalem geschieht, jene frühe Anordnung mehr oder weniger sachgemäß weiterführt, um aber freilich ebenfalls seit der Kundgabe einer „besseren Verheißung" relativiert und abgelöst zu sein. Rechte Schriftdeutung gelangt sogar zur Erkenntnis, daß Gott die kultische Ordnung des alten Bundes von Anfang an nur auf Vorläufigkeit hin eingeführt hat. In gewisser Hinsicht dient dieser Abschnitt der Veranschaulichung des bereits in 5, 1 ff. erwähnten hohenpriesterlichen Dienstes am großen Versöhnungstag. Der Reiz dieses Abschnittes besteht darin, daß über die Beschreibung der Vielfalt eindrucksvoller

Fakten, in denen man sich leicht verlieren konnte (s. die Bemerkung V. 5 b), zur absoluten, theologisch allein bedeutsamen Geschehenseinheit der hohenpriesterlichen Christustat (9,11-15) hingeführt wird. Zwei typische Begriffe, die die Aufzählung inhaltlich prägen, sind die Attribute „irdisch-weltlich“ V. 1 und „fleischlich“ V. 10. Sie besagen die Vergänglichkeit und die Brüchigkeit der mosaischen Ordnung.

1 Nach der harten Feststellung 8,13 wird in einer neuen Gedankenreihe zugestanden (s. „nun zwar auch“), daß das erste Testament rechtliche Bestimmungen über den Kultus enthalten hat „wie auch das Heiligtum als irdisch-weltliches“ (oder: „und ein Heiligtum, das irdisch-weltliche“). In der verkürzten Formulierung schwingt mit, daß der Tatbestand gesehen werden will und Beachtung verdient, obschon andererseits der welthafte Charakter der Einrichtung feststeht. Das Israel des alten Bundes hat sich gewiß keine Anmaßung zuschulden kommen lassen, wenn es ein Priestertum und ein heiliges Zelt besessen hat, um der Vergebung teilhaftig zu werden (s. 8,12).
Es entsprach damals schon einer göttlichen Verfügung. Mit einer gewissen Liebe zur
2 Sache und zum Detail werden V. 2-5 die Einrichtungen aufgezählt. Dabei beschränkt sich der Verfasser auf die beiden Räumlichkeiten, das Heilige und Allerheiligste, und auf die darin aufbewahrten wesentlichen heiligen Geräte. Grundlage der Beschreibung ist der biblische Bericht in der Fassung der Septuaginta, insofern er nach der Meinung des Verfassers als authentische Darstellung dessen gelten darf, was dem himmlischen Urbild gemäß ist (s. 2. Mose 25,40). Der Hebr. geht mit vielen interessierten Zeitgenossen davon aus, daß der herodianische Tempel – wie übrigens auch schon der salomonische – wiederum nur der Versuch einer Nachbildung der Stiftshütte ist. Bekanntlich gab es damals längst keine Bundeslade mehr (s. V. 5). Die idealisierte Schau, wie sie der Hebr. entgegen dem Gang der historischen Entwicklung pflegt, kommt deutlich darin zum Ausdruck, daß er die Geräte des Allerheiligsten fast ausschließlich als goldene Pretiosen beschreibt, spiegelt sich doch eben darin der Glanz himmlischer Herrlichkeit wider (vgl. auch Offb. 21). Das Vorhandensein gottesdienstlicher rechtlicher Bestimmungen wird zunächst erläutert unter Hinweis auf den Bau der Stiftshütte, die aus einem vorderen und aus einem hinteren Zelt bestand. Da den einzelnen Räumen je eine besondere Dignität zukommt, wird von zwei Zelten gesprochen, mag es sich faktisch auch nur um eine Anlage mit einem Zugang gehandelt haben (s. 2. Mose 26,31 ff.). In der Geschiedenheit der Räume liegt ein tieferer Sinn verborgen (s. V. 6 f.). Durch die Nennung des Namens und durch die Schilderung der wesentlichen Ausstattung wird die Einsicht hierfür vorbereitet. Im sog. „Heiligen“ befanden sich „der Leuchter“ (s. 2. Mose 25, 30-39; 37,17-24) und „der Tisch“ (s. 2. Mose 25,23-30; 37,10-16), wobei erläuternd hinzugefügt wird: „und die Lage der Brote“ (= Schaubrote) (s. 2. Mose 25,29; 3. Mose 24,5-9). Aus der Redeweise (mit Artikel) geht hervor, daß es sich um sehr bekannte Einrichtungen handelt. Der goldene Leuchter mit sieben Armen ist am Schaft und an den Seitenarmen mit „Blumenkelchen“ verziert gewesen. Den Leuchter des herodianischen Tempels, den wir von der Darstellung auf dem Titusbogen kennen, würdigt auch Josephus einer gründlichen Beschreibung (Ant. 3,6,7). Seine sieben Lampen gelten als eine Nachahmung der (sieben) Planeten. Die gleiche Deutung gibt Philo (De vit. M. II (III) 102 f.). Nach 2. Mose 26,35 und 40,24 hatte

er seinen Platz an der Südseite. Seine Wartung geschah zweimal am Tag. Man hat
an die gewissenhafte Bedienung den Empfang besonderer Segnungen geknüpft.
Ihm gegenüber stand auf der Nordseite der ebenfalls goldene Tisch (2.Mose 25,23),
auf dem entsprechend der Zahl der Stämme Israels an jedem Sabbat die sog. Schau-
brote in zwei Stapel nebeneinander gelegt wurden. Auf besondere Weise zubereitet
und vor dem „Angesichte Gottes“ zusammen mit Salz deponiert, symbolisierten sie
seine Bundes- und Schöpfungstreue (Philo, De vit. M. II (III) 104). Die Brote waren
jeweils eine Woche lang ausgelegt und wurden danach, ein Privileg der Priester, im
Heiligtum verzehrt (s. 3.Mose 24,5-9). Seltsamerweise bleibt im Hebr. der Räucher-
altar unerwähnt, was die Auslegung immer schon in einige Schwierigkeiten gebracht
hat. Auf den Sachverhalt wird im folgenden näher einzugehen sein. Die Schilderung 3
bewegt sich zunächst so vorwärts, daß mit V.3 das Allerheiligste „hinter dem
zweiten Vorhang“ beschrieben wird. Der Hebr., der den „ersten Vorhang“ an dieser
Stelle unberücksichtigt läßt, orientiert sich damit an einem weiteren bedeutsamen
Gegenstand (s. 2.Mose 26,31 ff.). Dieser hat den Offenbarungsplatz Gottes verhüllt,
der „im Dunkel wohnen wollte“ (1.Kö. 8,12; 2.Chr. 3,14). Beiläufig erwähnt ist
er schon oben in 6,19. Philo (De vit. M. II (III) 101) unterscheidet den „Vorhang“ zum
Allerheiligsten von der „Hülle“, d.h. den Vorhang zum Heiligen (vgl. Jos., Bell.
Iud. 5,5,4). Mit leichtem Wechsel des sprachlichen Ausdrucks werden die Geräte 4
aufgezählt, die zu diesem allerheiligsten Raum (= „Zelt“), der die Form eines Würfels
hatte, „gehörten“. Die Beschreibung nennt nun bewußt die herausragenden Gold-
arbeiten. Fasziniert von der Bedeutung des Raumes kommt der Hebr. auf die ein-
malige Einrichtung des irdisch-weltlichen Heiligtums zu sprechen. An erster Stelle
wird das „goldene Räuchergerät“ hervorgehoben, womit wahrscheinlich der
Räucheraltar mit seinem Zubehör gemeint ist. Der gewählte Begriff (griech. *thymia-
terion*) ist etwas weiter gehalten als „Räucheraltar“ (2.Mose 27,1: *thysiasterion*, vgl.
auch 2.Mose 30,1.27, 3.Mose 4,7.18 u.a.). Manche Ausleger meinen, es sei – wofür
einige sprachliche Argumente beigebracht werden können (s. bes. Jos., Ant. 4,2,2.4;
8,3,8 u.a.) – speziell das goldene Rauchfaß bzw. die Rauchpfanne des Hohen-
priesters gemeint, doch will man damit die Schwierigkeit ausgleichen, daß der
Rauchaltar eigentlich nicht als Gegenstand des Allerheiligsten geführt werden darf.
Soll man aber den Hebr. eines Irrtums zeihen? Sehen wir recht, dann ist es ohne
Zweifel so, daß unser Schreiben den „Räucheraltar“ meint, wie auch Philo den
strittigen Begriff in diesem Sinne führt (s. De vit. M. II (III), 94.101.105; De spec.
leg. I,231.290; Quis rer. 226f.). Als Frage bleibt, ob der Verfasser den „Räucher-
altar“ (mit seinem Gerät) aus Unkenntnis falsch eingeordnet hat, oder ob ihn eine
besondere Absicht leitete? Wir möchten letzteres annehmen. Der Hebr., der die
Urform des Heiligtums beschreibt, zählt den Räucheraltar zur Einrichtung des
Allerheiligsten, was funktional gesehen gerechtfertigt ist. Nach dem Zeugnis der
Schrift hatte er seinen Platz zwar vor dem Vorhang, aber eben auch „vor der Lade“
(2.Mose 30,6, 40,5; 1.Kö. 6,22) bzw. „vor dem Herrn“ (3.Mose 16,18). Ent-
sprechend kann Hes. 41,22 vom Tisch gesagt werden, er habe seinen Platz „vor dem
Angesicht Gottes“. Von daher wird auch verständlich, daß ihn 2.Mose 26,35 (LXX)
nicht als Gerät des „Heiligen“ aufzählt (vgl. dazu 2.Mose 35,13 u.a.). Der Duft des

Räucheraltars war schließlich dazu bestimmt, in das Allerheiligste einzudringen. Hinzu kommt die Tatsache, daß der Altar am Versöhnungstag ebenfalls eine besondere Rolle gespielt hat, wurde er doch wie das Allerheiligste mit Blut besprengt (3.Mose 16,18f.). 2.Mose 30,10 (LXX) heißt es überdies in Schilderung dieser seiner Funktion ausdrücklich: „Er ist dem Herrn ein allerheiligstes (Gerät)". Bedenkt man, daß dem Hebr. doch wohl am wenigsten daran liegt, Unkundige mit dem Heiligen bekannt zu machen, sondern daß er die Divinität und den relativen Offenbarungscharakter der heiligen Stätte des alten Bundes herausstellen will, dann wird die vorgenommene Zuordnung in hohem Maße einsichtig und die Möglichkeit eines Versehens verliert erheblich an Wahrscheinlichkeit. Freilich ist bei alledem der Tatbestand einer gewissen Eigenwilligkeit nicht bestreitbar (vgl. auch Philo, Quis rer. 226). Als zweiter Gegenstand des Allerheiligsten wird V. 4 „die allseits mit Gold verkleidete Bundeslade" aufgeführt (2.Mose 25,10-16; 37,1-6; Philo, De vit. M. II (III) 95) sowie deren dreifacher Inhalt: der Mannakrug (2.Mose 16,33), der Stab des Aaron (4.Mose 17,16-26) und die Gesetzestafeln (2.Mose 25,16; 5.Mose 10,1f.). Damit stützt sich der Verfasser offenbar auf eine teilweise vorhandene Meinung der zeitgenössischen Auslegung (s. auch b. Joma 52b), die sich hierfür auf 2.Mose 16,32f. und 4. Mose 17,19.22 berufen hat, wogegen aber wiederum 1. Kö. 8,9 ins Feld geführt werden kann, derzufolge in der Lade nichts weiter als die Tafeln abgelegt waren. Im allgemeinen dachte man nur, Krug und Stab seien im Allerheiligsten selbst aufbewahrt worden. Sie verkörpern neben den Tafeln die wohl bedeutsamsten Zeichen der Führung Gottes beim Auszug, Erinnerungen und Vergewisserungen seiner leiblichen und geistlichen Fürsorge. Das wunderbar geschickte „Brot vom Himmel" hat vor dem Verschmachten in der Wüste bewahrt, worum auch die Nachkommen immer wissen sollen (s. 2.Mose 16,32). Der Stab Aarons aber, vor dem Herrn in der Stiftshütte niedergelegt, wo er wunderbar über Nacht zu sprossen und zu blühen begonnen hatte, ist zum Wahrzeichen dafür geworden, daß Gott ein Priestertum für sein Volk erwählt hat, damit es auch geistlich keinen Mangel leide oder umkomme (4.Mose 17,25; Philo, De vit. M. II (III), 178ff. 186). Die beiden „Tafeln des Bundes" endlich, zwar aus Stein gefertigt, aber beschrieben mit den Geboten (2.Mose 31,18), bezeichnen die wohl kostbarste Gabe, die Israel von Gott erhalten hat. Es ist dadurch vor allen Völkern ausgezeichnet, daß es seinen Willen bis ins Wort hinein kennt. Die zehn Gebote, Inbegriff der Thora, gelten nicht zuletzt als die entscheidende Garantie des geschlossenen Bundes, worauf Israel allezeit seinen Bestand und seine Zukunft gegründet hat (vgl. auch Philo, Quis rer. 167ff.). Ist auch die Bundeslade nach dem Hebr. Aufbewahrungsort so bedeutender Gegen-
stände gewesen, greifbarer Erinnerungszeichen der Heilsgeschichte des Volkes, ihre
5 Bedeutung erschöpft sich darin am wenigsten. Im Sinne dieser Überzeugung wird
als letztes erwähnt, daß sich über ihr die Cherubim der Herrlichkeit befanden, die den Sühndeckel „überschatteten". Damit tritt zum Schluß der Aufzählung das heiligste und wertvollste Stück in den Blick. Herausgehoben sind zwei engelgleiche Figuren, die an den Enden der Schmalseiten angebracht, ihre Flügel über die Deckplatte ausstreckten (s. 2.Mose 25,17ff.). Sie verstehen sich als himmlische Bewacher der heiligsten Sühn- und Offenbarungsstätte, von der Philo (De vit. M. II (III), 96) sagt: „ein Sinnbild der Gnade Gottes". Die Bundeslade ging mit der Zerstörung des

ersten Tempels verloren. Zahlreiche sekundäre Überlieferungen knüpfen sich verständlicherweise an ihr Aussehen, ihre Rolle und ihre Aufbewahrung, worüber der Hebr., der sich rigoros auf die bündige Zusammenfassung der Angaben der Septuaginta beschränkt, jedoch nicht die geringste Andeutung macht. Er hat ebenso darauf verzichtet, die Einzelheiten zu benennen. Seine Überlegungen genügen zur Begründung des Satzes, daß der alte Bund sowohl seine kultischen Verordnungen als auch sein Heiligtum gehabt hat. Es ist wahrlich kein unbedeutendes Heiligtum gewesen, aber freilich nur ein Werk aus irdischem Stoff und von Menschenhand verfertigt! Mehr Worte über die Einzelheiten oder gar über die Symbolik zu verlieren (so auch Philo, Quis rer. 221), hieße wohl, vom letzten Sinn der Dinge abzulenken. Er liegt darin, daß die Unvollkommenheit des Heiligtums Zeichen einer größeren Vollkommenheit ist, was sich unschwer erkennen läßt, betrachtet man den im Heiligtum nach seiner Fertigstellung geübten Gottesdienst. Ganz ähnlich dachte Philo (De vit. M. II (III), 75), der betont, daß man die heiligen Handlungen des Priesteramtes „in höchster Übereinstimmung und im Einklang mit dem Bau“ vollzogen hat. V. 6a nimmt den Sprachgebrauch von V. 2a auf. Der Sinn des Heilig- 6
tums liegt nicht in ihm selbst, sondern in seiner gottesdienstlichen Aufgabe, die sich
auf Grund der durch göttliche Weisung gebauten Anlage in zweifacher Weise dar-
gestellt hat, nämlich als streng voneinander geschiedener priesterlicher und hohe-
priesterlicher Aktionsraum, wobei das Volk ganz ausgeschlossen war. Jener ist
„allezeit“ für Priester zugänglich gewesen, dieser nur „einmal“ im Jahr allein dem
Hohenpriester. Mit dem „Verrichten des Gottesdienstes“ durch die Priester meint
der Hebr. die wöchentliche Besorgung des Schaubrottisches, das tägliche Anzünden
des Leuchters und das täglich am Morgen und Abend dargebrachte Räucheropfer
(s. 2. Mose 30,7ff.; 3. Mose 24,3). Die Arbeiten wurden nach späterer Ordnung
dienstklassenweise unter den amtierenden Tempelpriestern verlost (s. M. Joma II).
Schlechterdings einzigartig aber war der Dienst des Hohenpriesters, der nur einmal 7
im Jahr, d. h. an einem Tag, dem 10. Tischri, vor Gott in das Allerheiligste treten konnte. Die Einzelheiten (3. Mose 16,11ff. 15ff. 20ff. nennt ein zweimaliges Betreten des Allerheiligsten) dürften dabei durch das „Einmal“ des Hebr. nicht erfaßt sein (s. M. Joma V. 1ff. VII,4; Philo, Leg. ad G. 306; auch De spec. leg. I,72; ähnlich Jos., Bell. Iud. 5,5.7). Der Hebr. spricht in V. 6f. weiterhin in präsentischer Rede, geht also davon aus, daß die aus dem Bau der Stiftshütte sich ergebenden besonderen Kulthandlungen noch von gültiger Aussagekraft sind, was gewiß auch bedeutet, daß sie in seiner Zeit noch stattfanden. Im andern Fall hätte der Verfasser auf die Darstellung der Einzelheiten wahrscheinlich größere Sorgfalt verwendet. Vielleicht ist aber außerdem aufschlußreich, daß in der Beschreibung des Dienstes des Hohenpriesters am großen Versöhnungstag die Bundeslade, gegen die das sühnende Blut gesprengt wurde, unerwähnt bleibt (charakteristisch anders 9,21!). Der Dienst wird nur dahingehend erläutert, daß er für sich und für die unabsichtlich begangenen Sünden des Volkes mittels Opferblut (s. o. zu 7,27) jeweils ein Sühnopfer darzubringen hat. Im Sinne des Gesetzes (s. 3. Mose 4,13; 4. Mose 15,22ff.) ist dabei zwischen absichtlichen und unabsichtlichen Verfehlungen unterschieden (s. auch 5,2; 10,26) und ganz auf den kultischen Hauptakt geblickt. Die „unerkannten Verfehlungen“ meinen somit die weder aus frechem Frevel noch wider besseres Wissen

begangenen Sünden sowie jene, über die man Scham und Reue im Nachhinein
empfunden hat. Hinter der skizzenhaften Notiz V.7 steht das Wissen des jüdischen
Menschen sowohl um die unerhörte Gnade als auch um die absolute Heiligkeit
Gottes, der an diesem Tage umfassende Sühnung geschehen läßt (s. auch Philo,
De spec. leg. I, 187). Jedoch kann sich der Hebr. mit solcher Erkenntnis nicht zu-
frieden geben. Die kultische Ordnung, deren Einzigartigkeit er sehr wohl zu würdi-
8 gen weiß, ist ihm zugleich auch der klarste Beweis für ihre Unvollkommenheit. Aus
der bemerkenswerten Argumentation V. 8 spricht die Überzeugung, daß Anlage und
Einrichtung des alttestamentlichen Gottesdienstes, welche durch göttliche Weisung
geschehen sind, auch zugleich das Zeugnis des Geistes Gottes über eine bewußt
gewollte vorläufige Unvollkommenheit und Beschränkung umgreifen. Schließlich
dürfen in das vordere Zelt nur die Priester eintreten. Es ist gleichsam als Barriere
dem Allerheiligsten vorgesetzt, das ein Sinnbild des himmlischen Heiligtums dar-
stellt (s. 8,2; 10,19). Man ersieht daraus, daß dessen Zugang nicht geöffnet gewesen
ist und daher der Offenbarung noch bedurft hat. Der Hebr. versteht den heiligen
Geist allem Anschein nach nicht als die Gabe, mit der jeder Christ beschenkt wird,
auch nicht als ausdrückliches biblisches Wort (wie in 3,7), sondern als das Zeugnis
Gottes in seinen Werken, die von einer göttlichen Symbolik erfüllt sind. Die Über-
9 legung ist fast lehrsatzähnlich formuliert (s. die Partizipia). V. 9 bezeichnet eine
Erläuterung, die die gemachte Erkenntnis aktualisiert. Ausgehend von der Tatsache,
daß das levitische Priestertum am Tempel zu Jerusalem Dienst tut, wird gesagt, daß
das erste Zelt, das als verpflichtende kultische Einrichtung in solcher Gestalt an-
dauert, ein Sinnbild ist zum gegenwärtigen Zeitpunkt. Priester amtieren zwar noch,
können aber offensichtlich keine letzte Reinigung bewirken. Die Rede vom „gegen-
wärtigen Zeitpunkt" ist nicht identisch mit dem apokalyptischen Ausdruck „gegen-
wärtiger Äon". Sie geht vielmehr aus von der vor Augen liegenden Tatsache, daß
die augenblicklich noch bestehende Ordnung nicht in der Lage ist, den, der dient,
d.h. den, der Gott naht, „nach dem Gewissen" zu vollenden. Man verharrt noch im
Äußerlichen und ermangelt der Sühne, die den Menschen im Innersten reinigt, so
daß er für den Zugang zu Gott befähigt wäre. Damit werden insbesondere juden-
christliche Leser ermahnt, sich nicht auf eine Stufe der Gottesverehrung zu begeben,
die einen Rückfall in Vorläufiges oder Ungenügendes bezeichnen könnte. Wenn
gesagt wird, daß Gaben und Opfer außerstande sind, die nötige „Reinheit des
Gewissens" (zum Ausdruck s. Philo, De spec. leg. I, 203) zu bewirken, gibt es doch
selbst beim Hohenpriester jährlich unerkannte Sünde, so wird unausgesprochen
bereits auf die Notwendigkeit eines größeren Opfers hingewiesen. So unvollkom-
men das erste Zelt ist, so ungenügend sind auch die in Verbindung damit dar-
gebrachten Gaben, die keine „Vollendung" gestatten. Der Hebr. rührt damit an die
entscheidende Frage, ob und wieweit dem Handeln des alten Bundes ein beständiger
Wert beizumessen ist. Die Antwort, die gegeben wird, bringt das Kriterium des
„reinen Gewissens" ein, d.h. das Kriterium der vollständigen Reinheit des Menschen,
wodurch dieser vor Gott bestehen kann. Es ist die Frage nach dem Menschen in der
totalen Gemeinschaft mit Gott. Das „Gewissen" wird nicht als eine Sache von
himmlischer Natur und Herkunft verstanden, sehr wohl aber als der innerste, gott-
verantwortliche Teil des Menschen. Das alttestamentliche Priestertum gilt dem

Hebr. als Beweis für die Unmöglichkeit, durch „fleischliche Satzungen“ ans Ziel
zu gelangen. Sie sind für ihn identisch mit äußerlichen, sinnfälligen Praktiken wie
Speisen, Getränken und Waschungen. Er spielt an auf das mannigfache Zeremoniell,
in das der priesterliche Dienst eingebunden ist, um im Äußerlichen zu verbleiben.
Alles Trachten richtete sich auf die Gewinnung und Erhaltung einer formalen
rituellen Reinheit, nicht aber auf die Reinheit, die den neuen Menschen nach Herz
und Gesinnung mit umfaßt (s. Jer. 31,31ff.). Die Beachtung gewisser Speise- 10
vorschriften (s. 3.Mose 11,2ff.), aber auch das rechte Umgehen mit den Weihegaben
(s. 3.Mose 22; 4.Mose 18,8ff.), dazu die vielfachen Lustrationen (s. 3.Mose 16,23ff.),
mögen für die formale Intaktheit des Priesters unerläßlich sein, für seine eigene
Gottesbeziehung abseits von der Kultordnung besagen sie im Grunde nichts. Das
Gewissen war wohl institutionalisiert, es war aber gleicherweise auch entpersonali-
siert. Insofern ist nach der Meinung des Hebr., der als Christ in eine neue Glaubens-
und Erkenntnisdimension versetzt ist, eine „Richtigstellung“, die der eigentlichen
Gotteswahrheit Rechnung trägt, unbedingt erforderlich. Solche Satzungen sind nur
bis zum „Zeitpunkt der Neuordnung“ auferlegt, sie sind es niemals darüber hinaus.
Wahrscheinlich meint die betreffende Wendung nicht die Christuszeit insgesamt,
sondern den messianischen Zeitpunkt des Christusgeschehens, der die Wende zum
Eigentlichen und Letzten ist, zur absoluten und vollkommenen Wahrheit, die das
Gottesverhältnis des Menschen sowohl umfassend als auch von Grund auf bessert.

Christus ist der wahre Hohepriester auf Grund seines Selbstopfers und als solcher der Bürge eines neuen Testamentes am Ende der Weltzeit 9,11-10,18

Die Ausführungen enthalten das hohe Zeugnis über die einmalige Bedeutung des Todes Jesu, der als Selbsthingabe des wahren Hohenpriesters begriffen ist. Stehen vorher in Kap. 7 die Person des Melchisedek-Christus und Kap. 8,1-9,10 vor allem der Ort des Dienstes im Mittelpunkt der Besinnung, so nun ausschließlich die neue kultische und die einmalige rechtliche Dimension seines Opferganges. Damit ist es gelungen, in einem sich steigernden gedanklichen Bemühen den letzten Sinn des Messiastums Jesu zu entfalten. Die kompendienhafte Darstellung und die bündige Argumentation erweisen sich als meisterhaft. Jede Behauptung wird schlüssig unterbaut. Was vorher schon in Sätzen über die Größe des Hohenpriestertums (4,14), über den Opferdienst im „Inneren des Vorhangs“ (6,19f.) und über den einmaligen Akt des Selbstopfers (7,27) an himmlischer Stätte (8,2) angeklungen ist, empfängt nun in aller Form seine Darstellung.

Die Überlegungen 9,11-14 haben die Einzigartigkeit des Selbstopfers zum Inhalt 11-14
und die Tatsache der dadurch bewirkten umfassenden „ewigen Erlösung“. Sie ist
verwirklicht in einer letzten Überbietung des alljährlichen Geschehens am großen
Versöhnungstag. In V. 14 mischt sich fast unwillkürlich das seelsorgerliche Zeugnis
ein, daß dadurch „unser Gewissen“ von den „toten Werken“ gereinigt worden ist,
„um dem lebendigen Gott zu dienen“. Wahrscheinlich besaß es für die Leser eine
gewisse liturgische Aktualität. Insgesamt liegt ein sprachliches und thematisches

Kompendium verschiedener Zentralaussagen des weiteren und des engeren Zusammenhangs vor (vgl. V.11 mit 4,14 und 9,1; V.12 mit 2,17; 5,1; 7,27; 8,2 und 9,7; V.13f. mit 4,16; 7,25; 9,9; 10,22; 9,15 mit 3,1; 6,17; 7,22; 8,6ff.). Unbestreitbar umfassen diese Verse zusätzliche bedeutsame Gedanken des Briefes. Die Vorstellung des „ewigen Priestertums" (Ps. 110,4) erweitert sich zum Nachweis einer „ewigen Erlösung".

15-17 Die Sätze 9,15-17 entfalten zusammen mit 9,18-22 erneut (s. 7,18-25 und 8,6-13)
18-22 die rechtlichen Auswirkungen des Opfers im Hinblick auf ein errichtetes „neues Testament". Die Eindringlichkeit des wiederholt aufgegriffenen Gedankens ist erstaunlich. Keine Erörterung war wahrscheinlich für eine judenchristliche Gemeinde überzeugender. Es kommt hinzu, daß darüber hinaus ausführlich die klare Gottesaussage beigebracht werden konnte (s. Jer. 31). Die besondere theologische Denkkraft des Hebr. erweist sich außerdem darin, daß er das Zeugnis vom Neuen Testament überaus einleuchtend mit dem erkenntnismäßigen Postulat des Todes des Erblassers kombiniert. Hinzu tritt die vergleichende Überlegung, daß wie der erste, so auch der zweite Bund durch sühnendes Blut eingeweiht werden mußte. Damit ist sowohl die Rede von Christi „Bürgschaft" (7,22) als auch das Gotteszeugnis von einer abschließenden Vergebung (8,12) zu einer einsichtigen logischen Einheit gebracht. Thematisch stehen wir vor der im Christus-Messias verwirklichten Verbindung der beiden großen Traditionen Versöhnungstag und Bundesschluß. Schon in Qumran liegt ein ähnliches Bemühen vor (s. 1 QS I, 18-II, 18; CD XX, 28-30; Jubil. 5,17f.). Die Tiefe des judenchristlichen Zeugnisses des Hebr. ist aber bei aller Vergeistigung der kultischen Momente dort niemals erreicht worden. In diesem Zusammenhang verdient eine gewisse Nähe zu Paulus Beachtung. Dieser kann in Röm. 7,1ff. ähnlich wie der Hebr. in 9,16ff. die Freiheit vom Gesetz mit Hilfe des Gedankens von einem notwendigen Tod begründen.

23-28 Der Eintritt in das himmlische Heiligtum ist 9,23-28 als das entscheidende Geschehen „am Ende der Weltzeiten" (Äonen) genannt (s. 1,2; 4,9). Später, mit 10,19ff., prägt die endzeitliche Grundhaltung des Hebr. endgültig den Schlußteil des Briefes. Wir vermuten, daß er damit dem restlichen Zeugnis des Ps. 110 entspricht (s. V. 5-7), kommt er doch 10,11-18 mit V. 13 ausdrücklich auf die Herrschaft des Christus im Sinne von Ps. 110,1b zurück. Der Ausblick auf die zweite Wiederkunft Christi V. 28 stellt die entschiedene Erwartung des Verfassers sicher, der ohne Zweifel die platonisierenden, präsentisch-eschatologischen Aussagen in jeder Weise untergeordnet sind. Offenbar wird mit ihrer Hilfe einzig und allein die Wahrheit der himmlischen Welt und des künftigen Heils eingeschärft, worauf man in lebendiger Erwartung hoffen soll, am wenigsten jedoch eine flache spiritualistische Ewigkeitslehre. Die vielfältigen frühjüdischen Vorstellungen über das himmlische Heiligtum sind aufgenommen, wenn auch nicht schrankenlos. Man hat mit Recht darauf hingewiesen, daß es der Hebr. fast ganz dem Leser überläßt, das Bild der alttestamentlichen Stiftshütte in die himmlische Wirklichkeit zu übersetzen. Einige Wendungen des Abschnitts verdienen in überlieferungsgeschichtlicher Hinsicht Beachtung. Ein gewisser Bekenntnisstil spricht aus dem „für uns" V. 24 (s. Röm. 8,34; vgl. 7,25). Die gleiche endzeitliche Überzeugung steht hinter V. 26 („Ende der Weltzeiten") und 1.Kor. 10,11. Nach der klaren Aussage V. 24 meint die Rede vom

„nicht mit Händen gemachten Heiligtum“ den Himmel, woraus folgt, daß auch 9,11 nicht der Leib Christi gemeint sein kann (so aber Vanhoye).

Der Abschnitt 10,1-10 beleuchtet auf Grund des ziemlich frei behandelten 10,1-10
Ps. 40,7-9a den gehorsamen Willen Jesu und somit seine uneingeschränkte Opferbereitschaft. Aus dem Zitat wird überdies die Verwerfung der gesetzlichen Opfer abgeleitet, die bisher Gegenstand eines erfolglosen kultischen Apparates gewesen sind.

Kap. 10,11-18 rundet den größeren Gedankengang seit 8,1ff. ab, wobei der Ton 11-18
noch einmal auf der erlangten ewigen Herrschaft des Hohenpriesters Christus ruht. Bekannte Aussagen wiederholen sich (für Ps. 110,1a vgl. V. 12f. mit 8,1f.; für Jer. 31,31.34 vgl. V. 16f. mit 8,8ff.). Die erneut hervorgehobene Stelle Ps. 110,1b (vgl. hierzu 1,13) ermöglicht einen passenden Übergang zu dem folgenden großen Hauptabschnitt 10,19-12,29. Noch einmal wird der Gedanke begründet, daß es seit dem Opfer Christi keiner weiteren Opfer mehr bedarf. Ob der Hebr. die Methode des „Midrasch-Pescher“ angewendet hat (so F. Schröger), erscheint zweifelhaft. Wer kann sagen, daß er in unerlaubter Weise einen Gedanken oder eine Spekulation in die Schrift hineingetragen habe? Im Grunde weiß er sich keiner freien Auslegung verpflichtet, sondern einer streng auf den Christus-Messias ausgerichteten Typologese, wobei er am meisten von der platonischen Allegorese und der ihr verwandten philonischen Symbolbedeutung gelernt haben dürfte. Aller theologisch-hermeneutische Aufwand dient dem Nachweis der Heilsbedeutung und des Opfercharakters des Todes des Christus. Seine Notwendigkeit und noch mehr sein Sinn werden von der Mitte des jüdischen Kultes her aufgewiesen, was zur Folge hat, daß das Schreiben im christlich-jüdischen Dialog der Urgemeinde eine einmalige Stellung besitzt.

Eine ideale Gliederung des größeren Zusammenhangs läßt sich nicht geben. Mit der vorgenommenen Aufteilung versuchen wir, dem inhaltlichen und dem darstellerischen Bemühen des Hebr. Rechnung zu tragen, insofern deutlich von der Person (Kap. 7) zum Ort (Kap. 8) und schließlich zum Dienst des Hohenpriesters hingeführt wird, zunächst negativ (9, 11ff.), dann ausführlich positiv (9,15-10,18).

Die Erlösung gründet nicht auf dem Blut von Tieren, sondern auf dem Selbstopfer Jesu vor Gott 9,11-14

11 Christus aber, der als Hoherpriester der Wirklichkeit gewordenen Güter auftrat, ging durch das größere und vollkommenere Zelt, das nicht mit Händen gemacht ist, d.h. nicht dieser Schöpfung angehört, 12 auch nicht auf Grund des Blutes von Böcken und Kälbern, sondern auf Grund seines eigenen Blutes ein für allemal in das Heiligtum, und erfand eine ewige „Erlösung“. 13 Wenn nämlich das Blut von Böcken und Stieren und die Asche einer Kuh beim Besprengen der Verunreinigten zur fleischlichen Reinigung heiligt, 14 wieviel mehr wird dann das Blut des Christus, der durch den ewigen Geist als ein Untadeliger sich selbst opferte, unser Gewissen von toten Werken reinigen, damit wir dem lebendigen Gott dienen.

V. 12: *Ps. 111,9a.*

Mit einem kompromißlosen „Aber“ stellt der Hebr. die Vollkommenheit des hohen- 11
priesterlichen Dienstes Jesu der Unvollkommenheit des levitischen Dienstes im

irdisch-weltlichen Heiligtum gegenüber. Indem er betont von Christus spricht (s. ähnlich 5,5), klingt indirekt an, daß der Messias Jesus nicht im Sinne landläufiger Erwartung begriffen werden kann. Wie seine Gestalt (s. 7,3: „Sohn Gottes"), so war auch seine Aufgabe eine besondere. V. 11 scheint dabei zunächst die geschichtliche Erscheinung im Auge zu haben: er trat auf (vgl. Lk. 12,51) als Hoherpriester der „gewordenen Güter" der himmlischen Welt. In einer anderen, u. E. nicht ursprünglichen Lesart, ist die etwas merkwürdige Formulierung verändert in die verständlichere Aussage „Hoherpriester der zukünftigen Güter", die deshalb von fast allen Auslegern übernommen wird. Tatsächlich liegt damit aber eine Vereinfachung des Satzes vor, wie auch die philonische Wendung „gewordene Güter" nicht die nötige Beachtung findet (s. Leg. all. III, 86 f.). Es scheint, daß darin zwischen den geweissagten, noch nicht vorhandenen und den Wirklichkeit „gewordenen" Gütern einer zur Erfüllung gelangten Gottesrede genau unterschieden ist. V. 11 a besagt, daß mit dem Auftreten Christi, des Heilsmittlers, auch schon die künftigen Güter, die sein hoherpriesterlicher Dienst umgreift, präsent geworden sind. Die „fleischlichen Satzungen" sind abgeschafft und die „Zeit der Neuordnung" datiert seit seinem Kommen. Die Güter selbst sind „himmlischer" Art. Was mit ihnen gemeint ist, läßt sich auf Grund anderer Aussagen unschwer erschließen, nämlich die „himmlische Berufung" (3,1) und die „himmlische Gabe" (6,4), welche der erleuchtete Christ schmecken kann bzw. als Geistgeschenk erfährt. Gemeint dürfte vor allem auch die empfangene Vergebung sein, die eine vollkommene Reinheit zur Folge hat, so daß der Mensch vor Gott treten kann (s. 8,8 ff.). Der Begriff „Güter" meint demnach die himmlischen Dinge, die in der Messiaszeit wahr werden (s. auch 10,1 f.; bes. Jes. 52,7 zit. Röm. 10,15), wenn freilich im hellenistischen Sprachgebrauch eigentlich alle Gegenstände höherer Ordnung so heißen können. In der abstrakten Begrifflichkeit theologischer Rede beschreibt der Hebr. den historischen Christus, um sein Wirken in dieser Welt als ein von vornherein priesterliches auszugeben (s. auch 5,1-10). Es ist voll ausgerichtet gewesen auf die eigentliche und letzte Aufgabe, die in der Hingabe der Person als Opfer vor Gott bestanden hat. Diese entscheidende Station seines Lebens und Wirkens ist Gegenstand des Hauptsatzes V. 11 b und 12, in dem die Größe des hohenpriesterlichen Dienstes in zweifacher Weise abgehoben wird: erstens durch die Feststellung, daß Christus durch „das größere und vollkommenere Zelt, das nicht mit Händen gemacht ist", in das Heiligtum Gottes eintrat, zweitens durch die Hervorhebung seines einmaligen Opfers „auf Grund seines eigenen Blutes". Beide Aussagen werden vom Ritual des großen Versöhnungstages her anschaulich, wie es Gottes Anordnung 3. Mose 16 dem Volke Israel zur Verpflichtung gemacht hat. Die Stätte des bedeutungsvollen Aktes war für das levitische Priestertum der Mosezeit das Stiftszelt, bei Christus ist es die himmlische Wohnstätte Gottes. Der Hebr. charakterisiert sie dreifach als das „größere", „vollkommenere" und „nicht mit Händen gemachte" Heiligtum. Das will sagen: die Begrenzung der Stiftshütte ist aufgehoben. Als wesentliches Urbild eignet der Wohnstätte Gottes letzte Perfektion und höchste Idealgestalt (s. 8,5). Da sie nicht Werk von Menschenhand ist, darf als ihr Baumeister der ewige Gott selbst gelten (8,2). Hin und wieder wird die Meinung vertreten, mit dem „größeren und vollkommeneren Zelt" sei Christi Leib gemeint, ist doch Joh. 2,21 f.

in diesem Sinne von einem Wort Jesu die Rede. Indessen weist die bestimmte Redeweise sowie die nähere Erläuterung „nicht dieser Schöpfung angehörig“ mit Sicherheit auf die ewige Wohnstätte Gottes hin (s. auch 9,24). Man unterschied sie von dem mit Augen sichtbaren Himmel, um sie als jenseitigen Ort der ewigen Anbetung, d.h. als tempelähnliches Heiligtum zu beschreiben (s. Jes. 6,1ff.; Dan. 7,9ff.; Ps. 103,19ff.; bes. Offb. 3,12; 8,3f. u.a.). Nichts Herrlicheres und Überwältigenderes läßt sich denken, und der Weg hierzu war verständlicherweise den sterblichen Menschen verschlossen (s. 9,8). Die vom Hebr. genannten Merkmale erinnern an die Beschreibung des himmlischen Heiligtums bei Philo (s.o. zu 8,2), obgleich dieser dazu neigt, den göttlichen „Tempelraum“ als „heiligsten Bestandteil der Welt“ neben dem „ganzen Weltall“, der als „wahrhaftes Heiligtum der Gottheit“ geführt wird, bestehen zu lassen. Der philosophische Pantheismus bleibt indessen beim Hebr. ausgeschlossen, begreift dieser doch das himmlische Heiligtum Gottes als den absolut transzendenten Ort. Nicht von Philo übernommen ist auch die Vorstellung eines „heiligen“ weltumfassenden Raumes. Stillschweigend geht die Darstellung davon aus, daß man die Wohnstätte Gottes nur dem Allerheiligsten des Stiftszeltes vergleichen kann. Die räumliche Komponente bleibt jedoch kaum ganz außer Betracht, wenn vom Gehen „durch“ das Heiligtum die Rede ist. Christus tat es in Entsprechung zum Hohenpriester des alten Bundes, der ebenfalls das Heiligtum „durchschreiten“ mußte. Was an anderer Stelle stärker hervorgehoben ist (s. 4,14; 6,19), wird hier zugunsten des entscheidenden einmaligen Opfergeschehens vernachlässigt. Wieweit speziell an einen „Himmel der Engel“ gedacht ist, wird man offenlassen. Der Ort der Darbringung ist nur im Hinblick auf seinen himmlischen
Ausnahmecharakter von Interesse. V. 12 fügt hinzu, daß Christus „auch nicht durch 12
(so wörtl.) das Blut von Böcken und Kälbern“ eingetreten sei, sondern „durch (so wörtl.) sein eigenes Blut“ und zwar ein für allemal. Ist vorher das „durch“ räumlich gemeint, so nun kausal, weshalb wir es übersetzen: „auf Grund von“. Dieses Verständnis beruht auf 3.Mose 16,2f., wo es ausdrücklich heißt, daß Aaron nur unter der Bedingung hat eintreten dürfen, daß er einen jungen Stier als Sündopfer und einen Widder als Brandopfer darbrachte. Das „durch“ bezeichnet somit den Ermöglichungsgrund. Nach 3.Mose 16,14ff. hat man das Blut des Stieres zur Sühnung der Sünde des Volkes vergossen. Das Blut der Opfer ist das ausschließliche Mittel gewesen, das den Eintritt ermöglicht hat (s. V. 7). Auch Christus selbst hat nach diesem Denken das Heiligtum Gottes einzig und allein auf Grund eines Blutopfers betreten können. Von der levitischen Ordnung unterscheidet er sich radikal dadurch, daß er sein eigenes Leben eingesetzt hat. Der ungenauen pluralen Ausdrucksweise „Blut der Böcke und Kälber“ eignet ein leicht abwertender Sinn, weil darin etwas anklingt von dem alljährlichen vielfachen, aber im Endeffekt doch nutzlosen Einsatz. Hinter der Aussage von dem dargebrachten Blut Christi steht andererseits die Überzeugung, daß Christus das Wertvollste zu geben bereit gewesen ist. Mit anderen Worten: er brachte vor Gott das Totalopfer der eigenen Person dar, wobei er den Tod nicht gescheut hat. Die absolute Selbstverleugnung zum Zweck der Verherrlichung Gottes erscheint darin für alles Glauben und Erkennen eindrucksvoll erwiesen. Was mit Christus seine paradoxe, aber zugleich unübertreffliche Ausprägung erfahren hat, ist demnach die Verbindung von Hohepriestertum

und Opfergabe, wobei zum besseren Verständnis des Zeugnisses daran erinnert werden muß, daß der Hebr., wie 5,7 ff. beweist, die Vorstellung der bestandenen furchtbaren Anfechtung mit einbringt. Anders hätte Jesus keine „ewige Erlösung" „erfinden" können. Die Wendung meint mehr als nur die persönliche Erlösung, nämlich den Tatbestand einer für immer erworbenen, universal gültigen Befreiung, welche allen Menschen zugute kommt. Unwiederholbarkeit und Unablösbarkeit sind damit ebenfalls festgehalten. Die im Griechischen mediale Aussage „er erfand" hebt die persönliche Leistung hervor, zugleich aber auch die Tatsache, daß hier Christus etwas gewonnen oder zustandegebracht hat, was in keiner Weise selbstverständlich ist. Offenbar liegt die Vorstellung zugrunde, daß Gott auf Grund des außerordentlichen Opfers ungewöhnlicherweise eine solche Erlösung für die Men-
13 schen hat geschehen lassen. Die folgende Überlegung V. 13 f. verleiht der ausgesprochenen Wahrheit zusätzlichen Nachdruck. Nicht daß dem im Alten Bund geopferten Tierblut kein Wert zukäme! Es hat in der Tat zur „fleischlichen Reinigung" heilig gemacht. Aber muß dem geopferten Blut Christi dann nicht noch größere heiligmachende Kraft eignen? Diese ergänzende Überlegung spricht vom Tierblut des alttestamentlichen Kultus im weitesten Sinne. Anstatt von Böcken und Kälbern wird von „Böcken" und „Stieren" (s. Jes. 1, 11), sowie von der Asche der rötlich-farbenen Kuh (s. 4. Mose 19) gehandelt. Über den großen Versöhnungstag hinaus tritt womöglich der Tatbestand einer allseits geforderten Reinheit in den Mittelpunkt der Betrachtung. Während jene Tieropfer von der Unreinheit befreiten, die durch Verfehlungen bewirkt war, entband die mit Wasser vermischte Asche sogar von jener, die etwa die Berührung mit einem Toten im Gefolge hatte. In jedem Fall wurde die Asche bei Befleckungen gebraucht, die vom Besuch des Heiligtums ausschlossen. Vermutlich geht der Hebr. wie Philo (De spec. leg. I, 268) von der Tatsache aus, daß die Besprengung mit der Asche ebenfalls eine Aufgabe des Hohenpriesters gewesen ist (b. Joma 42 b). Die Kuh wurde außerhalb der Stadt geschlachtet (M. Para III, 6: auf dem Ölberg) und das aufgefangene Blut wurde siebenmal in Richtung gegen den Tempel verspritzt. Der Hebr. hält fest, daß die Verunreinigten auf diese Weise zur „fleischlichen Reinheit" gelangt sind. Und in der Tat hat man dadurch die kultisch-rituelle Reinheit wiederhergestellt, also letzten Endes die gottesdienstliche Gemeinschaft. Dies ist gewiß nicht wenig, aber verbleibt man damit nicht in einem äußerlichen Verhältnis zu Gott? Offenbar hat auch bereits Philo diese Frage umgetrieben. Bei ihm ist jedoch frommer Wunsch, was sich dem Hebr. als befreiende Gewißheit darstellt.

14 In logischer Folgerung vom Geringeren zum Größeren wird V. 14 betont, daß das „Blut des Christus" noch viel mehr das Gewissen von toten Werken reinigt. In höherem Maße darf der Hörer Gewißheit haben, daß das Blut des Heilsmittlers eine stärkere sühnende Kraft besitzt und daß es somit auch das Innerste des Menschen zu reinigen vermag. Schließlich ist nicht die Verunreinigung durch Tote das eigentliche Problem – dagegen gibt es ein Ritual –, sondern die Unreinheit, die uns aus der Tiefe des Herzens den Tod und das Nichtige wirken läßt, so daß wir nicht nur in der Entfremdung von Gott leben, sondern sie offenbar durch unser Verhalten noch ständig vergrößern. 6, 1 ist der „Buße von den toten Werken" positiv das „gläubige Vertrauen auf Gott" zur Seite gestellt, hier in ähnlicher Weise der Reinigung von den

„toten Werken“ der Dienst des lebendigen Gottes. Damit ist angezeigt, daß sie auf der Basis menschlicher Möglichkeit getan werden, und gerade darauf beruhen ihre Fraglichkeit und Nutzlosigkeit. Es eröffnet sich andererseits eine fast paulinische Perspektive, wenn dem eigenen Bemühen die durch Christus geschehene Befreiung des im Innersten gebundenen Menschen zum lebendigen Gottesdienst des gereinigten Herzens entgegengestellt wird (vgl. Röm. 3,27f.; 12,1f. u.a.). Formalistische Religion ist nach dem Verständnis des Hebr. menschlicher Selbstzweck und damit eine nichtige, ja, eine im Grunde tödliche Sache. Der Mensch muß und darf davon frei werden, um dem „lebendigen Gott“ zu dienen. Nur so gewinnt er das Leben für sich. Der Hebr. sieht im „Blut Christi“ keine magische Schutzmacht, sondern beschreibt damit eine Verhaltensweise, die er anderwärts unmißverständlich erläutert (5,7). Das Opfer stellt sich als „untadelig“ dar wegen der Größe des geleisteten Gehorsams. Die Rede vom lebendigen Gott soll darauf hinweisen, daß dieser Gott keine „toten Werke“, sondern einen „lebendigen Dienst“ erwartet (s. 1.Thess. 1,9). Geopferte Tiere mögen diese theologische Grundwahrheit zwar vielleicht schattenhaft in Erinnerung bringen, können aber nie die Wahrheit selbst sein. Eben diese zielt auf den Menschen, auf die Person, auf das Herz, weil der Mensch zum Ursprung seiner Geschöpflichkeit zurückgeführt werden soll, nämlich zu Gott. Auch Christus hat sich nicht nur „vor Gott“, sondern Gott selbst geopfert, und er tat es „durch den ewigen Geist“, was bedeutet, daß Christus dem Willen des Vaters gemäß gehandelt hat. Ohne Zweifel versteht der Hebr. Jesu Selbsthingabe als seine persönliche Tat. Was sie annehmbar gemacht hat, war die Übereinstimmung des Hohenpriesters und Opfers mit dem Geiste, d.h. mit dem Willen und dem Rufe Gottes.

Jesu Tod garantiert die Gültigkeit einer neuen testamentarischen Ordnung 9,15-17

**15 Und deshalb ist er der Bürge (Mittler) eines neuen Testamentes, damit die zum ewigen Erbe Berufenen die Verheißung empfingen, da [sein] Tod zur Erlösung von den unter dem ersten Testament geschehenen Übertretungen erfolgte. 16 Wo
nämlich ein Testament vorliegt, da muß der Tod des Errichters beigebracht werden.
17 Denn ein Testament wird nur bei Verstorbenen (=im Todesfall) rechtswirksam (wörtlich: „fest“), zumal es niemals in Kraft tritt, solange der Testator am Leben ist.**

Der Abschnitt 9,11-14 dient dem Nachweis, daß der Tod Christi ein Selbstopfer gewesen ist. Die Verse gehen somit von der persönlichen Aktivität des Erlösers aus, um den angesprochenen Christen zu zeigen, daß sie ihm ihre neue Existenz verdanken. Der neue Gedankenkreis 9,15-17, dem 9,18-22 sachlich zugehört, bringt zusätzlich die höhere Notwendigkeit dieses Opfers ins Gespräch; denn aller denkerische Aufwand muß dem Nachweis der Bedeutung dieses letzten und eigentlichen Geschehens dienen. Im Anschluß an frühere Aussagen (s. bes. 8,8ff. und 7,18ff.) wird außerdem der Gesichtspunkt der neuen testamentarischen Wirklichkeit wiederholt. Die Verse 9,18-22 blicken auf das Beispiel der Einweihung des alten Bundes, die einst ebenfalls durch „Blutvergießen“ geschehen ist, so daß sich im Schlußverfahren vom Geringeren auf das Größere *(a minori ad maius)* wiederum die Erkenntnis der unbedingten Notwendigkeit des Opfers Jesu ableitet.

15 Der Schlußfolgerung V. 14 tritt eine weitere zur Seite (s. „und deshalb"), die
Bekanntes aufgreift, um es logisch zu vertiefen (s. 8,6). Christus ist in der Tat der
Bürge (Mittler) eines neuen Testamentes (vgl. auch Philo, De vit. M. II (III) 166,
über Mose), denn sein Tod läßt sich von daher durchaus als sinnvoll begreifen. Das
nach vorn weisende „Deshalb" wird näher erklärt. Jesu Tod besonders wird von sei-
nem Standort an einem heilsgeschichtlichen Wendepunkt her einsichtig. Die Ver-
heißung eines neuen Testamentes hat nicht wahr werden können, ohne daß zugleich
radikale Befreiung von der alten Ordnung geschehen ist. Die zum ewigen Erbe
Berufenen, wozu sich die angesprochenen Christen zählen dürfen, hätten dies weder
aus eigener Kraft noch überhaupt auf Grund der alten Ordnung geschafft. Tod als
Tod Jesu mußte geschehen, weil anders eine Befreiung von den in der Zeit des
„ersten Testamentes" geschehenen Übertretungen nicht möglich war. Alte und neue
testamentarische Verfügung sind im Sinne einer zeitlichen Abfolge gedacht, wobei
sich die Leser des Briefes - sicherlich Judenchristen - in gewisser Hinsicht „zwischen
den Zeiten" wissen dürfen. Dabei ist für kritisches Denken vorläufig zunächst die
Frage offengeblieben, ob denn der Tod des Messias - für jüdisches Denken ohne
Zweifel ein unerhörtes „Ärgernis" - einen Sinn habe. Man kann gewiß überlegen, ob
Befreiung von den früheren „Verfehlungen", in erster Linie schwere Verstöße gegen
Gottes Willen, nicht auch anders möglich sei. Der Verfasser, der ähnlich wie Paulus
(s. bes. Röm. 3, 24-26; auch Apg. 13, 38f.) die Vorstellung eines notwendigen ab-
schließenden großen Versöhnungstages hätte konzipieren können, weil Gottes
Heiligkeit die Sühne jeder Form des Ungehorsams verlangt, stellt an dieser Stelle
16 eine eigene Überlegung an, derzufolge „Tod" hat sein müssen. V. 16 besagt, daß der
Begriff der testamentarischen Verfügung notwendigerweise das Faktum des Todes
des Testators umgreift, soll sie in Kraft treten und sollen die niedergelegten Bestim-
mungen wirksam werden. Das Argument ist dem juristischen Alltag entnommen.
Hier gilt, daß im Erbfall immer erst der Tod des Testators „beigebracht" werden
muß, nämlich in Gestalt einer rechtlichen bzw. notariellen Beurkundung. Wie sehr
17 dem Hebr. an dem Beispiel gelegen ist, geht V. 17 aus der zusätzlichen Erläuterung
des Charakters eines Testamentes hervor. Sprache und Definition weisen gewisse
Berührungen mit jüdischen Bestimmungen auf, die die Formel kennen: „Dies soll
bestehen und gelten" (s. bes. Tos. BB VIII, 10). Das Wesen des Testaments liegt im
Unterschied von der Schenkungsurkunde darin, daß der Testator das Verfügungs-
recht über seine Güter bis zum Tode behält. Seine eigentliche Verbindlichkeit
(= „Beständigkeit") gewinnt es erst mit dem Tod des Erblassers, der es bis dahin
aufheben, umändern, ergänzen, ja überhaupt durch ein anderes ersetzen kann.
Paradoxerweise, so klingt es an, ist das Testament eine Verfügung, die bei Lebens-
zeit ohne Rechtswirksamkeit bzw. Rechtsbeständigkeit ist, sie aber sofort „bei Ver-
storbenen", also im Todesfall des Erblassers, gewinnt. Streng durchdacht führen
die Sätze des Hebr. freilich in einige Schwierigkeiten, insofern die Anwendung des
Bildes doch wohl besagen müßte, daß die testamentarische Verfügung, deren
Urheber Gott ist, auch eigentlich nur mit seinem Tode hat rechtswirksam werden
können. Eine solche Möglichkeit in Betracht zu ziehen oder gar in Worte zu fassen,
können wir ihm nicht zumuten, wenn freilich erstaunlicherweise diese und andere
Überlegungen seinerseits einer so schockierenden Wahrheit durchaus nahekommen.

Schließt der Tod des „Sohnes" im Grunde nicht ein Sterben des Vaters mit ein? Anderes kommt hinzu. Absurdität ist wahrscheinlich - rein verstandesgemäß gesehen - immer das eigentliche Merkmal einer „Theologie des Opfers". Für eine rein vernünftige Betrachtung ist jedes Sich-verschenken ohne Sinn. Wer aber abseits vom nüchternen Kalkül zu denken bereit ist, weiß sehr wohl um den tiefen Sinn des Dienens und der Hingabe. Er erkennt, daß anders Welt und Mensch überhaupt nicht bestehen können. Das Unerhörte beruht darin, daß Gott selbst nach biblischem Erkennen das Geheimnis des Opfers gewollt und geheiligt hat, um damit ein Angebot der Freiheit im Raum unerbittlicher Zwänge zu setzen. Eine weitere logische Schwierigkeit ist damit gegeben, daß Christus in diesem Zuammenhang als Testator und Garant (= Bürge) des Testamentes gilt (s. 7,55). Indessen darf diese Sicht der Dinge ebensowenig stören wie die Überzeugung, die lautet, er sei Hoherpriester und Opfer zugleich. Alle Versuche, das Geschehen gleichnishaft zu verdeutlichen, kommen selbstverständlich dem eigentlichen Geschehensparadox nur nahe, sind ihm aber nie ganz gemäß. Der Verf. bemüht sich offenbar, gewisse wesentliche Aspekte herauszuheben. Sie zu einem vollkommen einheitlichen Bild zu vereinigen, liegt weder in seiner Absicht noch in seinem Vermögen.

Auch das erste Testament bedurfte des sühnenden Blutes 9,18-22

18 Daher ist auch der erste Bund nicht ohne Blut eingeweiht worden. 19 Nachdem nämlich jegliches Gebot dem Gesetz entsprechend von Mose dem ganzen Volk gesagt war, nahm er das Blut der Kälber und Böcke zusammen mit Wasser, Scharlachwolle und Ysop und besprengte sowohl das Buch selbst als auch das ganze Volk, 20 wobei er sagte: „Dies ist das Blut des Testamentes, welches Gott euch verordnete". 21 Gleicherweise besprengte er aber auch das Zelt und alle Kultgeräte mit dem Blut. 22 Dazu wird beinahe alles durch Blut rein gemacht, und ohne Blutvergießen geschieht keine Vergebung.

V. 20: *2.Mose 24,8.*

V. 18 versteht sich von der allgemeinen Aussage V. 16 her. Auch die Verfügung des 18
alten Bundes hat des Todes bzw. des Opferblutes bedurft, woraus sich Folgerungen für die Einsicht in die innere Notwendigkeit des Todes Jesu ergeben. Obwohl derselbe Begriff (griech. *diatheke*) zugrunde liegt, steht nun bedeutungsmäßig weniger das Bild des Testaments als die Tatsache des „Bundes" im Zentrum der Überlegung. V. 18 erinnert an die Einweihung des alten Bundes nach 2.Mose 24,3ff., die man ebenfalls nicht ohne Blut vorgenommen hat. Kam die Gemeinde des Hebr. aus der Wirklichkeit dieser ersten Verfügung Gottes, so mußte sie fast zwangsläufig der unerhörten Tatsache eines anderen Opfers am Anfang des zweiten, des „neuen Bundes" Verstehen entgegenbringen. Ein gewisser gedanklicher Bruch ist insofern gesetzt, als der Tod des Testators selbst in der Folge außer Betracht bleibt. Die Basis, worauf die Argumentation sich stützt, ist einzig und allein die allgemeinere Wahrheit, daß testamentarischer Rechtsakt und Tod eine unaufgebbare Verbindung bezeichnen. Aber freilich bewegt sich der Gedankengang gerade an dieser Stelle aus dem Vergleichenden und Bildlichen hinüber zum Faktischen. Die Gleichheit des

Geschehens bei Einführung der Testamente steigert die Stringenz der Beweisführung nicht unerheblich. Auch der Begriff der „Einweihung", der später zur Beschreibung der Christuswahrheit noch einmal betont aufgegriffen wird (10,20), umschließt ein gewisses rechtliches Moment, insofern dadurch der gesetzliche Bund Gültigkeit erlangt hat und verpflichtend geworden ist. Das Perfekt („ist worden") drückt die sinnbildliche Bedeutung des Aktes aus, kann aber auch besagen, daß der alte Bund bis zur Gegenwart für das jüdische Volk Geltung besitzt. Die erste Möglichkeit ver-
19 dient wahrscheinlich den Vorzug, nicht zuletzt vom Inhaltlichen her. V. 19 blendet
in der Weise auf jenes Ereignis der alttestamentlichen Bundesstiftung zurück, daß im ersten Teil dem Zeugnis der Schrift, im übrigen aber stärker der Tradition Gehör geschenkt wird. Nach 2.Mose 24,3ff. trug Mose dem Volk alle Worte und Satzungen Gottes zunächst mündlich vor. Danach kam es zu ihrer Niederschrift. Am anderen Morgen brachte man auf einem am Fuße des Berges errichteten Altar Brandopfer dar und schlachtete junge Stiere als Heilsopfer. Die eine Hälfte des Blutes wurde in ein Gefäß gegossen, die andere gegen den Altar verspritzt. Nach der Verlesung des Bundesbuches nahm Mose schließlich das aufbewahrte Blut, um das Volk damit zu besprengen. Dabei sprach er erklärend vom „Blut des Bundes". Vom Hebr. wurde das Zeugnis des Alten Testamentes (nach der LXX) aufgenommen, eigens akzentuiert und ergänzt. Es fällt zunächst auf, daß Mose als Redender (= Prophet) und Handelnder (= Priester) dargestellt ist und zwar im Gegenüber zum „ganzen" Volk und als der, der „jegliches" Gebot gesprochen und „alles" mit Blut besprengt hat (s. V. 19.21.22). Man hört heraus, daß Mose ganz ähnlich wie Jesus als „Mittler" und „Versöhner" (so Philo, De vit. M. II,166) amtiert hat, und daß sein Auftrag als einmaliger und umfassender in Hinsicht auf die Einweihung des alten Bundes herausgehoben werden soll, um den vollzogenen Analogieschluß mit Nachdruck zu rechtfertigen. Damit ist zugleich erreicht, daß das Reden und Handeln der Kirche in der Zeit des Hebr. als die Erfüllung und Vollendung eines höheren Planes Gottes erscheint, insofern das mosaische Handeln bereits „schattenhaft" die Umrisse des Künftigen besessen hat, wenn freilich vorerst „im Sinne des Gesetzes" (s. V. 22). Diese Einsicht wird später ausdrücklich in Worte gefaßt (s. 9,23; bes. 10,1). Offenbar liegt in V. 19 zunächst einfach die Absicht vor, die Bedeutung des damaligen Aktes einzuschärfen. In strenger Befolgung dessen, was dem Gesetz gemäß gewesen ist, hat Mose dem „ganzen Volk" „jegliches" Gebot bekanntgegeben. Gottes Wille ist stets total und absolut, so steht es hinter der Formulierung. Das Gesetz (vgl. den Dekalog) gilt als übergeordnete Größe. Stärker als der Begriff des Gebotes läßt das Gesetz das Wesen der Sache erkennen. V. 19b spricht über das Alte Testament hinaus nicht nur von Stieren (bzw. Rindern), sondern auch von dargebrachten „Böcken" (genauer: Ziegenböcken). Konnten nach 3.Mose 1 und 3 beide Tierarten als Brand- und Heils- (bzw. Schlacht-)opfer dargebracht werden (s. 2.Mose 24,5 LXX), so geht die Doppelung doch wohl auf die Absicht zurück, die Einweihung des alten Bundes, die aus Dank gegenüber Gott und zur Entsühnung der beteiligten Menschen geschah, in die äußerste Nähe zum Ritus des großen Versöhnungstages zu rücken. Philo (Qu. in Exod. 24,5) hat gleichfalls nach 2.Mose 24,5 LXX die beiden Opferarten betont (vgl. auch De vit. M. II,147: „ein Kalb und zwei Widder"). Wenn es über das alttestamentliche Zeugnis hinaus heißt, daß man das

Stier- und Böckeblut zusammen mit „Wasser, Scharlachwolle und Ysop“ verspritzt hat, so ist damit wahrscheinlich den gesetzlichen Vorschriften über Reinigungen entsprochen (s. 3.Mose 14,4.6.49.51f.; 4.Mose 19,6.17f.), worauf der Hebr. doch wohl ausdrücklich Bezug nehmen will (s. V.22). Die Einzelheiten beleuchten insoweit das Verfahren, als der Stengel der aromatischen Ysoppflanze, mit roter Wolle zum reichlichen Ansaugen des Blutwassers umwickelt, vor allem als Sprengwedel gedacht sein mag. Ursprünglich mögen die angegebenen Ingredienzen in erster Linie der Intensität der Reinigung gedient haben. Nicht nur die ausdrückliche Erwähnung der Besprengung des Gesetzbuches, vor allem auch der Hinweis auf die gleichzeitige Besprengung des Zeltes und aller Geräte stellt sicher, daß sich der Hebr. einer bestimmten traditionellen Auslegung verpflichtet weiß. Wir sehen sie sowohl bei Josephus (Ant. III,8,6) als auch bei Philo vertreten, die beide neben der Weihesalbung mit Öl (so 2.Mose 40,9) eine zusätzliche Besprengung mit Blut (nach 3.Mose 8) kennen (so De vit. M. II,147ff.). Der letzte bietet überdies die gleiche Fassung des Zitats 2.Mose 24,8 (LXX). Indem der Hebr. einseitig darauf Wert legt, verstärkt er natürlich den Eindruck der bildhaften Analogie in Richtung auf den mit Christi Opfer begründeten neuen Bund. Es stört ihn in keiner Weise, daß die Schrift die Weihe des Stiftszeltes und seiner Geräte (s. 2.Mose 40) später geschehen läßt als die Bundesweihe selbst (2.Mose 24). Die vom Hebr. verarbeitete Überlieferung ging selbstverständlich von der Einheit des Geschehens aus, weil einer theologischen Betrachtung des Bundesschlusses die Beachtung der historischen Abfolge immer
fernliegen mußte. Unverkennbar tragen darüber hinaus die in V.20 gebotenen 20
Worte des Mose größtes Gewicht, bezeugen sie doch klar den alten Bund als göttliche Stiftung, der ebenfalls ein Blutopfer zugrunde liegt. Die Tatsache, daß der bedeutungsvolle Satz in Verbindung mit der Besprengung des Volkes und des „Buches“ gesprochen worden sein soll, wirft ein vielsagendes Licht auf das jüdische Denken des Hebr. Ganz im Sinne der spätjüdischen Frömmigkeit erscheint die Thora als die vorzügliche Gabe Gottes an Israel, das unter allen Umständen sein Eigentum bleibt, auch wenn es sündigt. Ob das Schriftwort um einiger Abweichungen willen als Gedächtnisleistung des Verfassers betrachtet werden muß, bleibt fraglich. Zumindest die Wendung „dies ist das Blut des Bundes“ kann eine Anspielung auf die Worte Jesu bei der Einsetzung des Abendmahls enthalten (s. Mk. 14,24; Mt. 26, 28); denn der Verfasser greift in der Folge den Begriff des „Blutes des Bundes“ noch zweimal auf (10,29; 13,20), um ihn unmittelbar auf Christi Werk zu beziehen. Man wird außerdem bedenken, daß ein festlicher Gottesdienst, als dessen Bestandteil der Vortrag dieser Homilie angenommen werden darf, die Assoziation mit den Einsetzungsworten jederzeit begünstigen konnte. Die Vermutung ist am wenigsten abwegig, wenn sich die Gemeinde des Hebr. zu einem Gottesdienst versammelt hatte, in dem auch Taufe und Abendmahl gefeiert wurden. Der Vergleich des neuen Bundes mit dem Sinai-Bundesschluß stieß dann schwerlich auf taube Ohren, zumal er längst in jeder Hinsicht vorbereitet war. Worum es ging, war im Grunde nur die Vertiefung des Bekannten zum Zwecke der Stärkung des Glaubens. Die Gemeinde sollte nicht nur bedenken, was geschieht, sondern auch, warum es so ist, um durch das Wissen der tieferen Wahrheiten in ihrem Christusglauben gehalten zu sein. Es ist nicht auszuschließen, daß die Form des Zitats 2.Mose 24,8 (LXX) ein Argument

für die zeitliche Nähe des Hebr. zu Paulus (1. Kor. 11,25) und Mk. (14,24) liefert.
Wichtiger ist es, das theologische Zeugnis des V. 20 zu sehen, nämlich die nach-
drückliche Hervorhebung des auf Grund von Opferblut geschlossenen Bundes.
21 Schon damals geschah die Weihe in Form einer allumfassenden Reinigung. V. 21
dehnt den Akt auf das Zelt und die heiligen Geräte aus (zum Ausdruck s. 4.Mose
4,12). Dabei lassen das „gleicherweise" und das Tempus des Satzes keinen Zweifel
darüber, daß an eine gewisse Gleichzeitigkeit der Besprengungsakte gedacht ist. Im
Sinne des biblischen Zeugnisses wird dieses Geschehen (s. 2.Mose 40) im Handlungs-
ablauf nach der Bundesschließung (2.Mose 24) eingeordnet, wenn auch freilich zeit-
lich mit ihr zusammengenommen. Damit ist es gelungen, das Wesen des alttesta-
mentlichen Opferkultes von seiner Entstehung und seinem Ursprung her an dem
herausragenden Beispiel des Bundesschlusses zu verdeutlichen. Die gesetzten eigen-
22 tümlichen Akzente dienen der Unterstreichung des Anliegens. Mit gutem Recht
kann daher schließlich ein allgemeines Fazit der gewonnenen Einsichten gezogen
werden. Das Wesen des alttestamentlichen Kultus ist damit in knappste Worte
gefaßt. Was als Ausnahme zugestanden wird (s. „fast alles"), nämlich Reinigung
durch andere als blutige Opfer (s. 3.Mose 5,11 ff.; 15,5 ff.; 16,26 ff. u. a.), spricht
nicht gegen die göttlich sanktionierte Grundordnung, die mit ähnlichen Worten
auch schon 3.Mose 17,11 steht und in der jüdischen Rechtssprache lautet (b. Joma
51 a): „Es gibt keine Sühne außer durch Blut". Im Sinne des größeren Beweisanliegens
ist damit die Bedeutung des zur Verbindlichkeit erhobenen Opfers unterstrichen.
Wieweit dem alttestamentlichen Handeln eine gewisse beschränkte Gültigkeit zu-
kommt, bleibt zunächst außer Betracht, wird aber im folgenden noch verhandelt
(s. 10,4). Indem der Verfasser vom „Blutvergießen" spricht und nicht vom „Blut-
ausgießen", richtet er den Blick der Leser aus auf das notwendige Daß des Ge-
schehens, um vom Wie der kultischen Handlung abzusehen. Damit kann der Tat-
bestand des Opfers Christi, unfaßlich und anstößig genug, erneut zum Gegenstand
der Betrachtung erhoben werden.

Das einmalige Opfer Jesu umgreift eine umfassende Versöhnung zum Zwecke der Vollendung der Welt 9,23-28

23 So besteht also die Notwendigkeit, daß die Abbilder dessen, was im Himmel ist, mit diesen Mitteln gereinigt werden, die himmlischen Dinge selbst aber mit höheren Opfern als diese. 24 Denn Christus trat nicht in ein mit Händen gemachtes Heiligtum ein, das ein Antityp des wahren ist, sondern in den Himmel selbst, um jetzt für uns vor dem Angesichte Gottes zu erscheinen. 25 Auch nicht in der Absicht, sich selbst vielmals zu opfern, so wie nämlich der Hohepriester Jahr für Jahr mit fremden Blut das Heiligtum betritt, 26 da er sonst seit Grundlegung der Welt vielmals hätte leiden müssen; jetzt aber ist er ein einzigesmal am Ende der Weltzeiten zur Beseitigung der Sünde durch sein Opfer offenbar gemacht. 27 Und wie den Menschen obliegt, einmal zu sterben, danach aber das Gericht ergeht, 28 so wird auch der Christus, nachdem er einmal geopfert war, „um die Sünden vieler wegzutragen", zum zweitenmal frei von Sünden denen zum Heil erscheinen, die auf ihn harren.

V. 28: *Jes. 53,12.*

Der Sinnabschnitt 9,23-28 faßt Erkanntes zusammen und bereitet die weitere 23
Beweisführung vor. V.23 handelt in Auswertung des allgemeinen Satzes V.22 von der höheren „Notwendigkeit" einer Reinigung mittels Blutopfer. Es ist schon 8,5 bemerkt, daß die levitischen Priester einem „Abbild" und „Schatten" der himmlischen Dinge dienen. Der Gedankengang 9,1-10 liefert in aller Ausführlichkeit den Einzelbeweis. Die Verse 9,11-22 beleuchten die prinzipielle Bedeutung des Blutopfers zum Zwecke der Reinigung und der Vergebung. V.23 hält in gewichtiger begrifflicher Formulierung den Tatbestand einer vorliegenden „Notwendigkeit" fest, die erkennbar ist und sich auf Grund schlüssiger Betrachtungsweise vom Niederen zum Höheren ableitet. Hinter dem Begriff „Notwendigkeit" steht ein primär logisches Anliegen, nicht die Annahme eines seinshaften Zwanges, wie auch der ganze Satz präsentisch gehalten ist. Anders als Philo, der von der Schönheit des Kosmos auf einen Schöpfer und Erhalter schließt, und der das Zeugnis des Alten Testaments zum Beweis metaphysischer Realitäten nimmt, um in der Stiftshütte einen Hinweis auf den platonischen (göttlichen) Kosmos, den „wahren Tempel", zu sehen, fragt der Hebr., ohne auf den kosmologischen Seinszusammenhang zu achten, nach der Sinnotwendigkeit des Opfers. Er kommt zu dem Ergebnis, daß die himmlischen Dinge „höherer Opfer" bedürfen. Was zunächst als nur allgemeiner Schluß 24
geboten ist (s. den Plural der Gattung), gewinnt sofort seine erwünschte Spezifikation auf Grund des einmaligen Selbstopfers Christi, der nicht in ein mit Händen gemachtes Heiligtum eingetreten ist, das doch nur ein Antityp der wahren Dinge wäre, sondern in den Himmel selbst. In gewisser Wiederholung der Aussage 9,11 wird klargestellt, daß der Eintritt in das himmlische Heiligtum, von dem das Stiftszelt nur ein beziehungsreiches Abbild des eigentlichen Urtypus sein konnte, allein durch ein außerordentliches priesterliches Handeln möglich gewesen ist. Nicht, daß die himmlischen Dinge hätten gereinigt werden müssen! V.23b scheint das Verbum aus 23a absichtlich nicht übernommen zu sein. So war es V.24 leichter, wiederum ausschließlich auf den Opfergang in das himmlische Heiligtum zu schauen. Der gegebene Einblick in die tieferen Zusammenhänge soll den Tatbestand eines höheren Handelns begründen. Hat Christus nicht das irdische Heiligtum, sondern „den Himmel selbst" betreten, dann bedeutet dies, daß er sich der eigentlichen Wahrheit, dem Ursprung und dem Grund der Dinge gestellt hat, nämlich der Wirklichkeit Gottes. Der Hebr. spricht zunächst in üblicher Weise vom „Himmel", um ihn vom Menschenwerk abzuheben. Aber der Begriff selbst steht als Chiffre für Gott. Anders als wir heute es hören, ist nicht Gott eine Chiffre für das Transzendente, Unaussagbare und Unergründbare. Den Zweck und die Folge des hohenpriesterlichen Ganges aufweisend wird angefügt: „um jetzt vor dem Angesicht Gottes zu erscheinen für uns". Die Wendung kann im Alten Testament (s. Ps. 42,3) bildhaft den Besuch des Heiligtums besagen. An dieser Stelle des Hebr. ist sie indessen streng wörtlich gemeint, zumal ein abschließender und einmaliger Akt vorgestellt wird, der das Ende und das Ziel aller Dinge umgreift. Die überaus kühne Aussage beschreibt mit sehr deutlichen Worten die entscheidende Phase der Erhöhung, seit der die „Jetztzeit" gezählt wird. Sie ist dadurch qualifiziert, daß einer „das Angesicht Gottes" hat schauen dürfen. Es gehört zu den Grundaussagen des jüdischen Glaubens, daß sich Gott, der in unnahbarer Verborgenheit wohnt, dem menschlichen

Auge nicht enthüllt. Man kann seiner Herrlichkeit, geschweige denn seinem Blick,
nicht standhalten. Selbst die symbolische Stätte Gottes im Allerheiligsten des Tem-
pels durfte der Hohepriester nur dann am Versöhnungstag betreten, wenn sie vom
Rauchopfer dicht verhüllt war. Wie unerhört mutet es somit an, daß Christus die
Undurchdringlichkeit, die den heiligen Gott umgibt, hat durchbrechen können!
Und dies nicht um seinetwillen, sondern – wie es mit paulinisch anmutender Präg-
nanz am Schluß steht – „für uns". Solches Zeugnis führte schon antikes Denken und
Glauben an eine absolute Grenze heran. Der Verfasser ist sich dessen bewußt
gewesen, was aus der übernommenen technischen Wendung hervorgeht. Wie anders
hätte er die Verbundenheit Christi mit Gott auf Grund des Kreuzesopfers auch
beschreiben sollen? Man hört insgeheim die Überzeugung heraus, daß nicht jeder
vor Gottes Angesicht hat treten können, wohl aber der Sohn, der in abgründiger
Anfechtung die Bewährungsprobe bestanden hat. Ist das „Für uns" zufolge der Vor-
stellung eines stellvertretenden Leidens bei Paulus häufig im Sinne eines „an Stelle
von uns" gemeint, so hier als ein Eintreten „zugunsten" des Menschen (s. auch 7,25).
Betont Paulus mehr die passive Rolle des leidenden Christus (Ausnahme: Gal. 1,4;
2,20), so der Hebr. verstärkt seine aktive Rolle und Tat. Damit entfällt die Idee
eines objektiven Heilsgeschehens, von Gott gewollt und bereitet, wogegen sich der
Gedanke des „aktiven Opfers" um so nachdrücklicher anmeldet. An die Stelle der
rein theologischen Aussage, die den Indikativ des Heils beschreibt, woraus der
ethische Imperativ folgt, setzt der Hebr. das für sich selbst sprechende Vorbild des
Christus, der die Freiheit zum Opfer aufgebracht hat und so als der Ohnmächtige
nach dem Willen Gottes der Vollmächtige geworden ist. Der ethische Sinn des
Opfers muß nicht erst wie bei Paulus abgeleitet werden, sondern ist unmittelbar an-
25 schaulich. Christus erscheint als das Vorbild und der Garant der Wahrheit des
christlichen Glaubens, die unmittelbar auf das Leben zielt, nicht auf die Theorie.
Um sie von einer gegenteiligen Betrachtungsweise her abzusichern, wird in Verdeut-
lichung des „Ein für allemal" betont, daß er sich nicht „vielmals" dargebracht hat,
so wie der jüdische Hohepriester Jahr für Jahr im Allerheiligsten zu opfern pflegt.
Worum es geht, ist die Tatsache, daß sein Kreuzesopfer ausgereicht hat, um Gott
endgültig für den Menschen festzulegen, der in seiner Schuldverstrickung des
26 befreienden Personopfers bedarf. Im vollen Bewußtsein unerhörter Kühnheit wagt
V. 26 die zusätzliche Aussage, daß Christus, wäre er nach der Weise des irdischen
Hohenpriestertums aufgetreten, „sonst seit der Erschaffung der Welt vielmals hätte
leiden müssen". Ein Anflug von Skepsis oder Trauer klingt durch die Bemerkung,
daß das Menschengeschlecht seit Uranfang mit Gott in Widerstreit liegt. Die Ge-
schichte des Glaubens, die später in Kap. 11 aufgezeigt wird, ist eben nur ein Teil-
aspekt der größeren Auseinandersetzung. Unglaube, Not und Schuld in der Welt
dürfen mitnichten unterschätzt werden, weil daran Gott selbst leidet, und sei es,
was nicht ganz unvorstellbar wäre, sogar vielmals in Gestalt seines Christus. Der
Begriff des „Leidens" zielt auf das „Erleiden des Todes" und ist insofern bereits
technisch verwendet (s. auch 2,9). Fast aufatmend bricht es in V. 26b hervor, daß
Christus jetzt ein einziges Mal am Ende der Weltzeiten zur Beseitigung der Sünde
durch sein Opfer offenbar gemacht worden ist. Sein Tod ist die große Wendemarke.
Das „Jetzt aber" ist stärker zeitlich als logisch zu verstehen. Die Welt steht in einem

neuen Licht. Das Opfer seiner Lebenshingabe am Kreuz umgreift in Wahrheit den
großen Versöhnungstag der Menschheitsgeschichte. Selbst die Schuld der früheren
Generationen hat er gesühnt, so daß mehr als bloße Vergebung der Sünden erreicht
ist, nämlich ihre „Beseitigung". Die Aussage, daß er „geoffenbart worden ist", meint
nicht vor Gott, sondern vor der Welt von Gott. Sehen wir recht, dann steht hinter
diesem Zeugnis das Wissen um den proklamatorischen Charakter des Wort-
geschehens. Der Hebr. geht davon aus, daß die Wahrheit des Kreuzes Christi seit
dem Geschehen verkündigt wird, wie es ja auch in 1,2 heißt, daß Gott am Ende der
Tage durch den Sohn gesprochen hat (vgl. auch 1.Petr. 1,20; 1.Joh. 3,5). Was kund-
gemacht werden muß, liegt nicht offen vor Augen. Es kann Annahme finden oder
auf Ablehnung stoßen. Offenbarung umschließt nicht, was für menschliches Ver-
stehen an sich klar ist. Offenbarung hat es vielmehr wesenhaft mit Verborgenheit
zu tun. Vielleicht ist sie nirgends massiver gegeben als im Opfer der Selbsthingabe
Christi. Wo die existentiale Grundkategorie des Todes die Grundentscheidung des 27
Menschen bestimmt, wird das Kreuz als geschichtliche Größe zur eschatologischen
Norm. Den Entscheidungsernst bringt V. 27 insofern zu Recht, ja sogar logischer-
weise ein, wenn freilich der Satz im eigentlichen Sinne die in V. 28 ausgesprochene
Überzeugung absichern und begründen soll. Glaubenspsychologisch gesehen, ist die
V. 27 verarbeitete Thematik jedenfalls von überaus großer Aussagekraft. Sie be-
weist, daß dem Menschen, ob er will oder nicht, eine Entscheidung abverlangt ist,
aus der er als verantwortliches Geschöpf nicht ausbrechen kann. Ohne Gott zu
nennen, hält V. 27 in allgemeingültiger Formulierung fest, daß dem Menschen
gesetzt ist, einmal zu sterben, „danach aber das Gericht". Der Satz will eine Fest-
stellung sein, keine Drohung. Er ist außerdem eine auf Erfahrung beruhende Über-
zeugung, keine nur persönliche Meinung. Hinter ihm steht das Wissen, daß das
Mensch-sein verantwortet werden muß. Über die allgemeine Sentenz hinaus wird
dem Hörer eingeschärft, daß nach dem Tod ein Tag des Gerichts sein wird, an dem
Gott endgültig und universal abrechnet. Christi Geschick ist von Bedeutung, da es
die Antwort auf die offenbar zutiefst empfundene Fraglichkeit menschlicher
Existenz bringt. Diesem Erfordernis trägt V. 28 im Rahmen einer Schlußfolgerung 28
Rechnung. Was konstitutiv dem Mensch-sein zugehört, nämlich der Tod, ist auch
Christus nicht erspart geblieben, der in allen Dingen seinen Brüdern hat gleich
werden müssen (s. 2,10ff.). Dies gilt ungeachtet der Tatsache, daß sein Sterben
unter dem Aspekt des leidenden Gottesknechtes (nach Jes. 53) zu bewerten ist, weil
er die Sünden „vieler" beseitigen mußte. Jesu Tod, der zunächst als unvermeidliche
Wirklichkeit menschlicher Existenz gesehen wird, empfängt erst in einem Beisatz
seine theologische Erklärung nach Jes. 53,12. Es fällt auf, daß die biblische Weis-
sagung nur anklingt, jedoch nicht in aller Breite aufgenommen ist. Außerdem hat
sie der Hebr. theologisch in der Weise beansprucht, daß er damit Jesu Aufgabe,
Gottesknecht zu sein, als von Gott zugemutete hervorhebt. Dieser Aspekt ergibt
sich aus der Wendung: „nachdem er geopfert worden war" (anders V. 25). Der Sinn
von Jes. 53 ist demnach nicht, daß Jesus der Gottesknecht hat sein wollen, sondern
daß er mit seinem Dienen und Leiden die Erfüllung der Weissagung bezeichnet. In
ihr ist bekanntlich vom Kreuz nicht die Rede. Tatsächlich war Jesu Geschick noch
eine Dimension abgründiger als Jes. 53 anzeigt. Die Verwendung der Schriftstelle,

die beispielsweise Mk. 10,45 beansprucht ist, um Jesu eigenes ausdrückliches Wollen darzustellen, verrät somit ein relativ frühes und grundsätzliches Stadium der theologischen Reflexion, wie auch die Beibehaltung des Hebraismus (die Sünden „vieler" = aller) bemerkenswert erscheint. Vielleicht ist in der Tat dies das Entscheidende, daß Christus den Gehorsam des Gottesknechtes gelebt hat, weil solches Verhalten allein seinen Tod zum Opfer erheben konnte. Spricht V. 26 von der grundsätzlichen Beseitigung der „Sünde", so ist hier vom Wegtragen der „Sünden" (Plural!) die Rede. Die Hoffnung vieler, denen Vergebung geschenkt ist, kann sich auf Christi Opfer gründen. Der vorläufigen Befreiung wird die endgültige folgen. Beim zweiten Kommen wird er „frei von Sünde" sein (wörtlich: „ohne Sünde"); das bedeutet, daß sein Leben und Wirken nicht mehr wie beim ersten Erscheinen der Beseitigung der Sünde dienen. An dieser Stelle schlägt überraschenderweise der Gedankengang um. Wir hören nicht in Analogie zu V. 27, daß Christus das dem Menschen bestimmte Gericht vollführen wird (so erst in 10,13), sondern daß er denen „zum Heil" erscheint, „die auf ihn harren". Verhalten klingt bereits die spätere eschatologische Ermahnung an (10,19ff.). Beim ersten Auftreten war seine Aufgabe eine dienende, beim zweiten wird sie eine rettende sein. Damit ist das ureigenste Werk Jesu festgehalten, auf das die Gemeinde ihre Hoffnung gründen soll. Erstmals klingt an, worauf sich spätere Überlegungen ausführlich richten werden. Das Opfer Christi ist, weil am Ende der Zeiten geschehen, von umfassender Wirkung. Es umgreift nicht nur negativ die Befreiung von der Sünde, sondern auch positiv die Befreiung zum „Heil", womit der Besitz des Lebens (s. 10,19ff.) und letztlich überhaupt die „Erlangung der Verheißung" und des ewigen „Erbes" gemeint ist (10,36). Wir erkennen, daß sich der Hebr. bemüht, nicht nur eine Hoffnung zu vermitteln, sondern vor allem auch ihren Grund aufzuzeigen.

Das Gesetz als Schatten der zukünftigen Dinge ermöglichte eine nur unvollkommene Vergebung 10,1-10

**1 Denn das Gesetz, das nur einen Schatten der zukünftigen Güter aufweist, nicht
das Ebenbild der Tatsachen selbst, kann Jahr für Jahr mit den gleichen Opfern,
die man unaufhörlich darbringt, niemals die vollenden, die herzutreten. 2 Würde
man denn sonst nicht aufgehört haben, sie darzubringen, wenn die, die den Dienst
verrichten, als einmal gereinigte kein Bewußtsein ihrer Sünden mehr gehabt hätten?
3 Aber gerade in ihnen ist alljährlich ein Gedächtnis der Sünden gesetzt, 4 da es
nämlich unmöglich ist, daß das Blut der Stiere und Böcke Sünden tilgt. 5 Deshalb
sagt er beim Eintritt in die Welt: „Schlachtopfer und Gaben lehntest du ab, aber
einen Leib hast du mir bereitet. 6 An Ganz- und Sühnopfern hattest du kein Wohlgefallen". 7 Da sprach ich: „Siehe, ich komme, wie in der Buchrolle über mich
geschrieben ist, damit ich, Gott, deinen Willen tue". 8 Während er oben sagt:
„Schlachtopfer und Gaben sowie Ganz- und Sündenopfer lehntest du ab, noch hattest du Wohlgefallen daran", welche doch gemäß dem Gesetz dargebracht werden,
9 hat er dann (unten) gesagt: „Siehe, ich komme, um deinen Willen zu tun". Er
beseitigt demnach das Erste, um das Zweite aufzurichten. 10 Auf Grund dieses
Willens sind wir durch die Opfergabe des Leibes Jesu Christi ein für allemal geheiligt worden.**

V. 5–7: *Ps. 40,7–9a (mit einigen bedeutsamen Abweichungen beim Hebr.).*

Um den Gedanken der Notwendigkeit des Opfers Christi (9,23) zu vertiefen,
beleuchtet der Hebr. in 10,1-10 vor allem das Ungenügende der alttestamentlichen
Opferpraxis. Was vorher bereits mehrfach von den Einrichtungen des mosaischen
Kultus gesagt ist (s. 8,1ff.), findet hier eine Ergänzung. Dabei sehen wir wie in 8,5 1
den Begriff des „Schattens“ aufgegriffen. Er charakterisiert das „Gesetz“, das keine
Vollendung der Gläubigen bewirken kann. Mag es auch letztlich von Gott stammen,
so vermittelt es doch am wenigsten einen klaren Eindruck der „künftigen Güter“,
die erst durch Christus Wirklichkeit geworden sind (s. zu 9,11). Was als unvergäng-
liche und bleibende Wahrheit hervorgebracht werden sollte, kann im Gesetz höch-
stens der Kontur nach wahrgenommen werden, nie aber im Detail des zugrunde
liegenden Urbildes, dem allein sonnenhafte Klarheit eignet. Das Gesetz vermag eben
nur eine ungefähre Andeutung des Eigentlichen zu geben, das Gott mit dem Tode
des Christus hat verwirklichen wollen. Das Gegenüber zur „schattenhaften“ Wirk-
lichkeit wird vom Hebr., der hier einer unverkennbar platonisch-philonischen
Betrachtungsweise anhängt, als das „Ebenbild der Tatsachen“ bezeichnet. Ähnlich
wie mit der Wendung „Antityp (bzw. Archetyp) des wahren (Heiligtums)“ in 9,24
deutet er damit die Überzeugung an, daß einzig und allein den himmlischen Gütern
ewiger Seinswert zukommt (s. auch Kol. 2,17), nicht jedoch den irdischen Dingen,
wozu er auch das Gesetz Israels zählt. Eben diese Ansicht konnte wahrscheinlich
nicht ohne weiteres auf ungeteilte Zustimmung rechnen. Das Kriterium der „Schat-
tenhaftigkeit“ des Gesetzes hat schließlich beim Hebr. anders als bei Philo eine deut-
lich negative, ja abwertende Funktion, wogegen sich ein gebildetes hellenistisches
Judentum fast zwangsläufig aussprechen mußte. Wahrscheinlich aus solchem
Wissen heraus kommt es daher sofort zu einer näheren Beschreibung der Mängel.
Hinter dem Satz steht die entscheidende Erkenntnis der Vergeblichkeit des alljähr-
lichen Opferns am Versöhnungstag, dazu das Wissen um das Ungenügende der
Gaben sowie das Gefühl eines letztlich nutz- und erfolglosen Handelns, mag es noch
so verzweifelt durchgehalten werden. Die Feststellung, daß bei allem Einsatz doch
die Herzutretenden nicht „vollendet“ werden können, drückt wahrscheinlich zu-
tiefst empfundene Resignation aus. Die Aussage hat die Tempelgemeinde mit ihren
Priestern im Auge, die jährlich der Entsühnung bedarf und doch niemals zur letzten
Gottesgemeinschaft gelangt. Sisyphos als Erlebnis des frommen Menschen! Solcher 2
Einsicht verleiht der Hebr. auf seine Weise Ausdruck. Fast sophistisch bringt er vor,
daß man im Falle des Bewußtseins endgültiger und abschließender Vergebung doch
wohl aufgehört hätte, in so vergeblicher Weise zu opfern. Aber offenbar hat es die
Möglichkeit eines ein für allemal gereinigten Priestertums niemals gegeben, was der
alljährliche Versöhnungstag genügend unterstreicht. Weiß Paulus darum (Röm. 7),
daß das Gesetz im Grunde nur die Sünde vermehrt, so der Hebr., daß das Gesetz die
Sünde im anklagenden Gewissen des Menschen verewigt. Das empfundene Problem
wird nicht wie bei Paulus in theologischer Reflexion durchdacht, sondern bewegt
sich auf der Ebene religiöser Erfahrung. Entstammte der Gedanke nicht dem Raum
des Judenchristentums, wäre er wohl ohne Stringenz, so indessen eignet ihm nicht
unerhebliche Aussagekraft. Es scheint, daß V. 2 mit solcher Erwägung zunächst die
zeitliche Frage angeht, um sie negativ zu beantworten. Die Aufhebung der Opfer
war von den Opfernden des alten Bundes in keiner Weise erwogen, weil das an-

klagende „Bewußtsein (= Gewissen) ihrer Sünden“, wie es sich in Sündenbekennt-
nissen offen anmeldet, allezeit klar dagegen sprach. Der Gedanke wird wenigstens
in Form eines Fragesatzes geäußert, woraus hervorgeht, daß dem Hebr. nicht
eigentlich daran gelegen hat, eine kühne Aussage zu machen, sondern er will viel-
3 mehr die Hörer zu Überlegungen anregen. Was faktisch vorliegt, hält dagegen V.3
fest, daß nämlich durch die jährlichen Opfer ein ständiges „Gedenken der Sünden“
geschieht. So jedenfalls geht es in der Tat aus den Anweisungen zum großen Ver-
söhnungstag hervor. Anstatt der Entlastung des Gewissens von den Sünden, kommt
es also gerade zur ständigen Belastung, was unmöglich dem Ziel einer totalen
Erlösung und Vollendung näherbringen kann. Der Begriff des „Gedächtnisses“
scheint sowohl dem Gesichtspunkt des „Gedenkens“ als auch dem der „Erwähnung“
4 im Sündenbekenntnis Rechnung zu tragen. V.4 endlich fügt als weiteres Argument
hinzu, daß das Blut der Stiere und Böcke unmöglich Sünde tilgen könne. Art und
Menge des Blutes schaffen es am wenigsten. Schließlich handelt es sich immer nur
um Tierblut. Die Meinung geht außerdem dahin, daß solche Opfergaben vor Gott
für eine endgültige Sühne in keiner Weise ausreichen. Dabei ist der Verfasser selbst-
verständlich nicht der Meinung, Gott verlange nach dem Blut eines menschlichen
Opfers. Wohl aber scheint ihn der Gedanke zu leiten, daß vom Totalopfer der
Person nicht dadurch Befreiung möglich ist, daß der Mensch auf ein Ersatzopfer
zurückgreift. Somit beruht nach dem Hebr. die gesamte Opferanschauung und
Opferpraxis des alten Bundes letztlich auf einem Irrtum. Und weil diese Anschauung
das religiöse Denken außerhalb Israels ebenfalls bestimmt hat, kann sie ihm nicht
mehr gewesen sein als ein trügerischer Wahn. Vor Gott zählt kein kultischer
Formalismus, und letztlich kein noch so gut gemeinter Ersatz, sondern nur das Tun
5 seines Willens, der den Menschen immer als Ganzen fordert. Die Verse 5ff. geben
in diesem Sinne auf die Feststellung in V.4 eine klare Antwort, weshalb sie mit
V.1-4 unmittelbar zusammenzunehmen sind. Der Hebr. bezieht im Wissen um die
Bedeutung des Nachweises sein Argument dergestalt aus der Schrift, daß er in
Ps.40,7-9a ein Gespräch des Christus mit Gott niedergelegt sieht (ähnlich in 2,12f.),
das vor seinem Auftreten bzw. Eintritt in die Welt geführt worden sei. Das Subjekt
von „er sagt“ – Christus, nicht David, der Psalmist – ist zufolge des Zusammenhangs
keine Frage. Ob aber speziell auf die „Fleischwerdung“ angespielt ist, muß doch
wohl offenbleiben. Wir wissen nicht, was sich der Hebr. darunter gedacht haben
soll. Daß er sich Jesu Eintritt nicht nach dem Schema des gnostischen Mythos vor-
gestellt haben kann, ist überdies keine Frage. Eher schon läßt sich von 1,6 her, wo
die künftige zweite „Einführung“ in den Blick gerückt ist, an einen Akt der Mani-
festation in Verbindung mit der ersten „Einführung“ denken. Offenbar handelt es
sich darum, die Sendung Jesu hinein in die Welt zu beschreiben, was bedeutet, daß
von der Geburt im speziellen Sinn durchaus abgesehen sein kann (vgl. Apg.13,24).
Gleichwie der Verfasser technisch vom „Hineingehen in das himmlische Heiligtum“
spricht (s. 9,12), so auch vom „Hineingehen in die Welt“. Ist im letzten Fall die Ein-
leitung des priesterlichen Werkes gemeint, so im andern seine Vollendung. Die
kult-technische Ausdrucksweise läßt eine spezielle Ausdeutung auf das biologische
Wie oder auf die bestimmte Form eines Mythos schwerlich zu. Wie wenig an die
Inkarnation gedacht sein kann, entnehmen wir nicht zuletzt der Tatsache des mit-

geteilten Gespräches selbst. Christus äußert sich in der Weise des gehorsamen
Sohnes, der bereit ist, den Willen Gottes zu erfüllen und sein Leben als Opfer zu
geben. Er tritt dabei, wie man dem Wortlaut hat entnehmen können, nicht als der
Präexistente im Rahmen eines Erlösungsprozesses oder himmlischen Abstiegs auf,
sondern als Hoherpriester, der sich auf Grund des in der Heiligen Schrift vorliegen-
den göttlichen Wortes gerufen weiß. Zufolge der eigentümlichen Fassung von V.7a
scheint die Vorstellung sogar die zu sein, daß er als Bittender (im Gebet?) vor Gott
getreten sei, um seine Leidensbereitschaft anzuzeigen und sich der Weisung Gottes
freiwillig zu beugen. Gemäß dem Schriftwort lag Christus daran, an die Stelle der
von Gott nicht erwünschten „Schlachtopfer und Gaben", den „Leib", d.h. die
eigene Person, zum Opfer dahinzugeben (s. z.B. Jes. 53, 12 in 9, 28). Die eigenwillige
Fassung des Zitats in V.5b (im Urtext: „Ohren hast du mir gegraben") muß wahr-
scheinlich auf einen Lese- oder Schreibfehler zurückgeführt werden. Der veränderte
Text kam der theologischen Absicht des Hebr. dabei stärkstens entgegen, will er
doch zeigen, daß Christus als Hoherpriester das abschließende, wahre Opfer
gebracht hat. Eben daran hatte Gott Wohlgefallen (etwas anders die LXX), nicht 6
aber an Ganz- und Sündopfern (vgl. Ps. 51, 18). Demnach wird durch Christi Mund
selbst klargestellt, daß die herkömmlichen hauptsächlichen Opferarten Israels nicht
die eigentliche, von Gott gewollte Wahrheit bezeichnen. V.7 trägt, wie schon an- 7
gedeutet, besonderes Gewicht, wobei sein ursprünglicher Inhalt ebenfalls zugunsten
der messianischen Auslegung verändert ist. An Stelle des Beters spricht Christus vor
Gott. Das Buch ist nicht das „Gesetz", sondern die Heilige Schrift als Weissagung
auf Christus. Der Hebr. hat aus der Aussage einen Absichtssatz des Messias ge-
macht, den Willen Gottes tun zu wollen, zumal auch Ps. 40, 9a bewußt in diesem
Sinne gekürzt ist. Daß Christus auf die üblichen Opfer verzichten werde, um sich
selbst als gehorsam zu erweisen, ist schärfstens herausgearbeitet. Die Wahrheit
solcher Aussage erscheint durch den Wortlaut der Heiligen Schrift hinreichend
gedeckt. Für den Hebr. ist damit deutlich gesagt, daß Christus eine Ablösung der
alten Verhältnisse bringt, nicht nur ihre Verbesserung oder Ergänzung. Wenn er
die alte Ordnung aufgehoben hat, dann deswegen, weil sie letztlich nicht in der heil-
samen Absicht Gottes lag. Ähnlich wie in 8, 7-13 wird auf ein absolut neues Gottes-
verhältnis der messianischen Zeit hin argumentiert. Vor allem in V. 8-10 tritt dieses 8
Anliegen hervor, kommentiert doch eine zusätzliche freie Betrachtung den Inhalt
klar im erwähnten Sinn. Zuerst richtet sich der Blick auf den Eingang des Zitats
(„oben"), das mit eigenen Worten noch einmal wiederholt wird. Gottes Ablehnung,
so ist eingeschaltet, betrifft jene Opfer, die „nach dem Gesetz" dargebracht werden.
Die pluralische Fassung von Ps. 40, 7a kommt dem Bemühen entgegen, eine all-
gemeine Aussage über die Ablehnung aller Opfer zu formulieren. V.9 („dann hat er 9
gesagt") greift auf den in der Folge geäußerten Entschluß des Christus zurück, den
Willen Gottes tun zu wollen, und bezieht ihn auf die Aufrichtung eines neuen Bun-
des. An die Stelle eines Vorläufigen und Ersten tritt das Zweite und Endgültige. Die
Überlegung ist im Stil des abgeleiteten Lehrsatzes präsentisch gefaßt. Aus Christi
Wort geht demnach die nun gültige Ordnung eindeutig hervor. Die Anwendung des
Erkannten geschieht sofort mit V. 10. Was wie eine unwichtige schriftgelehrte Über- 10
legung anmuten könnte, umgreift auch für die christlichen Leser (man beachte den

bewußt gewählten Wir-Stil!) eine unmittelbare gegenwärtige Wirklichkeit. Was bisher distanzierte Erörterung war, gewinnt die Gestalt einer feierlichen theologischen Aussage, die Zuspruch sein will, um die Gewißheit der Vergebung zu stärken. Der hochgestimmte Tenor des Satzes mag durch den gottesdienstlichen „Sitz im Leben" des Briefes mitbedingt sein. Es fällt auf, daß das am Schluß des Satzes stehende „ein für allemal" nun nicht von Christus ausgesagt ist, sondern von den Christen. Die an ihnen geschehene Heiligung stellt sich als umfassende und ganzheitliche dar. Sie bedarf keiner weiteren Perfektion, weil sie Ergebnis einer größeren Wirklichkeit ist, gekennzeichnet durch Beseitigung des Alten und durch Errichtung eines Neuen. Man wird weiter sehen, daß der Hebr. zunächst nicht im Blick auf ein Schlacht- oder Blutopfer argumentiert, sondern zuerst den etwas weiteren Begriff der „Darreichung" als Opfergabe gewählt hat, um dadurch auch dem willensmäßigen Gehorsam Ausdruck zu verleihen. Christi Opfer ist in diesem Zusammenhang in erster Linie als Selbstverzicht und Selbsthingabe vor Gott gekennzeichnet.

Die Erhöhung Christi leitet die Zeit der Vollendung und des letzten Sieges ein 10,11-18

11 Und so steht zwar jeder Priester Tag für Tag da und verrichtet seinen Dienst, wobei er vielmals die gleichen Opfer darbringt, die doch niemals Sünden wegnehmen können, 12 dieser aber, der ein Opfer für die Sünden darbrachte, „setzte sich" für immer „zur Rechten Gottes", 13 indem er die übrige Zeit abwartet, „ bis seine Feinde zum Schemel seiner Füße gelegt sind". 14 Denn durch eine (einzige) Opfergabe hat er auf immer die zur Vollendung geführt, die geheiligt werden. 15 Der heilige Geist gibt uns aber sogar Zeugnis darüber. Nachdem er nämlich gesagt hatte: 16 „Dies ist das Testament, das ich für sie errichten werde nach jenen Tagen", spricht der Herr: „Ich will meine Gesetze in ihre Herzen geben und sie in ihren Sinn schreiben 17 und ihrer Sünden und Ungesetzlichkeiten will ich keinesfalls weiter gedenken". 18 Wo aber Vergebung für diese geschieht, bedarf es keiner Opfergabe mehr für die Sünde.

V. 12: *Ps. 110,1a;* V. 13: *Ps. 110,1b;* V. 16: *Jer. 31,33;* V. 17: *Jer. 31,34d.*

11-18 Im großen und ganzen setzt sich der Abschnitt aus bekannten Aussagen zu-
sammen, was auch aus dem Gebrauch gleicher typischer Wendungen hervorgeht.
Abschließendes Hauptthema ist noch einmal die Einmaligkeit des Opfers Christi,
der dadurch „für immer" (s. 7,4) zur „Rechten Gottes" thront (s. 8,1) und Gericht
über seine Feinde halten wird (s. 9,28; 1,13). Eben dadurch hat er auch die ewige
Vollendung für alle Geheiligten ermöglicht (s. 10,1), was bedeutet, daß in Erfüllung
der Weissagung Jer. 31,33 „jene Tage" gekommen sind (s. 8,8 ff.), in denen in der
Tat die Opfer abgeschafft werden und umfassende Vergebung um des Sterbens
Christi willen gewährt wird. Die gedankliche Rückkehr zu der biblischen Grundlage
Ps. 110 stellt erneut sicher, daß der Prediger nicht seinen persönlichen Ideen ver-
pflichtet ist, sondern einem vorgegebenen Zeugnis, ja dem Anspruch des Geistes
11 Gottes (s. 10,15). Anders als in 9,11-14 und 9,23-28 wird abschließend Christus
nicht mit dem Dienst des Hohenpriesters am großen Versöhnungstag verglichen,

sondern mit dem des Priestertums Israels überhaupt. Tag für Tag stehen seine Ver-
treter im Tempel, um ihre kultischen Aufgaben zu verrichten. Man mag an die Dar-
bringung des täglichen Brandopfers am Morgen und am Abend denken oder an
sonstige Dienstgeschäfte. Hatte man auch alle Aufgaben besonders geregelt, so war
doch grundsätzlich „jeder Priester“ dazu berufen und verpflichtet. Er „stand“ in
diesem Fall vor Gott, wie es eine feste Redewendung des Alten Testaments besagt
(z.B. 5.Mose 10,8; Ri.20,28), um nämlich unablässig seines Dienstes als Knecht des
höchsten Herrn zu walten. Ein sklavisches Amt, bedenkt man, daß hierbei in
ermüdender und letztlich sogar sinnloser Aufopferung „vielmals die gleichen
Opfer“ dargebracht werden, die doch niemals die Sünde beseitigen können (s. 10,
1.4)! So lagert nach der Überzeugung des Hebr. über dem priesterlichen Dienst
Israels etwas Unzulängliches und Unbefriedigendes. Er ist keineswegs frei von Un-
genügen und Versagen. Es scheint, daß der Verfasser, der nur konstatiert, nicht etwa
anklagt, darunter gelitten hat, um aber freilich aus dem Opfer Christi ganze Gewiß-
heit zu schöpfen. Sieht er im Stehen des Priesters das Unfertige und Unabgeschlossene 12
der gesamten Institution ausgedrückt, so noch mehr in Christus, der auf Grund
seines einen Opfers zur Rechten Gottes thront, die letzte ewige Wahrheit, von der
aus alles künftige Geschehen verstanden und bemessen werden muß. Demnach trägt
„ein“ Opfer die schuldhafte Vergangenheit, die „um der Sünden willen“ eine Last
darstellt. Diese Wahrheit befreit aber auch für die Zukunft, weil Feindschaft und
Widerstand daran zerbrechen. Teils im Wortlaut, teils in freier Wiedergabe (s. „für
immer“) klingt erneut Ps. 110 an, dessen Aussage vom „Sitzen Christi zur Rechten
Gottes“ etwas von der verheißenen ewigen Ruhe des Gottesvolkes (s. 4,9) aus-
strahlt, die in der Herrschaft des Fürsprechers und Hohenpriesters (s. 7,24 f.) ihren
unwandelbaren Grund hat. Das Thronen des Christus ist dabei aber keineswegs als
ein schon völlig abgeschlossenes Geschehen verstanden. V. 13 blickt im Sinne von 13
Ps. 110,1 b auf das Ende der Feinde, die Christus zu Füßen gelegt werden und zwar
durch Gott, der den vollständigen Sieg seines Sohnes herbeiführt. Eine gewisse Zeit-
spanne ist noch übrig, die dieser abwartet, bis die Vollendung des eingeleiteten
Sieges geschieht. Daraus spricht der Geist der Urgemeinde, die sich am nahen Ende
der Zeiten gewußt hat. Da sie vom Geschehen der Erhöhung des Herrn her kommt,
braucht ihre Hoffnung nicht ins Ungewisse zu gehen. Sie äußert sich als Ausdauer
im Harren, was der folgende Zuspruch nachdrücklich betont (s. schon 9,28). Wer
die „Feinde“ des Christus sind, die sich ihm beugen müssen, bleibt in diesem Zu-
sammenhang offen (s. auch 1,13). Wahrscheinlich ist aber nicht in erster Linie an
den Satan oder an widergöttliche dämonische Kräfte gedacht, sondern an irdische
Mächte (s. 10,27 ff.; 6,8), die dem Christuszeugnis hartnäckigen Widerstand
leisten, so daß die Offenbarung der himmlischen Welt dadurch vorläufig noch aus-
steht. Nur in zweiter Instanz mag sich auch die Überzeugung von der Überwindung
der metaphysischen Gegenspieler Christi einmischen, wovon bekanntlich 2,14 die
Rede ist. Freilich ist ihre Zeit befristet, was 10,37 noch einmal ausdrücklich mit
Hilfe der Schrift nachgewiesen wird. Damit fügt sich die Erwartung des Hebr. ganz
in die streng zielgerichtete Hoffnung der Urchristenheit ein. Von ihren besonderen
Voraussetzungen her lehrt sie den zum Kosmokrator inthronisierten Hohenpriester,

mit dessen universaler Herrschaft die bereits zeitliche Erlösung endgültig zur ewigen
14 umgewandelt ist. V. 14 geht in diesem Sinn von der in gegenwärtiger Zeit Wirklichkeit
gewordenen „Vollendung" aus, in die der Mensch als „Geheiligter" hineingenommen
sein kann. Ein einziges Opfer hat dies bewirkt, so wird noch einmal
herausgestellt, um den ganzen Abstand vom vergeblichen Bemühen des Priestertums
des alten Bundes deutlich zu machen. Es klingt überdies an, daß das Opfer Christi
ein in seiner Bedeutung abgeschlossenes Geschehen ist. Die „Vollendung" kann
daher als eine schon präsentische Erfahrung des Glaubens ausgegeben werden,
perfekt in sich selbst und eben dadurch „für immer" Gabe und Angebot. Offenbar
meint der Begriff, wie schon anderwärts entfaltet (s. 2,10), keinen Prozeß ethischer
oder gar kultisch-mystischer Vervollkommnung, sondern nicht mehr und nicht
weniger als ein Verhältnis unmittelbarer Gemeinschaft mit Gott, in der beseitigt
wird, was bis zur Stunde störend oder hinderlich gewesen ist. Der Hebr. hat das
Hoffnungsziel somit im Grunde auf einen überaus einfachen Nenner gebracht und
er hat es, was des Nachdenkens wert ist, in radikaler Weise mit dem einen Opfer
Christi begründet. Daß das Leben in ewiger Freiheit auf dem Tod des einen Hohenpriesters
beruhen soll, ist ein unerhörter Gedanke, der alles Überlegen an eine letzte
15 Grenze führt. Zur Bekräftigung der Wahrheit des Erkannten wird daher noch einmal
auf die Gotteszusage Jer. 31,31-34 (s. 8,8ff.) in abgekürzter Form Bezug genommen.
Sie ist zum Zwecke der unmittelbaren Aktualisierung des Wortes als
Zeugnis des heiligen Geistes hervorgehoben. Der Hebr. setzt voraus, daß dieser wie
einst durch die Propheten so auch heute noch spricht. Mehr als Warnung (s. 3,7)
will er Verheißung und Zuspruch geben. Das ewige Wort Gottes wird dadurch zur
lebendigen und wirksamen Größe (s. Philo, Leg. all. III,4; III,21,7), gerade auch in
16f. der Christuszeit. Der erste Teil der Rede, der über die jetzige Erfüllung der Gotteszusagen
keinen Zweifel läßt, ist so gewählt, daß die Wendung „spricht der Herr"
sofort zur eigentlichen Wahrheit, auf die es ankommt, überleitet. Sie hat zum Inhalt,
daß Gott unmittelbar am Herzen der Menschen handelt und „Sünden" und „Ungesetzlichkeiten"
vergibt, um ihrer überhaupt nicht mehr zu gedenken. Die entscheidenden
Worte folgen nicht erst in V. 17, wie man gelegentlich gemeint hat,
sondern bereits V. 16b, wobei die Logik lautet: „nachdem er gesagt hatte, ...
spricht er". Indem der Verfasser über die Mitte des Zitats sofort zum Schluß eilt,
hebt er genau jene neue Wirklichkeit der Messiaszeit hervor, die nur vom einmaligen
Opfer Christi her einsichtig wird, da die Tatsache einer umfassenden Vergebung
18 niemals ohne die umgreifende Wirklichkeit eines Opfers gedacht werden kann. Der
Hebr. setzt diese Überzeugung V. 18 voraus. Dieser Lehrsatz, der die umfangreiche
theologische Erörterung des Hohenpriestertums Jesu 4,14-10,18 abschließt, betont
die Abschaffung der Opfer, weil Christus eine vollkommene Vergebung ermöglicht
hat. Das Gesamtergebnis der überaus vielfältigen Überlegungen wird in schlichtester
Weise noch einmal zusammengefaßt. Man hört heraus, daß mit solcher Grundsatzerklärung
eine judenchristliche Hörerschaft zu jener Gewißheit gebracht werden
soll, die sie die Bindung an das Alte endgültig aufgeben läßt. Um so mehr kann
die Ausrichtung auf das Neue und Künftige zur willig übernommenen Aufgabe
werden.

Vierter Hauptteil: „Der Herr wird das machtvolle Szepter aus Zion senden, ... am Tage des Zorns... wird er richten“ (Ps. 110,2.5f.) 10,19 — 12,29

Nach der umfangreichen Beschreibung des Hohenpriestertums Jesu, dessen Einmaligkeit „gemäß der Ordnung Melchisedeks“ eingehend erörtert ist (7,1-10,18), wendet sich der Hebr. erneut der gegenwärtigen Lage seiner Hörer zu, die keineswegs befriedigt. Dabei wird, wie schon mehrfach im Eingangsteil der Homilie (2,1ff.; 3,1ff.; 4,1ff.; 4,14ff.; 5,11ff.), der Stil nachdrücklicher und kräftiger Ermahnung aufgenommen. Letztere hat ihren Grund in einer nach Ps. 110 zu bestimmenden lebendigen Hoffnung (s. bes. 12,2). Die Ausführungen von 10,19-12,29 bilden daher deutlich einen eigenen Hauptteil. Sprachlich und inhaltlich ähnelt die Aussage 10,19, die einen Einschnitt markiert (s. die Anrede „Brüder“), der Überleitung 4,14.

Das Opfer Jesu ist für den Christen, dessen Ausdauer hart geprüft wird, der Grund einer gewissen Hoffnung 10,19-39

In 10,19-39 klingen sofort verschiedene Hauptgedanken des hinführenden Teils an. Gleichsam kompendiarisch verarbeitet bringen sie Erkanntes in Erinnerung, um die Voraussetzungen des christlichen Handelns klarzustellen (vgl. 3,1.6; 4,16; 6,19f.). In der Mahnung, am Bekenntnis festzuhalten, darf man ein Leitthema erkennen, das dem Charakter des festlichen Gottesdienstes, den wir uns als „Sitz im Leben“ des homiletischen Vortrags denken müssen, im besonderen entspricht. Nachdrücklich erscheint damit die überaus wichtige Rede von der „Verheißung“ verbunden (s. 4,1; 6,11f.; 7,6; 8,6; 9,15; 10,36 u. a.), umschreibt sie doch das eigentliche Hoffnungs-
gut der Gemeinde. Die begrifflich sehr markante Thematik nötigt zu dem Schluß, 19-25
daß der Verfasser mit 10,19-25 ein ohne Zweifel ideales Übergangsglied zum größeren Teil geschaffen hat. Er verleiht darin dem praktisch-seelsorgerlichen Bemühen sehr massiven Ausdruck. Die Hoffnung der Hörer soll gefestigt und ihrer Erwartung die nötige Spannkraft gegeben werden. Schon die Überleitung faßt sofort schärfstens das Ziel, den „nahen Tag“, ins Auge, also den Zeitpunkt der Endoffenbarung Gottes (s. Ps. 110,5ff.: „Tag des Zorns“).

Da in der Tat der folgende Gedankenkreis 10,26-31 zunächst negativ das dro- 26-31
hende Gericht hervorhebt, gewinnt das Anliegen eine überaus bedrohliche Schärfe. Verschiedene Schriftzitate (V. 27 und V. 30) sowie das typische Schlußverfahren in V. 29 kommen dem überdies zugute. V. 32 stellt nicht nur eine Lehraussage dar, sondern zugleich ein sehr persönliches Selbstzeugnis des Verfassers, den echte Sorge um sein und der Gemeinde Heil getrieben hat.

Sehr verschieden davon ist das Anliegen der dritten Gedankenreihe, aus der warme 32-39
Verbundenheit, echter Trost und vor allem freudige Gewißheit sprechen. Die Darlegung will die Angeredeten festigen und in ihrem Glaubensstand weiterbringen.

Die Gemeinde, die sich schon einmal vorbildlich bewährt hat, braucht die Zuversicht nicht aufzugeben. Während 10,26–31 der Ernst der nahen Gerichtssituation in mehr allgemeiner Überlegung zu bedenken gegeben ist, setzen sich in diesem Abschnitt die Aufforderungen 10,19-25 unmittelbar fort (V.32.35). Den markanten Abschluß bildet ein bemerkenswertes, aus Jes.26,20 und Hab.2,3f. zusammengesetztes Schriftzeugnis.

Die Tiefe des Geschehens soll Grund sein, sich von der Hoffnung auf den nahen Tag bestimmen zu lassen 10,19-25

19 Da wir nun, Brüder, (berechtigte) Zuversicht auf den Eingang in das Heiligtum durch das Blut Jesu besitzen, 20 den er uns eröffnet hat als einen neugebahnten und lebendigen Weg durch den Vorhang, d. i. durch sein Fleisch, 21 und da wir „einen Hohenpriester über das Haus Gottes“ haben, 22 so laßt uns mit wahrhaftigem Herzen in der Fülle des Glaubens herzutreten, die Herzen vom bösen Gewissen durch Besprengung befreit und den Körper mit reinem Wasser gewaschen! 23 Laßt uns das Bekenntnis der Hoffnung unbeugsam festhalten, denn treu ist der, welcher die Verheißung gab; 24 und laßt uns aufeinander schauen, um Ansporn zu haben zur Liebe und zu guten Werken, 25 indem wir die eigene Versammlung nicht verlassen, wie es bei einigen Gewohnheit ist, sondern einander ermahnen, und dies um so stärker, je mehr ihr den Tag nahen seht!

V. 21: *4.Mose 12,7.*

19 Nur große Glaubenswahrheiten können das Fundament einer Hoffnung bilden, die das ganze Leben beflügelt und ausrichtet. Der Hebr. trägt diesem Tatbestand am Beginn der nun einsetzenden umfangreichen Ermahnung Rechnung. Er weiß: Aufforderungen ohne Aufweis des Grundes wären deklamatorisch, hohl und fruchtlos. Wohlüberlegt faßt er noch einmal bündig das Wesentliche seiner christologischen Erkenntnis zusammen (s. „nun“). Er hält fest, was unaufgebbarer Besitz des Glaubens ist, nämlich einmal die Erfahrung der Freimütigkeit und Zuversicht, das Heiligtum Gottes auf Grund des Opfers Jesu betreten zu dürfen, und zum andernmal die erkannte Tatsache des Hohenpriestertums Christi, der über das Haus Gottes als Sohn und Herr gesetzt ist (s. 3,1-6). Im einzelnen klingen wichtige Gedanken an. Die Zuversicht, die uns die Zukunft getrost angehen läßt, gründet in dem „Blute Jesu“, also in der Lebenshingabe des irdischen Herrn. Allein sein Opfer hat die Freiheit in einer Welt ermöglicht, die durch Todesfurcht geknechtet ist (2,15). Die Christen treten an das himmlische Heiligtum heran, wie das Bild vom Vorhang ausweist (s. auch 6,19f.), nicht etwa speziell nur an die „Heilsgüter“, was auch übersetzt werden könnte. Die bildliche Rede vom „Weg“, „Zutritt“ sowie vom „Hause Gottes“ ist durchaus eindeutig (s. auch 9,2f.). Das himmlische Allerheiligste, in dem der Thron Gottes steht (4,16), kann im Unterschied vom irdischen Heiligtum eben nicht mehr nur von einem betreten werden, sondern von den vielen, die auf Jesu Tod ihre Zuversicht setzen. Dies ist schließlich das Neue, worauf der Hebr. in sehr ausführlicher Weise 7,1-10,18 alle Kraft des Argumentierens verwendet hat. Nicht nur der Einzelne, sondern gerade die bruderschaftliche Gemeinde erfährt die durch
20 Jesus vermittelte Freiheit (s. die Anrede „Brüder“). Dabei geht es am wenigsten um

ein augenblickliches Erlebnis, wohl aber um eine dynamische Verhaltensweise, die den „neugebahnten und lebendigen Weg" entschlossen beschreitet und nicht auf der Stelle verharren läßt. Die biblische Ausdrucksweise ist bemerkenswert, insofern erneut (s. schon bei 9,18) festgehalten wird, daß Jesus wie Mose einen Weg eröffnet, genauer: „eingeweiht" hat. Ist aber dessen Bundesschluß letztlich eine Sache der „toten Werke" gewesen (s. 6,1; 9,14), so hat Christus, der 6,20 „Vorläufer" genannt wird, in eine Wirklichkeit geführt, die gerade das Leben all jenen vermittelt, die seinen Weg wandern. Mit „durch den Vorhang, d.h. durch sein Fleisch" kann nur gemeint sein, daß Christus auf Grund seines blutigen Lebensopfers die Verbindung zu Gott hergestellt hat. Es ist nicht etwa gedacht, daß das Fleisch Christi weggenommen werden mußte, so wie ein Vorhang weggezogen wird. Wohl aber will die Nennung des „Fleisches" noch einmal andeuten, daß Christus das Opfer nicht leicht gebracht hat, sondern unter Anfechtung und Kampf sowie letzten Endes durch Gehorsam (s. 5,7). Das skizzierte Verständnis läßt uns auch die Annahme bezweifeln, hier habe der Verfasser gnostisches Gedankengut verarbeitet, etwa in der Weise, daß das „Fleisch", der materiehafte Teil des Körpers, als Hemmnis auf dem Wege zu Gott betrachtet sei. Im kultischen Denken des Hebr. bezeichnet der „Vorhang" zum Allerheiligsten in keiner Weise ein Hindernis, das weggeschoben werden muß, sondern die Stelle des sühnenden Blutvergießens, die den Eingang in das Allerheiligste unter gewissen Umständen gestattet. In ähnlich positiver Weise scheint in V.20 das Fleisch Christi eher als Mittel und Zugang gedacht zu sein, zumal der darin ausgedrückte Gedanke im Zusammenhang dokumentiert, was
„wir" besitzen und „uns" eröffnet ist. In diesem Sinn folgt sofort V.21 mit der 21
biblisch formulierten zusätzlichen Feststellung (s. 4.Mose 12,7), daß wir „einen großen Priester über das Haus Gottes" haben. Christus erscheint darin als Herr des himmlischen Heiligtums, der vor Gott seines Amtes waltet (7,25). Dazu gehört, daß er als Fürsprecher der dortigen Kult- und Hausgemeinschaft handelt. Die Möglichkeit, hier könnte wie in 3,5f. auf die Gemeinde als „Haus Gottes" angespielt sein, mag erwogen werden. „Haus" bedeutet dabei soviel wie „Hausgemeinschaft". Auch das Heiligtum wurde ja nie nur als Bau gedacht, sondern immer primär als Tempel- und Kultgenossenschaft, deren Exponent der Hohepriester gewesen ist. Ist nun Christus als himmlischer Hoherpriester eingesetzt, dann sind auch bereits die Rechtsverhältnisse der neuen Gemeinschaft, der „Familie Gottes", geklärt. Deshalb darf die Christusgemeinde all dies, was sie im Glauben schon besitzt, als Gewähr für die ihr bereitete Zukunft betrachten. Nach diesem umfangreichen Gebilde eines
Vordersatzes, der noch einmal die zentrale Glaubenswahrheit umschreibt, kommt 22
es in der Folge zu drei sehr überlegt formulierten Aufforderungen (V.22.23.24), die sich augenscheinlich an die Trias Glaube, Hoffnung, Liebe halten (s. 1.Kor. 13,13). V.22 besagt zunächst, daß man doch bei solcher Voraussetzung „herzutreten" solle „mit wahrhaftigem Herzen in der Fülle des Glaubens". Das ist kein Aufruf zur Wanderung, sondern ganz im Gegenteil ein Aufruf zum entscheidenden Schritt in die äußerste Nähe Gottes (s. 7,19). Er soll ohne Vorbehalte und Hintergedanken getan werden, um so mehr aber in vollster Gewißheit. Die strenge Betonung der Innerlichkeit der Haltung ist bewußt vorgenommen. Darin unterscheidet man sich von der Religion des alten Bundes. Seine Priester wurden nämlich durch Blut-

besprengung und Wasserbad nur äußerlich geweiht (3.Mose 8,6.30; 16,4), die Christen hingegen sind es zutiefst innerlich, weil sie in ihrem Herzen, dem Ort der Gedanken, von dem anklagenden Gewissen befreit sind. Neben der Reinigung des Herzens steht die „Waschung des Leibes mit reinem Wasser". Beide Akte sind offenbar als eng zusammengehörig gesehen. In letzterem Fall empfiehlt sich dabei die Deutung auf die Taufe, zumal die Wahl des Begriffes „Leib" neben „Herz" unverkennbar zum Ausdruck bringt, daß der Mensch in seiner körperlichen Ganzheit gereinigt ist. Die Wendung „reines Wasser" hat weniger die Qualität als die Wirkung im Auge (s. Hes.36,25). Daß die Urgemeinde normalerweise in fließendem oder sog. tauglichem Wasser getauft hat, mag indirekt zur Sprache kommen. Die Idee einer gnostischen Weihe liegt jedenfalls fern. Sprachlich entnehmen wir dem Part.Perf., daß die Angesprochenen nicht erst getauft werden, sondern bereits Getaufte sind, was im Blick auf die vorzustellende gottesdienstliche Situation sicherlich von einiger Bedeutung ist. Eine solche massive Tauferinnerung entsprang keiner zufälligen Laune, sondern hatte ohne Zweifel ihren besonderen liturgischen Anlaß. Der Verfasser denkt an diesem Wendepunkt seines homiletischen Vortrags noch einmal ausgesprochen situationsbezogen, um die Hörer anzusprechen und aufzurütteln!
23 Auch der folgende zweite Aufruf, am „Bekenntnis der Hoffnung" unbeugsam fest-
zuhalten, bestätigt dies (s. 3,14; 4,14), da der Begriff des „Bekenntnisses" eine tauf-
theologische Prägung aufweist. Sicherlich ist an kein bestimmtes Formular gedacht,
wohl aber an den Bekenntnisakt selbst, der das unbedingte Ja zu der gesetzten
Hoffnung umschließt (s. 6,2). Die Angesprochenen sind in der Gefahr gewesen, den
wiederkommenden Christus aus den Augen zu verlieren, weshalb sie mit Nachdruck
davor gewarnt sein mögen, die ursprüngliche Entschiedenheit aufzugeben. Was sie
mit der Taufe als Anrecht erworben haben, soll ihr Besitz werden, zumal kein
Zweifel darüber bestehen kann, daß Gott, der die Verheißung gesetzt hat (s. 6,13;
11,11; 12,26), unbedingt treu ist. Die Frage bleibt nur, ob auch der Christ, dem so
Großes zugesprochen ist, gleiche Zuverlässigkeit beweist. Aus der Aussage ersehen
wir, daß sich der Begriff der Hoffnung sehr eng mit dem der „Verheißung" berührt
24 (s. 4,1-11; 8,6; 9,15). Neben den Aufforderungen zum Glauben und zur Hoffnung
ergeht schließlich die dritte, die die tätige Liebe zum Inhalt hat. Christentum ist eben niemals nur subjektive Heilsgewißheit, sondern immer auch Dienst am Mitmenschen, der gerade in der Not nicht an der Wahrheit Christi irre werden soll. V.24 fordert, daß die Christen aufeinander schauen, um einen um so größeren „Ansporn zur Nächstenliebe und zu guten Werken" zu haben. Letzterer Ausdruck verrät eine gewisse jüdische Denkart, insofern die Synagoge ebenfalls die sog. Liebeswerke und die „guten Werke" unterscheidet, um freilich jene den letzteren unterzuordnen. Der Hebr. dagegen stellt massiv die „Nächstenliebe" als primäres Leitprogramm heraus, weil der theologische Rang der sog. „guten Werke", worin er offenbar mit Paulus übereinstimmt, ein sekundärer geworden ist. Der Vorschlag, aufeinander zu blicken, will als menschlicher Ratschlag verstanden sein. Es ist bekannt, wie sehr Konkurrenzneid und Mißgunst Anreiz zu höchsten Leistungen sein können. In der christlichen Gemeinde soll diese natürliche menschliche Neigung in umgekehrter Weise dazu dienen, Gutes zu tun, wo immer es nötig ist. Die Formulierung hat gewiß mehr im Auge als nur die üblichen Wohltätigkeitsakte und

Almosengaben. Vor allem Paulus vermag den Aufgabenbereich der christlichen Liebe mit eindrucksvollen Worten zu beschreiben (s. 1.Kor. 13). Auch dem Hebr. schwebt eine eifrige Gemeinde vor, die den Anforderungen von innen und außen, d.h. den eigenen sozialen Mängeln und den vielfachen Nöten der Zeit, voll zu begegnen versucht. Was getan wird, geschieht von Christus her im Geist der Bruder- und Nächstenliebe. Im Blick auf den Menschen soll es „gutes“ Werk sein, nämlich hilfreich, nützlich und aufbauend. Da es rechten Ansporn, der nicht in Egoismus 25
ausartet, nur in der Gemeinschaft gibt, wird hinzugefügt, daß man der eigenen gottesdienstlichen Versammlung (s. 2.Thess. 2,1) nicht fernbleiben dürfe, genauer: daß man sie nicht im Stiche lassen solle, wie es leider bei einigen zur Gewohnheit geworden ist. Der enge logische Zusammenschluß von V. 26 mit V. 24 zeigt ein empfundenes akutes Problem an. Offenbar steht nicht der Abfall einiger Christen von der einen Gemeinde der Gläubigen zur Diskussion, auch offensichtlich keine sektiererischen Neigungen, sondern nur die Gefahr der Trägheit und Gleichgültigkeit einzelner, die die gemeinsamen Zusammenkünfte meiden. Aber darunter leidet doch die Lebenskraft der gesamten Gemeinschaft. Da der Sinn der eigenen Aufgabe in der Welt und das letzte Ziel der damit gesetzten Sendung nur über den gemeinsamen Gottesdienst gewiß werden kann, ist die Zusammenkunft aller unerläßlich. Soll sich die Liebe in der Welt und im Alltag kräftig erweisen, muß immer wieder ihr Ursprung gesucht werden (s. V. 22: „laßt uns herzutreten“). Vielsagenderweise steht auch 13,15f. das Dankopfer der Liebe mit dem Lobopfer des Glaubens engstens zusammen. Wenn es schließlich heißt, man solle sich zum Besuch der Gottesdienste ermahnen, dann liegt die Absicht vor, den wenigen negativen Beispielen mit Nachdruck viele positive entgegenzusetzen. Jedes Versagen muß Anlaß sein, sich um so enger zusammenzuschließen und dadurch neue Kräfte zu aktivieren. Vor allem geht es darum, sofort Schritte zum Besseren zu tun und nicht zu warten, bis die Auflösungserscheinungen überhandnehmen. Die Gemeinde kann sich dies um so weniger leisten, als sie um „den Tag“ weiß, der die stündliche Bereitschaft gebietet. Es ist der „Tag des Herrn“, der „Tag des Gerichts“, der „Tag des Zorns“ und somit „der Tag“ schlechthin, an dem alles ans Licht kommt (s. Ps. 110,5). Der Satz folgt überaus gewichtig nach. Wahrscheinlich bezieht er sich auf die in V. 25 geforderte Ermahnung, nicht auf die in V. 24 geforderte Liebesarbeit. Er schließt ab und bringt zugleich ein neues Thema ein. Hinter ihm steht eine elementare zeitliche Erwartung, wie sie in der frühen Gemeinde wohl generell war. Damit verbindet sich die Überzeugung, das Recht solcher Erwartung sei mehr oder weniger ersichtlich. Welcher Art die Vorzeichen sind, die das „Nahen“ des Gottestages ankündigen, bleibt unerwähnt. Indessen halten wir es für nicht ausgeschlossen, daß die allgemeine politische Zeitlage mit ihren Nöten und Bedrängnissen (Nero?) als Argument dient. Über die Gespanntheit der Erwartung gibt im folgenden V. 37 Aufschluß. Vielleicht darf in diesem Zusammenhang auch daran erinnert werden, daß sich schon in der ältesten Gemeinde die Überzeugung herausgebildet hatte, der Besuch vor allem des österlichen Gottesdienstes habe als heilige Pflicht zu gelten. Die nächtliche Feier wurde früh als ein Sinnbild der künftigen Gemeinschaft im Reiche Gottes betrachtet.

Der Abfall von Christus zieht unweigerlich das Gericht nach sich 10,26-31

26 Denn falls wir nach Empfang der Erkenntnis der Wahrheit willentlich sündigen, bleibt weiter kein Sündopfer mehr übrig, 27 wohl aber eine furchtbare Erwartung des Gerichts und der „Feuereifer", „der die Widersacher verzehren" wird.
28 Wenn jemand das Gesetz des Mose verwirft, „stirbt er" ohne Erbarmen „auf Aussage von zwei oder drei Zeugen". 29 Einer wieviel schwereren Strafe, meint ihr, wird wohl der wert geachtet sein, der den Sohn Gottes mit Füßen trat, der das „Blut des Testamentes", wodurch er geheiligt wurde, für gemein erachtete, und der den Geist der Gnade schmähte? 30 Denn wir kennen den, der sagte: „Mein ist die Rache, ich will Vergeltung üben", dazu: „Der Herr wird sein Volk richten".
31 Schrecklich ist es, in die Hände des lebendigen Gottes zu fallen.

V. 27: *Jes.16,11 (LXX);* V. 28: *5.Mose 17,6;* V. 29: *2.Mose 24,8;* V. 30: *5.Mose 32,35a.36a, auch Ps.135,14.*

26 Gleichgültigkeit kann zum Abfall führen. Der Hebr. scheut sich nicht, die Gefahr angesichts des „nahen Tages" offen zu benennen. Er hält es zugleich für angebracht, das Thema des Gerichts weiter auszuspinnen. Nur zu leicht kann Unentschlossenheit, die mit einer heimlichen Entfremdung verbunden ist, in entschlossene Absage umschlagen. Eben von dieser Möglichkeit handelt zunächst V.26. Ein Versuch primitiver Einschüchterung? Gewiß nicht! Sehr wohl aber offenbar eine kritische Selbstreflexion, die auch die äußerste Möglichkeit für die vielen wie für den Prediger selbst nicht leugnet. Was er die „mutwillige Sünde" nennt, ist eine dem schriftgelehrten Judentum, besonders auch Philo, nur zu geläufige Anschauung, die auf 4.Mose 15,30 zurückgeht, wonach vorsätzliche Sünde, in erster Linie greifbar als Abfall, keine Vergebung finden kann. Wie radikal der Aufstand und Protest gegen Gott als Möglichkeit erwogen ist, ergibt sich einmal aus der kontrastierenden Redeweise vom „Empfang der Wahrheit", die ohne Zweifel das Gesamte des Glaubensbesitzes beschreibt (s. 1.Tim.2,4), zum andern aber auch auf Grund der übrigen Aussagen, mit denen noch einmal wie in 6,4ff. der ganze Ernst der getroffenen Entscheidung Ausdruck findet. Das Zeugnis vom letzten Tag zwingt zu solcher Stellungnahme. Gibt es Wahrheit, wird sie wohl auch ans Licht kommen. Kommt sie einmal ans Licht, muß bereits das gegenwärtige Leben davon bestimmt sein. Um Mißverständnissen vorzubeugen, wird man darauf achten, daß die Wendung „wenn wir willentlich sündigen" eine grundsätzliche gegenwärtige Verhaltensweise ins Auge faßt. Sie meint stärker die permanente Absage, nicht eine momentane Verleugnung. Wahrscheinlich steht hinter dieser Überlegung der Vergleich der Christuswahrheit mit dem Geschehen des Versöhnungstages, das ebenfalls umfassende Vergebung anbietet, ausgenommen jedoch den Fall willentlicher Absage. Daß V.26 zugleich die Annulierung der Taufe im Blick hat, darf aus der Parallele 6,4ff. geschlossen werden. Die vergebende Kraft des Opfers Christi endet da, wo sie nicht mehr beansprucht wird. Wie könnten wir anderes erwarten! Derselbe Christus, der im Entscheid des Glaubens gegenwärtig ist, zieht sich zurück, wenn wir ihn für immer von uns stoßen. Buße kann dort nicht mehr gewährt werden, wo der Grund der Vergebung aufgegeben ist. Gnade, Vergebung, Versöhnung stellen eben keine allgemeinen Wahrheiten dar, die nach Wunsch und Geschmack ergriffen, benützt und eventuell auch wieder beiseitegelegt werden können, sondern besondere, die an

Christus gebunden sind und nur über ihn angeeignet werden. Die Buße als Institut der kirchlichen Praxis spielt in diesem frühen Text noch keine Rolle. Zur Debatte steht einzig und allein das, was von Christus her gültige Wahrheit ist. Es wird mit ihm ans Licht des Tages treten, nicht schon vorher. Die Kirche, die die Botschaft verwaltet, kann nicht mehr tun als den Ernst der Entscheidung aufzeigen. Die Lage ist nämlich dort, wo man Christus abgeschworen hat, selbst schon furchtbar genug.
Das Bangen, das den Menschen ergreift, der seinen Weg ohne ihn in eine dunkle 27
Zukunft hinein zu gehen gewillt ist, findet V.27 in feiner sprachlicher Formulierung seinen Ausdruck. Bleibt kein Sündopfer mehr übrig, so doch sehr wohl „ein furchtbares Erwarten des Gerichtes". Der Mensch steht vor einem Ungewissen und Drohenden, das sich vor ihm erhebt wie eine überhängende Wand, die jeden Augenblick zusammenstürzen kann, um ihn darunter zu begraben. In der Formulierung V.27 ist allem Anschein nach zunächst bewußt darauf verzichtet, die Person des Richters zu benennen. Eben dadurch konnte der Verfasser den existentialen Gesichtspunkt der ganzen Schwere des gefällten Entscheides einbringen, dessen ungeheuerliche Folgen oft nur unklar geahnt werden. Sofort danach passen sich die Aussagen verstärkt dem biblischen Zeugnis an. In Bindung an Jes.26,11 wird zunächst das Bild des gierig um sich fressenden Feuers aufgegriffen (s. auch 6,8). Fast personifiziert beschrieben ist es verhüllter Hinweis auf den richtenden Gott. Damit klingt an, daß die Widersacher gegen eine Größe kämpfen, die immer stärker ist als sie selbst, so daß sie daran wie an einem übermächtigen Geschehen nur scheitern können. Im übrigen schwingt der Gedanke mit, daß das Zeugnis der Schrift gerade hierüber die
Wahrheit sagt, weshalb es fast aphoristisch benützt sein kann. Daher muß auch in 28
zusätzlicher Überlegung mit V.28 der Schluß zugemutet werden, daß die Strafe im Falle der Verwerfung des „Sohnes Gottes" doch wohl noch größer ist als im Falle der Abtrünnigkeit vom Gesetz des Mose. Es ist bekannt, daß ein Mensch, der radikal mit seiner Ordnung bricht (s. 5.Mose 17,2), auf Grund der Aussage von zwei oder drei Zeugen schuldig ist und sterben muß. Wieviel schlimmer ergeht es dann aber dem, der den Sohn Gottes bekämpft und sein Opfer für nichts erachtet! Das
fragende „meint ihr" will sagen, daß die Angesprochenen selbst in der Lage sind, 29
sehr wohl eine Antwort zu geben. Gibt es in jedem Fall kraft klarer Anordnung keine Ausnahme, wieviel weniger dann bei solcher Einstellung, die nicht nur die Sache des Gesetzes, sondern die Person Gottes, der sich an den Sohn gebunden hat, selbst betrifft. Das schlechthin frevelhafte Tun des Abtrünnigen wird dreifach herausgestellt. Zunächst durch die Redeweise „er tritt den Sohn Gottes mit Füßen". Gemeint ist ein Verhalten, das ebensosehr Mißachtung wie Vernichtungswillen bekundet. Dahinter mag die Erfahrung stehen, daß der Renegat am wenigsten einen Standpunkt der Neutralität oder Toleranz einnimmt, sondern meist zur entschiedenen Gegnerschaft neigt. Die vollzogene Absage wird weiter dahingehend erläutert, daß dieser das „Blut des Bundes" für nichts erachtet, wörtlich: „für gemein hält", „wodurch er einst geheiligt wurde". Der Hebr. blickt damit auf den Zeitpunkt, an dem der Mensch kraft des Opfers Jesu, das die Grundlage des neuen Bundes bildet, in die christliche Gemeinschaft aufgenommen worden ist. Dieses Blut hat elementare Bedeutung für das Gottesverhältnis. Es bezeichnet keine „profane" Sache, ohne Wert und ohne Wirkung für den Menschen, sondern ist heilig. Gerade weil es Gott

gehört, verbindet es mit ihm. Man wird zuerst erwägen, ob nicht an den Akt der Taufe gedacht ist, weil sie am Beginn der Zugehörigkeit zum „neuen Bund“ steht. Abzulehnen ist die Meinung, hier sei auf das Abendmahl angespielt, wogegen doch wohl die Aussage spricht „er wurde geheiligt“. Die Assoziation konnte selbstverständlich geweckt werden, offen ist sie nicht gewollt. Der Hebr. geht davon aus, daß die Heiligung unmittelbar durch das Opfer Christi geschieht, nicht etwa nur mittelbar. Er blickt auf einen einzelnen Akt, nicht auf viele. Um so strafbarer das Verhalten des Abtrünnigen! Es wird schließlich drittens als eine Schmähung des „Geistes der Gnade“, wohl im Anklang an Sach. 12,10, ausgegeben. Die Gewißheit der Gnade Gottes, die dieser vermittelt, stößt wider besseres Wissen auf Ablehnung und Spott. Man meint, ohne sie auskommen zu können, vergißt dabei aber, daß als Alternative nur das Gericht bleibt, über dessen Furchtbarkeit man sich täuscht. Der Hebr. hat vermutlich bewußt darauf verzichtet, die „schlimmere Strafe“, die hier droht, zu beschreiben. Sie umschließt gewiß mehr als den leiblichen Tod, mit dem man im alten Bund die Abtrünnigkeit geahndet hat. Eine ähnliche Argumentation liefert auch gelegentlich Philo (De fug. 84). Beim Hebr. ist wie bei diesem betont, daß die Folgen nicht genug bedacht werden können! Sie auszumalen, ist aber keine Aufgabe des Zeugen göttlichen Wortes. Die Heiligkeit Gottes fordert unsere Scheu, auch gerade, wenn wir darüber sprechen müssen. Ist Gott mehr als ein Begriff, nämlich erkannte Wirklichkeit, so äußert sich dies bis in die Sprache hinein. Aus diesem Grund ist hier zunächst nur in passivischer Wendung von ihm,
30 dem Richter, die Rede. V. 30 setzt sich diese Einstellung fort, wenngleich die Aussage nun deutlich sehr viel direkter gehalten ist. Es fällt auf, daß sich der Verfasser bewußt mit einbezieht. Hinzu kommt, daß er schärfstens die Personalität des göttlichen Gegenübers herausstellt. Die Überzeugung bestimmt ihn, daß sich alle vor Gott verantworten müssen. Endlich schärft das im Sinne des Zitats betont vorgesetzte „mein ist“ ein (so auch Röm. 12,19), daß es einen gibt, der sich vorbehalten hat, unter allen Umständen als Letzter und als Gerechter zu handeln. In diesem Sinne spricht aus 5.Mose 32,35 klar der entschiedene Wille, den Frevel des Abfalls und des Aufstandes zu ahnden. Was es damit in letzter Konsequenz für alle auf sich hat, wird in einem zusätzlich angehängten Zitat angezeigt, das die Fortsetzung zu obiger Stelle bildet (s. 5. Mose 32,36; auch Ps. 135,14). Demnach wird der Herr „sein Volk“ richten. Die Vorstellung vom „Tag des Zorns“ Ps. 110,5 ff. besagt nur, daß der Herr unter den Völkern Gericht üben wird. Sie ist offenbar an dieser Stelle dahingehend verschärft, daß sein Volk, d.h. die Christusgemeinde, das künftige Gericht am wenigsten unterschätzen darf. Die Rede vom „Herrn“ will andeuten, daß Gott gewisse Eigentumsrechte hat, auch etwa, daß er Vergehen bestrafen kann.
31 Fast abrupt kommt es an dieser Stelle zu einem persönlichen, den Gedankengang abschließenden Satz. Er greift sprachlich auf V. 27a zurück und verrät tiefste persönliche Betroffenheit. Hier endlich wird ausdrücklich der Name Gottes genannt. Auch die Sache, um die es geht, könnte nicht drastischer gesagt werden. Die biblische Redeweise vom „In-die-Hände-fallen“ verschweigt nicht, daß der Mensch ohne Christus vor einem schrecklichen Abgrund steht, der ihn unentrinnbar vereinnahmt. Man kann sich auf Grund des Opfers Christi in die Hände Gottes flüchten. Abseits davon verfallen wir einem Gericht, das unbarmherzig vernichtet. Eben der

lebendige Gott ist auch der Heilige. Steht im Alten Testament, daß es besser ist, in seine Hände zu fallen als in die Hände der Menschen (s. 2.Sam.24,14; 1.Chron. 21,13; Sir.2,18), so ist hier von der Christuswahrheit her ein im Grunde umgekehrter Schluß gezogen. Durch sie wird vielleicht das Zeugnis von dem richtenden Gott noch deutlicher ans Licht gebracht. Kein Zweifel, daß der Abstand zum philosophischen Denken eines Philo besonders an dieser Stelle eklatant ist (vgl. 5.Mose 32,34f., auch Leg. all. 105). Das gesamte Zeugnis des Hebr. stellt vor die Alternative, ob der Mensch die Gnade des Opfers Christi annimmt oder ob er es in Vermessenheit wagt, ein Opfer des Gerichtes Gottes zu werden. Ganz am Schluß des größeren Gedankengangs wird die gleiche Erkenntnis noch einmal in ähnlicher Schärfe zum Ausdruck gebracht (s. 12,29).

Treue im Leidenskampf hat die unbedingte Verheißung des Lebens 10,32-39

32 Habt aber die früheren Tage in Erinnerung, da ihr als (soeben) Erleuchtete einen großen Leidenskampf aushieltet, 33 teils mit Schmähungen und sogar Drangsalen zum Schauspiel gemacht, teils aber Leidensgefährten derer, denen es so erging! 34 Und ihr hattet Mitgefühl mit den Gefangenen, ja nahmt den Raub eurer Güter mit Freuden hin, da ihr bekanntet, daß ihr selbst einen besseren und bleibenden Besitz habt. 35 Werft also eure Zuversicht, die einen großen Lohn hat, nicht weg! 36 Denn Ausdauer habt ihr nötig, damit ihr den Willen Gottes tut und die Verheißung empfangt. 37 Denn „noch“ „eine ganz kurze Zeit ist es“, dann „wird der Kommende kommen und nicht ausbleiben. 38 Mein Gerechter aber wird aus Glauben leben, doch wenn er zurückweicht, hat meine Seele an ihm kein Gefallen“. 39 Wir aber sind nicht solche, die durch „Zurückweichen“ zum Verderben gelangen, sondern durch „Glauben“ zur Bewahrung der Seele.

V. 37a: *Jes.26,20;* V. 37b.38: *Hab.2,3f.;* V. 39: *Hab.2,4.*

Die Warnung vor dem Abfall konnte nicht unausgesprochen bleiben. Der Ver- 32
fasser sah sich dazu verpflichtet. Aber bezeichnenderweise kommt es im Anschluß daran wie in 6,9ff. sofort wieder zu einem Umschwung der Gedanken und Gefühle. Der folgende Abschnitt V.32-39 will mit Nachdruck Ermunterung sein, um das Schwache zu stärken und das Gefährdete mit neuem Vertrauen zu erfüllen. In breiter Ausführlichkeit wird zunächst die Gemeinde ermahnt, sich doch allezeit (s. das Präsens) früherer Bewährung zu erinnern. Sie darf und braucht nicht zu vergessen, daß sie sich einst, soeben für Christus gewonnen, beispielhaft und bewundernswürdig bewährt hat. Den ziemlich ausführlichen Bemerkungen lassen sich einige Hinweise über die näheren Umstände der Gemeindegründung entnehmen. Wohl weil er aus der Nähe oder Ferne selbst daran beteiligt gewesen ist, weiß der Verfasser über diese „früheren Tage“, gemeint ist die Zeit des Anfangs, Bescheid. Soeben erst „erleuchtet“, nämlich der Christuswahrheit durch vollzogene Unterweisung und Taufe eingegliedert (s. 6,4), haben die Angesprochenen auch schon eine schwere Leidensprobe (vgl. 1.Thess.2,2) ablegen müssen und sie haben die nötige Ausdauer durchaus bewiesen. Möglicherweise hing die zugemutete Auseinandersetzung ursächlich mit dem Übertritt zum Christusglauben zusammen. Die 33
näheren Angaben V.33, die von damaligen „Schmähungen und sogar Drangsalen“ wissen, also von inneren und äußeren Demütigungen, stützen eine solche Vermutung,

zumal man offenbar keine Martyrien zu beklagen hatte. Daher ist es auch ganz
unwahrscheinlich, daß die Angaben auf eine größere staatliche, etwa die neronische
Verfolgung gehen. Wenn es außerdem heißt, daß die Betroffenen zum „Schauspiel
gemacht" worden sind, so weist dies auf öffentliche Maßregelungen hin, etwa im
Rahmen der Kompetenzen städtischer Justizbehörden (vgl. 1.Kor.4,9). Die nicht
unmittelbar Betroffenen der Gemeinde haben damals jedenfalls entschlossenen
brüderlichen Gemeinsinn gezeigt. Sie ließen all jene, die „so ihren Weg gingen"
(sc. voll Ausdauer), nicht im Stich. Aus Mitgefühl und Mitverantwortung sind sie
34 Gefährten ihres Leidensweges geworden.. V.34 teilt einige Einzelheiten mit. Man
hat mit den Inhaftierten gelitten, die auf Stärkung und Unterstützung angewiesen
waren, hat also wohl auch das Risiko einer Verhaftung auf sich genommen. Dazu
hat man den „Raub der Güter" mit Freuden ertragen. Die Notiz, die Güterkonfis-
kationen andeutet (vgl. 4.Makk.4,10), kann womöglich näher erhellt werden. Wir
wissen, daß die Realisierung der im Strafweg einer städtischen Gemeinde erwachse-
nen vermögensrechtlichen Ansprüche Sache des Magistrats war. Der Gütereinzug
oder die Geldbuße wurde durch rechtskräftigen Geschworenenspruch festgestellt.
Sie konnte für den Bestraften existenzgefährdend sein. Eine gewisse Straferleichte-
rung lag jeweils dann vor, wenn die Möglichkeit bestand, notfalls auch Leistungs-
bürgen zu stellen. Da die Ausführungen des Hebr. auf alle Angesprochenen zu
gehen scheinen (s. „Raub eurer Güter"), ist nicht auszuschließen, daß man einander
ausgeholfen hat, vielleicht in sehr spontaner Aktion. Wir erfahren, daß die Christen
den Verlust ihrer Habe sogar freudig auf sich genommen haben, weil sie in der
Gewißheit eines größeren, ewigen Besitztums lebten. Wie vergänglich stellen sich
doch irdische Reichtümer dar, vergleicht man sie den ewigen Dingen, an denen
Gottes Zusage hängt! Schon mit der Wahl der Begriffe zeigt der Verfasser an, daß
35 ihm die himmlische Welt etwas Gewisses ist. Aber die Verwirklichung der Hoffnung
bleibt bei alledem eine Sache der Zukunft, auf die das Sinnen und Trachten aus-
gerichtet sein müssen. Das Ewige ist letztlich kein selbstverständliches geistiges Gut,
wie es diese oder jene philosophische Betrachtung darstellt, sondern eine dem
Glauben geschenkte Zusage. Sie macht frei für die Zukunft und bedarf des ganzen
Vertrauens des Beschenkten. Der Gott des Hebr. ist Person, kein unpersönliches
ewiges Sein. Allein deshalb kann von ihm erhofft werden, er werde seine Zusagen
in abschließender und vollkommener Weise erfüllen. Wie begründet solche Zuver-
sicht in Anbetracht des Opferwerkes Christi ist, wurde soeben noch ausführlich zu
erweisen gesucht. Heißt es schon 3,6, daß man den erworbenen (zuversichtlichen)
Freimut festhalten möchte, so nun – da man näher darum weiß – daß er auf keinen
Fall weggeworfen werden dürfe. Der Hebr. schärft ein, was nicht sein darf. Der
volle Wert der Zuversicht und der Freimütigkeit christlichen Glaubens wird sich in
der Zukunft erweisen, wo seiner eine „große Belohnung" wartet. Mögen wir auch
meinen, Hingabe und Verzicht würden uns als Opfer abverlangt, ist es letztlich doch
so, daß Gott sich nichts schenken läßt, sondern um so reichlicher zurückzahlt. Nie
bringt der Mensch eine Leistung ein, immer ist es in Wahrheit Gott (s. auch Röm.
8,18f.). Was vom Menschen, der seine sonstigen Ziele so hartnäckig verfolgt,
36 erwartet wird, ist ebenfalls einzig und allein Ausdauer. V.36 wird ausdrücklich
vorausgeschickt, daß dies der Wille Gottes in Hinsicht auf die Gemeinde sei. Aus-

dauer ist mehr als Geduld, nämlich nach vorne gerichtetes Streben, das den verheißenen Lohn erlangt und das Erbe in Besitz nimmt (vgl. hierzu 11,39). „Verheißung" steht hier nicht für das gesprochene Wort, sondern für die zugesagte Sache
selbst. Im folgenden wird sie mit einem Schriftzitat beschrieben. Genauer liegt eine 37
Vereinigung der messianisch verstandenen Prophetenworte Jes. 26,20 und Hab. 2,3f. (auch Hagg. 2,6?) vor, deren große Bedeutung auf Grund bemerkenswerter Verwendung in der Literatur der Zeit feststeht. Dazu paßt übrigens auch der Verzicht auf jede Zitationsformel. In unserem Zusammenhang können nur die gesetzten theologischen Akzente interessieren sowie die offensichtliche Nähe zu Paulus, der ebenfalls ein tieferes Verhältnis wenigstens zu Hab. 2,4 bekundet (Röm. 1,17; Gal. 3,11). Das bei ihm bevorzugte, äußerlich unscheinbare Versfragment weist auf die Abhängigkeit von einer vorgegebenen Überlieferung hin, die in erster Linie an Hab. 2,3 ausgerichtet gewesen ist. Die Prophetenstelle erweist sich als Kernbeleg jüdischer Messiaserwartung. Für den Hebr. umschließt Hab. 2,3f. den Inbegriff der Verheißung. Worin liegt die Gewähr dafür, daß die Erwartung zum Ziel kommt? Mit V. 37f. wird eine Antwort auf die quälende Frage gegeben, die von prinzipieller Aussagekraft ist. Die geforderte Ausdauer steht unter der Spannung von Noch-nicht und Bald. Nur so wird sie richtig gelebt, vorbei an Scylla und Charybdis, ohne dem Schwärmertum und ohne der Gleichgültigkeit zu verfallen. Das „Noch-nicht" (Hab. 2,3a; s. Hagg. 2,6) will die Erwartung der Christen davor bewahren, das Künftige zu erzwingen. Das „eine ganz ganz kleine Zeit" (Jes. 26,20) ermahnt zu gespannter Haltung. Der Christusgemeinde wird damit nicht mehr und nicht weniger zugemutet als den Generationen zur Zeit der Propheten (s. Hes. 12,21ff.), wenn freilich ihre Hoffnung im Opfer Christi eigens begründet ist. V. 37a stellt fest, was von menschlicher Seite her immer im Auge behalten werden muß. Beruht die Aussage auch eindeutig auf der Überzeugung von der nahe bevorstehenden Endoffenbarung, so fehlt doch (wie in 3,7ff.) eine genauere Bestimmung des Erhofften nach Jahren. Dies ist um so bemerkenswerter, als die zeitgenössische Erwartung gelegentlich sehr exakt die „kurze Zeit" auf eine Frist von ca. vierzig Jahren bezogen hat (s. 1 QpPs. 37,10). Wichtig ist die Erkenntnis, daß sowohl mit dem „Noch" als auch mit dem „eine ganz ganz kurze Zeit" ein ausgesprochen technisches Vokabular aufgegriffen wird (vgl. Philo, Leg. all. II,69), das den Leser in eine lebendige Geschichte der Hoffnung Israels hineinstellt (vgl. auch Dan. 9,19; Sir. 32,22). Er soll durch das gefährliche Auf und Ab von höchster Spannung und tiefster Enttäuschung sicher geführt werden. Kern des kombinierten Schriftbeweises ist Hab. 2,3b, im Urtext (MT) auf die prophetische Vision zurückweisend (s. Hab. 3). Im frühchristlichen Denken war die Deutung auf den wiederkehrenden Christus allgemein. Der Hebr. fügt sich in die erkennbare Auslegungsgeschichte ein (vgl. 1. Klem. 23,5; 50,4; Hippolyt, Comm. in Dan. IV,10,4), steht vielleicht sogar mit Paulus an ihrem Anfang. Die Rede vom „Kommenden" findet sich schließlich auch in der Evangelienüberlieferung, um hier aber nicht den Künftigen sondern den „gekommenen" Messias der Weissagung zu meinen (s. Dan. 7,13; Sach. 9,9; Mal. 3,1; Ps. 118,26; hierzu Mt. 11,3 par., Joh. 6,14). In stärkerer Bindung an die vorgegebene jüdische Auslegung hält dagegen der Hebr. fest, daß die Schriftstelle vom letzten Tag des Messias handelt, der auf Grund seiner Inthronisierung zum Gericht und zum Heil

erscheinen wird. Plötzlich wird er kommen und keinesfalls ausbleiben. Gemäß jüdischer Hoffnung steht hier weniger ein Hinausziehen, als das Ausbleiben zur Debatte. Die Überzeugung von dem nach Gottes Willen festgesetzten Termin wäre aber in beiden Fällen als Voraussetzung anzunehmen. Nur Gott allein kennt diesen Zeitpunkt der Endoffenbarung. Eben dadurch ist er eine gewisse Größe und immer bedrohlich nahe. Konsequenterweise ergibt sich für den Menschen die Notwendig-
38 keit ständiger Bereitschaft und dauernden Gerüstet-seins. Hab. 2,4 ist zufolge dieses
unaufgebbaren Erfordernisses in V. 38 vollständig aufgenommen und unmittelbar angeschlossen. Der Urtext ist durch die Umstellung von Hab. 2,4a und 2,4b verständlicher gemacht, bezieht sich doch nun die Rede vom „Zurückweichen“ klar auf den Gerechten. Hinzukommt, daß die Fassung der LXX „Der Gerechte aber wird leben aus meinem Glauben“ durch Verschiebung des „mein“ einen neuen eigenen Sinn erhält: „Mein Gerechter aber wird aus (auf Grund des) Glauben(s) leben“. Der Hebr. kommt dadurch dem Sinn des Urtextes näher. Der Glaube ist nicht als eine eigene zusätzliche Größe verstanden, deren der Fromme noch bedürfe, sondern er bezeichnet in diesem Denken die Grundeinstellung, aus der heraus gehandelt und gehofft wird. Er ist nicht wie bei Paulus primär als Geschenk verstanden, als Gegenüber zur eigenen Werkleistung, sondern als ureigenste Haltung der Zuversicht. Wer Gottes Zusage traut (s. „mein Gerechter“), wird Glaubenstreue bewahren und eben dadurch das letzte Ziel, das Leben Gottes in der verheißenen neuen Wirklichkeit, erreichen. Die Gefahr der Hörer ist nicht die Gesetzesgerechtigkeit ohne Glauben, wogegen Paulus auftritt, sondern das „Nachlassen“ und „Zurückweichen“, also Verzagtheit und Kleinmut. Gott hat daran, seinem ausdrücklichen Wort zufolge, kein Wohlgefallen. Gerade der um Gott wissende Mensch
39 sollte von einer unbändigen und strahlenden Zuversicht erfüllt sein. Wie zur Be-
kräftigung folgt deshalb V. 39. Er will ausdrücken, was nicht sein darf und was man letzten Endes sicher auch nicht will. Dadurch bricht die bisherige eindringliche Ermahnung fast abrupt ab, um in einfachster Sprache zu sagen, was Gültigkeit besitzt und somit als Norm des Verhaltens zu beachten ist. Wozu eigentlich noch weitere Ermahnungen, da doch alle im Grunde dieser Meinung sind? Glaubenstreue dient der „Bewahrung der Seele“. Sie ist von Gott gegeben und soll daher auch immer ihm gehören. Fast scheint es, als sei auf ein bekanntes Jesuswort angespielt (s. Mk. 8,35 parr.). Das am Schluß der Überlegung absichtlich gebrauchte „Wir“ bekundet die Solidarität des Hebr. mit seiner Gemeinde. Sie beruht auf dem Wissen einer grundsätzlichen Erfahrung und Zusage. Er will ihr nicht nur Moralprediger und Wegweiser sein, sondern versteht sich zu allererst als ihr Wegbegleiter und Glaubensgenosse. Aus dem Satz spricht die Entschlossenheit eines energischen Geistes, der Zaghafte und Unsichere mitzureißen versteht.

Seit Urzeit gibt es eine beispielhafte Geschichte des Glaubens der Väter, die schon um die Verheißung des neuen Zion gewußt haben 11,1-40

Die Geschlossenheit des Kapitels, das eine Aufzählung hervorragender Glaubenszeugen im Rahmen eines heilsgeschichtlichen Überblicks gibt, fällt ins Auge. Sie darf nicht dazu verführen, die thematisch sehr eng miteinander verbundenen Ausführungen ohne den größeren Zusammenhang zu verstehen. Dies beweist die Anknüpfung an den Glaubensbegriff aus Hab. 2, 4a in 10, 38 und die Zusammenfassung des Anliegens in 11, 39f. In dem seitenlangen Stakkato, das die Leitwendung „durch Glauben" in betont monotoner Weise herausstellt (insgesamt 18mal, außerdem verschiedene Abwandlungen), um sie durch eine Fülle von Aspekten zu beleuchten, kommt es bei zunehmender Spannung zu einem Gedankengang von elementarer Wucht (sog. Anaphora). Wie von selbst mußte sich der Hörer als lebendiges Glied einer seit Urzeit dauernden Geschichte des Glaubens erkennen. Daraus auszubrechen, konnte ihm nur als schweres Sakrileg erscheinen, sah er sich doch schließlich zu einer Tiefe der Einsicht geführt, in dem ihr Christus, der ewige Hohepriester zur Rechten Gottes (s. Ps. 110, 1), mit fast innerer Notwendigkeit als der Anfang und das Ende aller Wege Gottes in und mit der Welt erscheinen mußte (s. 12, 1f.). Es ist deutlich, daß der Verfasser mit vollendeter rhetorischer Fertigkeit mehr und mehr dem Schlußpunkt der Homilie zustrebt, der ein letztes Zeugnis zum Inhalt hat.

Die Gliederung der umfangreichen Einheit bereitet kaum irgendwelche Schwierig-
keiten. Nach einer thesenhaften Definition des Glaubens in 11, 1f., die einen von der 1f.
Gesamtkonzeption her typischen Aspekt zur Geltung bringt, folgt V. 2-7 die Dar- 2-12
stellung der Haltung der Väter bis einschließlich Noah. In V. 8-12 findet Abraham,
der eine neue Zeit einleitet, eine eingehende Würdigung. Es empfiehlt sich, die V. 2-12
zusammenzunehmen, weil sie einen ersten Anstieg bezeichnen bis zum betrachten-
den Mittelstück V. 13-16. Die erkennbare Schwergewichtsverteilung gibt kaum das
Recht, nach V. 8 eine stärkere Zäsur zu setzen. Indessen mag der Nachhall einer
spätjüdischen Vorstellung vorliegen, derzufolge die Menschheit bis Noah einer
eigenen Beurteilung unterworfen werden muß (s. äth. Henoch 92, 1ff.; 1. Petr. 3,
18ff.). Vor allem dem Zeugnis des Paulus entnehmen wir, daß er in der Gestalt
Abrahams einen absoluten Neuanfang der Verheißungsgeschichte Gottes gesetzt
sieht (s. 1. Mose 12, 1ff.). Entsprechend steht Abraham V. 8-12 ganz im Mittelpunkt
der Betrachtung. Als „Vater des Glaubens" fehlt er in keiner Liste beispielhafter
Frommer (s. 1. Makk. 2, 52; 4. Makk. 16, 20ff.; bes. Philo, Quis rer. 90ff.; De virt. 5;
De praem. 24ff. u. a.). V. 13-16 ist eine knappe Reflexion über den Sinn des Glau- 13-16
bens der vorerwähnten Väter eingeschaltet, die die Verheißung zwar schauen, nicht
aber schon erlangen durften. Vielleicht im Vorblick auf Kap. 12 wird erneut ein-
geschärft: Gott hat den Vorvätern eine künftige Stadt bereitet. Die Patriarchen
Isaak, Jakob und Joseph, Mose und seine Zeit sowie die Anfänge der Landnahme
liefern das Anschauungsmaterial für den folgenden größeren Gedankenkreis
V. 17-31. Ein gewisses Schwergewicht nimmt darin V. 24-29, das Wirken und die 17-31
Zeit des Mose, ein. Ohne streng gliedern zu wollen, was aus den angehängten
V. 30f. hervorgeht, war augenscheinlich der Hebr. ganz von dem Willen beherrscht,
Fakten auf Fakten zu häufen, um schließlich abrupt – gleichsam erschöpft – ab-
zubrechen: Was soll ich denn noch sagen? Wir beachten, daß er mit V. 30f. auf eine
Station der Geschichte Israels zu sprechen kommt, die schon am Anfang (3, 7ff.) eine
bedeutende Rolle gespielt hat. Außerdem lag es wohl nahe, die Glaubensgeschichte
seines Volkes über das im Pentateuch Berichtete hinaus nicht mehr in allen Einzel-
heiten weiter zu verfolgen. Jedenfalls sieht er sich außerstande, in der begonnenen
Ausführlichkeit fortzufahren, da die Berichte der Heiligen Schrift einfach zu gewal-

tig sind. Weil aber nun alles an einer bis zur Gegenwart durchgezogenen Geschichte
32-38 des Glaubens hängt, kommt es überdies zu einem dritten Einstieg. Der geschichtliche Durchblick wird nur noch skizzenhaft V.32b-38 versucht. Der Sprechrhythmus ist in diesem Schlußteil anders gewählt. Der wuchtige Stil macht einem fast hektischen Eifer Platz. An die Stelle ausführlicher Sätze treten schon V.33 knappe andeutende Aussagen. Summarisch stellen sich V.35f. dar. In V.37 sind es gar nur fragmentarische Wendungen und Begriffe, die schlagartig die Geschichte des Glaubens bis zur jüngsten Zeit beleuchten. Nach einer bunten Fülle von aufgewiesenen Aspekten sich erneut zur Ruhe zwingend, bemüht sich der Verfasser sodann in V.38 um ein erstes
39f. Fazit. Erstaunlicherweise ist es eine negative Feststellung. Das eigentliche, für den größeren Gedankengang wichtige Ergebnis wird in V.39f. zusammengefaßt.

Zum Verständnis von Kap. 11. Die Frage, wieweit in Kap. 11 vorgegebenes Traditionsgut verarbeitet ist, kann nicht grundsätzlich beantwortet werden. Der dargebotene Stoff setzt im wesentlichen das Zeugnis des Alten Testaments voraus, sicherlich gefiltert und geformt durch die haggadische Schriftauslegung der Zeit. Nächste Parallelen hierzu können bei Philo gefunden werden. Das Maß der Berührungen scheint uns nicht gering zu sein, was auch verschiedene neuere Arbeiten erkannt haben, um freilich unterschiedliche Folgerungen zu ziehen (s. G. Spicq, R. Williamson). Sicherlich zu weit gehen jene Ausleger, die ein verarbeitetes festes „Lehrstück" behaupten. Einfacher ist es, über die Form Klarheit zu gewinnen, finden sich doch ähnliche Aufzählungen auch sonst in der spätjüdischen und frühchristlichen Literatur. Es scheint, daß sie besonders zum Zwecke der Unterweisung gern gewählt wurden. Der Lehrstoff selbst war sicherlich nicht festgelegt, wenn freilich die Vorstellung einer Linie der Gerechten und Frommen Israels früh in der jüdischen Mystik eine Heimstätte gehabt haben dürfte (s. Jubiläenbuch; Ps.-Philo, Liber Antiquitatum Biblicarum; syr. Schatzhöhle u.a.). Das Christentum, das sich am Ende des Weges der Geschichte Gottes mit seinem Volk wußte (s. Lk. 3,23ff.), griff verständlicherweise für katechetische Zwecke ebenfalls darauf zurück (s. Apg. 7,1ff.; 1.Klem. 9ff.; Irenäus, Apostol. Verkündigung 17-30; Constit. Apostol. VIII,12 u.a.). Desgleichen lag es nahe, sich des Schemas einer solchen Aufzählung im Rahmen der Gemeindepredigt zu bedienen (s. besonders Aphraat, Über den Glauben u.a.), konnte sie doch dadurch in sehr gelehrter Weise mit biblischem Grundwissen angereichert werden. Es scheint, daß vor allem die österliche Homilie auf dem Hintergrund einer offenbar breiten Auswahl von Lesungen jene Tradition fortgesetzt hat, die auch im Hebr. sichtbar wird (s. Melito von Sardes, Über das Passa 69ff. 83ff. u.a.). Immer orientierte man sich dabei an den Achsenzeiten sowie an den Hauptgestalten der Heilsgeschichte. Ob von daher die sprachliche Eigentümlichkeit des mehrfach verwendeten Perfektes der Allegorie erklärt werden kann, wäre eigens zu untersuchen. Es liegt an folgenden Stellen vor: V.4 das Opfer Abels, V.17 die Opferung Isaaks und V.58 die Stiftung des Passalammes. Kein Zweifel, daß mit der Wahl des Perfekts die sinnbildliche Bedeutung der drei Opfer für das Christusgeschehen angezeigt wird, um auch die Heilsgeschichte als eine Geschichte der verborgenen Bedeutung des Opfers Christi zu kennzeichnen! Es ist aber ebenso gut möglich, daß damit unmittelbar der Bezug zur liturgischen Situation des vorgestellten Gottesdienstes hergestellt wird, da man sich in einer gewissen terminlichen

Übereinstimmung mit den erwähnten Opfern wissen durfte. Wir halten es für bemerkenswert, daß wie in der jüdischen so auch in der christlichen Tradition die Datierung der beiden erstgenannten Opfer auf die Zeit des Passafestes bzw. der Pfingstzeit (Pentekoste) nachweisbar ist. Ob von daher Rückschlüsse auf den „Sitz im Leben“ unserer Homilie erlaubt sind, sollte zumindest als Frage aufgeworfen werden.

Die letzten Wahrheiten erschließen sich nur dem Glauben 11,1 f.

1 Glaube aber ist die Wirklichkeit des Erhofften, ein Überführt-sein von Tatbeständen, die nicht sichtbar sind. 2 Durch denselben nämlich erlangten die Vorväter (= „Alten“) zeugnishafte Bestätigung.

Die Darlegung 10, 19-39 wird in auffallender Weise durch die Ermahnung zum Glauben gerahmt. 10, 22 besteht die Aufforderung darin, doch in der „Fülle des Glaubens“ herzuzutreten. 10, 38 bietet das Zeugnis der Schrift, wonach der aus Glauben Gerechte die Verheißung hat, er werde nach Gottes Wohlgefallen leben. Sowohl der Aufruf als auch der Zuspruch bedürfen – so hat es der Hebr. empfunden – einer eingehenden Begründung. Schließlich muß alles Denken der Korrelation von Glauben und Verstehen Rechnung tragen. Der Verfasser füllt die erkannte Lücke, indem er in einer Beispielkette einen Block nach dem andern setzt. Jeder Zeuge des Glaubens hat dabei eine tragende Bedeutung innerhalb des größeren Rahmens. Alle Glaubensbeispiele zusammen bilden das Fundament einer unerschütterlichen Zuversicht und einer gewissen Hoffnung, die wie eine feste Brücke den Menschen hinüberführt zur Stadt des himmlischen Jerusalem.

Um die Beweisführung, die auf einer „Wolke von Zeugen“ ruht (12, 1), mit einer 1
klaren Zielangabe zu verstehen, steht am Beginn dieses umfangreichsten Abschnittes der Homilie ein grundsätzlicher Satz über das Wesen des Glaubens. Er umschließt ganz gewiß keine abgerundete, schulgerechte Definition, die in jeder Hinsicht vollständig wäre, darf aber als aufschlußreiche und sicherlich typische Bestimmung nicht unterschätzt werden. 12, 2 wird Christus der „Anfänger“ und „Vollender“ des Glaubens genannt. Er verkörpert sozusagen die Grundhaltung, auf die es in der Geschichte des Menschen ankommt, in ihrer prinzipiellen und in ihrer vollkommenen Gestalt.

Das Recht der gegebenen Wesensbestimmung wird in V. 2 sofort pauschal unter 2
Hinweis auf die Vorväter (= „Alten“) eingeschärft, die wegen ihres Glaubens von Gott ein Zeugnis zu ihren Gunsten empfangen haben und damit in ihrer Haltung als normative Beispiele und ehrwürdige Vorbilder des Glaubens bestätigt sind. Der Begriff des Zeugnisses ist nicht nur auf einen historischen Akt hin angelegt, sondern hat auch einen deutlichen Bezug zur gegenwärtigen Situation der Hörer.

Der Glaubensbegriff des Hebr. Aus der einprägsamen Definition in 11, 1 spricht unverkennbar ein durch philosophische Bildung bedingtes Vorverständnis. Demnach ist der Glaube nicht in erster Linie – wie etwa bei Paulus – herausgehoben als Geschenk der Messiaszeit sowie als Mittel der Rechtfertigung „um Christi willen“, so daß er Vertrauen auf den gnädigen Gott wäre. Er bezeichnet vielmehr die gültige Wirklichkeit des Unsichtbaren. Noch genauer: er ist nicht unsicheres Dafürhalten, sondern das eigentliche Feste, nicht die Fraglichkeit eines Möglichen, sondern die Wirklichkeit des Erhofften, nicht Scheinbares, sondern letzte Wahrheit. Die verglichen mit Paulus völlig andere Betrachtungsweise – fehlt doch auch die charakteristische Alternative „aus Werken“ oder „aus Glauben“ – unterliegt keinem Zweifel. Hier äußert sich nicht der mit dem Pharisäismus kämpfende christliche Theologe, sondern der im Rahmen eines philosophischen Weltbildes sich artikulierende christliche Denker. Der Horizont der geistigen Auseinandersetzung ist offenbar ein weiter und allgemeiner. Nicht die christliche Gestalt des Glaubens wird verhandelt, sondern der Glaube überhaupt, nämlich als vorgegebene Möglichkeit, wenn freilich vor und unter der Wirklichkeit Gottes. Er steht nicht neben der Offenbarung, etwa als Organ, sie anzueignen, sondern ist ihr ureigenster Ort. Weder subjektive Gefühlshaltung noch logische Einstellung, umgreift er die Sache des Erhofften selbst. Als Beweis für das Nichtwahrnehmbare, womit im Sinne des Gesamtzeugnisses letztlich immer die personale Wirklichkeit Gottes gemeint ist, hat er den Charakter der unverbrüchlichen Garantie und der unumstößlichen Gewähr. Er begründet die Wirklichkeit des Zukünftigen, wie er auch nicht subjektive Überzeugung ist, sondern ein Überführtsein durch Tatbestände, die nicht durch das Auge verifizierbar sind. Der in V.1 gemachte Versuch einer Wesensbestimmung eröffnet einen doppelten Aspekt, wodurch allein die folgenden Beispiele ganz erfaßt werden. Die erste schwergewichtige Wendung hebt die Bedeutung des Glaubens hinsichtlich des Hoffnungscharakters menschlicher Existenz heraus, die zweite versteht ihn als Kriterium, die Welt zu sehen und die Existenz anzunehmen. Der von uns mit „Wirklichkeit“ übersetzte Begriff (griech. *hypostasis*) zielt auf die Hervorhebung dessen, was sozusagen im voraus Bestand hat. Wenn es nun heißt, daß Glauben – ohne Artikel betont herausgehoben – das Erhoffte „ist“, besser wohl: „umgreift“, so wird eine gegen Erfahrung und Natur gerichtete Einstellung erwartet. Der Absurdität des Verhaltens ist entsprochen und somit die Tatsache des Widersinns ernst genommen. Auch die zweite Wendung setzt sich mit dem Problem des Irrationalen auseinander, denn sie macht deutlich, daß Glauben andere Maßstäbe setzt und befolgt, weil ein „Überführt-sein“ vorliegt durch das, was vom Auge gerade nicht geschaut werden kann, ja ihm sogar zuwider scheint.

Allem Anschein nach ist der Hebr. elementar von der Erkenntnisproblematik berührt, was ihn in die Nähe Philos rückt. Dieser kann schreiben (De praem. 58): „Wer wahrhaftig auf Gott vertraut (= Gott glaubt), der hat erkannt, daß auf alle anderen Dinge, die geschaffen und vergänglich sind, kein Verlaß ist ... Wem es aber gelungen ist, über alles Körperliche und alles Unkörperliche hinwegzuschauen und hinwegzuschreiten und seine feste Stütze allein in Gott zu finden mit starker Einsicht und unerschütterlichem, felsenfesten Vertrauen, der ist in Wahrheit glücklich und selig zu preisen“. Daraus geht hervor, daß Philo das Paradoxe und Absurde, das dem Glauben anhaftet, ebenfalls nach einer Antwort abgehört hat. In der gläubigen Hinwendung zu Gott wandelt sich das Ungewisse in das Allergewisseste, ja in das einzig Gewisse. Und eben dies, was dem Auge nach das Gewisseste scheint, stellt sich in Wahrheit als das absolut Unzuverlässige dar. Die Beantwortung der Erkenntnis- und Lebensfrage fällt demnach bei Philo zusammen. Sie werden mit dem Glauben gemeinsam verspielt oder gewonnen (Quis rer. 93f.). So wie Philo wird auch der

Hebr. im folgenden die Wahrheit des Erkannten am Beispiel der Väter erweisen, vor allem zunächst an dem Abrahams. Die Verwandtschaft des beiderseitigen Denkens ist offensichtlich, wenn freilich das letzte Ziel des Glaubens, was die aufgezeigte Geschichte seiner Vertreter lehrt, vom Hebr. in der ihm eigenen Weise bezeugt wird. So unbestreitbar die Affinität seines Denkens zur alexandrinischen Philosophie philonischer Prägung ist, es bleibt doch gekennzeichnet von der neuen Beziehung auf die Christuswahrheit. Daß der Glaube eine Möglichkeit des Menschen ist, aber letztlich immer das eigene Vermögen überschreitet, weiß schon der philosophisch Interessierte. „Wer den Glauben hat, der kann ihn nicht definieren, und wer ihn nicht hat, auf dessen Definition lastet der Schatten der Ungnade" (Fr. Kafka). Der biblische Mensch bestätigt, daß der Glaube von der Wirklichkeit Gottes und seines Heilshandelns in keiner Weise absehen kann. Ohne Erfahrung läßt sich nicht davon reden oder zeugen. Daß der Glaube aber eine Geschichte hat, die im Zeichen des Opfers verläuft, wobei Jesus als der „Anfänger" und „Vollender" Bedeutung gewinnt (12, 1), so daß sich daraus die Gewißheit eines „himmlischen Rufes" ableitet, gehört gewiß zum ureigensten Gehalt des Christuszeugnisses.

Schon die Anfänge der Menschheitsgeschichte waren Glaubensgeschichte 11,3-12

3 Durch Glauben erkennen wir, daß die Welten bereitet wurden kraft des Wortes
Gottes, so daß das Sichtbare nicht aus wahrnehmbarer (äußerer) Erscheinung ent-
standen ist. 4 Durch Glauben hat Abel Gott ein größeres Opfer als Kain darge-
bracht. Durch ihn wurde ihm das Zeugnis ausgesprochen, er sei gerecht, indem
„Gott seine Gaben" bestätigte, und durch ihn redet er (Abel) als Verstorbener noch
immer. 5 Durch Glauben wurde Henoch entrückt, damit er den Tod nicht sähe,
und „man fand ihn nicht mehr, weil ihn Gott weggetan hatte". Denn vor der Ent-
rückung hat er das Zeugnis empfangen, „er besitze das Wohlgefallen Gottes".
6 Aber ohne Glauben ist es unmöglich, (Gott) zu gefallen. Wer nämlich zu Gott
hinzutreten will, muß glauben, daß es ihn gibt, und daß er denen, die ihn suchen,
ein Belohner sein werde. 7 Durch Glauben baute Noah, nachdem er Weisung er-
halten hatte über das, was noch nicht sichtbar gewesen ist, und er hierüber in
Furcht geraten war, eine Arche zur Rettung seines Hauses; durch ihn verurteilte
er die Welt und wurde ein Erbe der Gerechtigkeit, die dem Glauben gemäß ist.
8 Durch Glauben war Abraham nach seiner Berufung gehorsam, so daß er an einen
Ort zog, den er zum Erbe empfangen sollte, und „er zog aus", ohne zu wissen,
wohin er gehen würde. 9 Durch Glauben „siedelte er sich" im Lande der Verheißung
„an", das ihm wie ein fremdes war, indem er in Zelten wohnte zusammen mit
Isaak und Jakob, den Miterben derselben Verheißung. 10 Er wartete nämlich auf
die Stadt mit den festen Fundamenten, deren Architekt und Baumeister Gott ist.
11 Durch Glauben bekam sogar Sara selber Kraft, Nachkommenschaft zu begrün-
den, und zwar trotz ihres hohen Alters, weil sie den für treu erachtete, der die Ver-
heißung gegeben hatte. 12 Daher stammen auch von einem, ja sogar von einem
abgestorbenen (Menschen) die ab, die sind „gleichwie die Sterne des Himmels ihrer
Menge nach und wie der Sand am Strand des Meeres, der unzählbar ist".

V. 4: *1.Mose 4,4b;* V. 5: *1.Mose 5,24;* V. 8: *1.Mose 12,1.4;* V. 12: *1.Mose 22,17, 15,5, auch 1.Mose 32,13.*

3 Die Beispielreihe beginnt mit einer Grundwahrheit, die bewußt im Wir-Stil formuliert ist und zunächst auf der thesenhaften Feststellung von V. 1b aufbaut. Sie lautet dahin, daß kraft des Wortes Gottes die Welten, genauer: die Weltzeiten, die Äonen, bereitet wurden, was nur durch Glauben erkannt werden könne. Zutiefst angerührt von der Erkenntnisfrage lenkt der Hebr. alle Überlegung sofort auf den Uranfang der Dinge. Um sein Geheimnis zu entschlüsseln, bedarf es der persönlichen Stellungnahme, die die Wahrheit trifft, wenn wir aus Glauben heraus denken. Ohne ihn würden wir nichts weiter erkennen als das materiehafte Sein, jene Dinge, die unser Auge zwar wahrnimmt, die aber doch nicht die eigentliche Wirklichkeit bezeichnen. Wenn Gott die Welt, die als Größe von zeitlicher Abfolge gesehen ist, geschaffen hat (s. 1.Mose 1,1ff.: „und Gott sprach"), dann ist der letzte Grund nicht das mit unseren Sinnen Greifbare, sondern sein Wort und Wille. Nur über den Glauben können sie als Wirklichkeit angeeignet werden. In eindrucksvoller Weise gelingt es dem Hebr., sofort über eine tote formale Aufzählung hinauszuführen. Die Geschichte des Glaubens verläuft nicht abseits von den Hörern, sondern betrifft die Grundfrage menschlichen Lebens und damit „unserer" Existenz. Eine gewisse Schwierigkeit ist dadurch gegeben, daß die Verneinung des Konsekutivsatzes, bezieht man sie nicht auf die gesamte Aussage, sondern nur auf den nachfolgenden Begriff: „wahrnehmbare Erscheinung", auch die Übersetzung zuläßt: „so daß aus dem Nicht-Wahrnehmbaren das Sichtbare geworden ist". Indessen verdient unsere Übersetzung doch wohl den Vorzug, weil sie der Stellung des „Nicht" eher gerecht wird. Aus der Begrifflichkeit spricht zudem eine gewisse Nähe zu Philo, der ebenfalls die „erkennbare (geistige) Welt" von der „wahrnehmbaren" unterscheiden kann (De conf. ling. 172) und sie als deren Urbild ausgibt. Auch in seinem Denken hat das Wort Gottes als schöpferische und ordnende Größe unbestreitbar einen besonderen Platz. Eigentümlich ist ihm hingegen, daß in platonisierender Weise die Schöpfung als das Ergebnis eines stärker stufenförmig abfallenden Werdeprozesses verstanden wird. Der biblische Ansatz bleibt hier dergestalt festgehalten, daß sich das „Wort" nicht wie im gnostischen Denken in eine ungöttliche Materie hinein verliert und daraus erlöst werden muß. Der Hebr. besticht vielmehr durch die größere Einfachheit seiner Aussage, die unverkennbar ganz nah beim Zeugnis der Bibel steht. Die Alternative, aufgeworfen durch die Frage nach dem Anfang, erscheint nicht spekulativ bewältigt, sondern als Entscheidung des Glaubens begriffen. Dies um so mehr, als dem Verfasser das „Wort Gottes" letztlich identisch ist mit dem Wort des ewigen Sohnes Gottes, der dadurch das All „trägt" (1,3). An unserer Stelle ist die Welt stärker in ihrer zeitlich-periodischen Gliederung gesehen. Wir vernehmen, daß sie nicht nur geschaffen, sondern auch auf einen Zweck hin „zubereitet" ist. Dem „Glauben", der sich in Christus vollendet, kommt hierbei eine wesentliche Aufgabe
4 zu. V. 4 ist diese Überzeugung sofort offen vertreten. Als erstes Beispiel nennt der Hebr. Abel, der ein wertvolleres Opfer darbrachte als Kain. Aus der biblischen Darstellung ist seine Glaubenshaltung erschlossen (s. 1.Mose 4,4f.). Bemerkenswerterweise gilt er als Typus des Opfers Christi. Die höhere Hingabebereitschaft fand Gottes Wohlgefallen, der daher „auf Abel und seine Gabe blickte", nicht aber auf Kain. Über den biblischen Bericht hinaus spricht der Hebr. im Blick auf Gottes Reaktion als von einem „Zeugnis" (s. V. 2). Gott hat sich nämlich als unbestech-

licher Richter für Abel erklärt, der somit die Gestalt ist, an der man sich orientieren soll. Gott gab ihm das Zeugnis, ein „Gerechter" zu sein – ein im Spätjudentum gängiges Prädikat (Josephus Ant. I,2,1; Asc. Jes. 9,28; Mt. 23,35 u. a.) –, ging doch fast allgemein die Neigung dahin, die seit dem Fall Adams datierende Geschichte, unter dem Kriterium von „gut" und „böse" bzw. von „gerecht" und „ungerecht" zu deuten. Abels Glaube hatte weiter zur Folge, daß er, der Gemordete, unerhörterweise immer noch spricht. Die nach 1.Mose 4,10 gebildete Überzeugung (vgl. auch äth. Henoch 22,7; Test. Abr. 11,2) rechnet offenbar damit, daß Abel, anders als die übrigen Menschen, nicht im Tode verstummt ist, sondern zufolge seines Glaubens noch leben darf, um gleichsam als Fürbitter für andere Gerechte vor Gott einzutreten (s. Offb. 6,9 ff.). Dieser Gedanke findet sich bemerkenswerterweise auch bei Philo (Quod det. 48.70). Das Geschick Abels macht diesen nach Kap. 12,24 zum unmittelbaren Vorbild Christi. Auch er kann in gewisser Weise als der „Anfänger"
des Glaubens in dieser Welt begriffen werden. Im Unterschied zu Abel brauchte 5
Henoch nicht zu sterben. Er wurde, was eine breite Überlieferung in Bindung an
1.Mose 5,24 festhält (Jub. 4,17 ff.; äth. Hen. 1,1 ff.; Weish. Sal. 4,14 ff. u. v. a.), auf
Grund seiner besonderen Frömmigkeit (Sir. 49,14) unmittelbar in den Himmel entrückt,
genauer: in das Paradies (Jub. 4,23; Irenäus, adv. haer. V. 5,1). Der Volksglaube
erklärte dies damit, daß Gott ihn für eine künftige Aufgabe am Ende der Zeiten auf-
bewahrt habe (äth. Hen. 70 f.). Daß Henoch schon während seines Lebens Gottes
Wohlgefallen fand, wird mit der LXX oft vermerkt (Sir. 44,16; Weish. Sal. 4,10),
wie er auch durchweg als „Gerechter" geführt wird (s. z. B. 1.Klem. 9,3; Tanch.
Bemidbar 32). Seine beispielhafte Frömmigkeitshaltung faßt der Hebr. zusammen
in dem Begriff des Glaubens, wobei V. 6 den Beweis in Form einer allgemeingültigen 6
Erkenntnis nachträgt. Sie berührt sich mit einer Grundüberzeugung des Paulus.
Gelangte Henoch zu Gott, dann offenbar nur auf Grund des Glaubens, weil es
anders nicht möglich ist, ihm zu nahen, wörtlich: „zu ihm zu treten" (s. 4,16; 7,25;
10,1 u. a.). Andererseits soll man wissen, daß Gott das ehrliche Streben des frommen
Menschen unbedingt belohnt. Straft er das Böse, so ist er zuerst auch ein Belohner
des Guten. Philo kehrt ähnlich wie der Hebr. den Gedanken des „wohlgefälligen"
Menschen hervor, spricht auch doppelsinnig von einer „Veränderung" des Henoch
vom schlechten (sündhaften) zum besseren Leben (De Abr. 17 ff.) sowie vom
„sterblichen Leben" zum „unsterblichen" (De mut. nom. 38), läßt aber die unbedingte
Betrachtungsweise vermissen, die den Glauben radikal gegen den Tod geltend
macht. Während Philo das Faktum der Entrückung umzudeuten versucht, hat der
Hebr. die Freiheit, den Tod wie das Leben ernst zu nehmen. Als dritten Zeugen aus 7
der Reihe der Urväter benennt er Noah, dessen Verhalten kurz im Sinne der Definition V. 1 und unter Einbeziehung des biblischen Zeugnisses 1.Mose 6,13 ff. beschrieben wird. Dabei ergibt sich eine im Sinne der zeitgenössischen Auslegung durchaus typische Darstellung. Noah gilt allgemein als der „Prediger der Gerechtigkeit" (2.Petr. 1,5; Philo, Quis rer. 260). Noah ist ein Vorbild, weil er aus Glauben die Arche baute, obwohl es menschlich gesehen unsinnig erschien und obschon die „Furcht" vor dem kommenden Unheil lähmend wirken mußte. Der Glaube gab ihm überdies die Kraft, einer verstockten und gleichgültigen Generation das Gericht anzusagen. Und der Glaube war schließlich der eigentliche Grund dafür, daß er

der „Erbe“ einer entsprechenden Glaubensgerechtigkeit wurde. Dies will offenbar besagen, daß er zu den herausragenden Gerechten der neuen Welt Gottes gehört. Möglicherweise klingt 1.Mose 6,9 an. Philo betont die Sonderstellung Noahs durch den Hinweis, er sei der erste Mensch, der in der Heiligen Schrift „gerecht“ genannt werde (De conf. ling. 90). Somit lag es nahe, ihn als Prototyp einer „Gerechtigkeit, die dem Glauben gemäß ist“, zu würdigen (Sir. 44, 17: „ein vollkommener Gerechter“). Sprachlich und sachlich besteht eine gewisse Nähe zu Paulus (Röm. 4, 11. 13; 9,30; 10,6). Wenn dieser von „Gerechtigkeit“ spricht, meint er immer ein typisches Strukturmoment der Christuszeit, wogegen der Hebr. an eine beispielhafte Rechtschaffenheit denkt. Paulus sieht die „Gerechtigkeit“ als Gabe, der Hebr. als Aufgabe! Die Nähe des letzteren zum Denken frommer jüdischer Schriftgelehrsam-
8 keit unterliegt keinem Zweifel. Mit V. 8 ff. richtet sich der Blick auf Abraham und
die Patriarchen. Dabei bemerken wir eine Neigung zur verkürzenden Darstellung, insofern auf das Zeugnis, das sie von Gott empfingen, zusammenfassend erst in V. 13 ff. hingewiesen wird. Die Darstellung bemüht sich im Wissen um die Bedeutung der Erzväter, aus ihrem vorbildlichen Verhalten nur die Tatsachen bewiesenen Glaubens aufzuzeigen, wozu ein reicher Stoff alle Möglichkeiten an die Hand gab. Aus der heilsgeschichtlichen Vertikale geht der Blick zunächst in die Horizontale, um eingehender bei Abraham, dem „Vater des Glaubens“, zu verweilen (1.Makk. 2,52; 4 Makk. 16,20 ff.; Philo, Quis rer. 90 ff.; De virt. 5; De praem. 24 ff.). Wenn irgendeine Gestalt des Alten Testaments, dann war es die seine, die als Beispiel nicht unerwähnt bleiben durfte, bezeugt doch die Schrift 1.Mose 15,6 seinen Glauben ausdrücklich. Bemerkenswerterweise nimmt der Hebr. aber wiederum anders als Paulus auf diese Stelle keinen Bezug. Nicht der Glaube, der als Gerechtigkeit angerechnet wird, interessiert (s. Röm. 4, 1 ff.; Gal. 3, 6 ff.), sondern jener, der das Leben ausfüllt und bestimmt. Die Frage nach dem vorbildlichen Lebensbezug findet eine erste Antwort, indem im Sinne von V. 1 b auf den absoluten Gehorsam hingewiesen wird. Der Erzvater habe ihn dadurch erbracht, daß er dem Ruf Gottes zum unbekannten Ort eines verheißenen Erbteils bedingungslos Folge leistete (1.Mose 12, 1 ff.). In einer zusätzlichen Bemerkung wird hervorgehoben, daß er gehorsam genug gewesen sei, den Weg ins Dunkle hinein anzutreten. Abraham erfuhr nach 1.Mose 12,7 erst bei Sichem den klaren Willen Gottes, ihm und seinen Nachkommen das Land geben zu wollen. In ähnlicher Weise kann Philo das Absurde und das Ein-
9 malige des Verhaltens rühmen, Gott allein zu vertrauen (De Abr. 62). Ihm ist gleich-
falls der von der Erwartung des Künftigen erfüllte Glaube Abrahams schlechterdings das zu Beachtende (De migr. Abr. 1 ff.), liegt doch alles an der Ausdauer, den „anderen Ort“, worauf das Leben angelegt ist, nicht zu verfehlen (De migr. Abr. 43. 46). Für den Hebr. gewinnt der Glaube des Patriarchen seine Konkretion keineswegs in Askese oder Weisheit, sondern in der Erfüllung des mit Kanaan niedergelegten himmlischen Urbildes (s. V. 10). Wie beim Auszug so bewährte sich der Glaube des Erzvaters auch im „Land der Verheißung“, das ihm trotz aller Zusagen doch nur „wie ein fremdes“ erscheinen konnte (s. 1.Mose 17,8; 20,1; 21,23.34; 24,37 u. a.). Weil einem nomadischen Leben zugetan, waren Abraham, sein Sohn Isaak und sein Enkel Jakob (s. Jubil. 19, 15 ff.; 1.Mose 35, 12) nie wirklich wie in einem festen Besitz zu Hause (vgl. auch Philo, De conf. ling. 75 ff.). Sie haben

demnach in beispielhafter Weise ein Leben ständig auf Abbruch und Aufbruch hin
geführt: Symbole irdischer Wanderschaft, Menschen zwischen zwei Welten, Vor-
bilder eschatologischer Existenz! Wiederum findet die Überzeugung Ausdruck, daß
das Land Kanaan auf die ewige unvergängliche Welt hinweist (s. schon 3,7ff.), die
allein endgültigen Bestand hat. Oder, um im Sinne Philos zu sprechen: die wahre
Heimat, in der Wanderschaft zur „Ruhe“ wird, liegt vor uns, weshalb der Glaube
als Ausdauer unerläßlich ist. Nach der Ansicht des Hebr. ist das Verhalten der Erz-
väter aber nicht nur ein Hinweis auf die himmlische Heimat, sondern mehr noch
ein Beweis für die starke Gewißheit einer himmlischen Heimat. V. 10 wendet darauf 10
das Bild der festgegründeten Stadt an, geschaffen von Gott, der ihr Architekt und
Baumeister ist (Philo, De mut. nom. 29f.). Er hat sie demnach entworfen und
gebaut. Im Unterschied zu den späteren Sätzen V. 13ff. heißt es zunächst nur, daß
Abraham darauf seine Erwartung gerichtet habe. Wie später aus 12,22 hervorgeht,
ist die Stadt identisch mit dem himmlischen Zion, das zu suchen auch die Gemeinde
des Hebr. unterwegs ist (13,14). Im rabbinischen und apokalyptischen Schrifttum
immer wieder als letztes Hoffnungsgut Israels benannt und beschrieben (Tob. 13,9ff.;
äth. Hen. 90,59; 4. Esra 10,26f.55; syr. Apoc. Bar. 32,2ff.; 10 QPs^a Zion; 2Q24
u. v. a.), richtet auch die urchristliche Gemeinde ihre Erwartung unverkürzt und
gespannt auf die überirdische Gottesstadt, deren Glanz und Lebensfülle alle mensch-
lichen Begriffe sprengt (s. Gal. 4,26; Offb. 21,1ff.). Was normalerweise als bildlicher
Ausdruck einer letzten Gemeinschaft von Gott und Menschen verstanden sein will,
wird überdies beschrieben als die Stadt, die Fundamente besitzt und somit eine
ewige, unerschütterliche Gründung darstellt. Sie erweist sich als das vollendete
Gegenstück zum irdischen Zelt, um Inbegriff jener Wirklichkeit zu sein, die allein
Bestand hat (s. 11,1). Um sie weiß der Glaube, der als Pilgrimschaft gelebt wird.
Auch Philo kann in stoischer Manier zumindest die Welt als die kosmische Stadt des
Schöpfers beschreiben (De op. m. 17ff.). Sie ist ihm der „Gedanke des den Bau einer
Stadt planenden Baumeisters“ (Leg. all. III, 83ff.). Der Hebr. fragt nach jenem
künftigen Ziel, das als Ort der vollkommenen Gottesgemeinschaft – unbildlich
gesprochen – letztlich identisch ist mit dem Schöpfer selbst. So hat der Hebr. nicht
etwa den Mythos reaktiviert, den Philo sicherlich auf seine Weise durch philo-
sophische Betrachtung entmythologisierte, sondern er hat ihn als menschliche
Urfrage nach Gott interpretiert. Daß der Glaube sogar Wirklichkeit von Gott her 11
setzt, belegt das Beispiel der Sara, die, alt und unfruchtbar geworden, doch durch ihn
die Kraft aufbrachte, Nachkommenschaft „zu begründen“. Die etwas seltsam
klingende Wendung wird verständlicher, bedenken wir, daß damit von der Frau
ausgesagt wird, was nach damaliger Vorstellung ausschließlich Fähigkeit der Ge-
schlechtsfunktion des Mannes ist (s. Philo, De ebr. 211). Obwohl die Schrift nur
vom Zweifel der Sara weiß (1. Mose 18,12), spricht der Hebr. doch von der „Kraft“
ihres Glaubens, weil er nach Weise der zeitgenössischen Schriftgelehrsamkeit die
Ahnfrau Israels nur als Vorbild der Frömmigkeit und Tugend denken kann (Philo,
De cher. 50). Der Verfasser schließt vom Wunder auf den Glauben, der das Unmög- 12
liche zustande bringt. Wie sehr er am Wunder jener Geburt hängt, beweist V. 12,
wonach sich paradoxerweise die Fülle des menschlichen Lebens von einem „Er-
storbenen“ ableitet. Wahrscheinlich wird im Anklang an Hes. 33,24 festgehalten,

daß Abraham nur ein Einzelner war, seine Abkömmlinge aber viele. Wie bei Paulus ist er vom Hebr. wegen seiner Zeugungsunfähigkeit als „Erstorbener“ ausgegeben (Röm.4,19). Die Erfüllung der ans Unglaubliche grenzenden Verheißung aber, die in Gestalt einer Kombination verschiedener Schriftstellen geboten wird (1.Mose 22,17; 15,5; 32,13 u.a.), liegt vor aller Augen. Und so kann sie unmittelbar Einblick in die Möglichkeiten des Glaubens zu gegenwärtiger Stunde geben. Offenbar ist seine in der Schrift ablesbare Geschichte permanentes heimliches Zeugnis der sieghaften Überwindung der scheinbaren Allgewalt des Todes. Was als Erfahrung der Urväter von Abel bis Abraham beschrieben wird, gehört nach dem Hebr. zur Grunderfahrung eines jeden gläubigen Verhaltens, gründet es doch nicht in einem angelernten Wissen. Reifer Glaube bewährt sich vielmehr in den schwersten Prüfungen menschlicher Existenz, bei Versagen, Krankheit, Not und Tod. In gewisser Hinsicht handeln die aufgeführten Beispiele von Grenzerfahrungen. Nur diese können freilegen, daß der Glaube die Haltung ist, die die Welt überwindet.

Die Väter Israels strebten bereits nach der Gottesstadt 11,13-16

13 **Im Glauben starben diese alle, ohne daß sie die Verheißungen erlangen durften. Doch sahen und grüßten sie diese von ferne, wobei sie auch bekannten, „Fremdlinge und Beisassen auf Erden zu sein“. 14 Denn die dergleichen sprechen, zeigen damit an, daß sie nach einer Heimat auf der Suche sind. 15 Hätten sie nämlich** an jene gedacht, von denen sie ausgezogen sind, so hätten sie doch die Gelegenheit **gehabt, umzukehren. 16 Nun aber streben sie nach einer höheren, d. h. nach einer himmlischen Vaterstadt. Darum schämt sich auch Gott nicht, als ihr Gott angerufen zu werden, denn er bereitete ihnen eine Stadt.**

V. 13: *1.Mose 23,4.*

Die V.13-16 fassen zusammen, wieweit im Sinne von 11,2 ein Zeugnis Gottes über
die erwähnten Personen der Patriarchenzeit vorliegt. Die Wendung „diese alle“
bezieht sich kaum auch auf die Urväter V.4-7a, da der Sachverhalt im Blick auf sie
13 nicht nachzutragen war. Schließlich stellen sich nur die Patriarchen als Träger der
„Verheißung“ dar, dazu im eigentlichen Sinn als „Fremdlinge und Beisassen“ (V.13),
die ausgezogen waren, um nach einer Heimat zu suchen (V.15). Gott schämte sich
nicht, nach ihnen ein Gott Abrahams, Isaaks und Jakobs zu heißen (V.16). Eben
darin liegt sein Zeugnis über sie. Aber man sollte sehr genau darauf achten, was
ihnen zugemutet war. Wie es der Situation des Glaubens gemäß ist, erlebten sie die
Erfüllung des Verheißenen noch nicht. Zwar erhielten sie die künftige Welt von
Gott zugesprochen, aber der Tod blieb ihnen am wenigsten erspart, so daß sie in der
Tat ihre ganze Zuversicht aufbringen mußten. Es war ihnen nicht geschenkt, jene
Verheißung, die mehr umfaßt als ein Stück irdischen Landes, zu erlangen und in Be-
sitz zu nehmen. In deutlicher Verwendung alexandrinisch-philonischer Vorstellun-
gen taucht an dieser Stelle das Bild der Wanderung zum himmlischen Vaterland auf.
Damit ist verdeutlicht, was es mit der „Verheißung“ auf sich hat. Sie steht für die
Rückkehr zum Ursprung, für die Tatsache der Geborgenheit in Gott und für die sehn-

liche Erfüllung menschlicher Existenz in einer Wirklichkeit *extra nos*, auf die
hin anscheinend all unser Suchen und Streben angelegt ist (vgl. Philo, Quaest. in Gen.
3,45; De cher. 120f.; De somn. I,65). So kann z.B. Philo im Blick auf 1.Mose 17,8
über Abraham sagen, daß der Geist des tugendhaften Menschen, der im Körper
seinen Platz hat, lieber Beisasse als fester Bewohner sein will, „weil sein Vaterland
der Äther und der Himmel ist". Nach Philo hat der fromme Mensch zwar die Mög-
lichkeit der erbaulichen tieferen Schau, er kann aber letztlich die volle Erkenntnis
Gottes nie erreichen. Demgegenüber betont der Hebr. in Anwendung des gleichen
Vorstellungsgutes, daß die Patriarchen zwar bereits die künftige himmlische Wahr-
heit wie sehnsuchtsvolle Wanderer auf dem Weg dorthin erblickten, daß sie das Ziel
aber selbst noch nicht erreichen konnten. Was bei Philo noch Ausdruck einer gewis-
sen erkenntniskritischen Skepsis ist, gewinnt im Hebr., wie das „und sie grüßten sie"
beweist, die Konturen einer freudigen und zuversichtlichen Haltung. Auch aus dem 14
Bekenntnis der Patriarchen, hier auf Erden „Fremdlinge und Beisassen" zu sein
(s. 1.Mose 23,4; 28,4; 47,9 u.a.), spricht die Entschlossenheit, das ewige Ziel nicht
an Stelle eines vorläufigen aus dem Auge zu verlieren. V. 14 legt in diesem Sinne den
Ton nachdrücklich auf den Wortlaut der Aussage. Wenn die Väter nur Fremdlinge
sein wollten, bekundeten sie damit ihr energisches Streben nach einem Vaterland
(Philo, Quis rer. 266f.). All ihr Denken und Sinnen war offenbar klar nach vorne
gerichtet. Hätten sie nämlich an jenes Land gedacht, wovon sie auszogen, so wären 15
sie – was in einem typischen Schlußverfahren gefolgert wird (s. 4,8; 7,11; 8,4 u.a.) –
nur zu leicht imstande gewesen, dahin zurückzukehren. V. 16 hält als gültige Wahr- 16
heit fest, was sich in zwingender Logik ergibt: „Sie streben nach einem höheren,
d.h. nach einem himmlischen Vaterland". Die Formulierung (s. das Präsens) ist so gehalten, daß die Patriarchen wie von selbst mit den Gläubigen der Gegenwart verschmelzen. Letztere sollen das „Nun" des Erkannten zum „Jetzt aber" eines eigenen Entschlusses machen. Dahinter steht wie bei Philo die Gewißheit einer höheren jenseitigen Wirklichkeit. Aber es liegt dem Hebr. fern, sich diese auf dem Wege philosophischer Erkenntnis anzueignen, weil er weiß, daß sie nur als Geschenk von Gott erwartet werden kann. Eben darin zeigt sich die Haltung des Glaubens, der im Vertrauen auf das zugesprochene Wort alles erhofft. Gott, der sich als der Gott der Väter geoffenbart hat (s. 2.Mose 3,13ff.), d.h. als der Gott Abrahams, Isaaks und Jakobs, hat zugleich die Zusage gegeben, er werde immer mit seinem Volk sein: „Das ist mein Name ewiglich". Philo kommentiert dieselbe Stelle ähnlich (De Abr. 51). Schämte Gott sich ihrer nicht, wie der Hebr. betont, dann bedeutet dies, daß er sich um ihres Glaubens willen herabgelassen hat. Geht Gott aber soweit, so geschieht es ganz im Erweis absoluter Treue. Er wird die Seinen in alle Ewigkeit nicht verlassen. Der Zuspruch und die Erfahrung solcher Geborgenheit verdichten sich am Schluß der eingeschobenen Besinnung V. 13-16 zu dem nochmaligen Satz: „Er bereitete ihnen nämlich eine Stadt". Er faßt zusammen (s. V. 10) und weist überdies nach vorne, wo in Kürze den Hörern das gleiche Verheißungsziel zugesprochen wird (12,22). Als Frage bleibt zwischen den Zeilen, ob auch die Christusgemeinde bereit ist, die Verheißung des künftigen Jerusalem mit allen Konsequenzen zu der ihren zu machen.

Eine besondere Zeit des Glaubens datiert von Abraham, dem Verheißungsträger, bis zur Landnahme 11,17-31

17 Durch Glauben hat Abraham, als er versucht wurde, den Isaak als Opfergabe dargebracht; er, welcher die Verheißung angenommen hatte, wollte den einziggeborenen Sohn opfern, 18 er, zu dem gesagt war: „In Isaak soll dir Same genannt werden". 19 Er hielt dafür, daß Gott sogar Macht habe, aus den Toten aufzuerwecken. Daher brachte er ihn auch zum Gleichnis (lebendig) davon. 20 Durch Glauben segnete Isaak den Jakob und den Esau hinsichtlich der zukünftigen Dinge. 21 Durch Glauben segnete der sterbende Jakob einen jeden der (beiden) Söhne Josephs, wobei „er über der Spitze seines Stabes sich neigend betete". 22 Durch Glauben gedachte Joseph bei seinem Dahinscheiden des Auszuges der Söhne Israel und gab er Anweisungen betreffs seiner Gebeine. 23 Durch Glauben wurde Mose bei der Geburt von seinen Eltern, weil sie „die Anmut des Kindchens sahen", „drei Monate verborgen gehalten" und fürchteten sie das Gebot des Königs nicht. 24 Durch Glauben lehnte Mose, ein großer Mann geworden, ab, ein Sohn der Tochter des Pharao zu heißen, 25 um lieber mit dem Volke Gottes gequält zu werden, als einen zeitweiligen Genuß der Sünde zu haben. 26 Er achtete „die Schmach Christi" für größeren Reichtum als die Schätze Ägyptens. Er behielt nämlich die Vergeltung im Auge. 27 Durch Glauben verließ er Ägypten; den Grimm des Königs am wenigsten fürchtend und den Unsichtbaren gleichsam immer im Blick habend, brachte er Standhaftigkeit auf. 28 Durch Glauben hat er das Passa und die Bestreichung mit (wörtl.: „Vergießung von") Blut durchgeführt, damit „der Würger" der Erstgeburt sie nicht antaste. 29 Durch Glauben schritten sie durch das Rote Meer wie über trockenes Land, wogegen die Ägypter, als sie es versuchten, (vom Wasser) verschlungen wurden. 30 Durch Glauben stürzten die Mauern Jerichos zusammen, nachdem sie an sieben Tagen umzogen worden waren. 31 Durch Glauben ging die Hure Rahab nicht mit den Widerspenstigen zugrunde, da sie die Kundschafter friedlich aufgenommen hatte.

V. 17: *1.Mose 21,12;* V. 21: *1.Mose 47,31 b;* V. 23: *2.Mose 2,2;* V. 24: *2.Mose 2,11;* V. 26: *Ps.89,51;* V. 28: *2.Mose 12,23.*

17 Die Geschichte der Glaubensvorbilder findet V. 17ff. ihre detaillierte Fortsetzung.
Man gewinnt den Eindruck, daß noch stärker als vorher das hohe Maß ihrer
Frömmigkeit herausgearbeitet wird. Die aufgeführten Beispiele handeln fast durch-
gehend von der Bewährung in Grenzsituationen des Lebens. In fast einseitiger Weise
geht es um den Aufweis der Tatsache, daß allein der Glaube über den Tod und die
Todesfurcht zu triumphieren vermag. Die Gewißheit des lebendigen Gottes trägt
selbst durch die dunkelsten Stunden. Von solcher Überlegung her mag noch einmal
auf Abraham zurückgegriffen sein, dessen ohne Zweifel schwerste Glaubensprobe,
die Opferung seines Sohnes Isaak (s. 1.Mose 22), nun erst erwähnt wird (vgl. auch
Sir. 44,20; 1.Makk. 2,52; Philo, Quod deus 4 u. a.). Ohne Rückhalt im Text wird
bemerkenswerterweise der Eindruck erweckt, als habe Abraham in der Tat den
Einziggeborenen und Verheißungsträger getötet. Abraham war nach diesen Angaben
18 in doppelter Weise „versucht". Den einzigen Sohn zu opfern, geht gegen alle Natur.
Daß dies gar noch derselbe Gott verlangt hat, der auch die Verheißung gegeben hatte
(s. 1.Mose 21,12), setzte Gott im gläubigen Denken des Erzvaters in Widerspruch
zu sich selbst. War dadurch die vorherige Verheißung nicht null und nichtig? Hat

sich Gott etwa unglaubwürdig gemacht? Der Hebr. vermag es nur so zu erklären, 19
daß er mit der Möglichkeit rechnet, Abraham habe Gott alles zugetraut, auch schon die Kraft, Tote auferwecken zu können. Bekanntlich hat sich eine solche Überzeugung erst in der Spätzeit der Geschichte Israels herausgebildet (s. Dan. 12,2 u. a.). Aber es ist doch vielsagend, daß die Vorstellung vom Hebr. aufgegriffen ist, um zu bezeugen, daß der Glaube seine ganze Bewährung dort erbringt, wo er im Vertrauen auf Gott dem Widersinn des Todes und des Nichtseins standhält. Das Denken zeitgenössischer Schriftgelehrsamkeit mag den Verfasser beeinflußt haben. Es kommt hinzu, daß er als Christ die Opferung Isaaks unmittelbar als Typus auf den gekreuzigten Christus verstanden hat. Auch der Wortlaut von V. 19b ist eindeutig. Wir hören, daß zufolge des unerschütterlichen Glaubens an Gott, der ein Gott der Lebendigen ist, Abraham seinen Sohn „zum Gleichnis" lebendig davongebracht hat (s. 9,9). Die Wendung gewinnt ihren Sinn auf Grund mannigfachen haggadischen Materials, das keinen Zweifel darüber läßt, daß das Judentum der Zeit das Geschehen auf Morija als herausragendes Beispiel einer Totenauferweckung zu verstehen gewillt war und zwar überdies zum ersten Tag des Festes der Ungesäuerten (vgl. Jubil. 17,15; 18,13; Targ. Ps.-Jon. 27,1.6 u. a.). Im frühchristlichen Denken mußte ein solches Verständnis zwangsläufig zur typologischen Auslegung der Opferung Isaaks auf die Kreuzigung und Auferstehung Jesu führen, zumal diese mit dem gleichen Zeitpunkt des Passa verbunden werden konnte (s. Barnabasbrief 7,3; Melito, Über das Passa 59.69). Es ist bei solcher Voraussetzung nicht auszuschließen, daß der von uns mit „daher" übersetzte Begriff des Urtextes sogar lokal wiedergegeben werden kann, was besagen würde, daß Abraham seinen Sohn „von dort her", d. h. „von den Toten", als Gleichnis für Christus davontrug. Der Wortlaut läßt daran denken, daß dem Hebr. bereits an der terminlichen Übereinstimmung des Geschehens gelegen war. In diesem Zusammenhang ist es interessant, daß die altjüdische Tradition die Geburt, die Opferung und den Tod des Isaak auf den erwähnten Festtermin zu datieren pflegte (= 14./15. Nisan). Auf die Segnung der beiden 20
Söhne Jakob und Esau durch den greisen Isaak kommt der Hebr. im folgenden V. 20 zu sprechen (s. 1. Mose 27; 35,29). Sie geschah, wie betont wird, im Blick auf Zukünftiges. Die Vorstellung empfängt ihren Sinn durch die im Alten Testament berichteten näheren Umstände der Handlung. Der erblindete Vater gab dem jüngeren Jakob den Erstgeburtssegen, Esau aber, obwohl von Isaak mehr geliebt (1. Mose 25,28), wurde fühlbar benachteiligt (s. auch 12,16f.). Es scheint, daß der Verfasser eben darin jenen festen Glauben an Gottes rechte Führung von dem Stammvater gelebt sieht, mit dem er 11,1 alle Verheißungen verbunden hat. Dies um so mehr als dem jüngeren Sohn schlechterdings Einmaliges zugesprochen wurde: „Völker sollen dir dienen" (1. Mose 27,29). Naheliegenderweise folgt mit V. 21 in der Aufzählung 21
eine gleichlautende Notiz über die in 1. Mose 48 berichtete andere Segenshandlung, wurde doch auch in diesem Fall irregulär gehandelt und zwar durch Jakob an den beiden Söhnen des Joseph, seinen Enkeln. Wiederum wurde nämlich der Zweitgeborene, Ephraim, vor dem Älteren, Manasse, bevorzugt unter Hinweis darauf, daß er einmal größer sein werde (1. Mose 48,19). Indem überdies davon die Rede ist, daß sich Jakob über die „Spitze seines Stabes" geneigt hat, so die Septuaginta in Übersetzung von 1. Mose 47,31, soll wahrscheinlich seine gläubige Haltung betont

werden. Jakob hat sich wider alles Verstehen ganz in den Willen Gottes geschickt. Es ist bemerkenswert, daß auch Philo beide Segenshandlungen vergleichen kann (De sobr. 26f.). Während der Alexandriner aber die Gottesbegeisterung des „weisen" Jakob hervorhebt, um hierin eine Erklärung für sein Tun zu finden, legt der Hebr. den Ton auf die Stärke seines Glaubens (vgl. auch Leg. all. III,93). An der Ausnahmehaltung interessiert, läßt er sogar die für unsere Begriffe bedeutungsvollere
22 Segnung der zwölf Söhne Jakobs (s. 1.Mose 49) unerwähnt. Als weiteres Beispiel über gläubiges Verhalten angesichts des Todes wird jedoch Joseph aufgeführt, der vorweg den Auszug der Söhne Israels aus der Knechtschaft Ägyptens im Blick hatte und von den Brüdern einen Eid über die Mitführung seiner Gebeine in das Land der Väter forderte (1.Mose 50,25). Fest und unerschütterlich war nämlich seine Zuversicht, Gott werde sich seines Volkes annehmen (s. 2.Mose 13,19; Jos. 24,32; Philo, De Jos. 266). Mit der Nennung Josephs gerät bereits jenes Geschehen in den Blick, das das bedeutungsvollste Ereignis der jüdischen Geschichte beschreibt. Anders als im rabbinisch-schriftgelehrten Denken stehen aber nicht Bundesschluß und Sinaioffenbarung im Mittelpunkt der Betrachtung, sondern die von der Generation der Mosezeit mit ihren bekannten Einzelgestalten bezeugte Stärke des Glaubens. Es geschieht in der gleichen Ausführlichkeit wie V. 8-12. Wenn irgendwo, dann wird an dieser Stelle deutlich, daß der Hebr. das Wesen und die Bedeutung der Geschichte nicht nach den großen Vorgängen bemißt, sondern nach der Tatsache erbrachten persönlichen Glaubens, wodurch er allein und verborgenerweise die entscheidenden revolutionären Wandlungen ausgelöst sieht. Hier erkennt er jenes Gesetz Gottes, das später im gläubigen Selbstopfer des Christus seine letzte paradoxe Ausprägung erfährt. Wird es die Welt annehmen? Wird sie seiner wert sein? (s. 11,38). Wenig-
23 stens unterschwellig klingt die Fragestellung immer an. Gefahrvoll, seltsam und verworren waren die Anfänge der Lebensgeschichte des Gottesmannes Mose, der als Kind von seinen Eltern, die ihn drei Monate verborgen gehalten hatten, ausgesetzt wurde (2.Mose 2,2). Angesichts der Schönheit des Kindes überkam sie eine Ahnung seiner künftigen Größe und sie taten alles, um es möglichst lange zu schützen und für sein Leben Sorge zu tragen (Philo, De vit. M. 1,9ff.). Bei alledem gab ihnen allein der Glaube die Kraft, dem grausamen und blindwütigen „Erlaß des Königs" zuwider zu handeln (2.Mose 1,22). Da in dieser Wendung nicht vom Pharao die Rede ist (anders V. 24), sondern vom König bzw. Kaiser, gewinnt die Aussage für den Hörer eine leicht staatskritische Note, die der Verfasser für not-
24 wendig gehalten zu haben scheint (s. 12,4; vgl. auch 10,34). Auch Mose selbst ließ sich, herangewachsen (2.Mose 2,11) und ein großer Mann am ägyptischen Hofe geworden (s. Philo, De vit. M. I,31ff.), nicht durch Rang und Würde verblenden,
25 die er als Sohn einer Tochter des Pharao besaß (s. Philo, De vit. M. I,45). Aus Glauben schlug er sich auf die Seite seines Volkes, um mit ihm alle Schmach und Unterdrückung zu teilen (s. Philo, De vit. M. I,32.40.42). Schon gar nicht lag ihm am zeitweiligen „Genuß der Sünde", den das Wohlleben am Hofe nach Wunsch und Herzenslust gestattete. Die Ausmalung des Mosebildes auf Grund legendarischer Überlieferung ist unverkennbar, wobei die kritische Beurteilung der Zustände vor allem bei Philo eine Parallele aufweist (De vit. M. 1,32). Auch nach seiner Meinung hatte sich Mose den Blick für das Richtige und Wahrhaftige bewahrt. Er widerstand

der Versuchung, um des augenblicklichen Vorteils willen von seinem Volk abzufallen. Was hier im Hinblick auf ein aktuelles Problem der Gemeinde herausgearbeitet scheint (s. auch 13,5), um in V.25 nur indirekt Ausdruck zu finden, wird
V.26 sofort näher verdeutlicht. Die Wendung „Schmach Christi“ ist als technisch 26
klingende auffallend. Wahrscheinlich durch Ps.89,50f. oder ähnliche Stellen (des Weissagungsbeweises: Ps.69,10; Ps.21,7 u.a.) vorgeprägt, ist damit nicht nur ein „Leiden um Christi willen“ gemeint, sondern jene Schmach, die in der Geschichte des Glaubens allezeit prototypisch für das künftige Leiden des Christus von Bedeutung gewesen ist, nämlich als verborgenes Gesetz (13,12) und als heimlicher Zielpunkt (12,12). Die Bedeutung der Mosesgestalt liegt schließlich nicht nur in ihrem einmaligen geschichtlichen Standort für Israel begründet, sondern in ihrer Aussagekraft für jenes Geschehen, das immer die Stationen des Glaubens überhöht und insgeheim sogar bestimmt hat. Daher wird erklärend hinzugefügt, daß Mose ständig den Tatbestand der „Vergeltung“ im Auge behalten habe, eine Aussage, die das Motiv seines Verhaltens freilegt. Gemeint ist damit schwerlich, daß er sich von dem in Aussicht stehenden Lohn leiten ließ, sondern eher, daß er die Dinge mit den Augen Gottes zu sehen und zu beurteilen gewillt war, wonach das Leiden und die Züchtigung gerade die Voraussetzungen des künftigen Lebens sind (s. 12,4ff.). In diesem Sinn ist die Hineinnahme in das Leiden Christi größerer Reichtum als alle Schätze Ägyptens, so wie auch Paulus sagen kann, daß ihm das Sterben um Christi willen Gewinn ist (Phil. 1,21). Hier wie dort ist das Leiden Christi zum Sinnschlüssel unverständlichen Geschehens in Leben und Welt gemacht. Angeeignet werden kann es nur im Glauben, was die Hörer zum Anlaß nehmen möchten, ihre Sicht der Dinge, die zu sehr am Vordergründigen haftet, nach jener Tiefe hin zu überprüfen, die allein dem Widersinn einen Sinn entgegenzuhalten vermag. Es ist
in der Tat das Opfer, welches das unumgängliche Tor zur Zukunft ist. V.27 handelt 27
wahrscheinlich von der Flucht des Mose nach der Tötung eines ägyptischen Aufsehers (2.Mose 2,11ff. 15ff.), nicht bereits vom Auszug. Bei letzterer Annahme wird durchweg geltend gemacht, daß 2.Mose 2,14 die Furcht vor Pharao ausdrücklich als Motiv genannt ist. Aber warum bleibt das Volk ungenannt? Und wie kann der Auszug vor der Einsetzung des Passa (V.28) erwähnt werden? Man wird beachten, daß sich der Verfasser nicht an die Einzelaussage des alttestamentlichen Berichtes hält, sondern seine theologische Meinung hierüber wiedergibt. Dabei hebt er das gläubige Gottvertrauen des Mose hervor, der – ähnlich wie Abraham – bereit war, einen überaus dunklen Weg geführt zu werden. Der Hebr. spricht von einem Verhalten, das „durch Glauben“ gekennzeichnet gewesen sei. Der anschließende Partizipialsatz ist sinngemäß mit der folgenden Aussage zusammenzunehmen. Offenbar liegt eine Beschreibung des Midianaufenthaltes mit der entscheidenden Offenbarung am Dornbusch (2.Mose 3,1ff.) und dem dabei eröffneten Auftrag vor, welch letzterer frei von Furcht und in größter Standhaftigkeit übernommen wurde (s. 2.Mose 4-11). Der Hebr. handelt wahrscheinlich in Bindung an 11,1 etwas rätselhaft davon, daß Mose „den Unsichtbaren“ (d.h. Gott) gleichsam immer im Blick hatte und Durchhaltevermögen aufbrachte. Die Aussage kann nur meinen, daß der unsichtbare Gott dem Mose in einer gewissen Weise erkennbar geworden war, wobei dieser daraus die Kraft für seine schwere Aufgabe empfangen hat.

Bemerkenswerterweise gibt Philo eine ähnliche Interpretation der Dornbuschszene. Mose habe damals die Zusage von Gott erhalten: „Du brauchst dich nicht zu
28 fürchten“ (De vit. M.I,66.69.73). V.28 und V.29 greifen die entscheidenden Höhepunkte heraus, die Durchführung des ersten Passafestes und den Durchzug durch das Rote Meer, um sie ebenfalls stärkstens als Glaubenstaten zu rühmen. Im Vertrauen auf Gottes Weisungen (s. 2.Mose 12) hat Mose die Schlachtung des Passalammes in der Nacht des Auszugs und die Bestreichung der Pfosten sowie des Türsturzes der israelitischen Häuser mit dessen Blut vorgenommen. Der Todes- und Würgeengel, der „Verderber“ (so technisch auch Weish.Sal.18,25), wurde auf diese Weise gehindert, die Erstgeborenen zu „berühren“. Die Wendung „er hat das Passa durchgeführt“ (bzw. „gefeiert“) steht im Perfekt der Allegorie und zeigt an, daß die damals begründete Feier noch gegenwärtige Bedeutung hat, sei es theologisch für das Verständnis des Opfers Christi, worauf auch die eigenartige Wendung „Vergießen des Blutes“ anspielen kann, sei es liturgisch für die Osterfeier der Christusgemeinde, die sich ebenfalls dem Tode entrissen und ins Leben versetzt sieht. Die Nacht des Festes ist nämlich eine „Nacht der Bewahrung“ (2.Mose 12,42). Was der geheimnisvolle Blutritus der Passanacht andeutungsweise bezeugt, ist im Sühnetod Christi endgültige Wahrheit geworden: die Verschonung vor dem Tod und die
29 Rettung aus einer Welt der Knechtschaft. V.29 spricht erstmals von dem Glauben des Volkes des Auszugs, das kraft dieser Haltung durch das Rote Meer zog, während die Ägypter von den Wassermassen verschlungen wurden (2.Mose 14,15ff. 22.27f.). Ihnen fehlte, was für Israel heilbringend war. 2.Mose 14,31 wird der Glaube als Folge der wunderbaren Errettung ausgegeben, hier als seine Voraussetzung. Die Wendung „sie (die Israeliten) durchschritten“ läßt eine für das jüdische Passafest häufig gebrauchte Bezeichnung, d.h. „Fest des Übergangs“, anklingen (s. Philo, De spec.leg.II,146f.). Das Augenmerk des Hebr. gilt dem Glauben des Volkes, die Zeit der Wüstenwanderung hat er aus verständlichen Gründen nicht berück-
30 sichtigt (s. 3,7ff.). V.30 folgt sofort die Erwähnung der Einnahme Jerichos (s. Jos. 6,1ff. 15ff.) mit kurzen Bemerkungen über die Umstände seiner Eroberung. Das Interesse am Spektakulären wird benutzt, um die erstaunlichen Möglichkeiten des Glaubens zu bezeugen (s. Mk.11,23). Die Hervorhebung der „sieben Tage“ läßt eine gewisse zahlensymbolische Neigung anklingen (s. Philo, De op.m. 90ff.; Leg.all.8ff.). Josua wird nicht genannt, weil insgeheim wohl darauf Nachdruck gelegt wird, was der bedingungslose Glaube einer Gemeinschaft vermag, hält sich
31 diese entschlossen an die ihr gegebene Zusage. Daß auch der Einzelne überaus wunderbar bewahrt sein kann, zeigt V.31 am kontrastreichen Beispiel der Hure Rahab (s. Jos.2,1ff. 8ff.; 6,25). Im Glauben davon überzeugt, daß Gott das Land seinem Volk zugesprochen und gegeben hat (s. Jos.2,9), nahm sie die Kundschafter „mit Frieden“ auf, nämlich ohne sie zu verraten. Die übrigen Einwohner der Stadt aber, die trotz der Wundertaten Gottes widerstrebten (wörtl.: „ungehorsam blieben“), verfielen dem Bann und kamen um (Jos.6,21). Dort, wo gegen den Augenschein geglaubt wird, kann eben auch ein fragwürdiges Menschenleben – Rahab wird nicht ohne Grund als „Hure“ vorgestellt – Hoffnung schöpfen (s. Jak.2,25; 1.Klem.21,1ff.). Unversehens ist so der Hebr. auf ein Glaubensbeispiel zu sprechen gekommen, das am Rande zu liegen scheint, das aber mit gutem Recht berücksich-

tigt werden konnte. Eröffnet sich damit nicht die Pflicht, unzählige andere zu nennen? Gibt es nicht noch leuchtendere Vorbilder? Wir verstehen, daß der Verfasser eben an diesem Punkt die Aufzählung unterbricht.

Die Glaubensgeschichte Israels erweist sich zu allerletzt als eine Geschichte des Leidens 11,32-40

32 Und was soll ich noch sagen? Es fehlte mir die Zeit, wenn ich über Gideon, Barak, Simson, Jephta, David und auch Samuel und die übrigen Propheten berichten wollte, 33 die durch Glauben Königreiche niederkämpften, Gerechtigkeit durchsetzten, Verheißungen erlangten, Löwenmäuler stopften, 34 Feuerskraft löschten, der Schneide des Schwertes entrannen, aus Schwachheit stark hervorgingen, im Kriege Helden wurden, die Schlachtreihen der Gegner zum Wanken brachten. 35 Frauen empfingen durch Auferstehung ihre Toten wieder. Andere aber wurden gefoltert, nahmen die Befreiung nicht an, nur damit sie eine bessere Auferstehung erlangten. 36 Wieder andere machten Bekanntschaft mit Mißhandlungen und Geißelhieben, ja mit Banden und Kerker: 37 sie wurden gesteinigt, im Verhör gepeinigt und zersägt, starben dahin durch das Morden des Schwertes, zogen umher in Schafpelzen, in Ziegenfellen, darbend, bedrängt, gequält, 38 sie, deren die Welt nicht wert war, so daß sie in Wüsteneien, in den Bergen, Höhlen und Klüften der Erde umherirrten. 39 Und diese alle, die durch den Glauben zeugnishafte Bestätigung empfingen, erwarben die Verheißung noch nicht, 40 weil Gott um unsertwillen etwas Besseres vorgesehen hatte, in der Absicht, daß sie nicht ohne uns zur Vollendung kämen.

Die Frage V. 32a verleiht einer gewissen Verlegenheit Ausdruck. Wollte der Hebr.
in der begonnenen Ausführlichkeit fortfahren, würde seine Darstellung alle gebote- 32
nen Maße sprengen. Er bietet nur noch einen zusammenfassenden Abschnitt. Dem bibelkundlich versierten Leser fällt es nicht schwer, ihn zu entschlüsseln. Thematisch werden die Ausführungen durch die gleichartige Wendung „mittels Glauben" (V. 33 u. V. 39) zusammengehalten. Insgeheim schwingt die Überzeugung mit, daß die für den Beweis eigentlich bedeutsamen Namen der Vor- und Frühzeit Israels bereits genannt sind. Die Wendung „es fehlt mir die Zeit" greift in rhetorischer Manier eine gebräuchliche Formel auf (vgl. Philo, De somn. II,63; De vit. M. I,213; bes. De spec. leg. IV,238 u. a.). Summarisch richtet sich die Aussage vorweg auf die Periode der Richter, Könige und Propheten. Von den ersteren finden ausdrückliche Erwähnung: Gideon (Ri. 6-8), Barak (Ri. 4-5), Simson (Ri. 13-15) und Jephta (Ri. 11-12). Um des sprachlichen Rhythmus' willen ist auf die geschichtliche Abfolge keine Rücksicht genommen. Als einzige Königsgestalt ist weiter David genannt; denn der Herr war, wie es aus ausdrücklich vermerkt steht (s. 2. Sam. 7,1 ff. 9), „mit ihm". Seinem Hause wurde außerdem die Verheißung des künftigen Messias gegeben (s. 7,14). David selbst erscheint im Hebr. als Träger des prophetischen Geistes Gottes (3,7; 4,7). Samuel wird entgegen einer geschichtlichen Betrachtungsweise nach ihm genannt, wohl weil er als Ahnherr der Propheten Israels gilt (s. auch Apg. 3,24), welche ebenfalls nur summarisch erwähnt sind. In gewisser Hinsicht trägt V. 32 dem Zeugnis der sog. „früheren" und „späteren Propheten" Rechnung.

33 Mit V.33 beginnt eine aus neun Gliedern bestehende Aufzählung der Glaubenstaten der genannten Gestalten in der Weise, daß die beflügelnde und überwindende Kraft ihres Glaubens hervorgekehrt wird. Gegen Kanaaniter, Midianiter, Moabiter, Edomiter, Ammoniter und Philister kämpften schon die Helden der Richterzeit. Mehrfach berichtet die Schrift von erstaunlichen Siegen über Könige und Fürsten (s. Ri.3,10.14ff.; 4,17ff.23; 7,25; 11,32f. u.a.). David und Samuel gelang es ebenso immer wieder mit Erfolg, die Völker der umliegenden Königreiche niederzukämpfen (s. 1.Sam.7,3ff.; 17,1ff.; 30,1ff. u.a.). Der Redensart „sie setzten Gerechtigkeit durch" (wörtl.: „sie wirkten G.") liegt eine hebräische Wendung zugrunde (s. Ps. 106,3; Jes.56,1), wobei wahrscheinlich an das Verhalten der erwähnten Person gegenüber dem eigenen Volk gedacht ist, in dem sie – so z.B. David – „Recht und Gerechtigkeit" übten (2.Sam.8,15; 1.Chr.18,14 u.a.). Ähnlich kann das Volk über Samuel sagen: „Du hast uns keine Gewalt noch Unrecht getan" (1.Sam.12,4). David galt durchweg in der Überlieferung des jüdischen Volkes als Muster eines gerechten Königs und entsprechend Samuel als Vorbild eines gerechten Richters. Vor allem auf David und die Propheten mag sich die Aussage von den empfangenen Verheißungen beziehen (s. 2.Sam.7,1ff.; Hab.2,3f. in 10,37f. u.v.a.), doch kann auch an Zusagen gedacht sein, die einzelnen Richtern zuteil wurden und die sich wunderbar erfüllten (s. Ri.4,14; 6,14 u.a.). Indem in der Mehrzahl unbestimmt von „Verheißungen" gesprochen wird, gelangt weniger die Messiasverheißung in den Blick als die vielfache Erfahrung gnädiger Bewahrung und Hilfe. Selbst gegen wilde Bestien wie Löwen blieben die Gotteshelden siegreich. Von verwegenen Kämpfen, worauf die bildhafte Redeweise vom „Stopfen ihres Rachens" zielt, hören wir bei Simson (Ri.14,6), David (1.Sam.17,34ff.) und Daniel. Die einprägsame Formulierung geht auf Dan.6,22 (bes. Theodotion-Version) zurück. Wie sehr sich das Judentum der Zeit an derlei Heldentaten erbaut hat, entnehmen wir der Aufzählung in 1.Makk.2,49ff. Auch das frühe Christentum wird später Wert darauf legen, von
34 seinen Glaubenszeugen Ähnliches zu berichten (s. Acta Pauli). Jes.43,2 wird dem Propheten zugesprochen, er könne durch das Feuer gehen und seine Flamme werde ihn nicht verbrennen. In Zeiten der Verfolgung gewann man aus solcher Aussage Kraft. Vor dem Feuertod wurden die drei Freunde Daniels bewahrt (s. Dan.3), weil sie als Diener des höchsten Gottes Glauben hielten (s. Dan.3,17ff.) und weil sie in der Kraft ihres Gebetes seiner Hilfe gewiß sein durften (s. die Zusätze zu Daniel). Zahllos sind die Beispiele jener Gottesmänner, die der „Schneide des Schwertes" entrannen, weil sie um ihres Glaubens willen verfolgt wurden: David von Saul (1.Sam.18,6ff.), Elia von Ahab und Isebel (1.Kö.19,1ff.), Elisa von den Syrern (2.Kö.6,8ff.), Jeremia von Zedekia (Jer.37), Micha von Hiskia (Jer.26,19), Uria von Jojakim (Jer.26,21). „Zahlreich sind die Leiden der Gerechten, und aus allen wird der Herr sie erretten" – so der Psalmist (34,20). Wunderbare Stärkungen in körperlicher Schwachheit, aber auch in seelischer Verzweiflung, sind berichtet von Simson (Ri.15,19; 16,28ff.), von Elia (1.Kö.19,8), von Hiskia (2.Kö.20,1ff.). Ein Psalm Davids rühmt Gott, der dem Elenden Kraft gibt, Kriegsvolk zu zerschlagen: „denn mit meinem Gott springe ich über Mauern" (Ps.18,30). Ahnungsweise klingt auf, was gelegentlich auch Philo als zum Wesen Gottes gehörig erkannt hat, daß nämlich die Stunde der Schwachheit des Frommen gerade die seiner größten Kraft ist (De vit.

M. I,69f.). Bekannte Beispiele des Alten Testaments für ein besonderes Heldentum
im Kampf sind: David (z.B. 2.Sam.5,17ff.; 8,1ff.), der schon als Knabe über
Goliath gesiegt (1.Sam.17,52), und Jonathan, der sich als jugendlicher Krieger gegen
die Philister ausgezeichnet hatte (1.Sam.14,1ff.). Schlachtreihen (wörtl. „Lager")
wichen vor Gideons kleiner Schar (Ri.7,7). Hiskias Gebet wendete das Schicksal
Jerusalems, das von Sanheribs Heer umlagert war (2. Kö. 18, 13 ff.; 19, 1 ff.; Sir. 48, 21).
Noch in jüngster Vergangenheit gelang es der Truppe des Makkabäers Judas und
seiner Brüder, die Befreiung vom syrischen Joch zu erkämpfen: „Er glich einem
Löwen in seinen Taten" (1.Makk.2,3f.). In der Folge wird näher auf diese hohe Zeit
der nationalen Erhebung Bezug genommen (s. V.35ff.). An unserer Stelle muß offen
bleiben, ob und wieweit schon an sie gedacht ist. Von den insgesamt neun Wendun-
gen hebt die erste Dreiergruppe mehr die überwindende Kraft des Glaubens hervor,
die zweite stärker sein erstaunliches Heldentum und schließlich die dritte mit Nach-
druck seine wunderbare Fähigkeit, das Schwache stark zu machen. Eben damit ist
bereits offen gesagt, daß die Möglichkeiten des gläubigen Menschen unerhört und
unbegrenzt sind. Mit einer gewissen inneren Logik schiebt sich an dieser Stelle das 35
Zeugnis ein, daß der Glaube sogar der Auferstehung gewiß sein darf. Elia weckte
den Sohn der Witwe zu Zarpath auf (1. Kön. 17, 8 ff.), Elisa den Sohn der Sunamitin
(2. Kön. 4, 18 ff.). Wenn es heißt, daß Frauen ihre Toten „zurückerhielten", so mag die
Formulierung nach 2. Kön. 4, 36 f. gewählt sein. Als weiteres Beispiel eines ungebroche-
nen Glaubens an ein Leben der Auferstehung folgt in deutlicher Anspielung auf
2.Makk.6,18ff. und 7,1ff. die Aussage, daß andere gefoltert worden sind, aber um
der Erlangung des künftigen Lebens willen auf ihre irdische Freilassung verzichtet
haben. Tatsächlich wird dies von dem greisen Schriftgelehrten Eleazar und einer
Mutter mit sieben Söhnen berichtet. Sie nahmen lieber unsägliche Qualen und den
Tod des Martyriums auf sich, als den väterlichen Geboten abzuschwören (6,26.30;
7,37). Ihr Ende hat in der Schrift „Über die Makkabäer" (sog. 4.Makk.) eine
begeisterte Schilderung erfahren. Wie in 2.Makk.7,9.14 wird offen der Hoffnung
auf ein ewiges Leben bei Gott Ausdruck verliehen. Damit ist der Hebr. fast un-
versehens zur Herausstellung eines neuen Aspektes gelangt. An die Stelle des
Themas der Sieghaftigkeit des Glaubens in dieser Welt hat er erneut das andere
tiefere gerückt, wonach der leidende Glaube und das Opfer der Zeugen in Wahrheit
Zukunft und Leben vor Gott eröffnen. Es gibt eine „bessere Auferstehung", nicht
vergleichbar der Tatsache, daß wir in dieser Welt aus Gefahr und Verfolgung dem
Leben wiedergeschenkt werden. Der Gedanke hat wahrscheinlich einen zugleich
aktuellen Beisinn, insofern die Leidensscheu der Leser verständlicherweise ein nicht
geringes Problem bezeichnete. V.36 stellt den speziellen Glaubenszeugen von V.35, 36
die zu erkennen keine Schwierigkeit bereiten konnte, eine summarische Charakte-
ristik zur Seite, welche die bekannte Tatsache immer wieder erfahrener Mißhand-
lungen und Einkerkerungen aufgreift. Die Geschichte des jüdischen Volkes in spät-
hellenistischer und neutestamentlicher Zeit ist, soweit wir sehen, überreich damit
angefüllt (s. Sir.49,7; 1.Makk.9,26; 13,12; 2.Makk.6,10; 14,41; 3.Makk.3,6ff.;
4,4ff. u.a., bes. Philo, In Flacc. 73ff.). Die Angaben auf einzelne Fälle hin deuten zu
wollen, hieße wohl die Wucht des beigebrachten Arguments mindern (vgl. auch
Mk.12,1ff. parr.). Für die Herzen judenchristlicher Leser, nicht zuletzt solcher der

Diaspora, war der Satz, weil ständige Erfahrung, elementare bittere Wahrheit. Insofern eignete den Ausführungen in der Tat Gewicht und Kraft, sich in die auf-
37 gewiesene Geschichte des Glaubens einreihen zu lassen. V.37 hebt einige besonders grausame Todesarten hervor, die sich durch eine zum Teil sehr breit und massiv ausgesponnene Überlieferung beleuchten lassen. Die Steinigung ist bezeugt bei Sacharja ben Jojada (2.Chr.24,20ff.), der zur Zeit des Königs Joas gegen die Abgötterei seines Volkes auftrat (vgl. hierzu Lk.11,51; Mt.23,35). Nach später Volksmeinung soll auch der Prophet Jeremia in Ägypten auf diese Weise zu Tode gebracht worden sein (Tertullian, Scorp.8 u.a.). Die von uns auf Grund guter handschriftlicher Bezeugung an zweiter Stelle gebotene Aussage „sie wurden im Verhör gepeinigt" ist selbst ausgezeichnet belegt, mutet aber etwas allgemein an und wirft philologische Fragen auf (wörtl.: „sie wurden versucht"). Ob tatsächlich die peinliche Tortur gemeint ist, muß also offen bleiben. Verbesserungsversuche finden sich schon in der handschriftlichen Überlieferung des Neuen Testaments und noch mehr in der neueren Auslegung, darunter u.a.: „sie wurden verbrannt" (Philo, In Flacc. 174; 2.Makk.6,11), „verstümmelt", „zerstochen" (Luther 1530), „verkauft" u.a. (vgl. auch 2.Makk.7,4f.; Dan.11,33). Manche Ausleger rechnen damit, daß die fragliche Wendung vielleicht unabsichtlich aus der im Urtext ähnlich klingenden: „sie wurden zersägt" herausgesponnen wurde. Die Todesart der Zersägung (s. 2.Sam. 12,31; 1.Chron.20,3) weiß die jüdische Tradition vom Martyrium des Propheten Jesaja zu berichten (b. Jebam.49b; b.Sanh.103b; bes. Ascensio Jesaiae c.5). Offenbar knüpfte man dabei an 2.Kön.16,21 an, zumal überdies Jes.53 auf den leidenden Propheten selbst gedeutet werden konnte (s. Apg.8,34). Auch in der frühchristlichen Literatur wird mehrfach auf das erwähnte furchtbare Ende des Jesaja hingewiesen (Justin, Dial.c.Tr.120; Tertullian, De patient.14 u.a.), so daß wohl mit Recht von einer breiten und ausgeprägten Überlieferung gesprochen werden kann, die hinter unserer Stelle steht. Die Reihe der erwähnten Todesarten schließt mit der Nennung der Hinrichtung durch das Schwert. Sie kann sich auf Angaben des Alten Testaments stützen (s. 1.Kön.19,10; Jer.26,23), aber auch auf Begebenheiten der jüngsten Vergangenheit, in der es immer wieder dazu kam, daß Fromme durch blindwütigen Haß rücksichtslos zusammengeschlagen wurden (s. Lk.13,1ff.; Jos., Bell. Jud.I,16,3f.; IV,5,4). An dieser Stelle erhebt sich kurz die Frage nach der theologischen Bedeutung der hier breit aufgegriffenen Überlieferung von Prophetenmorden. Ohne Zweifel wäre es dem Zeugnis in keiner Weise gemäß, die Angaben in antisemitischer Weise gegen Israel auszuwerten. Schließlich spricht hier sogar ein jüdischer Christ, der offensichtlich sein Volk nicht verdammen, sondern auf dem Weg des Glaubens festigen will; Christus soll nicht noch einmal getötet werden (6,6)! Er will letztlich aufzeigen, daß der Glaube immer mit Verfolgung rechnen muß und somit niemals schon in dieser Welt zu Hause ist. Das Recht der Deutung ergibt sich vor allem auch auf Grund der folgenden Ausführungen, in denen die Gotteszeugen als Fremdlinge und Ausgestoßene dieser Welt beschrieben sind. Was sie verkündigt und gesprochen haben, mußten sie schließlich bis in die äußerliche Haltung verwirklichen. Nicht nur ihr Ende, auch ihr Leben war Verzicht, Mangel und Opfer. Sie lebten eher den Tieren ähnlich fern von Luxus und Wohlstand. Das unstete Umherziehen im Land war eine Folge ihrer Heimatlosigkeit. Elia beispiels-

weise soll nach 1. Kön. 19, 13 f. und 2. Kön. 2, 8 f. mit einem Schafpelz-Mantel, wie er
übrigens noch heute im Orient verbreitet ist, bekleidet gewesen sein. Andere taten es
ihm zum Zeugnis einer asketischen Lebensweise gleich (s. Sach. 13, 4). In neutesta-
mentlicher Zeit gab es offenbar bewußte Nachahmer dieses prophetischen Ideals,
bei dem Vorstellungen der Frühzeit Israels (s. Mk. 1, 6 parr.) sich mit aufkommender
Kulturkritik und Zivilisationsfeindlichkeit verbanden (s. Josephus, Vita 2: Bannus;
die Sekte von Qumran; Philo über die Therapeuten). Ihr gesamtes Leben erscheint
als Leidensweg, wenn es heißt: „darbend, bedrängt, gequält". Demnach besaßen
sie nicht einmal das zum Existieren Notwendige. Sie waren außerdem dem Druck
der Mitmenschen, ja noch mehr den Anfeindungen der Gegner ausgesetzt. Bedenkt 38
man ihr Zeugnis und ihr Wollen auf der einen Seite, auf der andern aber ihr Ge-
schick, so stellt sich die bittere Erkenntnis ein, daß die „Welt" ihrer nicht wert war.
Mit ihnen stieß sie das Leben und die Verheißung in größter Verblendung von sich.
V. 38 gibt zunächst eine Illustration des Satzes nach der negativen Seite. Die From-
men führten ihr Leben außerhalb der menschlichen Gemeinschaft: in Wüsteneien,
Bergen, Höhlen und Klüften, wie sie dem heiligen Land das Gepräge geben. Allezeit
wählten sie in ihrer Not solche Zufluchtsstätten, um das Leben davonzubringen
(1. Kön. 18, 4.13; 19, 8 ff.13; 1. Makk. 2, 28 ff.; 2. Makk. 5, 27; 6, 11; 10, 6; Jos.
Ant. XII, 6, 2; Ps. Sal. 17, 17). Positiv darf festgehalten werden, daß sie als Glieder
einer von Uranfang an gesetzten Geschichte des Glaubens bei aller Unerfülltheit
ihres Sehnens auch zugleich eine Zeugenaufgabe für das letzte Ziel besaßen. Dieser 39
wichtige Gedanke findet V. 39 f. seinen offenen Ausdruck, ist aber in überraschend
schneller Zusammenfassung des gedanklichen Anliegens sofort der Aussage unter-
geordnet, daß auch diese „alle" (s. V. 4-38) trotz des durch sie ergangenen Zeug-
nisses die Verheißung nicht „erwarben" (vgl. 10, 36). Gott hat sich demnach zwar zu
ihnen bekannt, weil er den Glauben will, der die Wirklichkeit der erhofften Güter
umgreift, aber die Verwirklichung selbst konnte ihnen wegen des höheren Ganzen,
das ausschließlich durch das Opfer Christi erreicht werden sollte, noch nicht gewährt
werden. V. 40 benennt in diesem Sinne den tieferen Grund, wobei der Wir-Stil vom 40
Beginn der umfangreichen Beispielreihe (V. 3) gewählt ist. Gewiß aus guter Überle-
gung! Die angesprochenen Christen sollen wissen, daß Gott zu allererst um ihretwil-
len den tieferen, unbegreiflichen Weg ging. Er tat es, sie und „uns" zu vollenden. Hat
Gott etwas „Besseres" um unsertwillen vorgesehen, dann können wir uns dessen nicht
anders vergewissern als über den Christusglauben, der uns in der Welt ohne Gott
doch zugleich mit Gott verbindet. Die bessere Wirklichkeit, auf die wir hoffen, liegt
nicht einfach seinshaft vor (etwa als höhere Welt), sondern ist begründet in der
Wahrheit seines Opfers.

Anfang und Ende der Glaubensgeschichte sind in dem gekreuzigten und erhöhten Jesus beschlossen, weshalb alles daran liegt, daß sich die Gemeinde willig der Erziehung Gottes beugt und gespannt der Offenbarung Gottes in Gericht und Herrlichkeit entgegenharrt 12,1-29

Kap. 12,1-29 bezeichnet den großen Schlußabschnitt des homiletischen Briefteils. Mit ihm wird unter Rückgriff auf die in Kap. 11 beschriebene Geschichte des Glaubens die Ermahnung von 10,19-39 zu Ende geführt. Zugleich erfahren damit die vorherigen Ausführungen ihre Abrundung. Nun wird noch einmal ausgesprochen, daß alle Geschichte ihr Ziel in einer Letztoffenbarung Gottes hat, auf die sich der Glaube, der in Jesu Sterben gründet, beziehen darf, mögen ihm Leiden und Kampf auch am wenigsten erspart bleiben. Schließlich besitzt er in diesem Jesus nicht nur ein Vorbild, das sich in gleicher Situation vorfand und bewährte, sondern überdies einen Garanten, der die Gottes- und Offenbarungsfrage einer Antwort zugeführt hat, wie sie tiefer und größer nicht gedacht werden kann.

1-3 Die Gliederung des Kapitels ergibt sich unschwer auf Grund des Inhalts. Der kompendiarische Teilabschnitt 12,1-3 nimmt das Wir von 11,40 auf, um den Sinn und Zweck der Beispielkette für das christologische Zeugnis zu erläutern und für die Gemeinde die praktischen Folgerungen zu ziehen. Das dialektische Geschehen von Kreuz und Erhöhung Jesu wird über das Bild vom Wettkampf hinaus zum Argument ausdauernden zielgerichteten Verhaltens. Mit 12,2b dürfte bewußt die thematische Verbindung zu Ps. 110 hergestellt sein. Zugleich ist in sehr überlegter Weise der Bogen zum Eingang 1,1-3 geschlagen. Im Aufruf „Laßt uns laufen in dem Kampfe" bekundet sich klar das eigentliche Anliegen, wie es dem Gebot der Stunde gemäß ist.

4-11 Die V. 4-11 wollen zunächst für das persönliche Glaubensringen eine Hilfe geben. Das Zeugnis von der väterlichen Erziehung Gottes kann dazu dienen, Dunkles und Schweres anzunehmen. Die überaus nachdrückliche Argumentation erklärt sich von der Gemeindesituation her, deren Ernst nicht verkannt werden darf, drohen doch Laxheit und Abfall. Unversehens hat sich das vorige Bild des Wettkampfes verschoben zum warnenden Zeugnis angesichts eines Entscheidungskampfes auf Leben und Tod.

12-17 Die praktische Anwendung auf die Gemeinde geschieht in den V. 12-17; denn das Versagen des Einzelnen kann auch die Gemeinschaft in Schwierigkeiten bringen. Am Beginn von V. 12ff. sind stärker alttestamentliche Sätze verarbeitet. Das abschreckende Beispiel Esaus steht warnend am Schluß. Ähnlich wie schon 3,12ff. schärft der Prediger ein, daß bei leichtfertigem Verhalten die Gefahr des Abfalls besonders groß ist.

18-29 Die übrigen Ausführungen Kap. 12,18-29 tragen dem allgemeinen Gesichtspunkt der nahen Offenbarung Gottes Rechnung. Sie setzen sich aus einem stärker beschreibenden Abschnitt (12,18-24) und aus einer angehängten Schlußwarnung (12,25-29) zusammen, in der mit Hilfe des traditionsreichen Schriftwortes Hagg. 2,6 auf den nahen Umschwung der Dinge, über den das ewige Reich Gottes heraufgeführt wird, hingewiesen ist. Es findet sich, daß dieser Teil eine Zusammenschau der endzeitlichen Motive des Briefes enthält. Der gedankliche Aufbau des Abschnittes ist sehr überlegt durchgeführt, insofern die Sinaioffenbarung (V. 18-21) in unverkennbarer Parallelität der Formulierung zum Gegenbild der erhofften Letztoffenbarung eines neuen Zion und eines ewigen Jerusalem erhoben wurde. Es scheint, daß auf diese Weise noch einmal sehr markant der Grundlage Ps. 110 entsprochen ist, wo es heißt (V. 2), daß Gott das Szepter des Christus „von Zion aus" senden wird. Der unvollkommenen Offenbarung des Auszugs, bei der es noch dinglich-materiell zuging, ist die vollkommene und höhere Offenbarung gegenübergestellt. Was sich bei manchen Betrachtern als mystische Zusammenschau von Kult und Enderwartung darstellt (s. V. 18.22 „ihr seid herangetreten"), wird richtiger aus der vorzustellenden Situation des Briefes erklärt. Es scheint demnach so zu sein, daß das Geschehen eines festlichen, vielleicht österlichen Gottesdienstes (s. V. 22: „zur Festversammlung") in bildlicher Rede unmittelbar auf den Inbegriff aller Hoffnung und Erwartung, eben auf Zion, die Stätte des Thronsitzes Gottes, bezogen wurde (s. 11,10.16; 13,14). Aus der unmittelbaren Begegnung mit dem Festinhalt, der im Zuspruch der Predigt und im Vollzug der Sakramente gesetzt ist, erwächst zuerst die gegenwärtige Gewißheit der Wirklichkeit des Erhofften (s. 10,19ff.; bes. 12,28). Das allgemeine grundsätzliche Endzeitdenken (s. 1,2; 3,12ff.; 10,35ff.) mag überdies die Ausführungen abstützen. Der bewegende Schlußsatz 12,29, der sachlich und formal 10,31 in Erinnerung bringt, ist der Widerhall einer elementaren, vor allem auch den Verfasser kennzeichnenden Erschütterung. Sie gibt seinem Glaubenszeugnis die Tiefe und setzt seiner Hoffnung ein unverrückbares Ziel. Der Ernst seiner Ermahnung und die Radikalität seines Bußdenkens (s. 6,4ff.; 10,26ff.; 12,16ff.) sind unmittelbar davon bestimmt.

Der erhöhte Gekreuzigte ist der verborgene Anfang, die heimliche Sinnmitte und das offenbare Ziel der Geschichte des Gottesvolkes, aus dem Kraft geschöpft werden soll
12,1-3

1 Darum also, weil wir eine so große Wolke von Zeugen um uns haben, laßt auch uns nach Ablegung allen Ballastes und der bestrickenden Sünde mit Ausdauer in dem Kampf laufen, der in Aussicht steht, 2 indem wir auf Jesus, den Anfänger und Vollender des Glaubens, blicken, der um der vor ihm liegenden Freude willen das Kreuz in Mißachtung der Schande erduldete und sich sogar „zur Rechten" des Thrones Gottes „gesetzt hat"! 3 Bedenkt doch den, der eine solche Auflehnung der Sünder gegen sich durchgestanden hat, damit ihr nicht an euren Seelen ermüdet und vollends erschlafft!

V. 2: *Ps. 110,1a.*

Mußten die Glaubenszeugen des Alten Bundes auf den Empfang der Verheißung 1
warten (11,39ff.), können „wir" dann in Gleichgültigkeit verharren? Waren jene, die die künftige Heimat freudig und sehnsüchtig grüßten, bereits voller Spannung und Hingabe, können „wir" dann in Resignation verharren und auf die Erreichung des letzten Ziels verzichten? In fast umständlich-feierlicher Weise, aber auch im Wissen um die überwältigende Kraft seines Arguments, aktiviert der Verfasser den Willen seiner Hörer. Die Verse 1 und 2 bilden eine einzige gefüllte Satzperiode. Mit der

Kraft des Aufrufs verbindet sich die Anschaulichkeit bildhafter Rede. Als erstes soll die Gemeinde wissen, daß sie nicht allein ist, sondern eine „große Wolke von Zeugen“ um sich hat. Das Bild der Wolke, die einhüllt, zielt auf die dichtgedrängte Schar, die den Einzelnen nicht mehr allein erscheinen läßt, sondern ihn zum Glied einer verschworenen Einheit macht. Der Begriff des „Zeugen“ meint nicht „Märtyrer des Glaubens“, die etwa mit ihrem Leben für ihre Überzeugung bezahlten (so der spätere technische Sprachgebrauch), sondern Zeugen der Wahrheit und des Rechtes des Glaubens, der eine „Wirklichkeit des Erhofften“ ist und ein „Überführtsein von Tatbeständen, die man nicht sieht“ (11,1). Das Bild des Rechtsstreites wandelt sich in der Folge zu dem eines Wettkampfes, der im Stadion durchgeführt wird und bei dem die Zuschauer Zeugen des erbitterten Ringens um den Sieg sind. Was hindert und beschwert, wird von den Läufern abgelegt. Der Begriff des „Ballastes“ ist etwas zu hart gewählt, zeigt aber an, daß die Leser den Sachverhalt einer niederdrückenden Bürde ernstnehmen müssen, wollen sie ans Ziel kommen. Daher auch der erklärende Zusatz von der „bestrickenden Sünde“, weil Bequemes und Allzuangenehmes für den Läufer eine Fessel darstellen. „Ballast“ verzehrt unnötig Kräfte, „Bequemlichkeit“ schwächt den Willen. In beiden Fällen leiden darunter Ausdauer und Kondition. Es ist deutlich, daß dem Hebr. das in der Literatur (z.B. bei Philo) vielgebrauchte Bild des römisch-griechischen Kampfspiels vorschwebt. Paulus hat es gleichfalls bevorzugt (s. 1.Kor.9,24ff.; Gal.2,2; 5,7; Phil.2,16 u.a.; vgl. auch 2.Tim.4,7), um den Kampf des Christen auf diese Weise zu verdeutlichen. Der Hebr. betont ebenfalls, daß es um die Erringung des letzten Sieges geht, wobei die Kraft des ganzen Menschen gefordert ist, weil nun das Leben entschieden wird. Was sich wie ein Spiel darstellt, ist in Wahrheit blutiger Ernst. Der Sieg läßt sich nicht durch billige Aufrufe und begeisternde Zurufe erringen, sondern bedarf eines überragenden
2 Einsatzes, der nicht allein im Kämpfer selbst seinen Grund hat. An dieser Stelle führt der Hebr. als entscheidende Kraftquelle den Aufblick auf den gekreuzigten Jesus an (vgl. auch 4.Makk.17,10). So wie die Läufer nur auf den schauen, der die Führungsposition innehat, so haben auch die Christen in Jesus einen Läufer, der Maßstab und Vorbild ist, um die vielen anderen zu beflügeln. Mit anderen Worten: als Vorbild des Glaubens ist Jesus der Grund des Glaubens. In Hinsicht darauf nennt ihn der Hebr. in lakonischer Kürze: Anfänger und Vollender. Die Redeweise meint nicht den vorzeitlichen Herrn, der etwa am Anfang der Geschichte des Glaubens stand, auch nicht den, der allem Glauben vorweggeht, sondern von vornherein den im Leiden zutiefst angefochtenen und bewährten Jesus, der in umfassender Weise Glauben erbracht hat (s. 2,9f. 17f.; 5,1ff. 5ff.), mehr noch als die Vielen der skizzierten Glaubensgeschichte Israels. Sein einmaliger Glaube steht somit zur Diskussion, weil aus ihm allein die erforderliche Kraft erwächst, in dem verordneten Kampf durchzuhalten. Worin besteht er? Nicht in einem besonderen Maß an Schmerzen und körperlichen Leiden, wenn freilich furchtbar bleibt, was die Zeitgenossen die „grausamste und abscheulichste Hinrichtungsart“ genannt haben (Cicero, or. II c. Verrem 5,64)! Die Passion Jesu darf nicht auf Grund ihrer psychischen und physischen Marter Beweis für ein einmaliges Verhalten sein. So gefragt, könnte sich in der Tat herausschälen, daß auch andere Menschen ein Übermaß an Qualen erduldet haben. Das Leiden Jesu gewinnt seine Einmaligkeit vielmehr in Anbetracht der bei

ihm gegebenen besonderen Gottesbindung und Gotteserwartung im Gegenüber zu dem von ihm erfahrenen Nihilismus. Daß auch bei ihm Nichts so sehr Nichts sein konnte wie Gott selbst (Luther zu Ps. 22), läßt uns die erwähnte Feststellung treffen. Eben in diesem Sinne nimmt darauf der Hebr. Bezug, wenn er schreibt, daß Jesus um der vor ihm liegenden „Freude" willen der Schmach des Kreuzes nicht achtete und Ausdauer aufbrachte. Obwohl ihm Gott in solcher Lage fragwürdig und zweifelhaft werden konnte, hielt er den Glauben durch. Obschon als Sohn in besonderer Weise sich berufen wissend, bewährte er sich in beispielloser Versuchung. Indem er Aufgabe und Auftrag nicht von sich stieß, sondern Verantwortung für die menschlichen Brüder (s. 2,11ff.) noch in der eigenen Verzweiflung wahrnahm, legte er den göttlichen Grund zu seiner Erhöhung. In der ihm zugemuteten Schande Gott die Ehre gebend, lernte er den Gehorsam, der in dieser Welt allein den Weg zur Herrlichkeit des Thrones Gottes eröffnet (4,16). Auf diesem Glauben beruht letztlich seine Vollmacht, die ihm von Gott übertragen ist und in der er nun anderen Helfer und Hoherpriester sein kann (2,18; 5,8f.). Das durch Christus erworbene Heil ist in solcher Betrachtung keineswegs das Resultat eines überirdischen Prozesses oder einer jenseitig-ontischen Wirklichkeit, sondern in höchst ursprünglicher biblischer Betrachtung eine Folge seines Verhaltens, das unser aller Verhalten befreien und bestimmen kann. Daß Gott sich mit dem sterbenden Christus um dessen Glaubens willen identifiziert hat, ist der vom Glauben selbst vorausgesetzte Grund. Eben auf diese dialektische Wahrheit weist das Zeugnis des Hebr. über den „Anfänger und Vollender" auf den schmachvoll Gekreuzigten und den
als Sieger Erhöhten. Wer sich dieser Wahrheit stellt, wozu V. 3 auffordert, gerät 3
gewiß an eine Grenze des logischen Verstehens, aber er vernimmt darüber hinaus das befreiende Angebot des Glaubens zu eigener zielgerichteter Lebensorientierung, um über Müdigkeit, Resignation und Erschlaffung hinausgeführt zu werden. Dies gilt es zu bedenken. Schlimmer als der physische Schmerz war für Jesus die Tatsache, völlig allein zu stehen. Verlassen von Gott mußte er zugleich die Ablehnung jener erfahren, für die er lebte, diente und litt. Neben dem Schweigen des Vaters stand der Widerspruch der Brüder in Gestalt feindlicher Ablehnung. Eben diese zwei Faktoren bringen in Wahrheit jene letzte nihilistische Dimension ein, die durchgestanden zu haben als Grund der Erhöhung wahrhaft glaubwürdig ist. Als Frage bricht auf, ob sich die Situation von Golgatha wiederholen soll, ob wir den Widerspruch gegen Jesus ebenfalls ausdrücklich bejahen und somit die einzige Chance versäumen, einen inneren Halt zu gewinnen und damit die für das höchste Ziel nötige „seelische Kraft". Was die Angesprochenen bisher erduldet haben, hält keinen Vergleich mit dem Leiden Christi aus.

Gott nimmt uns zu unserem Besten in eine harte Schule 12,4-11

4 Ihr widerstandet im Kampf gegen die Sünde noch nicht bis aufs Blut 5 und habt ganz des Zuspruchs vergessen, der euch als Söhne anredet: „Mein Sohn, schätze die Erziehung des Herrn nicht gering, verliere auch nicht den Mut, wenn du von ihm gestraft wirst! 6 Denn wen der Herr liebt, den nimmt er in seine harte Erziehung; er züchtigt aber einen jeden Sohn, den er annimmt". 7 Haltet in der

„Erziehung" aus! Gott verfährt mit euch wie mit „Söhnen". Gibt es denn einen „Sohn", den der Vater nicht „erzieht"? 8 Wenn ihr aber ohne die Erziehung bleibt, an der alle teilgenommen haben, dann seid ihr ja Bastarde und keine Söhne. 9 Wenn wir ferner unsere leiblichen Väter als Erzieher besaßen und uns nach ihnen richteten, sollten wir dann nicht vielmehr dem Vater der Geister gehorsam sein und das Leben haben? 10 Während uns nämlich jene nach ihrem Dafürhalten für wenige Tage in ihre harte Schule nahmen, tat er es zu unserem Besten, um an seiner Heiligkeit Anteil zu geben. 11 Jede (strenge) Erziehung scheint zwar für den Augenblick keine freudige, sondern eine schmerzliche Sache zu sein, hernach aber erstattet sie den darin Bewährten die friedliche Frucht der Gerechtigkeit.

V. 5f.: *Spr. 3,11ff.*

Das entscheidende Ja restloser Hingabe erwächst aus einer besonderen existentiel-
4 len Lebenserfahrung des Glaubenden. V.4 nimmt darauf Bezug. Damit ist nicht
etwa das weitere Bild eines Faustkampfes aufgegriffen, sondern das Thema eines
entscheidungsvollen Kampfes weitergesponnen. Schließlich geht es für die Gemeinde
nicht nur um das nötige Durchhaltevermögen zur Erreichung des Zieles, sondern
mehr noch darum, in einer Auseinandersetzung mit der „Sünde" bis auf Leben und
Tod zu bestehen. Offenbar ist anderes gemeint als in 12,1, wo das Ablegen der
„bestrickenden Sünde" verlangt wird, was sich auf persönliche Verfehlungen be-
ziehen kann. In einem neuen Denkansatz wird auf die Notwendigkeit einer Grund-
entscheidung für oder gegen Gott hingewiesen, und zwar in der Situation äußerster
Versuchung. Möglicherweise klingt erneut an (s. schon 10,32ff.), daß die Gemeinde
bis zur Stunde noch keine blutigen Verfolgungen hat erdulden müssen. Darüber
hinaus richtet sich die leicht tadelnde Aussage aber gewiß warnend auf die un-
genügende Bereitschaft der Gemeinde, in naher oder ferner Zukunft eine Be-
währungsprobe zu bestehen, die ihr das Letzte abverlangt. Im Blick auf 12,18-29
gewinnt die Annahme Wahrscheinlichkeit, es sei zugleich die große endzeitliche
Stunde der Versuchung ins Auge gefaßt. Die drohende Sünde schlechthin wäre dann
die des Abfalls. Wer kann ihr entgehen? Der Verfasser, der seine Predigt „ein Wort
des Zuspruchs" nennt (13,22), faßt an dieser Stelle die Quintessenz seines Anliegens
noch einmal zusammen, um einzuschärfen, daß an seiner Beherzigung für die
5 Gemeinde nicht nur viel, sondern letztlich alles liegt. Hatte sie bislang diese Wahr-
heit auch unbeachtet gelassen, so kann sie nun nach dem gegebenen Einblick in die
Breite und Tiefe des Christusgeschehens daraus durchaus hinreichenden Trost und
Stärkung empfangen. Freilich sollte man ihrer immer eingedenk sein, wie ja der
Zuspruch in Gestalt des biblischen Wortes Spr. 3,11ff. als bleibende gültige Aussage
vorliegt. Darin hat eine in der Schrift vielfach bezeugte Wahrheit ihren Niederschlag
gefunden, worüber – was im folgenden geschieht – nachgedacht werden kann
(s. V.7-11). Der Inhalt des tröstlichen Zuspruchs ist ein doppelter. Erstens dürfen
wir uns als „Söhne" Gottes angesprochen wissen: er tritt uns in der Haltung des
Vaters entgegen. Zweitens bekommen wir Einblick in das Wirken Gottes als des
Vaters: er unterwirft die Seinen ebenfalls einer „Erziehung." Vielleicht überaus streng
und hart, dient sie doch ganz der Vollendung und Reife. Der Hebr. zitiert Spr. 3, 11 ff.
als Beweis für eine allenthalben im Alten Testament niedergelegte Auffassung. Den
Frommen des alten Bundes blieb es ebenfalls in keiner Weise erspart, den „verbor-

genen Gott“, dessen Verhalten dunkel und unverständlich sein kann, als den in
Wahrheit gnädigen zu erfahren. Auch sie gingen durch die harte Schule Gottes, um
darin zu reifen und vollendet zu werden. Man mag an Mose (s. 5.Mose 8,5), an Hiob
(Kp. 5,17) und überhaupt an das Volk Israel denken (Jer. 2,30 u. a.). Sie alle waren
Ton in der Hand des großen Töpfers, der sie in seinem Sinne gebildet und geformt
hat (Jer. 18,6; Jes. 64,8). Was aber im Alten Testament als allgemeines Gesetz gött-
lichen Handelns nur anklingt, hat im Leben des Sohnes (s. 3,1-6) einmalige Gestalt
gewonnen (s. 5,7ff.). Unausgesprochen wird dieser schon im Eingangsteil der
Homilie anklingende Gedanke auch hier vorausgesetzt. Aus ihm erwachsen Zu-
spruch und Mahnung. Von daher erklärt es sich, daß über den alttestamentlichen
Text hinaus nun die Anrede steht: „mein“ Sohn. Das Zitat selbst betont, daß alle
strenge Erziehung – der griech. Begriff „paideia“ meint mehr als nur „Züchtigung“ –
hoch zu achten ist und zwar nicht nur von Fall zu Fall, sondern prinzipiell. Man soll 6
auch niemals zerbrechen oder aufgeben, sondern in der väterlichen Erziehungs-
maßnahme Gottes die Liebe, die letztlich das Beste des Sohnes will, erkennen. In
einer gewissen Steigerung des Ausdrucks hält der Hebr. fest, daß der Herr einen
jeden Sohn züchtigt, den er annimmt. Damit schärft er ein, daß sich die Hörer der
Predigt als angenommene und gehaltene verstehen dürfen, wenn Zweifel die Seele
erschüttern und Anfechtung überhandnimmt. Es ist bemerkenswert, daß auch Philo
dem Gedanken der göttlichen „Erziehung“ breiten Raum gewährt (vgl. z.B. Quod
det. 144ff.) und daß er Spr. 3,11ff. ähnlich kommentiert hat (De cong. 177). Das
Zeugnis des Hebr. weiß um die im Kreuze Jesu gegründete befreiende Wahrheit.
Leidvolle Erfahrungen können und sollen für den Christen ein Zeichen der „Gottes-
kindschaft“ sein. Vielleicht erwartet der heutige Leser des Hebr. gerade von daher 7
V. 7ff. einige tiefere Sätze. Die folgende Erörterung wirkt jedoch etwas logisch-
umständlich und distanziert. Wir stehen vor einer stark begrifflich ausgerichteten
Argumentation. Andererseits bleibt unüberhörbar, daß der Verfasser noch einmal
alles theologische und seelsorgerliche Können aufbietet, um einzuschärfen, woraus
allein die Gemeinde in der künftigen Bewährungsprobe Halt empfängt. Fast eruptiv
steht am Beginn der Befehlssatz, doch in der Erziehung Gottes auszuhalten. Daraus
sprechen die Sorge und die Verantwortung des Predigers. Ganz persönlich sollen es
die Hörer nehmen, daß Gott mit ihnen wie mit Söhnen verfährt. Spätere Hand-
schriften haben den Text sprachlich leicht entschärft und ihm damit zugleich die
Kraft genommen: „Wenn ihr ... erduldet, so verfährt Gott mit euch wie mit
Söhnen“. Erst in der Folge greift ein stärker meditatives Argumentieren Platz. Lehrt
nicht der Alltag, daß Erziehung sein muß? Gibt es ein Kind, das nicht in väterlicher
Autorität geführt wird? Ältere Auslegungen bieten durchweg für die von uns
gewählte Übersetzung „Erziehung“ die andere „Züchtigung“, übersehen aber dabei,
daß so der hellenistische Begriff überaus einseitig gesehen wird. Die antike Schule
war zwar streng, aber ihr Bildungsideal wird keineswegs vom Tatbestand der
Züchtigung (= Prügelstrafe) her angemessen erfaßt. Es mag genügen, wenn wir
sagen, daß immer die Formung des Menschen eigentliches Leitbild war, nie etwa
die Bestrafung eines Vergehens. Der gebildete Verfasser des Briefes weiß dies nur zu
gut. V. 8 beleuchtet den Sachverhalt vom Gegenteil her (s. 7,7; 9,7). Der Grundsatz 8
der „Erziehung“ der Kinder ist ein genereller Tatbestand. Haben Söhne nicht daran

teil, handelt es sich doch wohl um Bastarde, unehelich und illegitim, sich selbst über-
lassen und ohne die Führung des Vaters. Bemerkenswerterweise wird die Über-
legung sofort im Hinblick auf die Leser formuliert. Die Aussage setzt voraus, daß
alle Frommen, wie eben Kap. 11 aufgezeigt, in die göttliche Schule des Glaubens
genommen werden. Fast bedauernd klingt an, daß die, die davon ausgenommen
9 werden, keine Söhne sind. Ist es denn so schwer, sich der Erziehung Gottes zu unter-
werfen? In einem Schlußverfahren, das gegebener Analogie Rechnung trägt, wird
vom Gewöhnlichen zum Besonderen hin argumentiert. Dabei fällt die Wärme des
seelsorgerlichen, kommunikativen Wir auf, wenn es heißt: Haben „wir" in der Zeit
der Kindheit den Vätern den schuldigen Respekt erwiesen, warum dann jetzt nicht
auch Gott, dem Vater der Geister (s. 4.Mose 16,22; 27,26), der Leben in viel tieferer
Weise verbürgt? Die Aussage will in ihrer Weise zwingend sein. Sie geht davon aus,
daß Gottes Vaterschaft eine umfassende ist. Alles Leben und aller Geist (s. 1,14)
vollenden sich in ihm. Auf ihn sind sie ihrem schöpferischen Ursprung nach bezogen.
Wäre Ungehorsam also nicht wider die Natur und gegen das Wesen der Dinge?
Es ist deutlich, daß der Hebr., der anderwärts sehr wohl den mündigen Christen
will, einen autonomen Menschen nicht anerkennt. Gott hat den Empfang des
Lebens in erzieherischer Weise an den Tatbestand der Unterordnung, nicht der
10 Überheblichkeit gebunden. V. 10 macht den Gedankengang noch eindringlicher.
Die vielleicht strenge Erziehung eines leiblichen Vaters war stets nur eine befristete
und gewiß auch immer eine irgendwie unvollkommene. Väter, die dem vergäng-
lichen „Fleisch" entstammen, sind fehlsam und es geht bei ihnen nicht ohne Dafür-
halten und Willkür ab. Wenn wir sie zum Vergleich heranziehen, dann nach der
Meinung des Hebr. nur deshalb, weil sie Hinweis auf ein vollkommenes erziehe-
risches Handeln Gottes sind. Bei Gott ist der Erfolg nicht in Frage gestellt. Das Ziel
aller erzieherischen Arbeit liegt in der Teilhabe an seiner Heiligkeit. Unheiliges muß
rein gemacht und Unvollkommenes muß zur Vollendung gebracht werden. Die
göttliche Erziehung zielt darauf, daß der Mensch ganz Gott gehört und eben auf
11 diese Weise zu sich selber kommt. Verständnisvoll hält der Verfasser in einem ab-
schließenden Satz V. 11 fest, daß Erziehung für den Zögling immer eine schmerzliche
Angelegenheit ist. Wichtiger aber ist es, auf den Ertrag zu sehen, nämlich auf die
Gerechtigkeit, die sich nach der Zeit leidvollen Kampfes gleichsam natürlich-gesetz-
mäßig als „friedsame" Frucht einstellen wird. Sehen wir recht, dann meint der Hebr.
damit jenen Menschen, der über Unklarheiten und Irrungen, auch über Kampf und
Leid, zum inneren Frieden und zur inneren Einheit mit sich selbst geführt worden
ist.

Mangelnde Heiligung kann zum Verlust des Erstgeburtsrechtes führen 12,12-17

12 Darum „richtet die müden Hände und die weich gewordenen Kniee auf", 13 und „gebt euren Füßen einen geraden Gang", damit das Lahme nicht (noch) verrenkt, sondern vielmehr geheilt werde! 14 „Jagt dem Frieden" mit allen „nach", dazu der Heiligung, ohne die niemand den Herrn sehen wird! 15 Dabei paßt auf, daß nicht jemand die Gnade Gottes versäume, „daß keine bittere Wurzel aufschieße und Unordnung stifte" und dadurch die Vielen angesteckt werden, 16 daß nicht

jemand ein Hurer oder ein Unreiner wie Esau sei, der für eine einzige Speise sein „Erstgeburtsrecht vergab". 17 Denn ihr wißt, daß er, als er nachher noch den Segen ererben wollte, verworfen wurde; er fand keine Möglichkeit der Buße mehr, obwohl er sie mit Tränen begehrte.

V. 12: *Jes.35,3*; V. 13: *Spr.4,26a;* V. 14: *Ps.34,15b;* V. 15: *5.Mose 29,17c;* V. 16: *1.Mose 25,30ff.*; V. 17: *1.Mose 27,38.*

Dem Christen bleibt die harte Schule der göttlichen Erziehung am wenigsten 12
erspart. Was er anderen, die den Weg ohne Gott gehen, voraus hat, ist die Tatsache,
daß er um ihre Ordnung und um ihr Bildungsziel weiß. In eindrucksvoller Weise
tragen ihm die Ausführungen 12,12-17 Rechnung. Mit dem „darum" V.12 werden
bündig die praktischen Folgerungen gezogen. Ihre Dignität empfangen sie als Aus-
sagen des Alten Testaments, wobei sie offenbar noch einmal das Bild des ent-
scheidungsvollen Laufes in Erinnerung bringen (s. 12,1), wenn freilich nun in
gewisser thematischer Verschiebung. Die Hörer, die in der dargelegten Weise um die
Erziehung Gottes wissen, sind verpflichtet, unverzüglich ihre Verantwortung unter-
einander wahrzunehmen. Es darf keine Zusammenbrüche geben! Niemand soll auf
der Strecke liegenbleiben! Der ganze Mensch muß von der Aufgabe durchdrungen
sein! In teilweiser Anlehnung an Jes.53,3 verlangt der Hebr. zunächst, die „müden
Hände" und die „weichen Knie" zu strecken bzw. aufzurichten (vgl. auch Sir.25,22;
Jer.4,31; 6,24; 27,43; Zeph.3,12 u.a.; auch 1 QpHab.VII,11). Alle sollen außer- 13
dem, wie es in Bindung an Spr.4,26 heißt, einen „geraden Gang" anstreben und
somit nicht schwanken. Dem Christen ist nämlich zielbewußtes Vorwärtsschreiten
angemessen, doch niemals ohne Rücksicht auf das Schwache und Lahme. Es würde
ja sonst vollends zusammenbrechen. Wo es möglich ist, wird es durch rechte
stützende Begleitung seine Gehfähigkeit wiedererlangen. Die Verantwortung aller
wird im folgenden weiter betont. Die intakte Gemeinde bedarf des Friedens (s. Ps. 14
34,15, Jes.51,1). Jeder hat ihn im Blick auf alle anzustreben. Der Hebr. nennt damit
eine von Jesus neu gestellte Grundforderung (Mt.5,9), die zum Hauptmotiv neu-
testamentlicher Ermahnung wurde (s. Röm.12,18; 14,19; 1.Petr.3,11; 2.Tim.2,22).
Sie regelt das Verhalten zum anderen und zwar zunächst natürlich im Raum der
Gemeinde, die nicht von Vergebung sprechen kann, ohne sie vorzuleben. Der Hebr.
sichert sie mit Nachdruck ab durch den Hinweis der persönlichen Heiligung, „ohne
die niemand den Herrn sehen wird". Die Härte der Bemerkung ist unüberhörbar.
Fast beiläufig wird erneut auf das Ziel geblickt (s. Mt. 5,8; 1. Joh. 3,2; 1. Kor. 13,13
u.a.). Gemeint ist mit dem „Herrn" in diesem Zusammenhang Gott, kaum Christus
(doch vgl. 9,28). Die rechte Ausrichtung nach vorne macht nicht blind für die
Gegenwart. Im Gegenteil! Es stellt sich eine dreifache Aufgabe. Man wird erstens 15
aufpassen, daß es keine Nachzügler gibt, die den Anschluß an die „Gnade Gottes"
versäumen. Alle in der Gemeinde haben hier eine Aufgabe in der Art gemeinsamer
fürsorgender Mitverantwortung. Bemerkenswerterweise ist das disziplinäre Mo-
ment nicht hervorgekehrt. In neuer Variation wird ein Anliegen aufgenommen, das
in 4,1 stärker theologisch verkleidet, in 10,25 aber sehr konkret formuliert ist. Zwei-
tens wird man darauf sehen, daß sich kein Glied der Gemeinde in Verbitterung ab-
kehrt, um schließlich zum gemeinschaftsstörenden Unruhefaktor zu werden. Die
Aussage ist ziemlich wörtlich nach 5.Mose 29,17 (18) gebildet, wo der Götzendiener

mit einer Wurzel verglichen wird, die „Gift und Galle“ in sich birgt, statt „Galle“ hat der Hebr.: „der Unruhe stiftet“. Wenn weiter festgestellt ist, daß dadurch die Vielen angesteckt, wörtlich: „befleckt“ werden können, so dürfte die Warnung gegen eine heimliche Neigung zum Separatismus gehen. Nicht nur Irrlehren, auch seltsame sittliche Vorstellungen können in einer religiösen Gemeinschaft sehr abwegige, um nicht zu sagen abartige Gestalt annehmen. Die Geschichte des Sektierertums der alten Kirche bietet mannigfache Zeugnisse menschlicher Ver-
16 irrungen. Vielleicht ergibt sich von daher der logische Übergang zu V. 16, worin
schließlich drittens am Leben des Esau (s. 11,20) aufgezeigt wird, daß Unzucht und
Unreinheit in der christlichen Gemeinschaft keinen Platz haben. Esau, der um eines
Essens willen sein Erstgeburtsrecht vergab (1.Mose 25,33), gilt in der späteren
jüdischen Überlieferung als ein abstoßendes Beispiel unmäßiger Lüsternheit (s. z.B.
Philo, De virt. 208 u.a.). Er verkörpert den rücksichtslosen Menschen, dem Eigen-
nutz und Befriedigung der Triebe über alles gehen. An ihm mißfällt vor allem der
Zug zum „Unreinen“ und „Gemeinen“, womit das Leben ohne Gottesbezug und im
17 permanenten Widerspruch zur göttlichen Ordnung angedeutet ist. Indem der Hebr.
auf die allgemeine Überlieferung Bezug nimmt (s. „ihr wißt“), bringt er mit besonderem Ernst das Thema radikaler Entscheidung ein, auch auf dem Bereich der sittlichen Lebensführung. Ohne die Rolle Jakobs zu berücksichtigen, ist der Verlust des Segens als die unmittelbare Folge eines leichtfertigen Verzichts auf das Erstgeburtsrecht bezeichnet. Indem so Esau ganz als Mensch gesehen ist, der an sich selbst und seinem Egoismus zerbricht, wird er zur Gestalt, die zeigt, daß es ein endgültiges Zu-Spät gibt. Buße ist in unserem Brief nicht nur eine Sache des guten menschlichen Willens, wie ein psychologisches Mißverständnis meinen könnte, sondern eine ausschließlich von Gott gewährte Möglichkeit. Wenn es heißt, daß Esau (wörtlich) „keinen Raum der Buße fand“, obwohl mit Tränen danach begehrend (s. 1.Mose 27,38), so ist das biblische Zeugnis in diesem Sinne vertieft und radikalisiert. In typischer Begrifflichkeit wird gesagt, daß die Verwerfung des göttlichen Segens, also des Heilsangebotes, nicht mehr rückgängig gemacht werden konnte. Der Begriff der „Buße“ bezieht sich nicht auf irgendwelche Verfehlungen, sondern auf das letzte Ziel, im Denken des Hebr.: der „Segen“ und die „Verheißung“ schlechthin. Die formulierte Wahrheit ließe sich auch dahingehend bestimmen, daß es ohne das Kreuz für den Christen kein Heil gibt (s. 6,6). Als Ort der Vergebung beschreibt es ein umfassendes, aber auch genau begrenztes Angebot von Gott her (s. 12,24).

Anders als die dinglich-irdische Sinaioffenbarung sprengt die letzte Offenbarung Gottes alle Vorstellungen 12,18-29

18 „Ihr seid“ nämlich nicht zu einem betastbaren und verbrennenden „Feuer“, zu einem „Gewölk“, zu einem „Dunkel“, zu einem „Sturm“, 19 zu einem „Posaunenschall“ und zu einer „Stimmenrede“ „herangetreten“, deren Hörer sich verbaten, daß an sie weiter das Wort gerichtet wurde, 20 weil sie die Anordnung: „Selbst ‚wenn ein Tier‘ ‚den Berg berührt‘, ‚soll es gesteinigt werden‘!“ nicht ertrugen. 21 Auch Mose sagte, so furchtbar war die Erscheinung: „‚Ich bin entsetzt‘ und erschüttert“. 22 Vielmehr seid ihr zum Berg Zion und zur Stadt des lebendigen

Gottes herangetreten, zum himmlischen Jerusalem und zu den Abertausenden
von Engeln, zur Festversammlung 23 und zur Gemeinde der Erstgeborenen, die
in den Himmeln eingeschrieben sind, auch zu einem Richter, dem Gott aller, sowie
zu den Geistern der vollendeten Gerechten 24 und zu Jesus, dem Bürgen eines
neuen Testamentes, sowie zu dem Blute der Besprengung, das Höheres redet als
Abel. 25 Seht zu, daß ihr den nicht abweist, der spricht: denn wenn jene nicht ent-
kamen, die den ablehnten, der sich auf Erden kundgegeben hatte, wieviel weniger
wir, wenn wir uns von dem abwenden, der vom Himmel her (redet). 26 Dessen
Stimme „erschütterte" damals die Erde, jetzt aber hat er eine Verheißung gegeben,
die besagt: „‚Noch einmal werde ich' nicht nur ‚die Erde', sondern auch ‚den
Himmel erbeben machen' ". 27 Dieses „Noch einmal" aber macht die Umwandlung
dessen offenbar, was als Geschaffenes erschüttert werden kann, damit das Un-
erschütterliche bleibe. 28 Deshalb laßt uns, da wir ein unerschütterliches Reich
empfangen, Dankbarkeit bezeugen, wodurch wir Gott wohlgefällig dienen mit
Furcht und Scheu. 29 Denn auch unser „Gott ist ein verzehrendes Feuer".

V. 18f.: *2.Mose 19,12-19; 5.Mose 4,11f.; 5.Mose 5,22f.;* V. 20: *2.Mose 19,12f.;* V. 21: *5.Mose 9,19;* V. 26: *Ps.114,7; Ri.5,4ff.; Hagg.2,6.;* V. 29: *5.Mose 4,24; 9,3.*

Die Mahnung zu ganzer Entschlossenheit wird bei überraschend neuer Thema-
setzung von der Größe des gewährten Hoffnungsgutes her erhärtet (s. „nämlich" 18-24
V. 18). Dabei wird vom Antityp der Sinaioffenbarung in sich steigernder Darstellung zum überwältigenden Tatbestand der künftigen Zionsoffenbarung hingeführt. Sie ergeht von dort aus, wohin Christus erhöht ist und woher sich seine universale Herrschaft enthüllen wird (s. Ps. 110, 1ff.). Die gesamte Periode V. 18-24 dient dem Vergleich der beiden Offenbarungen: jene war irdisch-materiell und schrecklich, diese indessen wird himmlisch-übersinnlich und überaus beglückend sein. Die Beweisführung dürfte vor allem für judenchristliche Hörer zwingende Kraft besessen haben, zumal im damaligen Denken das Geschehene am Sinai längst nach seiner endzeitlichen Symbolik hin aussagekräftig war. Das Neue des Hebr. liegt darin, daß das Recht der Gotteserwartung mit dem Opfer Christi begründet wird (s. 12,24). So wie einst Mose als Mittler des alten Bundes auftrat, so ist nun Jesus der Bürge eines neuen Testaments, das eine größere Zukunft garantiert. Es ist deutlich, daß mit dem Abschnitt der gloriose Schlußstein auf die Ausführungen der mittleren Teile (4,14-10,18) gesetzt wird. Es scheint, daß jüdische Christen über eine vorläufige Erkenntnis zur eigentlichen Wahrheit geführt werden sollten.

Fehlverhalten wäre entschuldbar, wenn die Angesprochenen nur zu einer ding- 18
haften Offenbarung Zugang hätten wie damals am Sinai. So gewaltig auch das Geschehen war, seine Strukturen und sein Charakter waren doch nur von vorbildlicher Aussage. Der Christ soll wissen, daß seiner im Unterschied hierzu Unvergleichlich-Herrliches wartet. Bei jener Erscheinung blieb nämlich Gott verborgen, und die ganze Wirklichkeit der Wohnstätte Gottes war noch nicht schaubar. Das Volk des Auszugs stand vor einem „betastbaren" und „verbrennenden Feuer". Die Beschreibung schärft sofort die Sinnlichkeit der Offenbarung ein und damit ihre zweitrangige Bedeutung. Mit einigen wenigen Handschriften wird man nicht die allzu glatte Fassung „betastbarer Berg" oder die andere „nicht betastbares Feuer" annehmen. Es bliebe unbeachtet, daß wiederum ein an Philo ausgerichteter typischer Sprachgebrauch vorliegt, wie ja auch gerade der Alexandriner die fühlbare Sinnen-

haftigkeit des Sinaigeschehens hervorhebt. „Betastbar" meint von diesem Hintergrund her die undurchdringliche, dinghafte Feuererscheinung, die den Offenbarungsort selbst abgeschirmt hat (vgl. De somn. I,114). Bemerkenswerterweise kann Philo den Namen des Mose darauf deuten, daß dieser das Göttliche „betastet" habe (s. 2. Mose 24, 1 ff.). Wie immer der Hebr. zu dieser singulären und typischen Überlegung gekommen ist, er scheint die niedere materiehafte Form der Offenbarung zu kennzeichnen. Auch die weitere Aufzählung typischer Momente (nach 2.Mose 19,16ff.; 5.Mose 4,11ff. und 5,22ff.) liegt auf dieser Ebene. „Gewölk" und
„Dunkel" unterstreichen, daß Gott in seiner Verborgenheit geblieben ist, wenn-
19 gleich furchterregende Anzeichen seiner Gegenwart geschehen sind. Der Tatbestand
des „Gewittersturms" veranschaulicht die Gewalt der Erscheinung, vor allem auch als richterliche Kundgebung. Was endlich „Posaunenschall" und „Stimmenrede" betrifft, so bezeugen sie den Wortcharakter der Offenbarung sowie die verzehrende Heiligkeit des Gehörten, obschon nur als mittelbare Gottesmanifestation. 5.Mose 4,12 heißt es: „Einen Laut von Worten hörtet ihr, aber eine Gestalt nahmt ihr nicht wahr". Kap. 2,2 besagt, daß die Gesetzesworte durch Engel vermittelt wurden. Die erwähnten Begleitumstände haben das schriftgelehrte Denken des Judentums allem Anschein nach besonders beschäftigt. Philo kann sie in ähnlicher Weise beschreiben (De dec. 44.46). Die Bedeutung des schriftgelehrten Bemühens ergibt sich aus der Tatsache, daß das künftige Kommen Gottes am Ende der Zeit genau mit den gleichen Motiven herausgestellt ist (vgl. auch De dec. 49). Die Überzeugung, daß der Schall der großen Posaune die Toten zum Leben erwecken werde, war beispielsweise wie im späten Judentum so auch im frühen Christentum allgemein (s. 1.Thess.
4,13ff.; 1.Kor. 15,50ff.). Für den Hebr. fällt auf, daß das Offenbarungsgeschehen
20 nur noch nach seiner Gerichtsbedeutung hin reflektiert ist. Neben den schrecken-
erregenden Umständen benennt V. 20 aus diesem Grund ausführlich die Furcht der damaligen Gottesgemeinde, die die Worte des Gesetzes in Gestalt der göttlichen Stimme nicht ertragen hat (5.Mose 5,23ff.). Der Verfasser betont die Strafandrohung
(2.Mose 19,13), um sie zu einem Charakteristicum der Offenbarung zu stempeln,
21 und hebt abschließend sogar das Entsetzen des Mose, wohl unter Verwendung von
5.Mose 9,19, hervor, weil dadurch der Mittler des alten Bundes in höchsteigener Gestalt zum anschaulichen Beweis für den Gerichts- und Todescharakter des alten Bundes geworden ist. Überwältigend zeichnet sich ab, daß Gott weder erreichbar war noch sich wirklich personhaft geoffenbart hatte. Aber das damals Unmögliche
bezeichnet zur Stunde genau die Wirklichkeit, die der Christusgemeinde eröffnet ist.
22-24 Ihr wurde das Hinzutreten zum allerheiligsten Wohnplatz erlaubt. Sehen wir recht,
dann liegt – anders als viele Ausleger wollen – weder in 18ff. noch in 22ff. eine streng gegliederte Aufzählung vor. Unverkennbar aber will auch diese Darlegung als durchdachtes sprachliches Gebilde (paarweise Glieder!) mitreißen und beflügeln. Die Tatsache der auffallenden Gegenwartskomponente, „Ihr seid herangetreten", findet wahrscheinlich ihre einleuchtendste Erklärung von der liturgisch-gottesdienstlichen Situation her, für die dieses homiletische Werk einmal abgefaßt war. Bis in die sprachliche Form hinein ist sie Ausdruck einer grundsätzlichen österlichen Glaubenserfahrung, die es wagt, nicht nur Zukunft anzugehen, sondern auch zu beschreiben. Die Periode besteht aus fünf doppelgliedrigen Wendungen, eingeleitet durch: „Ihr

seid herzugetreten". Unverkennbar unterliegen die einzelnen Glieder einer gewissen Ordnung und zeichnet sich thematisch eine fühlbare Steigerung ab: Ort der Offenbarung („Berg Zion *und* Stadt Gottes" / „Himmlisches Jerusalem *und* Abertausende Engel"), die Weise der neuen Offenbarung („Festversammlung *und* Gemeinde der Erstgeborenen" / „der Richter *sowie* die Geister der Gerechten"), ihre Garantie und Grund („Jesus *sowie* das Blut der Besprengung").

a. Ort der Offenbarung ist der Berg Zion und die Stadt Gottes. Dort der Platz, 22
wo das Volk fürchtete, angesichts der Furchtbarkeit der Offenbarung sterben zu müssen (2.Mose 20,19; 5.Mose 5,23), hier die Stätte des Lebens, der Berg Zion als himmlischer Wohnsitz Gottes (s. Ps. 110,2; 73,5), religionsgeschichtlich betrachtet die ins Jenseitig-Überdimensionale projizierte Idee (vgl. auch Offb. 14,1) einer einst universalen geschichtlichen Heilserwartung Israels (s. Jes. 8,18; Joel 4,17; Ps. 2,6; Jubil. 1,28 u. v. a.). „Zion" umschreibt den Inbegriff des Hoffnungsziels und zwar als die Summe der gesetzten Verheißungen (vgl. schon 11,10). Alle weiteren Glieder versuchen ebenfalls anschaulich zu machen, was letztlich unaussprechlich und unausdenkbar ist. Wie schon im religiösen Denken des Alten Testaments Zion und Jerusalem austauschbare Größen sind (s. Ps. 51,50 u. a.), nämlich als Stätte und als Stadt der Verheißung, so auch hier, wo sofort näher präzisiert wird: „und zur Stadt des lebendigen Gottes". Damit ist angedeutet, daß die Christusgemeinde beim Ursprung des Lebens steht. Wie eine gewaltige Festung auf uneinnehmbarer Höhe ragt diese Stadt vor den Gläubigen auf. Es ist keine Fata Morgana religiösen Wahns, sondern letztes Symbol für Gott selbst!

b. Die zweite Doppelwendung „himmlisches Jerusalem und Abertausende Engel" nimmt noch einmal auf den Ort der Offenbarung Bezug, bringt aber sofort den Gesichtspunkt einer lebenerfüllten Stätte ein. Bereits in der Vorstellung des zeitgenössischen Judentums sprengen die idealen und herrlichen Formen des künftigen, im allg.: nur erneuerten Jerusalems alle Begriffe (4. Esra 7,26; syr. Apoc. Bar. 40,1 f.; Ps. Sal. 17,22 ff. u. a.). Die Zeugen des Neuen Testaments halten stärker seine absolute Transzendenz fest (s. Gal. 4,26; Offb. 21,10 ff.). Unser Schreiben scheint nicht einmal die Möglichkeit eines Herniederkommens auf die verwandelte Erde in Betracht zu ziehen (anders die Offb.), denkt der Verfasser doch im strengen Gegensatz von irdischer und himmlischer Welt. Letztere ist dabei keine abstrakte Wirklichkeit, sondern vollendete personhafte Gemeinschaft, was zunächst unter Hinweis auf die „Myriaden, wörtlich: Zehntausende von Engeln" (s. Dan. 7,10; äth. Hen. 1,9; Offb. 5,10 u. a.), anschaulich gemacht wird. Daß ihre Aufgabe der Dienst und der Lobpreis Gottes ist, entnehmen wir Kap. 1,7 ff.

c. Mit der Wendung „zur Festversammlung und zur Gemeinde der Erstgeborenen, 23
die in den Himmeln eingeschrieben sind", geht der Blick auf das irdische Gottesvolk. Die richtige Abtrennung des Satzteils macht im Urtext zwar einige Schwierigkeiten, kann aber u. E. eindeutig vollzogen werden. Muß „zur Festschar" als indeterminiertes Glied sachlich-logisch zu dem Ausdruck „Abertausende von Engeln" gezogen werden? Steht es für sich oder gehört es zur folgenden Wendung? Der Sinn und die offensichtliche Bevorzugung zweigliedriger Ausdrücke lassen u. E. nur die letztere Möglichkeit plausibel erscheinen. Der Hebr. geht von der Voraussetzung aus, daß

die angeschriebenen Christen Glieder einer größeren Gemeinschaft sind, die sich auf der Erde wie im Himmel zur Anbetung Gottes vereinigen. Insofern gehören auch die angeschriebenen Christen zu den „Erstgeborenen", d.h. zu den Bevorrechteten, nämlich auf Grund ihres Erstgeburtsrechtes, das es sorgsam zu hüten gilt (s. V. 16ff.). Möglicherweise ist damit jüdischen Christen etwas zugesprochen, was sie als Angehörige Israels, des „erstgeborenen Sohnes Gottes" (s. 2. Mose 4,22 ff.; Sir. 36,17), besonders wissen dürfen. Ihr Name steht in den himmlischen Büchern geschrieben (s. Dan. 12,1; Lk. 10,20; Phil. 4,3; Offb. 3,5 u.a.), was besagt, daß ihre künftigen Rechte von Gott her gesehen am wenigsten zweifelhaft sind. Wenn nun überdies diese irdische Gemeinde so betont als „Festversammlung" bezeichnet wird, dann offenbar deswegen, weil man sich in einem gottesdienstlichen Vollzug und Erleben wußte, durch das die Einheit mit den himmlischen Bewohnern unmittelbar gewährleistet schien.

d. Die Aussage über den „Richter" sowie über die „Geister der Verstorbenen" muß zur Erfassung des Sinnes genau übersetzt werden. Zur Diskussion steht nicht die allgemeine Wahrheit „zu Gott, dem Richter aller", sondern die andere, daß man auch (!) vor einen Richter tritt, der „Gott aller" ist. Damit wird gesagt, daß die Herzutretenden ebenfalls des allmächtigen Gottes gewiß sein dürfen. Er ist Richter als der, der vor allen Menschen für sie handeln möchte und ihnen Recht verschaffen kann (s. auch 10,35), weshalb hinzugefügt wird: „und zu den Geistern der vollendeten Gerechten". Sie dürfen als Zeugen des zugesprochenen Trostes betrachtet werden. Schon das vorchristliche Judentum hat gelernt, daß die Schar der sich im Leben und Leiden bewährten Frommen bei Gott weilt (äth. Hen. 39,4ff.; Asc. Jes. 4,14 u.a.). Die Vorstellung wurde von daher übernommen, wie ja auch zu 11,40 eine gewisse Spannung vorliegt, weil dort die Frommen des Alten Testaments als noch „nicht vollendet" angesehen werden. Da kaum nur christliche Verstorbene gemeint sind, mag – geleitet vom traditionellen Schema – das Künftige zur bereits gegenwärtig gültigen Wirklichkeit erhoben sein. Zweifellos blickt die Aussage auf die Vollendung als eine nicht nur persönliche, sondern allgemeine Wirklichkeit.

24 e. Hierfür spricht auch, daß in der abschließenden Wendung von Jesus, dem Mittler eines „neuen, d.h. erst jüngst geschlossenen Bundes", und von seinem „Blut" gehandelt wird, weil eben hierin alle neue Errungenschaft ihren Grund hat. Der Opfercharakter des Christusgeschehens stellt sich dar als das tragende Geheimnis der letzten Offenbarung Gottes, zu der die Gemeinde Zugang hat. Ähnlich kann später die Offenbarung des Johannes das Lamm Gottes als die Mitte allen endzeitlichen und jenseitigen Geschehens sehen. In typischer Sprache gelingt es dem Hebr. noch einmal, die wesentlichen Ausführungen der vorausgegangenen Abschnitte in Erinnerung zu rufen (s. 7,20ff.; 8,6ff.; 9,11ff.; 15ff.; 10,19ff.). Zugleich an 11,4 erinnernd, wird angemerkt, daß das Blut Jesu „Höheres" oder „Gewaltigeres" redet als das Blut Abels. Vergossenes Blut steht am Anfang der Menschheitsgeschichte, vergossenes Blut steht auch an ihrem Ende. Jenes schreit nach Rache und Vergeltung, dieses bietet Vergebung an. Unausgesprochen ist niedergelegt (doch s. Kap. 11), daß im Grunde die gesamte geschichtliche Entwicklung zutage bringt, was der Mensch ist, nämlich ein Mörder nach der Art Kains. So bleibt die Anfrage, ob der Mensch

dort seinen Standort sucht, wo nicht nur er, sondern auch Gott gehandelt hat, da-
mit er nicht nur gereinigt, sondern darüber hinaus „vollendet“ werde. Der letzte 25
Sinnabschnitt nimmt erneut den Ton der Warnung auf (s. V. 12-17). Niemand soll
den Ernst der Situation verkennen! Ohne Übergang, fast drohend, werden die Hörer
der Homilie angewiesen, Gott, der da spricht, nicht abzulehnen. Nun, da der Ver-
fasser gewillt ist, sein Zeugnis abzuschließen, ist er deutlich und hält mit seinem An-
liegen nicht mehr zurück. Wie man sich verhalten soll, kann aus jener Offenbarung
Gottes am Sinai unmittelbar gefolgert werden. Wenn der offenbarungsmächtige
Gott spricht, ist dem Menschen geboten, zuzuhören und zu gehorchen. Verstockt-
heit und Ablehnung (s. V. 19; 3,7ff.), die damals schon zur Bestrafung und zum
Untergang der Wüstengeneration führten, dürfen nun am wenigsten mehr sein.
Größeres bahnt sich an! Wenn schon jene dem Gericht nicht entrannen, dann erst
recht nicht die Christusgemeinde, wenn sie abirrt (s. auch 2,3). Damals handelte es
sich um eine Offenbarung im Rahmen irdischer Möglichkeiten, nun aber steht eine
Kundmachung vom Himmel, also ohne Maß und Grenzen, bevor. Es geht jetzt um
die Vollendung der Dinge schlechthin. Erneut wird zu der Überzeugung hingeführt,
die schon den imposanten Eingang bestimmt: Gott redet noch einmal abschließend
durch seinen Sohn, den er zum Herrn über das All eingesetzt hat (1,2). Die Einzel-
heiten stehen dabei selbstverständlich nicht mehr zur Debatte. Daß Christus als der
Mittler zur letzten Offenbarung begriffen werden muß, ist längst entfaltet. Doch
bezieht sich V. 25 nicht auf ihn. Nun kann es in lakonischer Kürze und fast zeitlos
heißen, daß es einen Redenden, d. h. Gott, gibt. Ihn abzuweisen, wäre unsinnig, weil
wir ihm nie entfliehen können. Er hat uns immer in seiner Gewalt entweder als der
Gnädige oder als der Richtende. Angesichts der Allgewalt seines Wortes hilft kein
„Abwenden“, denn seit Christus spricht er nicht mehr mittelbar, sondern direkt.
Die Wahrheit der Personhaftigkeit Gottes wird für den Hörer überaus eindringlich
gemacht mit Hilfe eines vielfältigen typischen Vokabulars, das Gott als den be-
schreibt, der sich worthaft offenbart. Er „redet“, „gibt kund“, bezeugt sich als
„Stimme“ und „schenkt seine Verheißung“ (V. 25ff.). Gott wird in dieser Welt nicht
gefühlt und geschaut, sondern in seinem Wort gehört. Eben dadurch ist er gegen-
wärtig und wirksam. Eben dadurch „erschütterte“ er damals schon die Erde. Aus- 26
gehend von 2.Mose 19,18 kommt der Hebr. zu einer generellen Aussage über die
Erschütterung der Erde durch Gottes Stimme. Der Vorgang ist zur Gewinnung einer
theologischen Aussage ins Typische erhoben. Sprachlich-sachlich scheint weniger
eine Abhängigkeit von Ps. 68,9 oder Ps. 77,19 vorzuliegen, als von Ps. 114,7, eben-
falls ein Hallelpsalm, dessen Schilderung des Auszugs das Denken im besonderen
angeregt haben mag. Auch Ri. 5,4ff. kann hinter dem Wortlaut stehen. Die damalige
Stimme hat ihr Gegenstück in einer jetzt ergehenden Verheißung, identisch mit dem
bedeutsamen prophetischen Zeugnis Hagg. 2,6. In leichter logischer Verschiebung
von V. 26a hin zu V. 26b wird zunächst nicht die nahe künftige „Erschütterung“ aus-
gesagt, sondern die Verheißung genannt, die „jetzt“ gegeben ist. Der Wortlaut selbst
ist im Sinne der für den Hebr. typischen Schlußfolgerung vom Kleineren zum
Größeren (s. „nicht nur, sondern auch“) verändert. Wie immer ist auf die Fassung
der LXX zurückgegriffen. Sie wurde außerdem auf das Wesentliche verkürzt. Anders
als im hebräischen Urtext geht es darin nicht so sehr um die Nähe der letzten Offen-

barung und Heilsvollendung als vielmehr um die Betonung des abschließenden Noch-einmal. Dieser Sachverhalt ließ wahrscheinlich dem Hebr. das Zitat in besonderem Maße brauchbar erscheinen, insofern sich die Möglichkeit bot, das Noch-einmal im Sinne des Gedankengangs auf eine über die Sinai-Offenbarung weit hinausgehende Schlußoffenbarung Gottes zu deuten. Wie sehr ihn der Gedanke ihrer zeitlichen Nähe leitete, mußte schon mehrfach berücksichtigt werden (s. 10,37ff.). An dieser Stelle geht es um den Tatbestand der Einmaligkeit und der Unwiederholbarkeit. In auffallender Beschränkung wird auf die Ausmalung des Wie der letzten Welterschütterung verzichtet. Nicht das bizarre Gemälde eines furchtbaren „Weltspektakels“ soll zur Einsicht bringen, sondern das bündige Wort von einer letzten allumfassenden Tat. Wieder zeichnet sich deutlich die Tendenz zur grundsätzlichen Aussage ab. Nicht Details können Gegenstand der Hoffnung sein, sondern die Entscheidung hängt daran, ob und wieweit Gott selbst als offenbarungsmächtige Autorität begriffen und anerkannt ist (s. „ich werde erbeben machen“). Stand er mit seinem Wort am Anfang und war dieses Wort bis zur Stunde in der Geschichte lebendig, dann ist auch das Ende davon bestimmt. Das Umgreifende der theologischen Besinnung prägt die Sprache: „Jetzt aber (Gegenwart) hat er eine Verheißung gegeben (Vergangenheit): ‚Ich werde erbeben machen . . .‘ (Zukunft)“. Kein Zweifel! Unsere Rede von dem, was am Ende steht oder kommt, entscheidet sich daran, ob Gott als Person geglaubt und begriffen wird. Der Glaube an den
Einen und Lebendigen bestimmt aber auch die Aussagen über die „letzten Wahr-
27 heiten“ bzw. die Beschreibung dessen, was „bleibt“. Von hierher gesehen steht V.27
mit seiner philosophisch-begrifflichen Unterscheidung von Dingen, die erschüttert werden können, und dem, was unerschütterlich ist, im Dienste der eigentlichen theologischen Beweisführung. Ähnlich wie die Redeweise vom Sichtbaren und Unsichtbaren (s. 11,1ff.) verleiht sie der Überzeugung Ausdruck, daß es eine Welt des Geschaffenen und eine ewige Welt des Schöpfers gibt. Während aber jene vergeht, wird diese in einer „Umwandlung“, die alle Vorstellungen sprengt, zur Wirklichkeit, die da „bleibt“, weil ihrem Wesen nach unvergänglich (vgl. auch 7,3.24; 10,34; 13,1.14). Gedacht ist an eine bestimmte Umwandlung (s. den Artikel), nämlich im Sinne des Zeugnisses der biblischen Erwartung, gleichwie es am Schluß des Propheten Jesaja heißt (66,22), daß der neue Himmel und die neue Erde „vor ihm bleiben“. Indem das Bild vom schwankenden Gefüge der irdischen Schöpfung eingebracht wird, mischen sich noch einmal zutiefst existentiale Töne ein, denn fragil
28 wie unser Leben ist auch der Grund, auf dem wir stehen. Erst im Schlußsatz der
Homilie kommt es fast beiläufig heraus, daß das unerschütterliche Hoffnungsgut, das die Gemeinde empfängt, identisch ist mit einer „königlichen Herrschaft“. Hat der Hebr. ausdrücklich darüber auch noch nicht gesprochen, so darf man doch bei aller philosophischen Färbung der Sprache in keiner Weise übersehen, daß niemals etwas anderes gemeint war. Die Herrschaft des hohenpriesterlichen Christus (s. Ps.110) kann nicht gedacht werden ohne das Reich seines Volkes. Am „Ende aller Dinge“ steht kein abstraktes göttliches Sein, sondern die Herrschaft Gottes als lebenerfülltes Reich. Was schon im Alten Testament charakteristische Erwähnung findet (s. Dan.7,18; Hagg.2,21ff. u.a.), stellt sich im Zeugnis des Hebr. ohne Zweifel als Inbegriff des in Jesus eröffneten und begründeten Heils dar. Der Wir-

Stil des Satzes bringt die Note sehr persönlicher Gewißheit ein. Es klingt an, daß sich die Christusgemeinde, die Anteil am Reich Gottes empfängt, als ein königliches Volk wissen darf. Sie lebt nicht unter einem Druck, auch nicht unter einem Zwang, sondern in Anbetracht eines ihr zugeeigneten Geschenkes. Die Haltung, die ihr geziemt, kann somit nur die der Dankbarkeit gegenüber Gott sein. Wenn es in der Folge heißt, daß wir ihm in wohlgefälliger Weise „dienen", so mag die Aussage über alle Allgemeingültigkeit hinaus einen engen gottesdienstlichen Bezug haben (s. auch 10,25). Daß alles Leben des Christen im Grunde Gottesdienst sein soll (vgl. auch Röm. 12, 1 f.), findet im paränetischen Anhang des Briefes seinen weiteren Ausdruck. Am Ende des großen homiletischen Vortrags ist eine solche Überlegung aber kaum ohne den unmittelbaren Bezug zur Gegenwart und zur Situation der hörenden Gemeinde denkbar. Das Wir dieses Schlußverses ist somit nicht nur ein kommunikatives, in dem sich Prediger und Hörer noch einmal zum gemeinsamen Entschluß („laßt uns") zusammenfinden, es ist mehr noch ein „liturgisches". Wo immer sich Gemeinde zusammenfindet, spricht sie als eine Gesamtheit, die mehr ist als die Summe persönlicher Meinungen und Verhaltensweisen. Ihre „Furcht und Scheu"
gelten Gott, der so Großes getan und so Wunderbares bereitet hat. Er ist der Heilige, 29
von dem die Schrift sagt (s. 5.Mose 4,24; 9,3), er sei ein „verzehrendes Feuer". Selbst die neutestamentliche Gemeinde sollte letztlich die Wirklichkeit Gottes, vor der auf eigene Weise auch schon das Gottesvolk am Sinai stand, nicht verkennen. Von hierher will das etwas nachklappende, zugleich aber leicht aktualisierende Zitat verstanden werden. Ist auch die Meinung keineswegs die, daß der Gott der Gemeinde des neuen Bundes ein anderer sei als der des Alten Testamentes, so wird doch im Blick auf alle Überlegungen nie außer acht gelassen, daß ein vom Damals deutlich verschiedenes Jetzt vorliegt. Die Einheit des Ganzen ist dabei freilich nicht eine solche des Geschehens, sondern der Person. Voller majestätischer Heiligkeit bezeichnet sie die umgreifende Wirklichkeit, aus der heraus die befreiende Botschaft vom Opfer Christi und vom künftigen Reich ihre Legitimation empfängt.

Fünfter Hauptteil (Briefanhang): Weisungen für das Leben der einzelnen Christen und der Gemeinde, dazu Schlußsätze mit einem persönlichen Begleitwort 13,1 — 25

Kap. 13 hebt sich nach Form und Inhalt deutlich von den bisherigen Ausführungen ab. Wird man auch nicht sagen, daß ein „Nachtrag" vorliegt, so doch unverkennbar ein Anhang, der das gesamte Schreiben als eine in Briefform gebrachte Homilie ausweist. Eben für diesen letzten Teil ist eine gewisse Nähe zum paulinischen Briefformular unverkennbar. Nicht nur seine typischen Merkmale finden sich wieder, auch Sprache und Stil sind hier einfacher gehalten. Damit brechen, wie die Forschung immer wieder empfunden hat, eine Reihe Fragen hinsichtlich der Abfassung,

Entstehung und Verwendung des Schreibens auf, die in diesem Rahmen unseres Kommentars verständlicherweise nur versuchsweise einer Antwort zugeführt werden können. Grundsätzlich muß zur Kenntnis genommen werden, daß mit dem Urteil über den geschichtlichen Wert des Kap. 13 immer auch ein Urteil über den urchristlichen Rang des gesamten Briefes verbunden ist.

1-6 An die Stelle der thematisch geschlossenen Ausführungen treten verschiedene Gruppen von mehr oder weniger eng verbundenen Mahnworten. Ein erster Block liegt vor mit V. 1-6. Die darin vereinigten Sätze zielen stärker auf das sittliche Streben des einzelnen Christen, dem ganz konkret gesagt wird, wie er sich denn verhalten müsse. Die z. T. imperativischen Anweisungen weisen sich als lose zusammengestellt aus. Möglicherweise ist hier in erster Linie traditionelles katechetisches Lehrgut vereinigt. In einfachster, unmißverständlicher Weise wird verlangt: Bruder- und Nächstenliebe (V. 1f.), speziell in Gestalt der Gastfreundschaft und der Gefangenenfürsorge (v. 3), dazu sittliches Ringen auf dem Gebiet des Geschlechtslebens und des Verhältnisses zum Geld (V. 4 und 5). Zwei Schriftzitate schließen die Spruchgruppe ab.

7-17 In der Folge wird stärker auf die Gesamtgemeinde geblickt, die gewisser Verhaltensregeln bedarf. Von solcher Überlegung her empfiehlt es sich, das Spruchgut der V. 7-17 zu einem eigenen Abschnitt zusammenzufassen, mag es in sich auch wenig einheitlich sein. Neben weiteren Mahnworten (V. 7. 9. 15. 16. 17) stoßen wir auf Sätze teils begründenden (V. 9b. 16b. 17b), teils bekennenden Inhalts (V. 8. 14). Die V. 10-13 erwecken den Eindruck eines Exkurses zum homiletischen Gedankengang. Unverkennbar spricht aus ihnen die typische theologische Denkart des Hebr., wobei erneut deutlich wird, daß Kap. 13 in innerer Beziehung zu den vorausgehenden Darlegungen steht. In diesem Zusammenhang wird man auch beachten, daß V. 11 noch einmal im Sinne der größeren Gesamtthematik über den Hohenpriester gehandelt wird. V. 15 kann mit dem situationsbezogenen Aufruf zum „Lobopfer" wiederum in sehr typischer Weise ein Hallelmotiv anklingen (s. Ps. 116,17). Auch die gegebene Interpretation weckt derlei Assoziationen (s. Ps. 111,1; Ps. 118,1.21.28). Überhaupt gewinnt die Gemeinde auf Grund verschiedener Hinweise etwas an Anschaulichkeit (s. V. 7. 9. 17), was erneut zu der Annahme nötigt, daß der Verfasser über ihre Lage doch wohl näher im Bilde war.

18-25 Die persönlichen Bezüge nehmen im eigentlichen Briefschluß (V. 18-25) überhand. Ohne Zweifel hängt an ihrer Klärung sehr viel, wenn freilich das literarische Rätsel des Hebr. immer bestehen bleiben wird. Die Berührungen mit dem Briefformular des Paulus und der Paulusschule sind an dieser Stelle jedenfalls besonders eng. Wir nennen: den Aufruf zur Fürbitte (V. 18; vgl. 1.Thess. 5,25 u. a.), die Eröffnung persönlicher Vorhaben (V. 19 und 23; vgl. Röm. 15,32; 1.Kor. 16,17f.), einen bekenntnishaften Segenswunsch (V. 20; vgl. Röm. 15,33; 16,20; 2.Kor. 13,11; 1.Thess. 5,23), den Brief betreffende Anliegen (V. 22; vgl. 1.Thess. 5,27; 2.Kor. 13,10), Grußaufträge (V. 24; 1.Thess. 5,26; 1.Kor. 16,19f.) und endlich den Gnadenwunsch (V. 25; 1.Kor. 16,23; 2.Kor. 13,13). Die Übereinstimmungen sind weitgehender und typischer Art, so daß sich die Frage nach den gemeinsamen geschichtlichen Voraussetzungen mit Nachdruck anmeldet.

Wie der Christ sich verhalten soll 13,1-6

1 Die Bruderliebe soll bleiben! 2 Die Gastfreundschaft unterlaßt nicht, denn durch sie haben einige ohne ihr Wissen Engel beherbergt! 3 Gedenket der Gefangenen als Mitgefangene, der Geplagten als die ihr selbst auch im Leibe seid! 4 Achtet die Ehe in jeder Hinsicht hoch und das Ehebett sei unbefleckt! Unzüchtige und Hurer wird Gott nämlich richten! 5 Das Verhalten sei frei von Geldgier, indem ihr euch am Vorhandenen genügen laßt, denn er selbst hat gesagt: „Ich will dich nimmermehr aufgeben und dich nimmermehr verlassen", 6 so daß wir getrost sprechen: „Der Herr ist mein Helfer; ich will mich nicht fürchten. Was kann mir ein Mensch tun?"

V. 5: *5.Mose 31,6.8 und 1.Mose 28,15; vgl. auch Jos.1,5;* V. 6: *Ps.118,6.*

Die christliche Gemeinde bedarf der lehrhaften und nicht weniger der sittlichen 1
Unterweisung. Neben der Aufgabe, das Geheimnis des Christusglaubens zu erfassen
und zu verstehen, meldet sich immer auch die andere an, mit ihm das Leben zu
durchdringen und zu gestalten. Abgesehen von der Tiefe der Darlegung wird rechte
Predigt daran zu erkennen sein, ob sie imstande ist, das für die Lebensführung
Wesentliche zu sagen. Die Aufforderung, der Bruderliebe wie bisher nachzukommen,
berührt sich nur formal mit einem Hauptgedanken der traditionellen, philosophi-
schen Sittenlehre. Inhaltlich wird damit sofort auf das Eigentliche, wovon das
christliche Leben ausgefüllt und bestimmt sein soll, hingelenkt. Was in der helle-
nistischen Welt primär als Bruder- und Geschwisterliebe ebenfalls hohe ethische
Bedeutung hat, wird im Denken der Urchristenheit zum herausragenden Kenn-
zeichen eines die Bande des Blutes sprengenden Verhaltens. „Bruderliebe" soll sich
im Rahmen des Gemeindelebens und des gemeinsamen Gottesdienstes Betätigung
verschaffen. Das Zeugnis der meist gemeindlich bezogenen Briefe liefert eindrucks-
volle Belege (1.Thess.4,9; Röm.12,10; 1.Petr.1,22; 3,8; 2.Petr.1,7). Vielsagend ist
auch die häufige Aufforderung zum gemeinsamen „Bruderkuß" am Schluß der
Paulusbriefe (Röm.16,16; 1.Kor.16,20; 2.Kor.13,12; 1.Thess.5,26; 1.Petr.5,14).
Sicherlich wäre es falsch, die Mahnung darauf zurückzuführen, daß der Hebr. in der
augenblicklichen Lage den Verfall der „brüderlichen" Ordnung befürchtet. Die
betonte Hervorhebung des „Soll bleiben" geht vielmehr davon aus, daß die Bruder-
liebe bisher ein konstitutives Moment des Gemeindelebens gewesen ist. Wenn im 2
gleichen Atemzug die Aufforderung ergeht, die Gastfreundschaft ebenfalls nicht in
Vergessenheit geraten zu lassen, so wird damit ein zusätzlicher Gesichtspunkt ein-
gebracht. Was modernes Denken vielleicht nicht unmittelbar beschäftigt, war in der
antiken Gesellschaft von durchaus primärer Bedeutung. Gastfreundschaft hatte in
der griechischen Welt ebenso wie einst in Israel den Rang einer heiligen Ordnung.
Was im Sog eines allgemeinen Sittenverfalls zum Problem geworden sein mag,
gewann in der christlichen Gemeinde neue vorbildliche Gestalt (s. Lk.10,5ff.;
Tertull., De praescript.20). Man ist außerdem in der Lage, hierfür eine neue Be-
gründung abzugeben und zwar unter Hinweis auf das Zeugnis des Alten Testaments
(1.Mose 18,3; 19,2ff.). Berichtet es nicht davon, daß Abraham und Lot Engel
beherbergten, ohne deren göttliches Wesen, was auch Philo betont (De Abr. 107ff.),
zu erkennen? Der Verfasser denkt wahrscheinlich vor allem an diese Erzählungen
(weniger an Ri.13 und Tob.5-12), verbleibt aber bewußt bei Andeutungen, um die

Leser gedanklich zu verlocken, es auf eine ähnliche Erfahrung ankommen zu lassen. Ohne ausdrücklich darauf hinzuweisen, will er dem Wort und der Zusage Jesu (Mt. 25,38.40; auch Mt. 10,41 ff.) Geltung verschaffen. Gedanklich liegen Berührungen mit Philo vor, der ebenfalls die durch Abraham bewiesene Gastfreundschaft als „Betätigung der Menschenliebe" ausgibt. Vermutlich steht hinter der Aussage des Hebr. das Anliegen, den „Gottesboten", die diese Welt im Dienste Gottes durchziehen, den Weg zu ebnen. Stand er ihnen nahe? Gehörte er selbst zu einem solchen
3 Kreis? Wir halten es für wahrscheinlich. Ein zweigliedriger Mahnspruch dehnt das Verhalten der Bruderliebe auf das sicherlich spezielle Erfordernis der Gefangenenfürsorge und der gegenseitigen Hilfe bei gewalttätiger Unterdrückung aus. Die Aufforderung „Gedenket!" will selbstverständlich nicht nur die ideelle Unterstützung, Fürbitte u.ä., sondern vor allem auch die tätige Liebe, worüber der Wortlaut nicht den geringsten Zweifel läßt. Bloßes Eingedenksein wäre in echter Notsituation alles andere als christlich. Der Gedanke des Mitleidens mit dem Bruder findet vor allem bei Paulus immer wieder Ausdruck (Röm. 8,17; 12,13; 1.Kor. 12,26; Kol. 4,18). Jedes Glied des Leibes Christi hat für das andere einzustehen (1.Kor. 12,25). Viele Texte aus frühchristlicher Zeit legen eindrucksvolles Zeugnis ab für bewiesene Solidarität (s. bes. Phil. 4,10 ff.; 1.Klem. 59,4; Ign., Smyrn. 6,2; vgl. auch Lukian, De mort. per. 12). Die Gemeinde des Hebr. hatte ihre Bewährungsprobe bereits abgelegt (10,34), doch war die Lage wohl weiterhin kritisch geblieben. Schwerlich kann die Notiz, die sehr grundsätzlich gehalten ist, auf eine der bekannten größeren
4 Verfolgungen der urchristlichen Zeit bezogen werden. Mit V. 4 wendet sich das Interesse dem Schutz der ehelichen Liebe zu, die durch Unzucht und Ehebruch gefährdet ist. Die Ehe ist mehr als nur legitimierte Geschlechtsgemeinschaft, nämlich in gewisser Hinsicht die engste Form mitmenschlichen Zusammenlebens. Da an ihrem Bestand die Weitergabe des Lebens und die Grundordnung der menschlichen Gesellschaft hängen, ist sie im Alten und Neuen Testament Gegenstand des göttlichen Rechtes. Der Mensch, der sie als Grundordnung zerstört, wird vor Gott schuldig und untersteht seinem künftigen Gericht. Das entschiedene Ethos der urchristlichen Gemeinde gerade auf diesem Sektor ist bekannt. Man verknüpfte damit den Tatbestand der Glaubwürdigkeit vor der heidnischen Umwelt, die sich weithin in einem Zustand sexueller Verwahrlosung befand. Der Sittenverfall war vor allem in den Großstädten ein ernsthaftes Problem. Indem die Mahnung „Ehe" und „Ehebett" ins Auge faßt, wird die Institution und die persönliche Bindung gleicherweise zur Aufgabe christlichen Verhaltens gemacht. Die Wendung „in jeder Hinsicht" wendet sich gegen alle Formen der Herabwürdigung, die bildliche Redeweise vom „unbefleckten Ehebett" verurteilt speziell den ehebrecherischen Umgang (zum gesamten Komplex vgl. auch 1.Kor. 5,9 ff.; 6,13 ff.; 7,1 ff.; 1.Thess. 4,1 ff.).
5 Die Warnung vor Habsucht, eine andere Form egoistischer Gier, schließt sich an. Der Christ sollte vielmehr die Haltung der Selbstgenügsamkeit aufbringen, weil sie allein dem Vertrauenscharakter des Glaubens gemäß ist. Kein Zweifel, daß sich derlei Gedanken gleichfalls in der philosophischen Ethik der Zeit finden. Das Wissen darum ist nicht beschränkt. Sehen wir recht, dann geht das christliche Denken aber, trotz gleicher Überlegung, von anderen Voraussetzungen aus. Nicht negative Kriterien geben den Ausschlag, sondern die positive Tatsache, daß das neubegrün-

dete Gottesverhältnis durch absolutes Vertrauen gekennzeichnet sein darf und damit
auch die Freiheit von den materiellen Gütern ermöglicht. Der Hebr. beruft sich in
diesem Sinne auf das Zeugnis der Schrift, das sich im ersten Fall (5.Mose 31,6.8 und
1.Mose 28,15 scheinen wie bei Philo, De conf. ling. 166, kombiniert zu sein) in typi-
scher Weise, nämlich als Rede Gottes selbst, im zweiten Fall aber an bezeichnender 6
Stelle findet (Ps. 118!). Man wird nicht überhören, daß das letzte Zitat zugleich Mut
machen will für den Fall neuerlicher Bedrückungen, wobei weniger eine staatliche
Maßnahme zur Debatte steht, als vielmehr der Tatbestand persönlicher Anfeindun-
gen oder Verleumdungen.

Versuchen wir an dieser Stelle ein erstes Fazit zu ziehen: Dieser Sinnabschnitt ist keineswegs ausschließlich traditionell-katechetisch bedingt, sondern hat deutlich einen Bezug zur Gemeinde des Hebr. Andeutungsweise zeichnet sich ab, daß ihr Menschen zugehörten, die in einem größeren städtischen Gemeinwesen zu Hause waren. Ihre Probleme resultierten samt und sonders aus einem gewissen Wohlstand.

Was die Gemeinde beachten soll 13,7-17

**7 Habt eure Vorsteher im Gedächtnis, die euch das Wort Gottes gesagt haben!
Habt den Ausgang ihres Wandels vor Augen und ahmt ihren Glauben nach! 8 Jesus
Christus, gestern und heute derselbe, ist es auch in Ewigkeit! 9 Durch schillernde
und fremdartige Lehren laßt euch nicht irreführen! Denn es ist gut, daß das Herz
durch Gnade gefestigt werde, nicht durch Speisen, wodurch die keinen Nutzen
hatten, die damit lebten. 10 Wir haben einen Opferaltar, von dem zu essen die**
keine Vollmacht haben, die ihren Dienst im Zelt verrichten. 11 Die Leiber der
**Tiere nämlich, „deren Blut für die (Tilgung der) Sünde" durch den Hohenpriester
„in das Heiligtum gebracht wird", werden „außerhalb des Lagers verbrannt".
12 Darum litt auch Jesus, damit er durch sein eigenes Blut das Volk heiligte, „außer-
halb des" Tores. 13 So laßt uns denn zu ihm hinausgehen „außerhalb des Lagers"
und seine Schmach tragen! 14 Denn wir haben hier keine bleibende Stadt, sondern
wir streben nach der zukünftigen. 15 „Laßt uns" also durch ihn allezeit „Gott ein
Lobopfer darbringen", d. i. die „Frucht der Lippen", die seinen Namen preisen!
16 Wohltun aber und Gemeinsinn vergeßt nicht! An eben diesen Opfern hat Gott**
Wohlgefallen. 17 Gehorcht euren Vorstehern und seid folgsam – denn sie wa-
chen für eure Seelen als solche, die Rechenschaft geben werden –; damit sie dies
mit Freuden tun und nicht seufzen. Denn dies wäre für euch zum Schaden.

V. 11: *3.Mose 16,27;* V. 15: *Ps.116,17, Ps.50,14; Hos.14,3.*

Müssen die Christen der angeschriebenen Gemeinde darauf gefaßt sein, daß auch 7
künftig Anfeindungen nicht ausbleiben, so bedeutet es für sie eine Hilfe, wenn sie
ihrer früheren Vorsteher, wörtlich: „Führer", eingedenk sind (zum Begriff vgl.
1.Klem. 1,3; 21,6; Herm. Vis. 2,2,6 u. a.). Haben sie nicht in Wort und Tat für die
Wahrheit der Christusbotschaft Zeugnis abgelegt? Es scheint, daß der Hebr. frühere
Verantwortliche meint (s. bes. V. 17.24), die neben der Aufgabe der Gemeinde-
führung auch in entscheidender Weise dem Verkündigungsdienst nachgekommen
waren. Da sie bekannt sind, kann auf Namen verzichtet werden. Im Sprachstil
urchristlicher Rede heißt es von ihnen, daß sie „das Wort Gottes gesagt haben"
(Apg. 4,31; 8,25; Mk. 2,2; Phil. 1,14; 1.Petr. 4,11 u. a.). So kann im Grunde nur ein

christlicher Missionar schreiben. Vermutlich klingt an, daß die Verkündigung jener Vorsteher von elementarer Bedeutung für die Anfänge der Gemeinde war (vgl. z.B. 1.Kor. 16,15 ff.). In bündiger Sprache handelt die Wendung demnach von dem, was Grund, Voraussetzung und Inhalt des Glaubens ist. Damit wird gesagt, daß sich die Gemeinde in einer größeren Verkündigungsgeschichte wissen darf. Was das Tatzeugnis jener Gemeindevorsteher betrifft, so zielt die umständlich-feierliche Redeweise vom „Ausgang ihres Wandels“ auf beispielhaft bewiesene Glaubenstreue. Sicherlich braucht keineswegs der Märtyrertod dieser Gruppe gemeint zu sein, wogegen wohl auch 12,4 spräche, wohl aber das vorbildliche Verhalten in einem zugemuteten Lebens- und Leidenskampf, woraus die Christen Kraft und Trost schöpfen können. Bedenkt man, daß es um eine jüdische Gruppe von Christen geht, so liegt es näher, an gewisse Auseinandersetzungen mit der synagogalen Ortsgemeinde zu denken. Indem der Hebr. darauf zu sprechen kommt, bringt er überdies zum Ausdruck, daß er den Verstorbenen persönlich eng verbunden gewesen ist. Reicht also sein Dienst bis in die Anfänge der Gemeinde zurück? Mit der Möglich-
8 keit ist zu rechnen. Unmittelbar aus V. 7 erwächst die bekenntnisartige Formel V. 8. Sie hält zweierlei fest, nämlich einmal das Christus-sein Jesu und zum andernmal seine gottgleiche Unveränderlichkeit. Der einprägsame Satz ist keine eingeworfene liturgische Formel, sondern hat wahrscheinlich einen aktuellen Bezug, wird doch allenthalben in unserem Schreiben die Notwendigkeit betont, am „Bekenntnis“ festzuhalten. Die Aussage, daß der gekreuzigte Jesus der Christus ist, war für die Synagoge ein überaus anstößiger Satz (s. 1.Kor. 1,23). Das Zeugnis, daß er überdies gottgleichen Rang als „derselbe“ gestern, heute und morgen besitzt, bedeutete darüber hinaus eine unerhörte Provokation. Wie die Formel lautet, ist sehr wahrscheinlich darin für Christus (s. auch Offb. 1,8) in einprägsamer Weise (vgl. z.B. Homer, Ilias I,70) die Wahrheit des in 2.Mose 3,14 geoffenbarten Namens beansprucht, wonach Gott als der Allein-Seiende (s. Philo, De vit. M. I,75) Vergangenheit, Gegenwart und Zukunft umgreift (Sir. 38,22). Ist aber Inhalt des Bekenntnisses in so betonter Weise Christus, dann steht er als Garant für ein neues Gottesverhältnis und eine neue Gotteswahrheit. Möglicherweise hat V. 8 seinen „Sitz im Leben“ in den mannigfachen liturgischen Formeln des österlichen Festes (s. Ps. 111,10; 113,1 ff.; 136,1 ff.). Die Gemeinde soll wissen, daß Christus, der sich im Leben der erwähnten Vorsteher als der Lebendige erwiesen hat, auch ihr Herr jetzt (s. 3,7 „Heute“) und für alle Zeit ist. Als Anfrage bleibt, wie sie seiner Treue entspricht.
9 V. 9 bringt den Gedanken ein, sich ja vor falschen und verlockenden Lehrmeinungen zu hüten. Zur Eindeutigkeit des Bekenntnisses gehört die Festigkeit des Standpunktes. Es scheint, daß die Leser und Hörer zufolge der Gemeindeverhältnisse im besonderen gefährdet waren. V. 9 b spricht in keiner Weise von Kultmählern. Aus dem Zusammenhang und der nachgeholten Begründung geht hervor, daß Speisevorschriften, die bekanntlich im Leben des jüdischen Frommen infolge der gesetzlichen Weisungen überaus bedeutungsvoll waren, zum Problem geworden sein können. Vor allem asketische Motive waren imstande, die Haltung entscheidend zu bestimmen (s. Röm. 14,13 ff. 20 ff.; 1.Kor. 8,9 ff.). Dabei führte alle Auseinandersetzung über die Frage Rein oder Unrein, Erlaubt oder Unerlaubt, Tauglich oder Untauglich (s. 3.Mose 17) in einen ausweglosen Dschungel von Satzungen und

Meinungen. Für eine judenchristliche Gemeinde verschärfte sich das Problem durch
den Sachverhalt des gebotenen brüderlichen Zusammenhalts mit den Heiden-
christen. Mit fast paulinischer Prägnanz hält V.9b fest, daß die nötige Festigkeit des
Herzens nur durch Gnade gewonnen wird, nicht durch die Einhaltung vielfältiger
und unangemessener Vorschriften. In klarer Rede stellt er das Geschenk einfachen
Glaubens dem menschlichen Bemühen entgegen, aus Heilsverlangen skrupulös oder
sophistisch Satzungen zu befolgen. Derlei religiöses Streben ist ohne Nutzen für den
Einzelnen und vom Kern der Christuswahrheit her zu verwerfen (s. ähnlich Ign.,
Magn. 8,1). Zum besseren Verständnis der vom Hebr. in Frage gestellten Position
sei angemerkt, daß das Judentum der Diaspora auf gemeinsame Mahlzeiten zur
Festigung der Gemeinschaftsbande großen Wert gelegt hat (s. Josephus, Ant. 14,10,8;
Philo, De vit. M. II,42). Dabei handelt es sich in keiner Weise im eigentlichen Sinn
um Kultmahle oder Opfermahlzeiten, sondern – wie im Falle des Passamahls hin-
reichend bezeugt – um festliche Zusammenkünfte ohne Opfercharakter. Verständ-
licherweise besaß von daher zugleich auch das Erfordernis der „tauglichen Speise"
im religiösen Denken erhebliches Gewicht. Eben darauf nimmt der Hebr. Bezug,
was die Auslegung nicht übersehen sollte. Verständlicherweise konnte das tradi-
tionelle Denken nicht ohne Rückwirkungen auf die judenchristliche Verhaltensweise
bleiben. Der „tauglichen Speise" konnte nur zu leicht ein besonderer Heilswert zu-
gesprochen werden, wogegen der Hebr. ein eindeutiges Votum für nötig erachtet.
Eine zusätzliche Stellungnahme, die zu den schwierigsten Abschnitten des Briefes 10
zählt, beginnt mit V.10. Sie beruht auf der Idee, daß alle die, welche am levitischen
Opferkult teilnehmen, sich selbst um den Vorzug des neuen Bundes bringen. Damit
wird von der aktuellen Fragestellung her noch einmal an die früheren Überlegungen
angeknüpft. Der Verfasser des Briefes argumentiert grundsätzlich. Was er sagt, ist
nicht nach gemeinten Einzelheiten hin zu befragen. Der Ton liegt darauf, daß die
„im Zelt Dienenden" als Repräsentanten des alten Bundes kein Recht besitzen, vom
„Altar" der Christen zu essen. Was meint die Rede vom „Altar"? Den „Abendmahls-
tisch" oder das „Kreuz Christi auf Golgatha" als den von Gott in diese Welt hinein-
gestellten Opfer- und Sühnealtar? In Anbetracht des gottesdienstlich-liturgischen
Bezugs der Briefaussagen sollte man wahrscheinlich keine Alternative aufstellen,
zumal auch in der judenchristlichen Gemeinde der Begriff der Eucharistie nicht am
sakramentalen, sondern am spirituellen Opfer orientiert war und zwar in Antithese
zum jüdischen Opferdenken (s. Mal. 1,10f.). Daraus folgt, daß in V.10 der Begriff
des „Opferaltars" geistlich vom Opfer Christi zu verstehen sein dürfte (s. 7,27;
9,14.28), die Redeweise „von dem wir essen" aber realistisch von der eventuell
sogar sakramentalen Feier der Christen. Zweifellos kann die Wendung „von dem
wir essen" nicht nur bildlich gemeint sein. Von dieser Auslegung her empfangen
dann auch die folgenden Verse eine gewisse Erhellung, bezeichnen sie doch unmiß-
verständlich einen konkreten Aufruf in einer vorgestellten bestimmten liturgischen
Situation (s. V.15). Dabei soll die Gemeinde getrost und entschieden vom falschen
Opfer, das nichts nützt, zum rechten „Lobopfer", woran Gott Gefallen hat, gebracht
werden und zwar nicht nur symbolisch, sondern wahrscheinlich überdies im
Geschehen einer gottesdienstlichen Handlung. V.11 begründet in bekannter typo- 11
logischer Betrachtungsweise, warum der am alten Bund und seinem Opfer aus-

gerichtete Mensch ohne Rechte ist im Blick auf die Anteilhabe an dem im Kreuz
niedergelegten Heil. Nach der alttestamentlichen Gesetzesordnung (s. 3.Mose 16,27)
wurde beim feierlichen Sühnopfer des Versöhnungstags ausschließlich das Blut der
Tiere in das „Heiligtum“, gemeint ist: in das Allerheiligste gebracht, das Fleisch
dagegen wurde bei diesem Opfer höheren Grades dem Genuß der Priester entzogen
12 und „außerhalb des Lagers“ verbrannt. V.12 treibt, sicherlich etwas überraschend,
den Gedankengang antitypisch weiter. Jesus als Gegenbild zum Sündopfer des
großen Versöhnungstages mußte ebenfalls außerhalb des heiligen Bezirks, histori-
sierend heißt es sogar: „außerhalb des Tors“, „leiden“. Und eben dies bedeutet: die
Priester, die ihr Opfer nach Weise des alten Bundes darbringen, sind von seinem
Opfer wie durch einen Abgrund geschieden. Sie haben sich jeder Vollmacht hierüber
begeben. Für das Heil des Volkes wurde damit ein völlig neuer Grund gelegt, der
in keiner Weise mehr über den Umweg des alten Bundes mit seinem Opferkult und
seinen rituellen Mahlzeiten erreichbar ist. Christus hat als Ausgestoßener den Tod
erlitten (s. 3.Mose 24,14; 4.Mose 15,35ff.), woraus hervorgeht, daß damit die
13 Situation eine vollkommen gewandelte ist. Wer das Heil sucht, soll nicht nur zu ihm
hinausgehen, sondern muß auch seine Schmach tragen. Aus der Formulierung läßt
sich entnehmen, daß die gesamte Gemeinde ihren Platz bei ihm einnehmen soll.
Demnach kann auf die Trennung von der Synagoge nicht verzichtet werden. Sie ist
14 unerläßlich, weil dem Wesen der neuen Glaubenswirklichkeit allein gemäß. Das
Irdische, das in Gestalt des alttestamentlichen Bundes nur unvollkommen und
befristet vorliegt, wird vom Himmlischen abgelöst werden, und durch Jesus wurde
der Zugang zu dem, was ewig und unvergänglich ist, freigelegt. Bemerkenswerter-
weise hat Philo (De gig. 54) die Wendung „außerhalb des Lagers“ ähnlich typisch
auf die Welt der Offenbarung Gottes bezogen. Welche Konsequenzen ergeben sich
für die gegenwärtige Situation? Die alttestamentlichen Opfer, die zur Zeit noch dar-
gebracht werden (s. die präsentischen Aussagen V.9b.10b), sind durch die Hingabe
Jesu abgelöst und überholt, weil sie sich als unfähig erweisen, die letzte Wirklich-
15 keit zu vermitteln. Gott aber will gerade deshalb ein reines Opfer, das „Lobopfer“
als „Frucht der Lippen“, worin der Mensch stets unmittelbar zu seinem Schöpfer
und Erlöser sein darf. Der „Lobpreis Gottes“ gehört zur Existenz der Erretteten, die
in der Gewißheit seiner befreienden Gegenwart leben (s. bes. Ps. 111,1 und 118,1).
Diese Unmittelbarkeit wurde hergestellt „durch ihn“, d.h. durch den vor den Toren
Jerusalems gekreuzigten Christus (V. 12f.). Damit ist der Hebr. nicht ohne Berufung
auf das alttestamentliche Zeugnis zu einer umwälzenden Erkenntnis gelangt.
Begegnet darin auch der Gedanke, daß das Lob Gottes das wahre und rechte Opfer
des Menschen sei (s. Ps. 50,14.23; bes. Ps. 116,17), womit Philo übereinstimmt
(De spec. leg. I,271f. u.a.), so bleibt doch von dem Hebr. festgehalten, daß in Wahr-
heit nur das Verhältnis zum geschichtlichen Opfer Christi die ungeteilte und
dauernde Auslieferung des Menschen bewirkt. Er weiß, daß letztlich nur ein
empfangenes einmaliges Geschenk das Leben zur Hingabe befreien kann. Das Lob-
opfer des alten Bundes bestand in eßbaren Gaben und Früchten (3.Mose 7,11ff.),
nun erwartet Gott den Lobpreis als „Frucht der Lippen“ (s. Hos. 14,3), nämlich als
Ausdruck für ein ganz und gar ihm unterstelltes Leben. Das Lobopfer des Mundes
wäre aber heuchlerische Phrase, stünde ihm nicht das Opfer der Hände zur Seite.

So wie schon Jesus die Gottes- und die Nächstenliebe unauflöslich verknüpft hatte, 16
so auch durchweg die apostolische Unterweisung, in deren Gefolge V.16 steht. Die synonyme Wendung „Wohltun und Gemeinsinn" meint die materielle Unterstützung des notleidenden Mitmenschen, vor allem natürlich im Rahmen der christlichen Gemeinschaft. Der von uns mit „Gemeinsinn" übersetzte Begriff steht bei Paulus mehrfach technisch für die als Aufgabe betrachtete Kollektensammlung (Röm. 15,26; 2.Kor. 9,13). Ähnlich dürfte der Hebr. eine finanzielle Beteiligung an der allgemeinen Wohltätigkeitsarbeit im Blick haben, worin die frühchristlichen Gemeinden zweifellos wie die Synagoge Vorbildliches geleistet haben. Daß derlei „Opfer" Gott gefallen, kann auch gelegentlich Paulus dankbar bezeugen (Phil. 4,18). Hier wie dort ist aber gleicherweise der Gedanke der „guten Werke", der die altjüdische private Wohltätigkeit nachdrücklich bestimmt hat, zugunsten einer neuen Betrachtungsweise abgelöst, die nicht den Pflicht-, sondern den Dankescharakter betont. Die Mahnung „vergeßt (ferner) nicht" erweckt den Eindruck einer sehr zurückhaltenden Formulierung. Sie erinnert nicht an einen Mangel, sondern ermutigt zum beharrlichen Weitermachen (s. schon 6,10). Die Gemeinde hat es bis zur Stunde kaum an einem guten Beispiel fehlen lassen. Dennoch war es gewiß nicht verkehrt, den zum Gottesdienst versammelten Christen auch dieses Anliegen aus-
drücklich zu unterbreiten (vgl. 1.Kor. 16,1ff.). Am Schluß der stärker gemeindlich 17
ausgerichteten Überlegungen richtet sich der Blick erneut auf die Ordnungskräfte (s. schon V.7). Man schuldet den „Vorstehern" Gehorsam; denn keine Gemeinschaft kann ohne Führung und Unterordnung bestehen. Der Begriff des „Vorstehers" scheint auf eine stärker synagogale Organisationsform zu deuten, was mit den übrigen Beobachtungen gut zusammenstimmt (s. auch Apg. 15,22; Lk. 22,26). In überaus typischer Formulierung wird gesagt, daß es um die Befolgung von Anweisungen geht, nicht also um Unterordnung schlechthin. Andererseits ist zugleich zum Ausdruck gebracht, daß die Bindung als eine zweiseitige angesehen werden muß. Den „Vorstehern" ist schwerste Verantwortung auferlegt, sind ihnen doch nicht nur Personen, sondern „Seelen" anvertraut, über die sie vor Gott Rechenschaft abzulegen haben (s. Lk. 16,1ff.). „Wachen" kann Schlaflosigkeit bedeuten, wenn Verantwortung ernst genommen wird. Kein Zweifel, daß die Formulierung das Pflichtgefühl der Gemeindevorsteher ansprechen möchte! Zugleich wird auf seiten der Gemeindeglieder das Verständnis dafür geweckt, daß das geistliche Amt, in rechter Weise ausgeübt, stets verzehrender und aufreibender Dienst ist. V.17b faßt dies im Blick auf die Angeschriebenen in Worte. Man soll den Vorstehern folgen, damit diese „mit Freuden" zur Rechenschaft bereit seien und „nicht seufzen". Anscheinend setzt der psychologisch einfühlsame Satz ein genaueres Wissen des Hebr. über die Gemeinde voraus. War es vielleicht gar zu Klagen der Verantwortlichen gekommen? Wir deuteten bereits an, daß die Möglichkeit eines von seiten der Gemeinde erbetenen „Wortes der Ermahnung" nicht auszuschließen ist. Es fällt auch auf, daß abschließend noch einmal – wie schon mehrfach (s. 6,4ff.; 10,26ff.; 12,14ff.) – der Ton drohenden Ernstes anklingt: „Denn dies wäre für euch zum Schaden". Der in vielsagender Weise nachklappende Satz besagt, daß ein Auseinanderleben von Gemeinde und Gemeindeleitung nicht zuletzt für jene überaus unheilvoll wäre. Das Heil steht keineswegs nur für den Einzelnen auf dem Spiel, sondern auch für die

Vielen der Gemeinschaft, in der einer auf den anderen angewiesen ist. Man hat gelegentlich richtig bemerkt, daß der Hebr. mit V. 17 aus der Perspektive der Gemeindevorsteher spricht. Andererseits wird man nicht übersehen, daß sie in die Ermahnung zu ganzer Hingabe einbezogen sind. Rechenschaft muß am Jüngsten Tag vor dem himmlischen Richter abgelegt werden (s. 6,7ff.; 10,31; 12,29). Die Höhe der Verantwortung bemißt sich nach der Größe der Bestimmung.

Ermahnung zur Fürbitte, Segenswunsch und Lobpreis 13, 18–21

18 Betet für uns! Wir sind nämlich überzeugt, daß wir ein gutes Gewissen haben, da wir bestrebt sind, in jeder Hinsicht recht zu wandeln. 19 Um so nachdrücklicher aber ermahne ich, dies zu tun, damit ich euch schneller wiedergegeben werde. 20 Der Gott des Friedens aber, der den großen „Hirten der Schafe" von den Toten heraufführte, „kraft des Blutes eines ewigen Bundes", unseren Herrn Jesus, 21 rüste euch mit allem Guten aus, um seinen Willen zu tun, wobei er in uns schaffe, was vor ihm durch Jesus Christus wohlgefällig ist. Ihm sei Ehre für ewige Zeiten! Amen.

V. 20: *Jes. 63,11; Sach. 9,11; Jes. 55,3; vgl. auch Ps. 111,9.*

18-25 Der letzte Abschnitt (V. 18-25) besteht aus Sätzen liturgischen und persönlichen
Inhalts. Neben einer gewissen Feierlichkeit, wie sie der Größe der Sache und der
Situation der gottesdienstlichen Verlesung des Briefes angemessen ist, bezeugen sie
die innige Verbundenheit des Absenders mit der angeschriebenen Gemeinde. In der
18 Aufforderung zum Fürbittgebet „für uns" unmittelbar nach dem eindringlichen V. 17
kommt zum Ausdruck, daß der Verf. die auf ihm lastende Verantwortung gleichfalls empfindet. Andeutungsweise hören wir heraus, daß er sich als führende Gestalt verstanden hat. Die Formulierung selbst läßt daran denken, daß er nicht nur als Einzelner, sondern zugleich im Namen eines Kreises schreibt, wofür vor allem der weitere Zusammenhang spricht (V. 24). Geht auch auf ihn die homiletische Darlegung zurück (V. 22), so soll doch zugleich das Schreiben dem Zusammenhang zwischen den Adressaten und einer um ihn, den Verfasser, befindlichen Gruppe förderlich sein (ähnlich 1.Thess. 5,25.27). V. 18 gibt eine ziemlich umständliche Begründung unter Verweis auf das „gute (wörtlich: schöne) Gewissen" des Verfassers und seiner Begleiter, die sich in jeder Hinsicht eines rechten Wandels befleißigen. Sind vielleicht Verdächtigungen über ihn oder seine Gruppe im Umlauf? Der Satz klingt zu hochgestimmt, als daß eine solche Folgerung erlaubt ist. Der Verf. bekundet für sich und seine Genossen vielmehr mit Nachdruck den festen Willen, sich (weiterhin) der Fürbitte der Gemeinde würdig zu erweisen. Ist er nicht als Christ in einer heidnischen Welt unterwegs? Vielfach sind darin die Bedrohungen und Anfechtungen. Daher betrachtet er, was er anderen nahegelegt hat (s. V. 17), für sich selbst als erste Aufgabe, nämlich in seiner Lebensführung beispielhaft zu sein. Weil
er es letztlich nicht aus sich selbst sein kann und nur zu gut um mögliches Versagen
19 weiß, bittet er darum, in das Gebet der Gemeinde eingeschlossen zu werden. Er tut
dies um so mehr, weil er wünscht, ihr „sehr schnell" wiedergeschenkt zu werden. Offenbar halten ihn vorläufig noch besondere Umstände davon ab. Wahrscheinlich befindet er sich auf einer größeren Reise, vermutlich – wofür das Gesamtzeugnis spricht – als berühmter und begehrter Lehrer der Urchristenheit. Die Aussage V. 19

erinnert an gelegentliche ähnliche Sätze des Paulus (s. Röm. 15,30ff.). Gewiß ist aber die Ausdrucksweise am wenigsten imitiert. War also der Hebr. etwa zum Zwecke missionarischer Verkündigung unterwegs? Arbeitete er vielleicht gar mit dem Paulusbegleiter Timotheus zusammen? Nur dieser kann V. 23 gemeint sein. Oder suchte er wenigstens mit ihm, der sich in Haft befunden hatte, in Verbindung zu treten? Zumindest die letztere Möglichkeit hat ihren sicheren Anhalt am Text. Wir entnehmen ihm, daß beide Missionare zu den Adressaten in einem engen Verhältnis gestanden haben. Der Schluß ist unvermeidlich, daß die angeschriebene Gemeinde nur im Raum des großen paulinischen Missionsfeldes lokalisiert werden kann. Der Begriff des „Wiedergeschenkt-werdens" deutet darauf hin, daß der Verfasser in ihr, aller Wahrscheinlichkeit nach seit der Gründung (s. 6,1ff.), ein gewisses Heimatrecht gehabt hat. Ebenso scheint Timotheus dort besonders bekannt und verehrt gewesen zu sein. Unbegründet ist die Folgerung, der Verfasser habe sich ähnlich wie Timotheus in Unfreiheit oder Haft befunden. Was trennt und schmerzlich empfunden wird, ist die Entfremdung. Schließlich besteht zwischen den Adressaten und dem Verfasser ein seit vielen Jahren währendes Verhältnis enger Verbundenheit. Eben daraus empfing dieser die Freiheit, so offen und kompromißlos das Gebot der Stunde aufzuzeigen. Als Gegenstück zur erbetenen Fürbitte kommt es seinerseits zu 20
einem überaus gefüllten Segenswunsch V. 20ff. In gewisser Weise bezeichnet er den theologischen Schlußpunkt des Schreibens. Was folgt, sind nur noch persönliche Aussagen, sehen wir vom Gnadenwunsch V. 25 ab. Inhalt der umfänglichen Fürbitte, die mit einem liturgischen Lobpreis schließt, ist der „Gott des Friedens" als Urheber des in Christus, der der Sieger über den Tod ist, beschlossenen Heils (s. schon 2,14). Der Ausdruck „Gott des Friedens" stellt die Beziehung zum jüdischen Friedensgruß (hebr. *schalom*) her, der nun im Sinne einer höheren neuen Heilswirklichkeit Anwendung findet. Ein kompendiarischer Beisatz erläutert, daß eben dieser Gott den großen Hirten der Schafe kraft des Blutes eines ewigen Bundes von den Toten heraufgeführt hat. Damit wird noch einmal der Kern der theologischen Darlegungen berührt. Man hat immer darauf hingewiesen, daß allein an dieser Stelle die Auferstehung Christi erwähnt werde. In der Tat! Nun, da die Voraussetzungen dieses ureigensten Themas christlicher Verkündigung klargestellt sind, nämlich Jesu Sterben und Opfer, kann auch davon bekenntnishaft gesprochen werden. Die Grundeinsicht aber bleibt gewahrt. Jesus ist der auferstandene Lebendige wegen seines Todes, wörtlich: „im Blut des neuen Testamentes". Wenn es im einzelnen heißt, daß Gott ihn aus den Toten „heraufgeführt hat", so ersteht vor den Augen des Lesers noch einmal das Bild des Anfängers und des Vollenders (s. 2,10; 12,2). Mit der umschreibenden Wendung „großer Hirte der Schafe" aber klingt an, daß Jesus alle Herrschererwartung Israels und der Völker zur Erfüllung gebracht hat. Der durch sein Blut besiegelte „Neue Bund" sprengt die nationalen Schranken, wie auch der von Jesus vorgelebte Glaube und Gehorsam jedermanns Sache sein kann. Von Mose, der großen Führergestalt Israels, der ebenfalls gelegentlich als „Hirte der Schafe" gerühmt wird (s. Jes. 63,11), unterscheidet er sich grundlegend, weil er nicht nur wie jener seinem Volk gedient, sondern den absoluten Gehorsam des Sohnes geleistet hat. Daher ist er „großer Hirte" als „großer Priester" (10,21), nicht etwa als das „Ideal eines Königs" (so Philo, De vit. M. I,61ff.). In der Folge

nennt ihn der Hebr. „unseren Herrn Jesus". Dankbar bekundet er auf diese Weise, was der bestätigte Gekreuzigte für ihn ist: Inhalt und Mitte allen Gebets und aller
21 Verehrung. In ihm hat Gottes Friedenswerk mit der Welt seinen Grund. Ist dies die Wahrheit, die zu erkennen der Glaube ermöglicht, dann darf die Gemeinde wissen, daß Gott aus allen Schwierigkeiten zu helfen vermag, vor allem aber, daß er sie „zu allem Guten" befähigen werde. Was der philosophischen Betrachtung oft schwer fällt zu bestimmen, empfängt im biblischen Raum seine klare Definition: „Gut" ist das Tun des Willens Gottes, der keine unerkennbare, sondern eine mit Jesus Christus geoffenbarte Größe darstellt. Er umgreift, „was vor Gott durch Jesus Christus wohlgefällig ist". Wußte das Volk Israel um den Willen auf Grund des Gesetzes, so besitzt die neutestamentliche Gemeinde die entscheidende Weisung in der Stimme und im Wort Jesu (s. Mk. 10,17ff.; 12,28ff.). Die Fassung des Segenswunsches berührt sich inhaltlich u.a. mit Phil. 1,6. Der liturgische Lobpreis Gottes (kaum: Christi) mit dem bekräftigenden Amen hat ebenfalls paulinische Parallelen (s. Gal. 1,5; Röm. 16,27 u.a.). Christliches Leben kann letztlich nur als theozentrische Existenz begriffen werden. Aus dem persönlichen Gottesbezug erwachsen Kräfte, die uns das Leben, mag es noch so begrenzt und fraglich sein, dankbar bejahen lassen.

Persönliches Begleitwort und Gnadengruß 13,22-25

22 **Ich ermahne euch aber, Brüder, die Rede des Zuspruchs anzunehmen. Ich habe euch auch nur in Kürze geschrieben.** 23 **Nehmt zur Kenntnis, daß unser Bruder Timotheus freigelassen wurde, und ich mit ihm, kommt er schnell genug,** euch sehen werde! 24 Grüßt alle eure Vorsteher und alle Heiligen! Euch grüßen **die aus Italien:** 25 **Die Gnade sei mit euch allen!**

22-25 Die V. 22-25 erwecken den Eindruck eines ganz persönlichen Begleitwortes. Möglicherweise hat sie der Verfasser selbst geschrieben, wogegen der Brief mit Hilfe eines Amanuensis (= Schreibers) gefertigt sein dürfte. Bei längeren Schreiben war die Mitarbeit eines Sekretärs, wie wir wissen, allgemeine Praxis (vgl. Röm. 16,22). Zugleich aber war es üblich, daß der Absender einen eigenhändigen Schlußvermerk
22 anbrachte. Für V. 22 beachten wir die nochmalige sehr vertraute Anrede „Brüder" und überhaupt die sehr persönlich formulierte Bitte, doch das „Wort der Ermahnung" anzunehmen. Eine Predigt, die aus der Fremde zugeschickt wird und überdies von einem Lehrer stammt, der nicht selbst ein Amtsträger der Gemeinde ist, kann auf Widerspruch stoßen. Dies um so mehr, als ja auch der geistliche Zustand der Adressaten nicht völlig befriedigt. Indem für den übersandten homiletischen Vortrag die Selbstbezeichnung „Wort der Ermahnung" gewählt ist, hat der Verfasser sowohl dem Inhalt als auch der Form sachgemäßen Ausdruck verliehen (s. Apg. 13,15). Fast wie ein understatement klingt die angehängte Bemerkung, er habe nur „in Kürze" geschrieben. Gehört das Schreiben denn nicht zu den längsten des ganzen Neuen Testaments? Gewiß! Aber man darf in keiner Weise vergessen, daß das Werk keinesfalls nach unseren Maßstäben zu messen ist. Ohne Zweifel hätte noch Umfänglicheres geliefert werden können (s. 5,11), wie ja auch in Kap. 13 einige ergänzende Überlegungen angestellt sind (s. V. 10–14). Vollends verzichtet der Verf.

auf die Beschreibung der eigenen Situation, ein Sachverhalt, der dem Wesen und
dem Anliegen des Briefes in der Tat nicht gemäß wäre (s. auch V. 18). Nur mit V. 23 23
und V. 24, und hier nun freilich an einem briefpsychologisch überaus vielsagenden
Platz, erhalten wir einen Einblick, der geeignet ist, das Dunkel wenigstens einigermaßen zu erhellen. Wohl um die Gemeinde in einen Zustand höchsten Glücks zu
versetzen, wird zum Schluß angezeigt, daß „(unser) Bruder Timotheus" aus einer
Gefängnishaft freigekommen ist. Langt er bald an, wird der Verfasser zusammen
mit ihm die angeschriebene Gemeinde besuchen. Also stimmt es (s. V. 19), daß Gott
Gebete erhört! Die Notiz wird verständlich, nehmen wir an, daß die Rückreise von
seiten des Verf. bereits ins Auge gefaßt wird. Wie groß wäre das Glück, wenn
Timotheus sofort mitziehen könnte! Der Wendung „unser Bruder" läßt sich entnehmen, daß der Verfasser Beziehungen zum Pauluskreis unterhält, wenn nicht gar
mit Paulus selbst bekannt gewesen ist. Um der Enge des Kontaktes auf die Spur zu
kommen, wird man sich erinnern, daß der letztere gelegentlich in ähnlicher Diktion
vom „Bruder Apollos", der wohl ebenfalls eine Schar von Mitarbeitern um sich
gesammelt hatte, sprechen kann (s. 1.Kor. 16,20). Nicht unerhebliche Fragen wirft 24
V. 24 auf, in dem der Verfasser Grüße bestellt. Daß die „Vorsteher" herausgehoben
sind, leuchtet ein, weil augenscheinlich ihre Autorität gefestigt werden soll (s. bes.
V. 17). Was aber meint die Wendung „und alle Heiligen"? Wird etwa in unklarer
Rede zum Ausdruck gebracht, daß sich die Gemeinde gleichsam selbst grüßen
möchte? Andererseits kann der Ausdruck „und alle Heiligen" sicherlich keine engere
Gruppe im Blick haben, sondern nur die gottesdienstliche Gesamtgemeinde, zu der
gewiß auch Heidenchristen gehörten. Dies nötigt zu dem Schluß, daß das persönliche
Begleitwort doch wohl ursprünglich nur eine Gruppe im Auge gehabt hat, die –
vielleicht mit einer Familie oder Hausgemeinde identisch – als spezielle Empfänger
der Homilie zu denken sind. Auch die Ankündigung V. 23b hätte dann einen sehr
bestimmten Sinn. Vielleicht gab es in der Stadt mehrere Teilgemeinden mit einer
ganzen Reihe von Vorstehern. Möglicherweise war der Verfasser nicht mit allen
bekannt. So mag er den Brief an eine befreundete Gruppe geschrieben haben, die
umfangreiche Homilie aber dürfte für alle verfaßt worden sein. Ob sich so das Fehlen
des üblichen Briefeingangs, der bei wiederholtem Gebrauch der Homilie weggefallen sein kann, angemessen erklärt, wäre zu fragen (s. zu 1,1ff.). Kein Zweifel
aber besteht u. E. darüber, daß der letzte Satz: „Es grüßen euch die aus Italien" nur
dann wirklich einleuchtend erklärt ist, bringt man ihn nicht mit einer Gruppe in
Verbindung, die aus Italien stammt und dorthin Grüße entbietet, sondern auf eine
solche, die aus Italien schreibt. Dies um so mehr, als eine logische Beziehung zum
folgenden Gnadenwunsch besteht, der den Schlußsatz bildet und somit den Inhalt
des Grußes selbst bezeichnet. Die älteren Ausleger waren hierüber nie im Zweifel
(z. B. Chrysostomus, Theodoret u. a.). Von daher legt sich dann auch nahe, daß der 25
Hebr. einzig und allein an eine größere Gemeinde des griechischen Ostens gerichtet
gewesen sein kann (Ephesus, Korinth?). Indessen werden hier immer Fragen bleiben
(s. Einleitung). Der Gnadenwunsch ist auffallend knapp und bündig gehalten. Ohne
Näherbestimmung wird „die Gnade" zugesprochen. „Es gibt nur eine, die, welche am
‚Thron der Gnade' zu finden ist, die das Herz fest macht, und vor deren Verlust zu
warnen des Briefes Zweck ist (4,16; 12,15; 13,9)" (H. Strathmann).

Literatur

Wissenschaftliche Kommentare

E. Riggenbach, Der Brief an die Hebräer (KNT 14) 2/3 1922.
H. Windisch (Lietzmannsches Handb. 14), 2 1931.
O. Michel (KEK 13) 1936, 8 1984.
O. Kuß (Regensburger NT 8) 2 1966.
J. Moffat (Int. Crit. Comm.) 1924, 1963.
Th. Robinson (Moffat Commentary) 1933, 1964.
C. Spicq (Études Bibliques) 2 Bde. Paris 1952/1953.
J. Héring (Comm. du Nouveau Testament XII) 1954.
F. F. Bruce (The New International Commentary) 1964, 2 1967.
O. Linton (Tolkning av Nya Testamentet X, 1) 1970.
P. E. Hughes, A Commentary on the Epistle to the Hebrews, Grand Rapids, 1977.
C. Spicq, O. P., L'Épitre aux Hébreux, Paris 1977 (Sources Bibliques).
H. Braun, An die Hebräer (HbzNT 14) 1984.
H. Hegermann, Der Brief an die Hebräer (ThHK z. NT, 16) 1988.
Fr. Delitzsch, Der Hebräerbrief (Nachdr. der 1. Aufl. von 1857) mit einem Geleitwort von O. Michel, Gießen 1989.
E. Gräßer, An die Hebräer, EKK XVII, 1 (Hebr 1–6) 1990.

Allgemein verständliche Auslegungen

W. Loew (Die urchristliche Botschaft) 3 1941.
H. Strathmann (NTD 9, 1) 1935, 10 1971.
J. Schneider (Bibelhilfe für die Gemeinde 16) 1954.
F. J. Schierse (Geistliche Schriftlesung 18) 1968.
G. Schicony, An die Hebräer (Wege ins NT IV, 75–154) 1970.
Fr. Laub, Hebräerbrief, Stuttgarter Kl. Komm. NT 14, Stuttgart 1988.

Monographien und Aufsätze

C. Spicq, Le philonisme de l'Épitre aux Hébreux, RB 56, 1949, S. 542–572; 57, 1950, S. 212–242.
E. Käsemann, Das wandernde Gottesvolk. FRLANT NF 37, 1938.
H. Thyen, Der Stil der jüdisch-hellenistischen Homilie, FRLANT NF 65, 1955.
F. J. Schierse S. J., Verheißung und Heilsvollendung. Zur theologischen Grundfrage des Hebr., MThSt I, 9, 1955.
H. Kosmala, Hebräer – Essener – Christen, StPB 1, 1959.
W. Nauck, Zum Aufbau des Hebr., BZNW 26, 1960, S. 198 ff.
H. Köster, Die Auslegung der Abraham-Verheißung in Hebr. 6, in: Studien zur Theologie der atl. Überlieferungen, 1961, S. 95 ff.

A. Strobel, Untersuchungen zum eschatologischen Verzögerungsproblem, Suppl. Nov. Test. II, 1961 (bes. S. 174 ff. zu Hab 2,3 f. in Hebr 10,37 f.).

U. Luck, Himmlisches und irdisches Geschehen im Hebr., NovTest 6, 1963, S. 192 ff.

A. Vanhoye S. J., La strucure littéraire de L'Ép., aux H., Studia Neotest. I, 1963.

S. G. Sowers, The Hermeneutics of Philo and Hebrews, A Comparison of the Interpretation of the Old Testament in Philo Judaeus and the Epistle to the Hebrews, Basel Studies of Theology 1, Basel 1963.

H. Zimmermann, Die Hohepriesterchristologie des Hebräerbriefes, Paderborn 1964.

O. Maar, Philo und der Hebr., theol. Diss. Wien 1964.

E. Gräßer, Der Glaube im Hebr., 1965.

A. S. von der Woude, Melchisedek als himmlische Erlösergestalt in den neugefundenen eschatologischen Midraschim aus Qumran Höhle XI, in: OTS 14, 1965, S. 354–373.

Sh. Nomoto, Die Hohepriester-Typologie im Hebr. Traditionsgeschichtliche Herkunft und redaktionsgeschichtlicher Hintergrund, Theol. Diss. Hamburg 1966.

F. Schröger, Der Verfasser des Hebr. als Schriftausleger, Bibl. Unt. 4, 1968.

F. Schröger, der Gottesdienst der Hebräerbriefgemeinde, MThZ 19, 1968, 161–181.

A. Strobel, Erkenntnis und Bekenntnis der Sünde in neutestamentlicher Zeit, A. z. Th I, 37, Stuttg. 1968.

U. Früchtel, Die kosmologischen Vorstellungen bei Philo von Alexandrien, ALGHJ 2, 1968.

I. Christiansen, Die Technik der allegorischen Auslegungswissenschaft bei Philo von Alex., BGH 7, 1969.

B. Klappert, Die Eschatologie des Hebr., ThExH 156, 1969.

K. Haacker, Creatio ex auditu. Zum Verständnis von Hebr. 11,3, in: ZNW 60, 1969, S. 279–281.

G. Theißen, Untersuchungen zum Hebr., StNT 2, 1969.

A. Vanhoye, Situation du Christ. Epitre aux Hébreux 1 et 2, Lectio Divina 58, 1969.

R. Williamson, Philo and the Epistle to the Hebrews, ALGHJ 4, 1970.

H. Braun, Das himmlische Vaterland bei Philo und im Hebr., in: Verborum Veritas. Festschr. G. Stählin, 1970, S. 319 ff.

O. Hofius, Katapausis. Die Vorstellung vom endzeitlichen Ruheort im Hebr., WUzNT 11, 1970.

E. Gräßer, Hebr. 1,1–4. Ein exegetischer Versuch, EKK Vorarbeiten III, 1971, S. 55 ff.

H. Rusche, Glaube und Leben nach dem Hebräerbrief, BiL 12, 1971, S. 94–104.

A. Vanhoye, Trois ouvrages récents sur l'épître aux Hébreux, Biblica 52, 1971, S. 62–71.

H. Braun, Die Gewinnung der Gewißheit im Hebr., ThLZ 96, 1971, Sp. 321 ff.

O. Hofius, Der Vorhang vor dem Thron Gottes, WUzNT 14, 1972.

G. Dautzenberg, Der Glaube im Hebr., BZ 17, 1973, S. 161 ff.

E. Mühlenberg, Das Problem der Offenbarung in Philo von Alexandrien, in: ZNW 64, 1973, S. 1–18.

H.-M. Schenke, Erwägungen zum Rätsel des Hebr., in: NT und christliche Existenz, 1973, S. 421–437.

A. Stadelmann, Zur Christologie des Hebr. in der neueren Diskussion, in: Theol. Berichte II, 1973, S. 135–221.

Ph. E. Hughes, The Blood of Jesus and His Heavenly Priesthood in Hebrews, in BS 130, 1973, und 131, 1974.

J. Thurén, Das Lobopfer der Hebräer. Studien zum Aufbau und Anliegen von Hebr. 13, Acta Academiae Aboensis, Ser. A. 47, 1973.

D. M. Hay, Glory at the Right Hand, Ps 110 in Early Christianity, Nashville 1973.

W. Trilling, Jesus der Urheber und Vollender des Glaubens (Hebr. 12,2):, in: J. Knoch (Hrsg.), Das Evangelium auf dem Wege zum Menschen, 1973, S. 3–23.

P. Giles, Jesus the High Priest in the Epistle to the Hebrews and the Fourth Gospel. Diss. Manchester 1973/74.

A. Vanhoye, Discussions sur la structure de l'Épître aux Hébreux, Biblica 55, 1974, S. 349–380.

L. K. K. Dey, The Intermediary World and Patterns of perfection in Philo and Hebrews, SBL DS 25, 1975.

F. Lang, Abendmahl und Bundesgedanke im NT, EvTh 35, 1975, S. 524–538.

J. Roloff, Der mitleidende Hohepriester, Festschrift H. Conzelmann 1975, S. 143–166.

G. A. Turner, The New and Living Way. A Fresh Exposition of the Epistle to the Hebrews, Minneapolis 1975.

R. Williamson, The Background of the Epistle of the Hebrews, Exp.Tim. 87, 1975/76, S. 232–236.

L. Goppelt, Theologie des NT, Bd. II, 1976, S. 596 ff.

A. Strobel, Ursprung und Geschichte des frühchristlichen Osterkalenders, TU 121, Berlin 1977 (bes. S. 397 ff. zur Frist von 40 Jahren).

J. W. Thompson, The Conceptual Background and Purpose of the Midrasch in Hebr. 7, NovTest 19, 1977, S. 209–223.

H. Zimmermann, Das Bekenntnis der Hoffnung. Tradition und Redaktion im Hebräerbrief, BBB 4, 1977.

W. G. Johnson, The Pilgrimage Motif in the Book of Hebrews, JBL 97, 1978, S. 239–251.

W. R. G. Loader, Christ at the right hand – Ps. 110, 1 in the New Testament, NTSt 24, 1978, 199–217.

J. W. Thompson, Outside the Camp. A Study of Hebr. 13, 9–14, The Catholic Biblical Quarterly 40, 1978, S. 178–186.

M. Mees, Die Hohepriester-Theologie des Hebräerbriefes im Vergleich mit dem 1. Clemensbrief, BZ 22, 1978, 115–124.

D. Lührmann, Der Hohepriester außerhalb des Lagers (Hebr. 13, 12), ZNW 69, 1978, S. 178–186.

M. R. D'Angelo, Moses in the Letter to the Hebrews, SBLDS 42, 1979.

G. Hughes, Hebrews and Hermeneutics, The Epistle to the Hebrews as a New Testament example of Biblical Interpretation, SNTS, M. S. 36, 1979.

K. Nissilä, Das Hohepriestermotiv im Hebräerbrief, Schriften der Finnischen Exeget. Gesellschaft 33, 1979.

H. Köster, Einführung in das NT, Berlin 1980 (S. 284–293 über Philo; S. 710–714 über Hebr.).

F. Laub, Bekenntnis und Auslegung, Die paränetische Funktion der Christologie im Hebräerbrief, BU 15, 1980.

J. Swetnam, Jesus and Isaac. A Study of the Epistle to the Hebrews in the Light of the Agedah, Analecta Biblica 94, 1981.

A. Vanhoye, Homilie für haltbedürftige Christen. Struktur und Botschaft des Hebräerbriefes, Regensburg 1981.

L. Dussaut, Synopse Structurelle de l'Épître aux Hébreux, Paris 1981.

W. R. G. Loader, Sohn und Hoherpriester. Eine traditionsgeschichtliche Untersuchung zur Christologie des Hebräerbriefes, WMANT 53, 1981.

N. Walter, Christologie und irdischer Jesus im Hebräerbrief, in: Das lebendige Wort. Beiträge zur kirchlichen Verkündigung. Festgabe f. Gottfried Voigt zum 65. Geb., hrsg. von H. Seidel und K.-M. Bieritz, Berlin 1982, S. 64–81.

J. W. Thompson, The Beginning of Christian Philosophy: the Epistle to the Hebrews, C. B. Q. Mon.Ser. 13, 1982.

R. Murray, Jews, Hebrews and Christians, NT 24, 1982, S. 194–208.

J. L. Marshall, Melchizedek in Hebrews, Philo and Justin Martyr, TU 126, 1982, S. 339–342.

D. L. Powell, Christ as High Priest in the Epistle to the Hebrews, TU 126, 1982, S. 387–399.

C. J. A. Hickling, John and the Hebrews: The Background of Hebr. 2, 10–18, NTSt 29, 1983, S. 112–116.

K. Haacker, Der Glaube im Hebräerbrief und die hermeneutische Bedeutung des Holocaust, ThZ 39, 1983, S. 152–165.

A. Vanhoye, Esprit éternel et feu du sacrifice en Hebr 9, 14, Bibl. 64, 1983, S. 163–274.

F. Hahn, Das Verständnis des Opfers im Neuen Testament, in: K. Lehmann – E. Schlink (Hrsg.), Das Opfer Jesu Christi und seine Gegenwart in der Kirche, 1983, S. 51–91.

D. Peterson, Hebrew and Perfection. An Examination of the Concept of Perfection in the Epistle to the Hebrews, SNTS MS 47, 1984.

J. L. P. Wolmaraus, The Text and Translation of Hebrews 8, 8, ZNW 75, 1984, S. 139–145.

H. Feld, Der Hebräerbrief, EdF 228, 1985 (Stand der Forschung).

M. R. Miller, What is the Literary Form of Hebrews 11? JETS 29, 4, 1986.

M. Bachmann, Hohepriesterliches Leiden. Beobachtungen zu Hebr. 5, 1–10, ZNW 78, 1987, S. 244–266.

O. Betz, Firmness in Faith: Hebrews 11, 1 and Isaiah 28, 16, in: Barry P. Thompson (ed.), Scripture: Meaning and Method. Fs. A. T. Hanson, Hull Univ. Press, 1987, 92–113.

M. Rissi, Die Theologie des Hebräerbriefes, Ihre Verankerung in der Situation des Verfassers und seiner Leser, WUNT 21, Tübingen 1987.

O. Betz, Art. „Hebräerbrief“, in: Das Große Bibellexikon, 2, Wuppertal 1988, S. 539–544.

M. C. Parsons, Son and High Priest: A Study in the Christology of Hebrews, Evangelical Quarterly 40, 3, 1988, 195–215.

M. R. Cosby, The Rhetorical Composition of Hebrews 11, JBL 107, 2, 1988, 257–273.

R. Schnackenburg, Die sittliche Botschaft des NTs, Bd. II Suppl. 2, Freiburg/Basel/Wien 1988, S. 238–250.

B. Lindars, The Rhetorical Structure of Hebrews, NTSt 35, 3, 1989, S. 382–406.

W. Kraus, Der Tod Jesu als Heiligtumsweihe. Eine Untersuchung zum Umfeld der Sühnevorstellung in Röm 3, 25–26 a, theol. Diss. Erlangen 1990, bes. S. 279–306 („Die Bedeutung des Todes Jesu für das irdische und himmlische Heiligtum im Hebr“).

Sus. Lehne, The New Covenant in Hebrews, Journal for the Study of the NT, Suppl. Ser. 44, Sheffield 1990 (Lit.).

J. Habermann, Präexistenzaussagen im Neuen Testament, Europäische Hochschulschriften R. XXIII Bd. 362, Frankfurt M. 1990, S. 267–299 (zu Hebr. 1, 1–4) und S. 301–316 (über Präexistenz und Schöpfungsmittlerschaft).

Carlos Zesati Estrada, Hebreos 5,7–8. Estudio histórico-exegético, Analecta Biblica 113, Roma 1990.

Zur neueren Auslegungsgeschichte

E. Grässer, der Hebräerbrief 1938–1963, ThR NF 30, 1964, S. 138–236.

F. F. Bruce, ‚To the Hebrews': A Document of Roman Christianity, ANRW II 25, 4.

Für die reformatorische Auslegungsgeschichte wichtig

H. Feld, Martin Luthers und Wendelin Steinbachs Vorlesungen über den Hebräerbrief, Veröffentl. d. Instituts f. Europ. Geschichte 62, 1971.

Namen- und Sachweiser

Bearbeitet von Gotthold Holzhey

Da die im Bibeltext enthaltenen Namen und Begriffe in den zahlreich vorhandenen biblischen Nachschlagewerken aufgesucht werden können, sind in diesem Namen- und Sachweiser nur solche Stichworte aufgenommen, zu denen in der Texterklärung besondere Ausführungen vorliegen. Die Zahlen beziehen sich demnach auf die Erklärungen zu den betreffenden Textabschnitten. Um Wiederholungen zu vermeiden, und doch die in vielerlei inneren Beziehungen zueinander stehenden Begriffe möglichst vollständig darzubieten, sind entsprechende Hinweise gegeben, wobei der vorwärts oder rückwärts gerichtete Pfeil (→ ←) stets auf das Stichwort verweist, unter dem zu suchen ist. Die bei den einzelnen Erklärungsabschnitten hinzugefügten besonderen „Ausführungen [Exkurse]“ sind mit dem Buchstaben A gekennzeichnet.

I

K

L

Begriffserläuterungen

Allegorese / Allegorie: Auslegungsmethode, die die Einzelzüge der Allegorie (= gleichnisartiger Redeform, bei der die erzählerischen Einzelzüge von tieferer Bedeutung sind) und andere Texte so interpretiert, daß sie jenseits des wörtlichen Sinnes eine tiefere Bedeutung erhalten

apokalyptisch: besondere spätantike Denk- und Literaturform: Offenbarung der Vorgänge des Weltendes; bezogen auf die Erwartung des Endes dieser Welt

Axiologie: Lehre von den (grundlegenden) Werten

deuteropaulinisch: die unechten Paulusbriefe (Kol., Eph., 2. Thess., 1./2. Tim., Tit.); im einzelnen umstritten

Doketismus: die gnostische Lehre, nach der Christus nur ein Scheinleib zukommt

dualistisch: eine Position, die zwei unterschiedene Seinsweisen in Welt und Mensch annimmt (z. B. Fleisch – Geist)

essenisch: die jüdische Gemeinde der Essener, vgl. die Qumranschriften

existential / existentiell: bezogen auf Strukturen menschlichen Daseins (Existenz) bzw. deren konkrete, lebendige Ausfüllung

extra nos: „außerhalb von uns" (d. h. Unabhängigkeit und Vorgegebenheit des Heils)

Gnosis: In den ersten christlichen Jahrhunderten bezeugter dualistischer Weltentstehungs- und Erlösungsmythos: ein kosmischer Erlöser vermittelt den nach einem urzeitlichen Fall in der Welt gefangenen Geist-Seelen das Wissen (Gnosis), mit dessen Hilfe sie aus der Welt des Gegengottes (Schöpfer, Demiurg) zum wahren Gott zurückkehren können. Außer- oder gar vorchristlicher Ursprung der Gnosis ist ebenso umstritten wie der Begriff selbst und der Umfang seines Anwendungsbereiches

haggadisch: erbaulich-erzählend auslegend (jüdisch)

Hallelpsalmen (Ps. 113–118): Lobpsalmen, am Ende des Passa gesungen

homiletisch / Homilie: (hier) eine Predigtweise, die einen Text Vers für Vers auslegt

Kerygma / kerygmatisch: der Verkündigungsinhalt bzw. -gehalt

Logos: „Wort, Rede", christologischer Titel oder auch Weltprinzip

Lustration: kultische Reinigung (meist durch Wasser)

Midrasch-Pescher: rabbinische Auslegungsweise

Paränese / paränetisch: paraineo, ermahnen. P.: Text mit Mahnworten (z. B. Röm. 12–14, Gal. 5); p.: mahnend

Parusie(verzögerung): die (Verzögerung der) endgültige(n) Wiederkunft Christi

Präexistenz: die Seinsweise Christi vor seinem irdischen Erscheinen

Pseudepigraphie: der Tatbestand, daß ein Schriftstück einem anderen Verfasser zugeschrieben wird

Stoa, stoisch: Nach einer Lehrhalle (stoa poikilē, bunte Halle) benannte philosophische Richtung, die den Logos als Grundprinzip von Natur und Weltverlauf betrachtete und entsprechend das Leben nach der Vernunft (Ataraxie, leidenschaftslose Ruhe) als Lebensideal empfahl. Als ‚stoisch' wird bisweilen auch eine leidenschaftslos-unbewegte Geisteshaltung bezeichnet

Theologia crucis bzw. gloriae: Während eine theologia gloriae davon ausgeht, daß der Mensch mit seinem natürlichen Erkenntnisvermögen Gott erkennen kann, setzt eine theologia crucis beim Kreuz Christi an: Gott hat im Kreuz seine Herrlichkeit in der Niedrigkeit verborgen und durch das Wort erschlossen. Er wird nur dem erkennbar, der gegen alle Vernunft auf das Wort hin die Gegenwart Gottes in Kreuz und Leiden glaubt

Theologumenon: theologische Begriffsbildung

typologisch / Typologese: ein Tatbestand wird als Vorabschattung eines anderen, höherwertigen begriffen; v.a. alttestamentliche Institutionen bzw. Gestalten gegenüber neutestamentlichen Institutionen bzw. Gestalten (v.a. Jesus Christus). – Typologese meint die damit befaßte Auslegungsmethode

Inhalt

Der Brief an die Hebräer

Verzeichnis der thematischen Ausführungen (Exkurse)